师范生综合素养提升系列
融媒体教材

教师实用口语训练教程

JIAOSHI
SHIYONG KOUYU
XUNLIAN
JIAOCHENG

主　编：李小贝
副主编：刘文君　赵志敏
王欢欢　邵晓林

NORMAL COLLEGE STUDENTS

北京师范大学出版集团
BEIJING NORMAL UNIVERSITY PUBLISHING GROUP
北京师范大学出版社

图书在版编目(CIP)数据

教师实用口语训练教程/李小贝主编 .—北京：北京师范大学出版社，2022.3(2024.7 重印)
师范生综合素养提升系列融媒体教材
ISBN 978-7-303-27101-6

Ⅰ.①教… Ⅱ.①李… Ⅲ.①汉语—口语—高等师范院校—教材 Ⅳ.①H193.2

中国版本图书馆 CIP 数据核字(2021)第 137805 号

教材意见反馈 gaozhifk@bnupg.com 010-58805079
营销中心电话 010-58802181 58805532
北师大出版社教师教育分社微信公众号 京师教师教育

JIAOSHI SHIYONG KOUYU XUNLIAN JIAOCHENG
出版发行：北京师范大学出版社 www.bnupg.com
北京市西城区新街口外大街 12-3 号
邮政编码：100088
印 刷：保定市中画美凯印刷有限公司
经 销：全国新华书店
开 本：889 mm×1194 mm 1/16
印 张：18.5
字 数：356 千字
版 次：2022 年 3 月第 1 版
印 次：2024 年 7 月第 5 次印刷
定 价：48.00 元

策划编辑：易 新 责任编辑：冯 倩 王贺萌
美术编辑：焦 丽 装帧设计：焦 丽
责任校对：康 悦 责任印制：马 洁

前　言

口语表达能力，是教师进行教育教学工作最基本也是最重要的一项技能。具有优秀的语言修养的教师，不论是在课堂的知识讲授中，还是在师生和家校交流上，都更容易占据主导地位，展示个人魅力。近年来随着教育部教师资格统考制度的实施，其中说课环节的测试，使得口语表达能力不再是从教之后慢慢修炼的技能，而成为所有准教师的必过门槛。这也使得全国师范院校"教师口语训练"相关课程的重要性愈发突出。本教材即是针对师范生及有志于从事教师行业的其他专业学生提高口语表达技能而编著的。本教材在编著过程中将立德树人放在首要位置，注重吸收近年来学术界教师口语研究的新观点、新理论和新方法，列举的一些口语交流案例也都是当下课堂、课下及家校交流中出现的新情况、新问题，具有前沿性和时代性。

教材共分为九章：第一章"绪论"，重点讲解了教师口语的类别、特征与要求、任务与意义等内容，使学生从整体了解教师口语的基本内涵和规律。第二章"普通话训练"，标准的普通话是教师口语表达的基础，本章从单音字发声训练、词组发声训练、朗诵训练、说话训练等方面，对学生的发音吐字进行引导和规范。第三、四章为"课堂教学口语训练"，结合实例详细讲解课堂导入语、讲授语、提问与理答语、结课语、应变语的特点及提高方法等。第五章"与学生谈话的口语训练"，对于教师与学生个体的谈话、与学生群体谈话的原则和方法等进行详细展示。第六章"与家长交流的口语训练"，针对当下家校问题日益突出的现状，对家庭访谈、家长会、与家长的日常情景交流等环节进行了方法和技巧方面的训练。第七章"职业提升口语训练"，对于教师在从教之后要面临的工作汇报、教研活动、学术交流活动等事项进行口语训练。第八章"专项口语训练"，对于教师在校内外活动中可能用到的朗诵、演讲、主持、辩论等口语表达能力进行专门训练。第九章"教师口语交流综合提升技巧"，从体态语、学会倾听、说话技巧等方面，对进一步提升教师的语言表达进行综合训练。

总体来看，本教材具有如下特点。

系统性。教材涵盖了教师口语交流的核心技能训练，不仅有课堂教学口语训练，还包括与学生谈话的口语、与家长交流的口语、职业提升口语以及专项口语训练等，这些口语表达技能使用范围广、使用频率高，囊括了一名教师在职业生涯中所面临的重要口语交流场景。

创新性。在具体讲述以及实例中，从语言与思维的层面深究影响口语表达的关键因素。语言同思维息息相关，思维是语言表达的对象，语言是思维呈现的工具，思维的逻辑性、发散性、创新性等特点，直接影响语言表达的条理性、丰富性和灵活性。因此，要想提高口语表达能力，首先要意识到思维训练的重要性。本教材非常注重思维的训练，这是以往出版的口语教材还没有关注到的。

实用性。本教材在精讲教师口语相关理论知识的同时，列举了大量教学一线案例并进行分析，案例内容覆盖多个学科，适合各类师范专业使用，这些丰富的教学案例有助于学生从实例中学、从实例中悟、从实例中提高。在每章节的最后部分，还附有“问题与情景测试题”，不仅帮助学生对于知识点的掌握进行查漏补缺，还以情景还原的方式，训练、提升学生的具体方法应用能力。

适用性。加快推进教育数字化转型是建设教育强国的必然选择，党的二十大报告中指出“推进教育数字化，建设全民终身学习的学习型社会、学习型大国”。作为一本“融媒体教材”，本书提供了大量北京市特级教师、市级学科带头人的成秀课堂教学视频，通过扫描二维码的方式就可以随时随地观摩学习，非常适用于数字化条件下的新型教学模式。同时，本教材对每一章节的教学学时、教学目标进行了设计，方便任课教师开展教学。

本教材的所有编写人员均来自高校教学一线，在编著过程中，征询了北京市多名特级教师、优秀教研员的意见，使得本书在结构和内容上比较完备。总体来看，本教材适应我国高等教育转型的要求，适应师范生职业发展的需要，适应高校教师一线教学的需要。

李小贝

目　录

第一章 绪论

【建议学时】

2～3学时。

【教学目标】

知识层面：了解普通话、口语和教师口语的基本概念；掌握教师口语的分类；熟悉教师口语的特征和教师口语的要求；明晰教师口语训练课的主要任务与学习本门课程的意义。

语言是人类重要的交际工具。对于职业工作者而言，语言是能够体现其职业能力的重要标志之一。人们日常使用的语言可以划分为口头语言和书面语言两种。其中，口头语言能力是每一个社会人都应具备的言语表达能力，它要求人们可以正确而灵活地把语言材料加工成话语，从而表达思想，达到交际的目的。口语和书面语相较之下，口语的历史更为悠久，使用更加频繁，表达上更自然亲切、直接生动，但随意性也较大。

众所周知，语言的变化发展是不平衡、非匀速的，我国幅员辽阔，汉语本身存在的比较大的地区差异给人们的日常生活和交流带来了不便，因此需要推行一种全国通用的语言，即普通话。

1956年，《国务院关于推广普通话的指示》首次明确把普通话定义为："以北京语音为标准音，以北方话为基础方言，以典范的现代白话文著作为语法规范的普通话。"普通话是现代人所使用的规范化的现代汉语。普通话的推广，语言的逐渐规范化，也是汉语发展的总趋势。作为各级各类学校的教学语言，各级广播电台、电视台等媒介使用的规范语言，我国党政机关、团体、企事业单位在公务活动中使用的工作语言，不同方言区人民和各民族之间生活交流的通用语言，普通话贯穿于人们的生活和工作中，是一个社会人所应具备的言语表达能力的基础和前提。

教师口语作为一门职业语言，是在一般口语表达基础上产生的，于教育工作情景中所使用的口语。口语表达能力，对教师从事教育工作具有至关重要的作用。考虑到教师行业的特殊性，教师口语必须是全民通用的、规范标准的口语，故普通话应为教师的职业语言。2000 年 9 月 23 日，依据《中华人民共和国教师法》和《教师资格条例》制定并实施的《〈教师资格条例〉实施办法》规定，申请认定教师资格者，其普通话水平应达到国家语言文字工作委员会颁布的《普通话水平测试等级标准》二级乙等以上，少数方言复杂地区，普通话水平应当达到三级甲等以上标准。2001 年 1 月 1 日起施行的《中华人民共和国国家通用语言文字法》，也明确规定教师的普通话水平应当达到国家规定的等级标准。这是国家层面对教师普通话的要求。

教师口语，不是简单的自然口语表达，而是一种建立在一定相关学识的基础上，结合语言学、教育学、心理学、美学等理论，面向学生开展教育、教学活动时运用的一系列口语表达方式、技能与技巧。作为未来教师的师范院校学生，在自觉培养语言表达能力、提升自身口语水平之前，应对教师口语的类别、特征、要求，学习教师口语课程的主要任务与意义有全面了解，以更好地进行具体内容的学习。

>> 第一节　教师口语的类别 <<

课堂教学的有效推进依赖于教师良好的教学口语的应用，育人工作的深入开展、自身业务能力的提升需要凭借正确、恰当的口语表达，与他人打交道、参与社会活动等都与口语有着不可分割的联系。不同场景下，教师口语可以划分为不同类型。本节从课堂教师口语、课外教师口语与其他教师口语三个角度对教师口语进行分类。

一、课堂教师口语

课堂教师口语是教师在课堂教学中所使用的工作语言，它受到课堂这一特殊场合的影响和制约，在表达上有其独特的目的与任务，同时教师还要面对不同的学生，因此可以多角度、多层次地对课堂教师口语进行分类。

(一)依教育层次划分

我国学校的教育阶段包括学前教育、初等教育、中等教育、高等教育。不同的教育阶段形成了一个由低到高的多层次的教育结构。不同教育层次的教育目标和对象不同，教师所使用的口语也有差异。故针对不同层次的教育目标，教师口语可划分为幼儿园教师口语、小学教师口语、中学教师口语、大学教师口语。

(二)依学科特点划分

不同学科的口语除了具备一般教学口语的共性之外，还有自己的特色。

如语文、外语、历史、政治等文科科目，首先，多具备比较强烈的情感因素，故其口语表达多富于情感性，以便达到陶冶学生情操、塑造心灵、确立人生道德信念的功用；其次，文科科目教学多使用形象化的语言，以带动学生感知、理解教材，发展其形象思维能力。

而诸如数学、物理、化学、地理等理科科目，用语则要求准确、简洁，具备严密的逻辑性。此外，体育、音乐、美术等技能类学科，其实践性强，需要在不断的实际训练中进行技能提升，这就要求教学中所使用的口语指令性强，语意清晰明了，便于学生准确无误地理解原意并进行操练。

【示例】

数学课上，教师在引导学生学习等腰三角形的性质时，就可以通过和学生的问答，不断提醒和引导学生使用更准确的语言进行描述。

师：我们刚才已经以黑板上的这两个等腰三角形为例，讲解了等腰三角形的名称和特征，请大家在自己的练习本上任意画一个等腰三角形，把它剪下来，折一折，看看上面的结论依然成立吗？

剪好之后，我找同学来回答一下。你剪下来的等腰三角形对折之后两个等腰边是重合的吗？

生1：是重合的。

师：你是沿着哪条线对折的？

生1：中线。

师：嗯，底边上的中线，还是什么线？

生1：还是……嗯……三角形的高。

师：好，我们讲过，从三角形的一个顶点向它的对边做一条垂线，三角形顶点和它对边垂足之间的线段称三角形这条边上的高。而三角形有三条边，所以三角形也有三条高。所以，这里你说的三角形的高，是落在哪一条线上的高呢？

生1：底线。

师：所以这是？

生1：底线上的高。

师：很好，坐下来，我对折之后还发现两边是完全重合的，顶角被平分成两个大小一样的角，所以这条线还是？

生：顶角的平分线。

师：是的，这是等腰三角形的顶角平分线。因此，我们可以发现等腰三角形有三条线，即等腰三角形的顶角平分线、底边上的中线、底边上的高相互重合，这可以简称为“等腰三角形三线合一”。

评析：该示例中，每一个提问都很具体，教师通过提问的方式，不断用语言引导学生填补思考的漏洞。在学生表述不够准确与科学时，教师帮助学生使用规范严谨的表述，教师良好的总结示范格外重要。此外，该教师所使用的口语简单直接，准确明了，问题与问题之间又具条理性与层次性，符合数学这一学科的特性。

【示例】

语文课上，教师在讲授鲁迅的《雪》这一课时，可以用感性的方式引入课程，并大量使用描述性的形象化语言。

师：在上课之前呢，老师先请大家欣赏一首儿歌，这首歌可能同学们小时候都会唱呢。……刚才老师给大家放的是《雪绒花》，这首歌的歌词里写雪是“小而白，纯又美，每天清晨欢迎我，雪白的花朵深情开放”，现在我们由这首歌走进我们今天要讲的课文《雪》，看看作者笔下的雪是什么样子的。

…………

师：好，这篇文章中江南的雪象征对美好事物的向往和追求，北方的雪象征一种不堪沉沦、昂扬向上、执着斗争、不屈不挠的精神。这两幅图画贯穿着共同的哲理：要用战斗创造一个春天般的美好世界。这与我们在课前听到的歌曲里所描绘的温柔、纯净的雪是不太一样的。

那么，老师想问一下，鲁迅笔下那种美好的春天，在我们这一代，是不是已经到来了呢？我想，我们是幸运的，我们体验过得幸福远比我们的先辈要来得更多。通过阅读鲁迅先生的《雪》，我们既欣赏到平和恬静的江南的雪和壮丽美艳的朔方的雪，更能体会到“铁肩担道义，妙手著文章”的鲁迅的胸襟之博大和斗志之坚强。所以说，《雪》不仅仅是一支不同凡响的雪之绝唱，还是一曲响彻云霄的精神的战歌。

评析：在这篇语文课文的讲解中，教师用了“春天般的”形象性比喻，并使用了大量带有丰富情感色彩的成语，以及可以产生对比的词汇，如“平和恬静”与“壮丽美艳”，借此引发学生的学习兴趣，在情感上产生共鸣。与理科科目在口语使用上的严谨简洁不同，文科用语更强调丰富性与形象性，段落句式的变换也更多样。

(三)依课堂教学环节划分

就一般的新课而言，课堂教学主要有组织教学、导入新课、讲授新课、总结归纳、布置作业这五大环节。在不同环节中，教师所使用的口语可以归纳为以下几种主要类型：导入语、讲授语、提问语与理答语、结课语、应变语。

二、课外教师口语

在学校的教育教学活动中，教师除了在课堂中展开教学活动，在课下的学习辅导、思想教育、人际沟通、教师自我提升等诸多环节上，都需要教师提高自己的口语能力，以达到更好的教书育人的目的。课外教师口语可分为以下三类。

(一)与学生谈话的口语

课堂之外，教师需要对学生进行思想品德、行为规范等相关教育。在这一过程中，教师可能会一对一或一对多地与学生进行沟通。此时，教师口语既需要有一定的针对性、启迪性、诱导性与情感性，以帮助学生形成正确的人生观与价值观，也需要有沟通的技巧性，缓解学生在学习生活中产生的不良情绪。

(二)与家长交流的口语

学前与中小学教育中，教师常需要与家长沟通，定期召开家长会，以反馈学生的情况，从而获得家长的配合，形成教育的合力。如何向家长汇报孩子近来的发展情况、了解学生在家的表现以及家长的教育方法，提出解决问题的设想和方法及家长需要配合的事务等，都离不开教师恰当的口语表达。

(三)个人职业提升口语

教师的工作不仅在课堂内外，交流对象也不仅是学生与家长。在个人的职业生涯中，教师还需要进行日常工作汇报，参与教研活动与学术研讨，以全面提升个人执教能力。个人职业提升所需要的口语表达能力，与学生、家长交流沟通时所使用的语言又有所不同。

三、其他教师口语

其他教师口语，是指教师在课堂与课外的教育和教学活动之外，以教师身份参与的与工作相关的交际活动。在这一类语境下，教师所运用的口语既需要具备一般口语的共同特点，又要符合教师这一特殊身份。

这一类教师口语活动，主要包括演讲、主持、辩论、朗诵等。需要注意的是，此种专项口语表达，有时也出现在教育教学活动中。故教师口语的各个分类之间不是全然割裂的，它们有机联系在一起，构成教师口语的整体。

>> 第二节　教师口语的特征与要求<<

一、教师口语的特征

当代教育的发展要求教师口语符合教书育人的基本规律，适应社会高速发展的要求，故当代教师的口语具备以下三个“统一”。

(一)规范性与针对性的统一

规范性，是指教师口语在满足学科教学内容特点的同时，又符合普通话规范的要求。使用标准、流利的普通话进行教学是对每一位教师的基本要求，尤其在学生的语言习得阶段，良好的语言环境对其成长有至关重要的作用。

学生，尤其是儿童与青少年群体对教师有着极高的崇敬感，他们往往会不自觉地模仿教师的言行。教师不仅通过课堂教学向学生传授知识，其自身在课堂内外的言行举止都会成为学生效仿的对象。所以，正面的口语示范不仅仅是课堂上使用普通话，在日常的教育活动中，教师要始终保持普通话发音标准，语句规范，创造纯净、健康的语言环境，做到润物无声，给学生以潜移默化的影响。

教师口语规范性的要求，不仅体现在语言的发音上要达到普通话标准，在遣词造句的表达上也必须符合现代汉语的表达规范。例如，教师讲道："在寒假期间，除春节的七天假期外，我校全体高三学生基本全都没有休息，在家认真复习，投入全部精力，全力以赴地备战高考。"这句话中，"基本"和"全都"明显语意矛盾，应该去掉其中一个，句子表意才会清晰。此外，"全力以赴"就是"投入全部精力"，语意重复。这名教师即使发音标准，但语言表意不明，用词重复，稍显啰唆，也非规范化的教育教学用语。

针对性，是指教师要因人施言、因地施言、因时施言、因事施言。我国古代教育家孔子已有的"因材施教"的教育理念，强调的就是针对性，这在教师语言的使用上也是有所体现的。除考虑地点、时间、事情外，对不同教育阶段的对象，同一阶段有不同个性、不同学习习惯的对象，教师在进行教育教学时都需要提前分析情况，有的放矢，方能取得最佳的教学效果。

在教授低学段的学生时，教师为了引发学生的兴趣，可能会少量使用叠字、顺口溜、谐音字词等，但从整体上来说，教师应始终保持语言的规范，针对性包含在规范性之中，并体现出规范性；而规范性落实在针对性上时，亦可产生适当的变化。所以规范性与针对性的统一是教师口语的一大特征。

(二)科学性与艺术性的统一

科学是关于自然界、人类社会和思维发展规律的知识体系。艺术是和他人分享美的感觉或有深意的情感，是有意识的人类用以表达既有感知且将个人或群体体验沉淀与展现的过程。

教师所教授的各个学科，都属于科学知识。既然是科学知识，就要使用规范、科学的语言进行表达。教师语言的科学性主要体现为讲授内容的正确性。课程中出现的定理、理论、概念、规则、结论等都应该符合各学科的课程要求，务必追求准确，保证知识讲授过程中的严谨。即使是语文这种极具感情的文科科目，在分析字词读音、含义，文章的层次结构、表现方法时，都应有明确且符合逻辑的讲解。如若遇到富有争议的问题，教师也应该用清晰、规范的语言阐释清楚，帮助学生形成正确的认知。例如，政治老师在授课时，应该说，"中华人民共和国成立以后，顺利地进行了社会主义改造"，而非"建国以后，顺利地进行了社会主义改造"；在讲授货币与价值等相关问题时，要注意用词准确，因为在经济学里"钱"和"货币"是不可以互相替换使用的。

在教育方面，教师在传道授业的同时，也需要对学生进行审美上的熏陶，这就要求教师语言在科学性的基础上，要语音洪亮，言辞清晰明快，带给学生语音美；要让语言生动形象，既有吸引力，可振奋精神、愉悦性情，也富有内涵与哲理，做到内容美；在讲话的同时，辅以恰当的动作姿态，让声音的抑扬顿挫和动作相结合，音、情、艺结合，丰富学生的艺术体验。

生动形象的语言运用与表达在审美性中占重要地位，情感的调动也不可或缺。人是情感性的动物，而丰富强烈的情感本身，就会给人带去非同寻常的艺术体验，它反过来又会对人产生一种特殊的影响力。很多优秀教师都会通过其审美性的语言，给学生带去情感上的激荡，产生不同于一般语言的影响力。某中学的张老师在讲述《梦想的力量》时使用了如下的导入语：

生长在黄河西岸美丽宁夏的我们，畅饮着黄河母亲的水，健康快乐地成长，是多么幸福啊！你们可知道在非洲的安德鲁地区，常年干旱，疾病肆虐，最近的水源地距离他们都有五千米之远。而这仅有的一个水塘充满了寄生虫。村子里到处都是腆着大肚子的孩子，那是因为他们的肠道里充满了寄生虫。四分之一的孩子患有严重的水生寄生虫疾病。五分之一的孩子在 5 岁前就离开了人世。

张老师的这段描述具体形象，既有数字做例证，又有感性的话语，使学生的心灵受到震撼。当学生的情绪被调动起来时，他们就更容易投入课堂，接受知识，并配合教师进行下一步的教学活动。再比如，2009 年大同市信息技术与课程整合优质示范课例中，大同市实验小学赵雁老师在讲述《圆明园的毁灭》时，说："在这些奇珍异宝的身上，可以说，闪耀的是我们中华民族五千年的灿烂文化。但就是这样一座举世闻名的、堪称人类历史上一大奇迹的皇家园林，却在一场浩劫中，化为一片灰烬。"[①]圆明园的毁灭是我国历史上不可挽回的损失，赵老师在教学过程中，用简单的一句话，就描绘出圆明园的珍贵与其毁灭的悲剧。这些话看似简单却蕴含着丰富的意义，这都是教师在语言方面不断修炼、提升的体现。

教师语言的科学性和艺术性是有机地结合在一起的。不同学科的教师，其语言的艺术特点不尽相同，而这些艺术特点无法抛弃学科的科学性独立存在，缺失科学性就无法谈论艺术性。同一学科的不同教师，由于个人风格的不同，自然会展示出不同的艺术特点。可以说，教师口语是科学性与艺术性的统一。

（三）教育性与知识性的统一

教书育人是人民教师的根本职责。教师在课堂内外的教育、教学活动中，既要传播知识，又要进行思想教育。教师口语是教育活动中老师所能采用的最直接的教学工具与教育手段，它的内容和形式始终都应该为教育教学的内容和目标服务，因此，教师口语必然直接或间接地带有一定的教育性质。

---

① 可登录教视网查看视频。http：//www.sp910.com/shipin/yuwen/hjsp/63465.html，2021-7-9.

既然教师口语具备教育特性，那首先就要求教师所使用的语言本身是健康的，不可以使用街头俚语、流行的网络用语，或是具备嘲讽性质的语言、庸俗不登大雅之堂的笑话等。

其次，教育性还要求教师在教育、教学活动中要时刻注意对学生思想品德的教育和引导。

思想教育是在知识学习中有效开展的。知识，是人们在改造世界的实践中所获得的认识和经验的综合。教师所讲授的知识，通过口语进行传播，学生通过课堂教学获得不同学科的知识。知识是思想教育的基础，也是学生需要在学校获得的，二者不可偏废。因此，教育性与知识性的统一是教师口语的第三大特征。

二、教师口语的要求

教师口语课有其自身的理论，但它本质上是一门能力训练课，要求师范类学生具备一定的实践能力。课程中的理论对训练起指导作用，而训练是手段，最终目的是为了培养技能。有目的则有要求，教师口语的基本要求是科学规范、生动形象、引导示范、启发鼓励。

(一)科学规范

知识的传播要严谨，符合客观事物的发展规律；育人的语言要完整、周密、在理；语音、语法、遣词造句的规范给学生起到示范作用。教师如果不能做到口语科学规范，不仅达不到基本的教育和教学效果，还会影响教师在学生心目中的形象。可以说，科学规范是教师专业性的体现。

(二)生动形象

课堂上，教师最常使用的、最基本的方法就是讲授法。课堂讲授法从本质上说，是一种单向的思维传递方式。这个方法有利于学生在短时间内获得人们通过长期积累所掌握的丰富知识，但也有其局限性，这个局限所带来的最直接后果，是使学生精神倦怠，对所学课程产生厌恶心理，学习的主动性不高。所以优秀的教师，在课堂上，无论是讲述，还是分析论证，所使用的语言在科学规范的基础上还要具备一定的吸引力，即要具有形象性和生动性。

具备生动性，才会产生感染力。形象，是生动性的必备要素。形象的语言能把深奥的道理、抽象的问题表述得浅显易懂。教师教育学生，需把握学生的心理特点，使学生易于接受。教育学家的研究成果表明，人们最乐于接受和最容易接受的信息是形象化的信息。形象的语言对提升教育教学效果有重要的作用。

(三)引导示范

现代公民要具备的能力之一是口语交际。培养学生倾听、表达和应对的能力，使学生具备文明和谐地进行人际交流的素养，是教师的责任之一。此种教育目的要求教师口语具备引导示范性。

教师自身要提高口语表达能力，在课堂内外创设口语表达情境，让学生有表达的欲望；在此基础上，教师要为学生提供示范，并加以引导，让学生知晓优秀表达的例子，循序渐进，从而提高口语表达能力。此外，在外语课上，教师的引导示范显得格外重要，优秀的教师可以在引导示范的过程中，给予学生信心，促使学生大胆张口说外语。

(四)启发鼓励

教师口语要具备启发鼓励的特点，这是由现代教学法所倡导和追求的目标所决定的。具备启发鼓励性的语言，能够激发学生的学习兴趣，促使学生积极思考，提升学生学习的自觉性和主动性，凝聚学生的进取精神并活跃课堂氛围。

教师口语具备启发鼓励性的关键，在于把握“引而教”“求而学”，多使用鼓励性评价。“引而教”是强调教师不可一味地满堂灌，只简单、一股脑儿地把知识塞给学生，而是要在教学活动中，引导、启发学生在了解一定知识的基础上，自己思考发现问题、得出结论并掌握要领。“求而学”是从学生角度论述的，它是指学生在教师语言的引导下，自发地产生求知欲，带有目的性地进行思考和学习。而多使用鼓励性评价，是要求教师善于发现学生求学过程中的闪光点，及时对学生的学习过程和结果进行积极有效的反馈，让学生在实践中感知、领悟各个学科的魅力，获得学习成功的体验，从而激发学习的兴趣。

教师口语课程的训练就是要帮助师范类学生的口语满足科学规范、生动形象、引导示范、启发鼓励这四大要求。

>> 第三节 教师口语训练课的任务与意义 <<

一、教师口语训练课的主要任务

在我国漫长的教育历史中，一直存在“重文轻语”的现象，文章做得好就会被委以重任，而“口才”常常处于被忽视的状态。1959 年，叶圣陶先生在《认真地努力地把语文学好》一文中，将听、说、读、写作为语文教学目标提出来，并始终坚持听、说、读、写并重的主张。[①] 经过教育界各位专家、学者的不断努力，如今人们已经一致认识到，诸多学科的“读写”和“听说”是同样重要的。

当“听说”的地位开始提升时，一些师范性质的大中专院校就陆续尝试开设实验

① 叶圣陶：《认真地努力地把语文学好》，见张定远：《重读叶圣陶·走进新课标》，252～253 页，武汉，湖北教育出版社，2004。

性质的口语课程。当口语课程逐渐推广时，研究教师口语理论和训练的著作也随之面世。随着越来越多的关于教师口语的专著不断涌现，教师口语课程在各大师范院校中如雨后春笋般冒出。

人们对口语的认识逐渐加深，教育行政部门也充分认识到了这门课程的重要性与必要性。1993 年 5 月，国家教委颁发《师范院校“教师口语”课程标准(试行)》，要求各级各类师范院校将此课程作为增强学生教师职业技能的必选课列入教学计划中。教师口语是研究教师口语运用规律的一门应用语言学科，该课程是在理论指导下培养学生在教育、教学等工作中的口语运用能力的实践性课程。

该标准提出，教师口语课程的目的及任务是：教育学生热爱祖国语言，认真学习、积极贯彻国家语言文字工作方针政策，增强语言规范意识；能用标准或比较标准的普通话进行口语交际；初步掌握运用教师职业语言进行教育教学的基本技能，并能对中小学生和幼儿的口语进行指导，以利于提高全民族的语言素质。①

经过多年的发展，教师口语课程的开设成为深化教育改革、提升教学质量的重要措施，该课程的任务可归纳为以下三点。

一是增强学生的语言规范意识，贯彻落实国家语言文字工作的方针政策，教育学生热爱祖国语言。

二是让学生掌握从事教师工作的职业用语，能够使用标准或比较标准的普通话，进行日常口语交际和开展教育、教学工作。

三是让学生掌握口语交际和教育、教学口语的常用技能、技巧，根据不同场景的需要，展示其应有的能力，并通过语言的学习提升其思维模式，进而提升学生的综合素质。

二、教师口语训练课的重要意义

随着时代的发展，教育也需要合乎规律地发展、运行，做出变革。新的、聚焦教师职业专业性的教师观也必然会逐步确立。一名合格的教师，不仅要具备相应的学科知识，而且还要有符合教师这一职业的素质和技能。

基于教师职业发展的视角所设立的教师口语课程，主要有以下三种意义。

(一)教师口语训练课是保障教师开展教育、教学活动的基本需要

教师的一切活动都离不开口语表达。无论是学生学习正确的口语，还是教师传授知识、教育学生、建立良好的师生关系，口语表达都是维系一切活动的基础。

(二)教师口语训练课是实施素质教育的重要举措

我们可以发现，在新的小学语文教学大纲中，已不再单提听话、说话，而是综

① 《师范院校“教师口语”课程标准(试行)》，载《师范院校课程与教学》，1993(7)。

合起来提口语交际。口语交际属于言语交际范畴，言语交际是至少在两个人之间进行的，以人际交往为目的的言语活动。[①] 人们在日常生活、学习和工作中以语言为工具进行交流信息和思想感情的活动，其形式有听说（口语）、读写（书面语）两大类。其中，口语交际是人们运用口头语言进行交谈、演讲、辩论的一种言语交际活动，具备直接、简便、迅速的特点，是使用最多、运用最广的语言信息交流手段。口语交际的提出，体现了素质教育的要求。

素质教育的本质，是促使全体学生获得全面发展，换句话说，素质教育就是要创造一种适合所有学生的教育。实现素质教育，离不开教师素养的提升。如若让学生获得“口语交际”的能力，在教育中实践素质教育的理念，那教师就必须具备相关的职业素养。教师口语训练课可以帮助提升教师的职业能力，是实施素质教育的重要举措。

（三）教师口语训练课是培养高素质人才的重要途径

教师是学生知识的领航员，是学生养成良好性格的引导者。培养出全方位的人才是教师的使命和责任，这就要求教师用适当的言语、适当的方式来教育学生，引导学生，让学生在人生的起跑线上站稳脚跟。优秀的教师口语表达，可以提升教师的个人魅力，营造出专业性强又不失活泼的课堂氛围，帮助学生开辟出一条走向高素质人才的成长道路。

问题与情景测试题

1. 请说一说你对教师口语课程的期待和要求。

2. 有人说，只要学识高就一定可以当一名好老师，至于口语表达好不好对其教学生涯影响不大。你是如何看待这个观点的？

第一章测验题

① 赵毅、钱为钢：《言语交际学》，13 页，上海，上海三联书店，2003。

第二章　普通话训练

【建议学时】

4～6 学时。

【教学目标】

知识层面：熟悉音节与音素、元音与辅音、声母、韵母、声调等几个常用的语音基本概念，变调的基本概念和类型，熟悉朗诵的含义和基本要求，熟悉命题演讲的含义、特点；掌握不同声母、韵母的发音特点，上声、“一”字、“不”字、“啊”字、轻声的变调规律，词的几种轻重格式，朗诵的基本技巧和不同文体的朗诵方式，三种类型的命题说话技巧。

技能层面：能按照普通话的字音、语法规范正确发音；能够分析文本，针对不同文体，找到合适的朗诵方式；能够自然流畅地进行命题说话。

普通话是现代汉民族的共同语，也是国家通用语言，推广普通话是我国的一项基本国策。1955 年，全国文字改革工作会议和现代汉语规范化学术会议明确了在全国推广普通话的任务，随后《国务院关于推广普通话的指示》中，进一步定义了普通话的内涵，即“以北京语音为标准音，以北方话为基础方言，以典范的现代白话文著作为语法规范”。此后，普通话正式在全国推广。1982 年，《中华人民共和国宪法》在第十九条明确规定“国家推广全国通用的普通话”，推广普通话正式成为法定工作。1994 年，国家语言文字工作委员会、国家教育委员会、国家广播电影电视部联合发布《关于开展普通话水平测试的决定》的通知，使普通话推广工作上了一个新台阶。2000 年，《中华人民共和国国家通用语言文字法》正式颁布，将普通话推广工作进一步规范化和标准化。

经过半个多世纪的努力，普通话推广工作取得了显著的成效，不仅普通话普及率大大提升，而且使用面越来越广，也越来越走向规范化。但是，鉴于目前普通话推广工作中仍存在普通话推广与规范汉字推广之间的不平衡，推广“数量”与“质量”的不平衡，城市与农村、经济发达地区与次发达地区的不平衡，现实空间与虚拟空间的不平衡，国内与国际的不平衡等诸多问题[1]，因此，普通话的普及和推广仍是今后我国发展战略中的一项重要工作。

>> 第一节 单字发音训练 <<

一句基本的普通话话语由字、词组成，词由字组成，一般来说，汉语一个音节用一个汉字来表示。音节由一个或几个音素组成。

音节是自然的语音单位，也是语音结构的基本单位。汉语的音节比较容易分辨，一般来说，一个汉字只有一个音节，如“学习”(xue xi)是两个音节，“普通话”(pu tong hua)是三个音节。每发一个音节，发音器官的肌肉紧张一次，每一次肌肉的紧张度增而复减就形成一个音节。

从音素角度分析，音素是从音色的角度划分出来的最小的语音单位。普通话语音共有 32 个音素。按发音情况的不同，音素可以分为元音和辅音两大类。元音，也叫母音，是指发音时，发音器官各部位均衡紧张，气流通过口腔、咽喉不受阻碍而形成的音。普通话有 10 个元音音素，是构成韵母的主要成分。辅音，也叫子音，是指发音时气流在口腔或咽头受到阻碍而形成的音。普通话有 22 个辅音音素，除 ng 做韵尾外，构成了 21 个声母。

声母是指汉语音节中开头的辅音部分，普通话中可以充当声母的辅音共有 21 个，辅音声母的不同性质是由发音的部位和发音的方法不同而形成的。韵母是指除声母以外的其余音素，是声母后面的成分。声调是音节中具有区别意义作用的音高变化，如“昌(chāng)”“长(cháng)”“厂(chǎng)”“畅(chàng)”。

一、声母

普通话中充当声母的辅音有 21 个，如表 2-1 所示。

表 2-1 声母表

		塞音		塞擦音		擦音		鼻音	边音
		清音		清音		清音	浊音	浊音	浊音
		不送气音	送气音	不送气音	送气音				
双唇音	上唇	b	p					m	
	下唇								
唇齿音	上唇					f			
	下唇								

[1] 姚喜双：《新时代推普方略和举措》，载《语言文字报》，2019(10)。

续表

		塞音		塞擦音		擦音		鼻音	边音
		清音		清音		清音	浊音	浊音	浊音
		不送气音	送气音	不送气音	送气音				
舌尖中音	上齿龈	d	t					n	l
	舌尖								
舌根音	软腭	g	k			h			
	舌根								
舌面音	硬腭前			j	p	x			
	舌面前								
舌尖后音	硬腭前			zh	ch	sh	r		
	舌尖								
舌尖前音	上齿音			z	c	s			
	舌尖								

声母是指汉语音节中开头的辅音部分，普通话中可以充当声母的辅音共有21个，即b、p、m、f、d、t、n、l、g、k、h、j、q、x、zh、ch、sh、r、z、c、s。但也有的音节不是以辅音开头的，元音前头那部分是零，称作“零声母”，如“爱(ai)”“欧(ou)”“恩(en)”“安(an)”“央(yang)”“温(wen)”“云(yun)”等。

(一)声母发音

1. 按声母的发音部位分类

声母的发音部位指发辅音时发音器官对气流形成阻碍的部位。它是形成不同的辅音音色的重要条件。根据发音部位，普通话声母可以分成七类。

①双唇音b、p、m(3个)，上唇和下唇紧闭或接触以阻碍气流而发出的辅音。

②唇齿音f(1个)，下唇接触或靠近上齿以阻碍气流而发出的辅音，又称齿唇音。

③舌尖前音z、c、s(3个)，舌尖抵住或靠近上齿背以阻碍气流而发出的辅音，又称平舌音、舌尖齿音、齿背音、舌尖齿背音。

④舌尖中音d、t、n、l(4个)，舌尖平伸，抵住或靠近上齿龈以阻碍气流而发出的辅音，又称舌尖齿龈音、齿龈音、齿龈前音。

⑤舌尖后音zh、ch、sh、r(4个)，舌尖翘起接触或接近硬腭前部阻碍气流而发出的辅音，又称卷舌音、翘舌音、舌尖硬腭音。

⑥舌面前音j、q、x(3个)，舌面前部接触或接近硬腭前部阻碍气流而发出的辅音，又称舌面前硬腭音。

⑦舌面后音g、k、h(3个)，舌面后部接触或接近软腭阻碍气流而发出的辅音，又称舌根音、后舌面软腭音。

2. 按声母的发音方法分类

声母的发音方法是指发音时阻碍气流或解除阻碍的方法。根据发音方法，普通话声母可以分成五类。

①塞音 b、p、d、t、g、k(6 个)，发音部位闭塞使气流受阻，软腭上升，堵塞鼻腔通路，阻塞气流的发音部位突然分开，气流冲破阻碍骤然而出，爆破成声。

②擦音 f、h、x、sh、r、s(6 个)，发音时，阻碍气流的部位接近但不完全闭塞，留下窄缝，软腭上升，堵塞鼻腔通路，气流从窄缝挤出，摩擦成声。

③塞擦音 z、c、zh、ch、j、q(6 个)，发音时，发音部位开始完全闭合，软腭上升，堵塞鼻腔通路，然后气流把阻塞部位冲开一条窄缝，从窄缝中挤出，摩擦成声。

④鼻音 m、n(2 个)，发音时，发音部位完全闭合，软腭下降，打开鼻腔通路，气流从鼻腔出去。

⑤边音 l(1 个)，发音时，舌头的中间通路阻塞，舌头的两边留有空隙，软腭上升。堵塞鼻腔通路，气流从舌头的两边或一边出去。

3. 按声带是否振动分类

发音时，声带不颤动的是清音，声带颤动的是浊音。

①清音 b、p、f、d、t、g、k、h、j、q、x、zh、ch、sh、z、c、s(共 17 个)，发音时声带不振动。

②浊音 m、n、l、r(4 个)，发音时声带振动。

4. 按呼出气流的强弱分类

根据发音(主要除阻)时，呼出气流的强弱，可把声母中的塞音、塞擦音分为送气声、不送气音两类。

①送气音 p、t、k、q、ch、c(6 个)，发音时，呼出的气流比较强。

②不送气音 b、d、g、j、zh、z(6 个)，发音时，呼出的气流比较弱。

在发音练习时，可以拿一张薄纸对着嘴巴，呼出的气流能让纸张动的就是送气音，呼出的气流不能让纸张动的就是不送气音。

(二)声母发音常见错误辨析

1. zh、ch、sh 与 z、c、s 辨析

南方许多方言区没有翘舌音，说普通话时，常把翘舌音的字念成平舌音。zh、ch、sh 是舌尖后音，发音时舌尖翘起接触或接近硬腭前部，所以又称翘舌音。z、c、s 是舌尖前音，舌尖平伸接触或接近上齿背，所以又称平舌音。

【发音训练】

zh—zh	zhuāng zhì 装　置	zhuǎn zhé 转　折	zhàn zhēng 战　争	zhēn zhū 珍　珠	zhòng zhí 种　植

ch—ch	chāi 拆	chú 除	chē 车	chuāng 窗	chōu 抽	chù 搐	chí 驰	chěng 骋	chún 唇	chǐ 齿
sh—sh	shàng 上	shì 市	shì 事	shí 实	shēn 深	shān 山	shòu 受	shāng 伤	shǎo 少	shù 数
zh—z	zhǒng 种	zú 族	zhù 著	zuò 作	zhǐ 指	zé 责	zhuāng 庄	zǐ 子	zhì 制	zào 造
ch—c	chǔ 储	cáng 藏	chī 吃	cù 醋	chún 纯	cuì 粹	chǔ 楚	cí 辞	chā 差	cuò 错
sh—s	shào 哨	suǒ 所	shēn 申	sù 诉	shì 世	sú 俗	shū 疏	sōng 松	shōu 收	suō 缩
z—zh	zǔ 组	zhǎng 长	zì 自	zhòng 重	zòu 奏	zhé 折	zuì 最	zhōng 终	zá 杂	zhì 志
c—ch	cāng 仓	chǔ 储	cāo 操	chí 持	cái 财	chǎn 产	còu 凑	chéng 成	cǐ 此	chù 处
s—sh	sàng 丧	shēng 生	sǔn 损	shī 失	suǒ 所	shù 述	sài 赛	shì 事	suàn 算	shù 数

2. n 与 l 辨析

西南官话、赣方言、湘方言等地方话，总会把 n 声母念成 l 声母；而江淮方言区的一些地方话，则总将 l 声母念成 n 声母。n 与 l 都是舌尖中音，发音部位相同，都是舌尖接触上齿龈阻碍气流而形成，都是浊音。但二者的发音方法不同：n 发音时，发音部位完全闭合，软腭下降，打开鼻腔通路，气流从鼻腔出去。l 发音时舌尖接触上齿龈，阻塞口腔中路通道，气流从舌尖的两边或一边出去。

【发音训练】

n—n	nán 男	nǚ 女	nǎi 奶	nai 奶	néng 能	nai 耐	nán 南	níng 宁	ní 泥	nìng 泞	nǎo 恼	nù 怒
l—l	lǐ 理	lùn 论	lì 力	liàng 量	liú 流	lèi 泪	lán 蓝	lǚ 缕	lěng 冷	luò 落	lǎo 老	là 辣
n—l	nǔ 努	lì 力	nǎ 哪	lǐ 里	nián 年	líng 龄	néng 能	lì 力	nú 奴	lì 隶	ná 拿	lái 来
l—n	lǐ 理	niàn 念	liáo 辽	níng 宁	lǐng 岭	nán 南	liè 列	níng 宁	liú 留	niàn 念	lí 罹	nàn 难

3. h 与 f 辨析

在赣方言、湘方言、粤方言、客家话等方言中，会将 h 声母念成 f 声母；而在闽方言中则将 f 声母念成 h 声母。h 与 f 都是清擦音，但阻碍的部位不同，f 是上齿和下唇形成阻碍，h 是舌面后部与软腭形成阻碍。

【发音训练】

h—h	hěn 很	hǎo 好	hán 含	hùn 混	hū 呼	huàn 唤	huān 欢	hū 呼	huì 绘	huà 画	huáng 皇	hòu 后

f—f	fǎn fù	fēng fù	fǎng fú	fāng fǎ	fēn fēn	fù fèi
	反 复	丰 富	仿 佛	方 法	纷 纷	付 费
f—h	fú hé	fù huó	fā huī	fǎn huí	fèng huáng	fū huà
	符 合	复 活	发 挥	返 回	凤 凰	孵 化
h—f	hé fǎ	huí fù	hé féi	huāng fèi	huà fēn	héng fú
	合 法	回 复	合 肥	荒 废	划 分	横 幅

4. 尖音与团音辨析

尖音指舌尖前音 z、c、s 声母拼 i、ü 或 i、ü 起头的韵母；团音指舌面前音 j、q、x 声母拼 i、ü 或 i、ü 起头的韵母。普通话中没有尖音，因此方言区的人学说普通话时，应将 z、c、s 跟 i、ü 或 i、ü 为韵头的韵母相拼的音节改为 j、q、x。

【发音训练】

j—j	jiē jìn	jiàn jiě	jié jú	jiě jué	jī jìn	jù jué
	接 近	见 解	结 局	解 决	激 进	拒 绝
jī jí	jiā jiào					
积 极	家 教					
q—q	quán qiú	què qiè	qiào qí	qiào qǐ	qí qiú	qīn quán
	全 球	确 切	峭 岐	翘 起	祈 求	侵 权
qīn qi	qí quán					
亲 戚	齐 全					
x—x	xué xí	xiè xie	xiǎng xiàng	xiàn xiàng	xiāng xìn	xiū xián
	学 习	谢 谢	想 象	现 象	相 信	休 闲
xīn xǐ	xiāo xi					
欣 喜	消 息					
j—q/x	jī qíng	jí quán	jué qǐ	jīng què	jìn xíng	jì xù
	激 情	极 权	崛 起	精 确	进 行	继 续
jú xiàn	jù xiàn					
局 限	具 现					
q—j/x	qíng jié	qián jìn	qiú jié	qiān jūn	qíng xù	quē xí
	情 节	前 进	虬 结	千 钧	情 绪	缺 席
qīng xì	qīng xiàng					
轻 细	倾 向					
x—j/q	xiàn jǐng	xiāo jí	xì jù	xián jiē	xìng qù	xiàng quān
	陷 阱	消 极	戏 剧	衔 接	兴 趣	项 圈
xiáng qíng	xīng qī					
详 情	星 期					

二、韵母

韵母是指声母后面的部分。例如，“木”的声母是 m，韵母是 u。普通话一共有

39 个韵母，如表 2-2 所示。

表 2-2　韵母表

韵母　按口型分 / 按结构分	开口呼	齐齿呼	合口呼	撮口呼
单元音韵母	-i[ɿ]　-i[ʅ]	i[i]	u[u]	ü[y]
	a[A]			
	o[o]			
	e[ɤ]			
	ê[ɛ]			
	er[ər]			
复元音韵母		ia[iA]	ua[uA]	
			uo[uo]	
		ie[iɛ]		üe[yɛ]
	ai[ai]		uai[uai]	
	ei[ei]		uei[uei]	
	ao[ou]	iao[iɑu]		
	ou[ou]	iou[iou]		
带鼻音韵母	an[an]	ian[iɛn]	uan[uan]	üan[yan]
	en[ən]	in[in]	uen[uən]	ün[yn]
	ang[ɑŋ]	iang[iaŋ]	uang[uɑŋ]	
	eng[əŋ]	ing[iŋ]	ueng[uəŋ]	
			ong[uŋ]	iong[yŋ]

(一)韵母发音

一个韵母通常分为韵头、韵腹、韵尾三部分。韵腹是构成韵母的主要成分，韵母可以没有韵头或韵尾，甚至韵头和韵尾都可没有，但必须有韵腹。韵腹，也叫主要元音，是韵母中开口度最大、发音最响的元音。普通话中的元音都可做韵腹。韵腹前面的元音叫韵头，可以做韵头的元音只有 i、u、ü 3 个。韵腹后面的音素是韵尾，韵尾只能由元音 i、u(包括 ao、iao 中的 o)或鼻辅音 n、ng 充当。

普通话韵母可以从两个不同角度进行分类：一是按韵母开头元音的发音口形分类，二是按结构分类。

1. 按韵母开头元音的发音口形分类

按照韵母开头元音的发音口形，可将韵母分为以下四类。

①开口呼韵母：指没有韵头，韵腹不是或不含 i、u、ü 的韵母。开口呼韵母有 a、o、e、ê、er、i(前)、i(后)、ai、ei、ao、ou、an、en、ang、eng 共 15 个。

②齐齿呼韵母：指 i 或以 i 开头的韵母。齐齿呼韵母有 i、ia、ie、iao、iou、

ian、in、iang、ing 共 9 个。

③合口呼韵母：指 u 或以 u 开头的韵母。合口呼韵母有 u、ua、uo、uai、uei、uan、uen、uang、ueng、ong 共 10 个。

④撮口呼韵母：指 ü 或以 ü 开头的韵母。撮口呼韵母有 ü、üe、üan、ün、iong 共 5 个。

2. 按韵母的结构分类

根据韵母结构特点，可以将普通话韵母分为单韵母、复韵母、鼻韵母三类。

(1)单韵母

由一个元音构成的韵母叫单元音韵母，简称单韵母。单韵母有 10 个，其舌位和状态描述如下：

①ɑ[ᴀ]舌面、央、低、不圆唇元音。

发音时，口自然大开，扁唇，舌头居中央，舌面中部略隆起，舌尖置下齿龈，声带振动。软腭上升，关闭鼻腔通路。

【发音训练】

dǎ bǎ	dà shà	fā dá	mǎ dá	lǎ ba	nǎ pà
打 靶	大 厦	发 达	马 达	喇 叭	哪 怕

②o[o]舌面、后、半高、圆唇元音。

发音时，口半闭，圆唇，舌头后缩，舌面后部略隆起，舌尖置下齿龈后，声带振动。软腭上升，关闭鼻腔通路。

【发音训练】

bó bo	pó po	mò mò	pō mò	bó mó	mó pò
伯 伯	婆 婆	默 默	泼 墨	薄 膜	磨 破

③e[ɤ]舌面、后、半高、不圆唇元音。

发音时，口半闭，扁唇，舌头后缩，舌面后部略隆起，舌面两边微卷，舌面中部稍凹，舌尖置于下齿龈后，嘴角向两边微展，声带振动。软腭上升，关闭鼻腔通路。

【发音训练】

gé hé	hé gé	kè chē	tè sè	sè zé	tè shè
隔 阂	合 格	客 车	特 色	色 泽	特 赦

④ê[ɛ]舌面、前、半低、不圆唇元音。

发音时，口自然打开，扁唇，舌头前伸，舌面前部略隆起，舌尖抵住下齿背，嘴角向两边微展，声带振动。软腭上升，关闭鼻腔通路。

在普通话中，ê 只在语气词“欸”中单用。ê 不与任何辅音声母相拼，只构成复韵母 ie、üe，并在书写时省去上面的附加符号“ˆ”。

【发音训练】

jié yè	tiē qiè	shěng lüè	xiāo miè	lǐn liè	gǎn xiè
结 业	贴 切	省 略	消 灭	凛 冽	感 谢

⑤i[i]舌面、前、高、不圆唇元音。

发音时，口微开，扁唇，上下齿相对，舌头前伸，舌面前部略隆起，舌尖抵住下齿背，嘴角向两边微展，声带振动。软腭上升，关闭鼻腔通路。

【发音训练】

tǐ xì	jí lì	lì yì	tí yì	jì yì	jī lì
体 系	吉 利	利 益	提 议	记 忆	激 励

⑥u[u]舌面、后、高、圆唇元音。

发音时，口微开，圆唇，舌头后缩，舌面后部高度隆起和软腭相对，舌尖置下齿龈后，声带振动。软腭上升，关闭鼻腔通路。

【发音训练】

hù zhù	gǔ wǔ	gū fù	pǔ sù	dú shū	pù bù
互 助	鼓 舞	辜 负	朴 素	读 书	瀑 布

⑦ü[y]舌面、前、高、圆唇元音。

发音时，口微开，圆唇(近椭圆)略向前突，舌头前伸，舌面前部略隆起，舌尖抵住下齿背，声带振动。软腭上升，关闭鼻腔通路。

【发音训练】

yǔ jù	xù yǔ	yǔ xù	xū yú	yù jū	qū yù
雨 具	絮 语	语 序	须 臾	寓 居	区 域

⑧er[ər]卷舌、央、中、不圆唇元音。

发音时，口腔自然打开(是 ɑ[ᴀ]的开口度的一半)，扁唇，舌头居中央，舌尖向硬腭中部上卷(但不接触)，声带振动。软腭上升，关闭鼻腔通路。

【发音训练】

ér qiě	ér gē	ěr duo	èr hú	èr shí	ér tóng
而 且	儿 歌	耳 朵	二 胡	二 十	儿 童

⑨－i(前)舌尖、前、高、不圆唇元音。

发音时，口微开，扁唇，嘴角向两边展开，舌头平伸，舌尖靠近上齿背，声带振动。软腭上升，关闭鼻腔通路。z、c、s 的发音拉长，拉长的部分是－i(前)的读音。

【发音训练】

zì cí	zì sī	zī zī	zǐ sì	zì sì	zì cǐ
字 词	自 私	孜 孜	子 嗣	恣 肆	自 此

⑩－i(后)舌尖、后、高、不圆唇元音

发音时，口微开，扁唇，嘴角向两边展开，舌尖上翘，靠近硬腭前部，声带振动。软腭上升，关闭鼻腔通路。zh、ch、sh 的发音拉长，拉长的部分即是－i(后)的读音。

【发音训练】

shí zhì	shí zhǐ	shī zhí	chí chí	zhì chǐ	zhī shi
实 质	食 指	失 职	迟 迟	智 齿	知 识

(2)复韵母

复韵母是由两个或三个元音组成的韵母。复韵母的发音有两个特点：一是元音之间没有明显的界线，整个过程是从一个元音滑向另一个元音。二是各元音的发音响度不同。主要元音的发音口腔开口度最大，声音最响亮，持续时间最长，其他元音发音轻短或含混模糊。响度大的元音在前的，叫作前响复韵母；响度大的元音在后的，叫作后响复韵母；响度大的元音在中间的，叫作中响复韵母。普通话中有 ai、ei、ao、ou、ia、ie、ua、uo、üe、iao、iou、uai、uei 共 13 个复韵母。

①前响复韵母。

普通话中前响复韵母有 ai、ao、ei、ou 共 4 个。发音时，开头的元音清晰响亮、时间较长，后头的元音音质含混，音值不太固定，只表示舌位滑动的方向。

【发音训练】

ai[ai]	cǎi pái 彩　排	ài dài 爱　戴	kāi cǎi 开　采	zāi hài 灾　害	pāi mài 拍　卖
ao[ɑu]	dào cǎo 稻　草	háo máo 毫　毛	zhāozhāo 昭　昭	bàochǎo 爆　炒	táo pǎo 逃　跑
ei[ei]	féi měi 肥　美	bèi lěi 蓓　蕾	mèi mei 妹　妹	pèi bèi 配　备	méi huī 煤　灰
ou[ou]	lóu kǒu 楼　口	ōu zhōu 欧　洲	gōu lóu 佝　偻	chǒu lòu 丑　陋	lòu dǒu 漏　斗

②后响复韵母。

普通话中后响复韵母有 ia、ie、ua、uo、üe 共 5 个。它们发音的特点是开头的元音都是高元音 i—、u—、ü—，发音轻短，只表示舌位滑动的方向，收尾的元音响亮清晰。

【发音训练】

ia[iA]	jiā yā 加　压	xià jià 下　架	qià qià 恰　恰	jiǎ yá 假　牙	jiā jià 加　价
ie[iɛ]	tiē qiè 贴　切	xiè xie 谢　谢	qiè qiè 窃　窃	tiě xié 铁　鞋	llè qie 趔　趄
ua[üA]	wá wa 娃　娃	huà huà 画　画	guā guā 呱　呱	shuǎ huá 耍　滑	guā huā 刮　花
uo[uo]	luò tuo 骆　驼	guò cuò 过　错	tuō luò 脱　落	nuò ruò 懦　弱	kuò chuò 阔　绰
üe[yɛ]	jué jué 决　绝	què yuè 雀　跃	yuē lüè 约　略	jué xué 绝　学	xuě yuè 雪　月

③中响复韵母。

普通话中的中响复韵母有 iao、iou、uai、uei 共 4 个。这些韵母发音的特点是舌位由高向低滑动，再从低向高滑动。开头的元音发音不响亮、较短促，中间的元音清晰响亮，收尾的元音轻短模糊。

【发音训练】

iao[iau]	xiǎo niǎo 小鸟	qiǎo miào 巧妙	miáo tiao 苗条	liáo xiào 疗效	xiāo yáo 逍遥
iou[iou]	yōu yōu 幽幽	yōu xiù 优秀	yōu jiǔ 悠久	qiú jiù 求救	jiǔ liú 久留
uai[uai]	huái chuāi 怀揣	guāi guāi 乖乖	wài kuài 外快	pái huái 徘徊	shuāi huài 摔坏
uei[uei]	zhuī suí 追随	huí guī 回归	huì cuì 荟萃	shuǐ wèi 水位	huì duì 汇兑

(3)鼻韵母

由一个或两个元音后面带上鼻辅音构成的韵母叫鼻韵母。鼻韵母发音时，逐渐由元音向鼻辅音过渡，逐渐增加鼻音色彩，最后形成鼻辅音。鼻韵母又可以分为带舌尖鼻音“n”的前鼻音韵母和带舌根鼻音“ng”的后鼻音韵母两大类。

①前鼻音韵母。

前鼻音韵母有 an、en、in、ün、ian、uan、üan、uen 共 8 个。

【发音训练】

an[an]	wán shàn 完善	tán pàn 谈判	zhǎn lǎn 展览	dān chǎn 单产	càn làn 灿烂
en[ən]	shēn chén 深沉	gēn běn 根本	shēn fèn 身份	zhèn fèn 振奋	rèn zhēn 认真
in[in]	qīn jìn 亲近	xīn qín 辛勤	yǐn jìn 引进	yīn qín 殷勤	pīn yīn 拼音
ün[yn]	jūn yún 均匀	jūn xùn 军训	qūn xún 逡巡	yún yún 芸芸	
ian[iɛn]	miǎn tiǎn 腼腆	qián xiàn 前线	diàn niàn 惦念	jiàn miàn 见面	jiān xiǎn 奸险
uan[uan]	chuán yuán 船员	zhuǎn huàn 转换	wǎn zhuǎn 婉转	huàn suàn 换算	zhuān duàn 专断
üan[yɛn]	xuān yuán 轩辕	yuán quán 源泉	quán quán 全权	yuán quān 圆圈	yuān yuán 渊源
uen[uən]	wēn shùn 温顺	kūn lún 昆仑	lún dūn 伦敦	hùn dùn 混沌	gǔn lún 滚轮

汉语拼音方案规定，韵母 uen 和辅音声母相拼时，受声母和声调的影响，中间的元音(韵腹)产生弱化。写作 un。例如“论”写作 lùn，而不是 luèn。

②后鼻音韵母。

后鼻音韵母有 ang、iang、uang、eng、ueng、ing、ong、iong 共 8 个。

【发音训练】

ang[aŋ]	zhāng wàng 张 望	cāng máng 苍 茫	cháng láng 长 廊	cāng sāng 沧 桑	zhāng láng 蟑 螂
iang[iaŋ]	qiáng xiàng 强 项	xiǎng liàng 响 亮	xiǎng xiàng 想 象	xiāng jiāng 湘 江	liàng qiàng 踉 跄
uang[uaŋ]	zhuàng kuàng 状 况	huáng zhuāng 黄 庄	zhuāng huáng 装 潢	kuáng wàng 狂 妄	
shuāng huáng 双 簧					
eng[əŋ]	fēng zheng 风 筝	shēng téng 升 腾	gēng zhèng 更 正	zhēng chéng 征 程	fēng shēng 风 声
ueng[uəŋ]	wēng xù 翁 婿	yú wēng 渔 翁	wēng wēng jiào 嗡 嗡 叫	wèng cài 蕹 菜	
wěng yù 蓊 郁					
ing[iŋ]	tīng píng 听 凭	qīng tīng 倾 听	xìng mìng 性 命	qīng míng 清 明	dīng níng 叮 咛
ong[uŋ]	lóng zhòng 隆 重	tōng hóng 通 红	kōng dòng 空 洞	kǒng lóng 恐 龙	hōng dòng 轰 动
iong[yŋ]	xiōng yǒng 汹 涌	jiǒng jiǒng 炯 炯	qióng qióng 茕 茕	xióng xióng 熊 熊	jiǒng jìng 窘 境

(二)韵母发音常见错误辨析

1. 前鼻音韵母和后鼻音韵母发音辨析

要区分前后鼻音韵母的发音，就要弄清前鼻音韵尾 n 和后鼻辅音韵尾 ng 的发音部位和发音方法。

发韵尾 n 时，舌尖轻触上齿龈，使在口腔受到阻碍的气流从鼻腔出去，发音未完成不能离开；发韵尾 ng 时，舌面后部轻抵软腭，使在口腔受到阻碍的气流从鼻腔出去，发音未完成不能离开。

(1)an 与 ang、en 与 eng、in 与 ing 的发音训练

an—ang	nán fāng 南 方	cán dǎng 残 党	fǎn kàng 反 抗	àn cáng 暗 藏	dǎn náng 胆 囊
fǎn háng 返 航	zàn shǎng 赞 赏				
ang—an	cháng tàn 长 叹	shāng chuán 商 船	bāng bàn 帮 办	máng rán 茫 然	fáng hán 防 寒
gàng gǎn 杠 杆	kàng zhàn 抗 战				

en—eng zěn néng 怎能　fēn fēng 分封　zhēnzhèng 真正　shén shèng 神圣　fēn chéng 分成　zhēnchéng 真诚　shēn céng 深层

eng—en zēng hèn 憎恨　fēng chén 风尘　chéng rèn 承认　chéngzhèn 城镇　dēng mén 登门　shèng rén 圣人　shèng rèn 胜任

in—ing yín píng 银瓶　xīn líng 心灵　yīn yǐng 阴影　pǐn píng 品评　xīn xíng 新型　jìn xíng 进行　mín yíng 民营

ing—in píng jīn 平津　jīng pǐn 精品　yǐng yīn 影音　bìng yīn 病因　tīng xìn 听信　tǐng jìn 挺进　jìng xīn 静心

(2)ian 与 iang 的发音训练

ian—ian jiǎn diǎn 检点　lián nián 连年　qián xiàn 前线　piān jiàn 偏见　qiān xiàn 牵线　qiǎn xiǎn 浅显　biān yán 边沿

iang—iang liáng jiàng 良将　yáng xiàng 洋相　xiǎng liàng 响亮　xiǎng xiàng 想象　qiāng xiǎng 枪响　xiāng yáng 襄阳　liáng xiāng 良乡

ian—iang biàn liàng 变量　xiàn xiàng 现象　diǎn liàng 点亮　qiān qiǎng 牵强　mián yáng 绵羊　tiān liàng 天亮　yǎn jiǎng 演讲

iang—ian liǎng biān 两边　liàng biàn 量变　liáng tián 良田　qiǎng xiǎn 抢险　xiáng jiàn 详见　xiāng qiàn 镶嵌　xiàng liàn 项链

(3)uan 与 uang、uen 与 ueng 的发音训练

uan—uang kuān guǎng 宽广　guān wǎng 官网　guān wàng 观望　guàn zhuāng 罐装　guǎn zhuāng 管桩

uang—uan

guāng huán 光环　kuáng huān 狂欢　zhuàng guān 壮观　huāng luàn 慌乱　guǎng fàn 广泛

uen—uen

hùn dùn 混沌　lùn wén 论文　wēn rùn 温润　lún dūn 伦敦　mén rén 门人

rén wén 人文

ueng

wěng yù 蓊郁　shuǐ wěng 水蓊　lǎo wēng 老翁

2. 分辨 i 与 ü、in 与 ün、ian 与 üan

客家话、闽南语和西南方言中没有撮口呼韵母，ü 都念成 i，如把“女的”说成“你的”，把“白云”说成“白银”等。ü 与 i 都是前高元音，发音的主要区别是唇形，i 为展唇，ü 为圆唇。

【发音训练】

i—ü

qí yǔ 祈雨　jǐ yǔ 给予　tǐ yù 体育　qí qū 崎岖　xī yù 西域　qí yù 奇遇

mí yǔ 谜语

in—ün

qín yùn 琴韵　yīn yūn 氤氲　mín yùn 民运　lín xún 嶙峋　yīn yùn 音韵　yīn yún 阴云

yīn xùn 音讯

ian—üan

yǎn quān 眼圈　yān juǎn 烟卷　qiǎn quǎn 缱绻　yán yuàn 研院　jiàn quán 健全　yǎn yuán 演员

jiǎn yuán 减员

3. 分辨 o 与 e

东北、西南方言中，都有 o、e 不分的现象。o 与 e 都是后半高元音，发音时主要的区别是唇形，o 为圆唇，e 为展唇。

【发音训练】

o—e

mó hé 磨合　bò he 薄荷　pǒ cè 叵测　mò hé 漠河　bó lè 伯乐　mò kè 墨客

bō rě 般若

e—o

gé mó 隔膜　è mó 恶魔　kè bó 刻薄

o—o

luò mò 落寞　cuō mó 磋磨

e—e kě lè 可乐 zhè me 这么

4. 分辨 eng 与 ong

在我们的方言里，b、p、m、f 与 ong 相拼，而在普通话中，声母 b、p、m、f 与韵母 ong 不相拼，而与 eng 相拼，但在赣方言中，eng 就会被读成 ong 的音节。分辨二者的发音，主要是要分清二者起点元音的口型，eng 的起点元音是后半高不圆唇元音，发音时，口半开，展唇。ong 的起点元音是比后高圆唇元音 u 略低的后次高圆唇元音，唇形始终拢圆。

【发音训练】

ong kǒng zǒng 倥偬 kōng dòng 空洞 cōng lóng 葱茏 dòng róng 动容 lóng zhòng 隆重

beng bēng kuì 崩溃 bēng dài 绷带 bēng liè 崩裂 bèng fā 迸发 bèng jí 蹦极

bèng tiào 蹦跳

peng pēng rèn 烹饪 pēng jī 抨击 pēng rán 砰然 péng pài 澎湃 péng bó 蓬勃

pèng dǎo 碰倒 péng niǎo 鹏鸟

meng méng fā 萌发 méng mèi 蒙昧 méng zhǔ 盟主 méng lóng 朦胧 měng liè 猛烈

měng dǒng 懵懂

feng fēng zheng 风筝 fēng zhuāng 封装 fēng fù 丰富 fēng yè 枫叶 fēng luán 峰峦

fēng máng 锋芒

三、声调

声调，亦称字调，指字音高低升降的变化，具有区别字、词意义的作用。汉字是单音字，一字一音，每一字音一经改变高低升降，就构成不同意义的字，如“妈”“麻”“马”“骂”四个字，“先”“贤”“显”“限”四个字，发音高低升降不同，也就是声调不同。声调不同，词不同，每四个字的意义也大不相同。再如，bāowéi(包围)和 bǎowèi(保卫)、shéncǎi(神采)和 shēncái(身材)这两组词的声母和韵母相同，但声调不同，意义就不同了。有时候同一个字，声调不同，所代表的意义也不同，如“薄(bó)纸”“薄(bò)荷”等。声调是汉语音节中不可缺少的成分，它与声母、韵母共同构成普通话音节。在普通话的学习中，声调是学习训练的重要内容。

(一)调值和调类

1. 调值

调值指音节高低升降、曲直长短的变化形式，即声调的实际读法。调值有两个语音特点：一是主要由音高构成，音的高低决定于频率的高低；二是构成调值的相对音高在读音上是连续的，中间没有停顿，没有跳跃。我们常用“五度标记法”(见图 2-1)标记调值，也就是用五度竖标来表示声调相对音高的方法，具体方法是：画平行的两条竖线，分作四格五度，表示声调的相对音高，最高音 5 度，半高音 4 度，中音 3 度，半低音 2 度，最低音 1 度。两条竖线中间分别用带箭头的横线、斜线、曲线来表示不同调值的音高变化，线条左端为音高的起点，右端为音高终点。线条起讫和转折的度数可以用数字[55][35][214][51]来表示，这也叫作调值数码法，如图 2-1 所示。

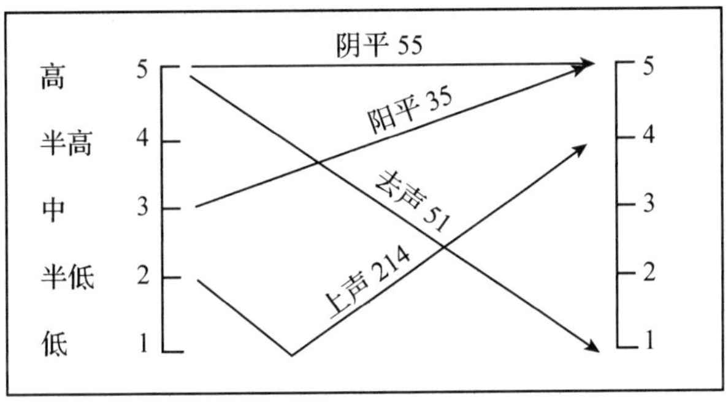

图 2-1 五度标记法

2. 调类

调类就是声调的种类，调值相同的或调值相近而无意义差别的归在一起，成为一个调类。古汉语中有平声、上声、去声、入声四个调类。当代普通话有阴平、阳平、上声、去声、轻声五个调类。按照图 2-1 的“五度标记法”，普通话的调值可以标记为：阴平(第一声)调值为 55，阳平(第二声)调值为 35，上声(第三声)调值为 214，去声(第四声)调值为 51。轻声音节音高随着前一个音节声调而变化，没有固定的调值。

(二)声调发音

1. 阴平——高平调

俗称“一声”，发音时，声带绷到最紧，始终无明显升降变化，保持音高，用五度标记法就是从 5 到 5，写作 55。需要注意的是：双音节词语中，后字为阴平，这个阴平达不到 55 的高度，处于 44 的高度。

【发音训练】

cān jiā 参 加	bō yīn 播 音	chuī yān 炊 烟	kuā zhāng 夸 张	kā fēi 咖 啡	fēn fā 分 发
huān hū 欢 呼	tuī qiāo 推 敲	shēnzhāng 伸 张	bān chē 班 车		
bīng xiāng 冰 箱	yīn sēn 阴 森	dān shēn 单 身	xuānchēng 宣 称	cān tīng 餐 厅	shāngbiāo 商 标
qīn shēn 亲 身	zhēng guāng 争 光	fēng shōu 丰 收	xiāng jiāo 香 蕉		
zhēn xī 珍 惜	guāng yīn 光 阴	qīng chūn 青 春	guāng huī 光 辉	chūn tiān 春 天	huā xiāng 花 香
gōng sī 公 司	tōng zhī 通 知	xīn wū 新 屋	chū zū 出 租		

2. 阳平——高升调

俗称“二声”，起音比阴平稍低，然后升到高。声带从不紧不松开始，逐步绷紧，直到最紧，声音从不低不高到最高，用五度标记法就是从 3 到 5，写作 35。

【发音训练】

chéng shí 诚 实	nóng mín 农 民	huái yí 怀 疑	ér tóng 儿 童	yán xíng 言 行	líng huó 灵 活
xué tú 学 徒	huáxiáng 滑 翔	lín shí 临 时	chí míng 驰 名	mó xíng 模 型	háo qíng 豪 情
tuán jié 团 结	rén mín 人 民	huí guó 回 国	huá qiáo 华 侨	niú yáng 牛 羊	chéngqún 成 群

3. 上声——降升调

俗称“三声”，起音半低，先降后升，由半低下降、稍拖长再快速升高。声带从略微有些紧张开始，立刻松弛下来，稍稍延长，然后迅速绷紧，但没有绷到最紧，用五度标记法就是从 2 降到 1 再升到 4，写作 214。

【发音训练】

sì yǎng 饲 养	dài lǐ 代 理	sè cǎi 色 彩	kùn kǔ 困 苦	bìng qiě 并 且	guān shǎng 观 赏
qīng lěng 清 冷	shēn qiǎn 深 浅				
dēng tǎ 灯 塔	yīng yǔn 应 允	xuān jiǎng 宣 讲	biān zuǎn 编 纂	tīng jiǎng 听 讲	xuān rǎng 喧 嚷
fǎng fú 仿 佛	fā zhǎn 发 展				

4. 去声——全降调

俗称“四声”，起音高，接着往下滑，由最高点降到最低点。声带从紧开始到完全松弛为止，声音从高到低，音长是最短的，用五度标记法就是从 5 降到 1，写作 51。如果两个去声相连，前一个可以不降到 1 度，但后一个必须降到底。

【发音训练】

dà shà 大 厦	làng màn 浪 漫	jiàn zhù 建 筑	pò lì 破 例	diàn shì 电 视	shì fàn 示 范
qì zhì 气 质	hù zhào 护 照	càn làn 灿 烂	shèng lì 胜 利	bào gào 报 告	hùn luàn 混 乱

第二节 词组发声训练

人们在说话时，不是孤立地发出一个个音节，而是需要把多个音节组合起来，形成一连串自然的语流。当多个音节组合在一起时，有些语音就会发生变化，这些变化是在长期的语言历史发展中形成，并经过约定俗成、世代相传保留下来的，我们把这种现象称作语流音变。普通话中的语流音变现象主要有：变调、轻声、儿化、“啊”的变读四类。掌握和运用普通话语流音变规律，可以使语音自然流畅而不生硬。

一、变调训练

(一)上声变调

1. 上声＋上声→阳平＋上声

两个上声相连，前一个上声字的调值从[214]变为[35]，后一个上声调值仍为[214]。

【发音训练】

演讲 勇敢 选取 美好 引导 了解

保养 海口 赶紧 古典 展览 鼓掌

2. 上声＋非上声→半上＋非上声

上声在非上声前，即在阴平、阳平、去声前，上声字的调值由[214]变为半上[21]。

【发音训练】

上声＋阴平：

雨衣 许多 老师 北端 史诗

小心 减低 果汁 采摘 酒精

上声＋阳平：

语言 品德 美名 老人 铁门

坦然 草皮 朗读 祖国 改革

上声＋去声：

闪电　努力　朗诵　响亮　讲课　稳重

丑恶　软弱　努力　好像　妥善　省略

3. 上声＋轻声

轻声前面的上声字的变调一般仍然要根据这个轻声字的本调来变调。

上声后的轻声的本调为非上声(阴平、阳平、去声)时，或是亲属称谓中的重叠上声字时，或当轻声字为“子”时，调值由[214]变为[21]。

【发音训练】

哑巴　讲究　补丁　点心　打听　打发(本调为阴平)

骨头　你们　老实　暖和　懂得　养活(本调为阳平)

伙计　摆布　打算　口袋　寡妇(本调为去声)

姥姥　奶奶　姐姐　婶婶　嫂嫂(亲属称谓中的重叠上声字)

嫂子　痞子　胆子　爪子　椅子(轻声字为“子”)

上声后的轻声的本调为上声时，是动词的重叠形式时等，轻声字前面上声字的变调一般由[214]变为[35]。

【发音训练】

老虎　可以　打扫　小姐　手里　想起　把手　打点(本调为上声)

走走　跑跑　洗洗　想想　找找　写写(动词的重叠形式)

4. 上声＋上声＋上声

三个以上的上声相连，上声的变调应根据词语内部的语义停顿来定。

(1)<u>上声＋上声</u>＋上声

前两个音节语义紧凑，语义停顿在第二个音节后，则前两个音节都变成[35]，最后一个上声仍为[214]。

【发音训练】

展览馆　选举法　跑马场　演讲稿　洗脸水　水彩笔

(2)上声＋<u>上声＋上声</u>

后两个音节语义紧凑，语义停顿在第一个音节后，则第一个音节变成[21]，第二个音节变成[35]。

【发音训练】

土产品　纸雨伞　小拇指　冷处理　纸老虎

要本领　有理想　好领导　小两口

(3)三个以上上声相连

当多个上声相连时，要对句子成分进行划分，根据语意把句子划分成三三两两的词组，再根据上声的变调规律进行变调处理。

(二)“一”字变调

“一”的本调是阴平，调值为[55]，当“一”单读时、用在词、句的末尾时、在序数词中时，都读本调。

1.“一”在去声前声调变为阳平，调值变为[35]

【发音训练】

一个 一共 一刻 一度 一阵 一致 一样 一路 一会儿

2. 在阴平、阳平、上声前，调值变为[51]

【发音训练】

一端 一天 一发 一杯 一些(阴平前)

一直 一行 一如 一群 一盒(阳平前)

一览 一起 一早 一举 一种(上声前)

3. 嵌在重叠的动词中间时，念轻声

【发音训练】

看一看 聊一聊 走一走 跳一跳 听一听 想一想 学一学

(三)“不”字变调

“不”的本调为去声，调值为[51]，在单念、词句末尾、非去声字前，读本调。

1. 在去声前读阳平，调值变为[35]

【发音训练】

不怕 不利 不料 不快 不错 不当 不至

2. 嵌在重叠的动词中间和在动词后的补语中，念轻声

【发音训练】

想不想 要不要 说不说 睡不睡 走不走 拿不拿

看不清 拿不动 起不来 打不开 睡不醒 说不过

(四)“啊”字变调

“啊”有两种用法，可用作语气词，也可用作叹词。用作叹词时，“啊”独立于句子之外，一般读作 a；当用作语气词时，受到前一个音节末尾音素的影响，就会发生音变现象。其变化规律如表 2-3 所示。

表 2-3 “啊”字音变规律表

“啊”字音变规律表		
“啊”前字音节的末尾音素	“啊”的音变	举例
a、o、e、i、ü、ê	ya	①我等你回家啊！ ②最亲的是祖国啊！ ③这个地方很有特色啊！ ④这个科技好神奇啊！ ⑤好及时的大雨啊！ ⑥好大的雪啊！

续表

u(ao、iao)	wa	①他一生过得都很辛苦啊！ ②一起合作真好啊！ ③这个地方真小啊！
n	na	①这个人很不简单啊！ ②这个苹果真圆啊！
ng	nga	①一起唱啊！ ②行不行啊！
舌尖前元音 i	za	①遇事一定要三思啊！ ②快好好练字啊！
舌尖后元音 i、儿化 er	ra	①快吃啊！ ②今天真好玩啊！

二、轻声训练

轻声是指在语流中，有的音节失去了原本的声调，被读成一个短而轻的调子。它是对于四声的一种特殊音变。《汉语拼音方案》规定轻声不标调。轻声具有区别词义和词性的作用。

(一)轻声的调值

1. 阴平+轻声(半低调 2 度)

妈妈　姑娘　风筝　飞了　跟头

2. 阳平+轻声(中调 3 度)

席子　石头　来了　含糊　爷爷

3. 上声+轻声(半高调 4 度)

椅子　打扮　买卖　耳朵　本事

4. 去声+轻声(低调 1 度)

谢谢　爸爸　漂亮　故事　在乎

(二)轻声的音变规律

在普通话中，下列用法中读轻声。

1. 语气词：啊、吧、嘛、吗、呢

是吗　好嘛　走吧　他呢　说啊

2. 助词：的、地、得、着、了、过

我的　轻轻地　跳得好　躺着　吃了　见过

3. 重叠动词的第二个音节

走走　看看　想想　说说　坐坐　谈谈

4. 重叠名词的第二个音节

星星　宝宝　姥姥　爷爷　姐姐　娃娃

5. 表方位、处所的词：上、下、里、面、边

床上　山下　房子里　外面　后边

6. 形容词、动词后面表示趋向的词：来、去、起来、下去

拿来　起来　出去　掉下去　走过来　站起来

7. 名词、代词的后缀：子、头、们念轻声

桌子　燕子　石头　舌头　我们　乡亲们

8. 量词：个、口、场等

一个　打个盹儿　喝口水　看场电影

9. 作宾语的人称代词

请你　找我　叫他

10. 嵌在重叠动词中间的“一”，嵌在动词、形容词、动词补语中间的“不”

看一看　想一想　说一说　笑不笑　吃不吃

另外，还有一些约定俗成的轻声音变词，可详见《普通话必读轻声词语表》。

三、儿化训练

“er”是普通话里的一个特殊韵母，它不和声母相拼，通常有两种用法：一种是独立表示一个字音，如“儿、二、而、耳、尔、饵”等字，但数量较少；另一种是和前一个音节合为一个音节，只保持一个卷舌动作，这种现象叫“儿化”，儿化之后保持卷舌的韵母称为“儿化韵”，书写时在韵母后面直接加“r”。

(一)儿化的作用

赵元任曾说过：“卷舌韵的用法，不但是为了说漂亮北平话用，它在文法上、造词上，都是很重要的。”总体来看，儿化具有以下四种功能：

1. 区别词义

眼(眼睛)——眼儿(窟窿)

头(脑袋)——头儿(领导)

信(书信)——信儿(消息)

2. 区分词性

画画儿(前一个“画”是动词，后一个“画儿”是名词)

盖盖儿(前一个“盖”是动词，后一个“盖儿”是名词)

尖(形容词)——尖儿(名词)

个(量词)——个儿(名词)

3. 表示喜爱和亲切的情感色彩

这个小孩儿真可爱！

你是我的心肝儿，你是我的宝贝儿。

4. 表示细小、轻微的意思

帮我拿一下那根棍儿！

这都是小事儿！

(二)儿化的音变规律

普通话中除了 er 韵、ê 韵外，其他韵母都可以儿化。统计如表 2-4 所示。

表 2-4　儿化音变规律表

儿化音变规律表			
原韵、尾音	儿化	儿化后读音	举例
韵母或尾音为 a、o、e、ê、u	＋r	a—ar、ia—iar、ua—uar、o—or、uo—uor、e—er、üe—uer、ie — ier、u — ur、ao — aor、ou—our、iao—iaor、iou—iour	号码儿、钱夹儿、浪花儿 红包儿、大伙儿、模特儿 主角儿、半截儿、泪珠儿、手套儿、小丑儿、苗条儿、抓阄儿
尾音为 i、n	去掉韵尾，＋r	ai—ar、uai—uar、en—er、ei—er、an — ar、uei — uer、uen — uer、üan — üar、ian — iar、uan—uar	冒牌儿、一块儿、嗓门儿、口味儿、蒜瓣儿、跑腿儿、打盹儿、手绢儿、聊天儿、撒欢儿
韵母为 i、ü	＋er	i—ier、ü—üer	玩意儿、毛驴儿
尾音为 ng(除后鼻音 ing 外)	去掉 ng，元音鼻化，＋r	ang — ãr、iang — ãr、uang — uãr、eng — ẽr、ong — ũr、iong̃—ür	药方儿、透亮儿、门窗儿 钢镚儿、抽空儿、小熊儿
—i(前)、—i(后)	去掉 i，＋er	—i(前)—er　—i(后)—er	瓜子儿、找事儿
韵母是 in、ün、ing	去掉韵尾 n、ng，＋er	in—ier、ün—üer、ing—ier	脚印儿、合群儿、电影儿

四、词语的轻重格式

有这样一种普遍现象，一些人在练习普通话的过程中，每个字的读音都非常准确，但是连成一个词组或者一句完整的话时，却总感觉不够自然流畅，听起来有点生硬的感觉。造成这种现象很重要的一个原因，就是没有掌握好词语的轻重格式。在普通话中，两字以上的多音节词中，每一个音节的轻重强弱是不同的，这就是词的轻重格式。我们通常把各音节的轻重分量、强弱程度大致分为重、中、次轻、轻四级。

重音是词语的重读音节；中音是不强调重读也不特别轻读的一般音节；次轻音是要比中音音量、音长减弱，但又比轻音稍重的音节；轻音是失去了原有声调的调值，需要特别轻读的音节。需要注意的是，轻与重都是相对而言的，总的原则是要词语和句子读起来自然流畅；当原来的词组的轻重格式放置到具体的句子中时，根据语意表达的需要，轻重格式也会发生变化。

(一)双音节词的轻重格式

双音节词一般有“中－重”“重－中”“重－轻”三种格式。

1.“中－重”格式

大多数双音节词都是中重格式，即前一个音节读中音，后一个音节读重音。这类词一般是合成词，前后两字的含义都比较明确，与其单字形式的含义基本一致。

【发音训练】

花草　国家　田野　车窗　长城　南方　乡村　地震　教室　青春

蓝天　流水　芭蕉　宝贵　面包　文明　电视　黑暗　沉重　训练

2.“重－中”格式

后一个音节比前一个音节读得稍轻。这类词语也是合成词，但前一个音节的字义需要重读加以明确。

【发音训练】

爱情　亲情　视觉　听觉　父亲　母亲　博士　硕士　放肆　重视

天气　遭遇　安静　容易　习惯　保护　爱护　错误　长度　技术

3.“重－轻”格式

前一个音节读重音，后一个音节读轻音。当双音节中的前一个字为实词，后一个字为虚词，或者将这两个字分别拆开之后，单字含义与双字含义是不相同的，一般读“重－轻”格式。

【发音训练】

妈妈　哥哥　爷爷　儿子　孩子　桌子　日子　我的　觉得　后头

姑娘　地道　女婿　东西　前边　萝卜　事情　喜欢　漂亮　喇叭

(二)三音节词的轻重格式

三音节词最常用的一般有“中－中－重”“中－重－轻”“中－轻－重”三种格式。

1.“中－中－重”格式

前两个音节读中音，第三个音节加重。这个格式的三音节词一般三个字都是实词，前两个字构成一个双音节。绝大部分三音节词都读这种格式。

【发音训练】

博物馆　解说员　电视机　天安门　探险家　亚运会　手术室

芭蕾舞　立交桥　橄榄球　东道主　摩托车　解放军　邮政局

2.“中－重－轻”格式

第一个音节读中音，中间一个音节读重音，末尾的音节读音最轻。这个格式的三音节词一般是后两个字构成一个双音节。

【发音训练】

卖关子　两口子　老头子　过日子　大兄弟　命根子　闹别扭

做生意　好朋友　没意思　钻空子　有时候　胡萝卜　为什么

3.“中—轻—重”格式

第一个音节读中音，中间一个音节读轻音，末尾的音节读重音。这个格式的三音节词一般是一些选择疑问句或者一些口语中的习惯句式。

【发音训练】

想不想　有没有　去不去　会不会　走不走　香不香

吃不消　过不去　来不了　起不来　冷不防　保不齐

（三）四音节词的轻重格式

四音节词一般有“中—重—中—重”“中—轻—中—重”“重—中—中—重”三种格式。

1.“中—重—中—重”格式

第一和第三个音节读中音，第二和第四个音节读重音。大多数成语都是这个格式。

【发音训练】

龙飞凤舞　心平气和　花好月圆　年富力强　龙腾虎跃

五光十色　轻歌曼舞　美轮美奂　人杰地灵　国泰民安

2.“中—轻—中—重”格式

第一和第三个音节读中音，第二个音节读轻音，第四个音节读重音。这类四音节词大多是叠音形容词和四个字的象声词。

【发音训练】

高高兴兴　模模糊糊　甜甜蜜蜜　嘻嘻哈哈　安安静静

慌里慌张　稀里糊涂　叽里呱啦　老实巴交　噼里啪啦

3.“重—中—中—重”格式

第一个音节和第四个音节读重音，中间两个音节读中音。这类四音节词大多是修饰与被修饰、陈述与被陈述、支配与被支配的四字成语。

【发音训练】

敬而远之　惨不忍睹　如虎添翼　一扫而空　义不容辞

身不由己　寄人篱下　喜出望外　狐假虎威　木已成舟

>> 第三节　朗诵训练 <<

文字语言和有声语言一直是并行不悖、相辅相成的。朗诵作为有声语言艺术的一种，可以丰富文艺语言的力量，向每一个听众传情达意。我国播音主持业的业界泰斗张颂在《朗读美学》一书中将朗读定义为“以文字语言为依据，进行再创作，把文字语言转变为有目的、有思想、有感情和有对象的有声语言”①。而朗诵与朗读又有所不同，二者是包含与被包含的关系。朗诵是基于朗读的以文字语言为依据，生动表现文字作品内容，把文字语言转变为有浓重鲜明的感受、有诚挚贴切的感情运动状态、以完美体现为目的的有声语言。② 由此可见，朗诵比朗读的要求更高，朗诵的艺术性更强，更侧重于创作者如何更妥帖地展现和传达文字作品的内部情感。

对于教师而言，朗诵这一技能的提升，在教师口语的专项训练中起着承上启下的作用。承上，是因为朗诵是普通话正音的继续，在普通话中习得的声、韵、调等知识和吐字归音、用气发声等一些技巧，可以在朗诵训练中得到持续锻炼，巩固普通话的语音知识。启下，是指朗诵训练也是演讲、讲故事等说话训练的准备。朗诵训练中的表情达意的技巧是教师口语表达的基本功。

教师口语表达要将内部语言形之于外，用有声语言的形式传达给听众。这是一个复杂的过程，只能循序渐进，逐步提高。朗诵，可以说是教师口语表达训练初阶的一个理想的锻炼模式。

朗诵在学校教育、教学过程中有着特别的作用。首先，从“教”的方面来说，富于情感的、有技巧性的朗诵示范，对学生有巨大的感召力，可以帮助学生更好地领会作品的内涵与思想，而作品的语言美、意境美和作者的人格美都可以通过教师的声音传达给学生。尤其是被选入中小学课本的作品，都是经过千锤百炼的、古圣先贤及今人的名篇佳作，对于这些具有传播价值的文字作品，教师要如何揣摩、理解文本，加深感受，引发感情，将其转化为有声语言，让学生听、欣赏，在理解教材的同时，获得审美体验，是需要不断训练学习的。

其次，从“学”的方面来说，朗诵训练，不仅是教师口语训练，学生也能够通过朗诵学到知识，提升认知，陶冶情操，同时还能锻炼逻辑思维和心理感受能力，这些不仅是素质教育对学生的要求，而且是支撑学生全面发展的保障手段之一。

再次，朗诵的基本要求之一是必须使用规范的普通话，掌握个别字的变调，吐字清晰饱满，声音洪亮，每一个字都要掌握好吐字归音的要领，把音节发成“枣核形”。整篇文章的语流要顺畅，不丢字、不添字、不改字、不随意停顿、不结巴、不重复，前后连贯，语意突出，语调变化有致。

最后，朗读者表现的情感要朴实自然，节奏要鲜明适度。朴实自然指的是朗诵者在处理作品时要忠于原著，不能脱离文章的内容，单纯追求自我情感的表达。鲜明适度是要求朗诵者的感情充沛、不虚假，语音表达处理适当，不矫揉造作，在自

---

① 张颂：《朗读美学》，11～13页，北京，中国传媒大学出版社，2010。

② 张颂：《朗读美学》，6～8页，北京，中国传媒大学出版社，2010。

然和真实的基础上具备感染力。

朗诵者是作者的代言人，他需要把作者的爱憎褒贬、喜怒哀乐，通过有声语言传达给听众，让听众受到感染引起共鸣，从而达到教育、审美的作用。在理解朗诵的基本要求之后，完成一篇有声语言的作品，需做好朗诵的前期准备，通过一定的节律训练，并掌握不同文体的朗诵方式。

一、朗诵的准备

朗诵的过程是“理解他人作品，自己再创作，被他人倾听”的过程，因此朗读者必须处理好原作者、朗诵者与听众三者之间的关系。朗诵者既要准确传达出原作的主题内容和思想情感，也要表达出自己对于作品的理解；朗诵者还要根据朗诵的目的和对象的不同，确定不同的表达方式与基调。所以，朗诵前的准备工作主要包括理解作品、确定目的和对象两部分。

(一)理解作品

正式朗诵之前，要做好充分准备，认真地分析理解作品，概括起来可以从以下四个方面进行作品的理解工作。

1. 疏通字词

朗诵过程中我们会遇到各种各样的作品，很多作品中存在一些字词的读音和意义我们不甚明了的情况，所以，朗诵前的准备工作就是在泛读的基础上对作品中陌生的、存疑的字音和字义进行分析理解，确保字词的读音正确。知道字词正确的读音，理解准确，是朗诵的基本要求。对于存有疑惑的字词，必须认真地翻阅字典，查找清楚，否则就会产生错误，情感表达就会不够准确。

以下案例均选自普通话水平测试题目。

按捺(àn nà)；报应(bào · yìng)；卑鄙(bēibǐ)；

巢穴(cháoxué)；风靡(fēngmǐ)；负载(fùzài)；

骨髓(gǔsuǐ)；关卡(guānqiǎ)；黄疸(huángdǎn)；

埋藏(máicáng)；玫瑰(méi · gui)；吐血(tùxiě)；

载体(zàitǐ)；枝蔓(zhīmàn)；晕车(yùnchē)。

以上词语，都是现实生活中我们常常容易读错的。这些例子仅仅是一小部分，所以在拿到朗诵作品时，我们务必要疏通字音，确保读音正确。

其次，在面对部分容易混淆的、带有感情色彩的词语和成语时，教师要保证自己对其理解准确。如“耳提面命”表示教育的殷勤恳切，多形容长辈对晚辈的殷切教导，不可错误理解为贬义词；“不忍卒读”用来形容文章之悲惨动人，意为不忍心读完，朗诵者不可将之理解为文章写得不好。故正确地理解字词含义，是朗诵者需要完成的基础任务。

2. 划分层次，厘清文脉

自然段是作者从创作角度出发而形成的段落。层次是整篇文章的布局结构。划分层次，其实包含着归并和划分两个方法，归并是指把内在联系比较紧密的、相对较短的自然段落归并为一个层次，而几个内在联系紧密的层次也可以再构成部分；划分是指将一个较长的自然段落划分为多个不同的小层次。

层次划分清楚之后，我们需要结合文章的开头、结尾、过渡和照应等各个方面，从宏观上对作品进行把控，提炼出作品的布局，理解作者的写作思路。

正确地划分层次、厘清文脉之后，朗诵者就掌握了整个作品的布局谋篇，对于人物、事件、感情的来龙去脉、前因后果，都有了比较明确的梳理，此时朗诵者对作品内容的表达就会更深入，更有条理。

【示例】

对《顶碗少年》进行层次划分。

①有些偶然遇到的事情，竟会难以忘怀，并且时时萦绕于心。因为，你也许能从中不断地得到启示，从中悟出一些人生的哲理。

②这是二十多年前的事情了。有一次，我在上海大世界的露天剧场里看杂技表演。节目很精彩，场内座无虚席。坐在前几排的，全是来自异国的旅游者，优美的东方杂技，使他们入迷了，他们和中国观众一起，为每一个节目喝彩鼓掌。

③一位英俊少年出场了。在轻松优雅的乐曲声里，只见他头上顶着高高的一摞金边红花白瓷碗，柔软而又自然地舒展着肢体，做出各种各样令人惊羡的动作，忽而卧倒，忽而跃起……碗，在他的头顶上摇摇晃晃，却总是不掉下来。最后，他骑在另一位演员身上，两个人一会儿站起，一会儿躺下，一会儿用各种姿态转动着身躯。站在别人晃动着的身体上，很难再保持平衡，他头顶上的碗，摇晃得厉害起来。在一个大幅度转身的刹那间，那一大摞碗突然从他头上掉了下来！这意想不到的失误，让所有的观众都惊呆了。

④台上并没有慌乱。顶碗的少年歉疚地微笑着，不失风度地向观众鞠了一躬。一位姑娘走出来，扫起了地上的碎瓷片，又捧出一大摞碗，还是金边红花白瓷碗，整整十只，一只不少。于是，音乐又响起来，碗又高高地顶到了少年头上，一切重新开始。少年很沉着，不慌不忙地重复着刚才的动作，依然是那么轻松优美，紧张不安的观众终于又陶醉在他的表演之中。到最后关头了，又是两个人叠在一起，又是一个接一个艰难的转身。碗，又在他头顶厉害地摇晃起来。观众们屏住气，目不转睛地盯着他头上的碗……眼看身体已经转过来了，几个性急的外国观众忍不住拍响了巴掌。那一摞碗却仿佛故意捣蛋，突然跳起摇摆舞来。少年急忙摆动脑袋保持平衡，可是来不及了。碗，又掉了下来。

⑤场子里一片喧哗。台上，顶碗少年呆呆地站着，脸上全是汗珠，他有些不知所措了。还是那一位姑娘，走出来扫去了地上的碎瓷片。观众中有人在大声地喊："行了，不要再来了，演下一个节目吧！"好多人附和着喊起来。一位矮小结实的白

发老者从后台走到灯光下，他的手里，依然是一摞金边红花白瓷碗。他走到少年面前，脸上微笑着，并无责怪的神色。他把手中的碗交给少年，然后抚摩着少年的肩胛，轻轻摇了一下，嘴里低声说了一句什么。少年镇静下来，手捧着新碗，又深深地向观众鞠了一躬。

⑥音乐第三次奏响了！场子里静得没有一丝声息。有一些女观众，索性用手捂住了眼睛。

⑦这真是一场惊心动魄的拼搏！当那摞碗又剧烈地晃动起来时，少年轻轻抖了一下脑袋，终于把碗稳住了。全场响起了暴风雨般的掌声。

⑧在以后的岁月里，不知怎的，我常常会想起这位顶碗少年，想起他那一次的演出，每当想起，总会有一阵微微的激动……

评析：这篇文章一共有八个自然段，可分为三个层次。第一个层次为第 1 自然段，第 1 自然段开篇点题，指出生命中的某些事情可以让人们得出启示，悟出道理，进而引起下文。文章的第二个层次是第 2 到第 7 自然段，这一部分讲述了少年在经历两次顶碗失败后，不轻易退缩，最终迎来成功的故事。第三个层次是文章的最后一段，这一段中作者总结全文，揭示了中心。

在这三个层次中，第二层次是重中之重。作者对顶碗少年前两次的失败进行了详细的描写，而仅用寥寥数语描写了第三次顶碗的成功。所以朗诵者在进行声音创作之际，要在前两次顶碗失败时，制造出紧张的氛围，让读者有身临其境之感。同时，前两次的顶碗失败与第三次的顶碗成功，肯定可以形成情感上的前后对比，朗诵者要通过语言声音的大小、节奏的快慢等让听众的心情随着事件的发展或陶醉或紧张。

3. 把握主题

主题是一篇作品的中心思想，它是文章作品内容的集中和升华，表达了作者的观点、态度和情感，是整篇作品的心脏、灵魂，它统率支配着该作品的一切，是贯穿于全篇作品的线索。要掌握作品的主题，就要在分清层次、把握文章思路的基础上，了解作者的生长背景、创作环境，弄清作品写的是什么，想说明的是什么问题，宣传的是怎样的观点，作品的寓意和表达的情感究竟如何等。只有正确地理解并把握作品的主题，对作品的朗诵才能做到“内明于心、外达于人”。

知晓作者的生长背景、创作环境，有时对我们把握作品的主题会有至关重要的作用。部分作品与作者的个人生活经历和思想息息相关，有些在特殊的历史时期或者特定的社会生活环境中所写的作品，如果朗诵者对作者本人及其作品的创作背景都一无所知，就很难正确地把握作品的主题。

如《为人民服务》，是毛泽东 1944 年 9 月 8 日在张思德同志的追悼会上所做的演讲。当时，抗日战争正处在十分艰苦的阶段，有许多困难需要克服。毛泽东针对这一情况，从树立正确的生死观、正确对待批评、搞好团结三个方面，号召大家学习张思德同志彻底为人民服务的精神，团结起来，打败日本侵略者。张思德同志仅仅是一个普通的战士，要为他开追悼会是不同寻常的，这就要联系当时的社会环境。这与当时延安和各根据地正在进行的大生产运动相关。抗日战争进入战略相持阶段后，日本侵略者的军事方针由以针对国民党为主改为以针对共产党为主，把主力集中到共产党领导的根据地周围，连续进行扫荡，实行残酷的“三光”政策。抗日根据地面临前所未有的挑战，财政经济尤为困难。为了战胜困难，坚持抗战，毛泽东带头在杨家岭驻地的山坡边开垦了一块地种植蔬菜。虽然作品的主题很明显是围绕“为人民服务”展开的，但我们了解了创作背景之后，就可以更精准地理解这篇讲话稿中所蕴含的崇高思想。

再如诗歌《闻官军收河南河北》，该诗作是唐代诗人杜甫52岁时，听闻唐军在洛阳附近的衡水打了胜仗，收复了洛阳和郑(今河南郑州)、汴(今河南开封)等州后创作的作品。作为一个热爱祖国又历经战乱流离的诗人，杜甫听到这个消息，无疑是会欣喜若狂的。了解杜甫这首诗歌的创作背景，会更有助于朗诵者在朗诵时表达作者“还乡”“喜欲狂”的心情。

4. 确定感情基调

在疏通字词、划分层次、把握主题的步骤完成之后，我们还要恰当地确定朗诵的感情基调。基调原指音乐作品中最主要的曲调。在文艺作品中，它主要指作品的基本情调，是作品的态度和情感的总和。确定感情基调就是要求朗诵者把握住作品的感情色彩，确定好自己的情感态度。

不同的作品自然有着不同的感情基调，或轻松或沉重，或欢乐或悲伤，或昂扬或凝重，或从容或沉郁，或严肃或幽默。作品的基调是一种综合性的体现。朗诵者需从作品的主题、作者的倾向等多方面去认真揣摩，才能恰如其分地把握。

在理解作品本身感情基调的基础上，我们也要确定朗诵者的态度。作品的基调自然是由它的文本内容所决定的。朗诵者的情感，必须忠于原作，不可随心所欲将自己的情感强加在作品之上，也不能不深入思考、只被动应付，模式化地靠音量的大小来展现作品中蕴含的情感态度。朗诵者需要在确定作品主题的基础上，把握作品的感情基调，并将自己的理解充分融入作品的内容之中，这样的表达才会更加完美，更引人入胜。

如高尔基创作于1901年的经典散文诗《海燕》，该作品被看作传播革命信息、坚定革命理想的战歌。作品以象征的手法，通过对革命风暴来临之前、暴风雨逼近和即将来临三个画面的描述，塑造了一只不怕电闪雷鸣、敢于搏击风浪、勇于呼唤暴风雨的海燕——这一“胜利的预言家”的形象。当时正值俄国1905年革命前夕，人民正需要这样充满激情的作品，所以这首散文诗一诞生，就被广大工人和革命群众所传诵。这篇文章的主题是海燕满怀激情地呼唤着革命高潮的到来，因此作品的感情基调就是海燕对革命高潮的向往和企盼。面对这样的作品，朗诵者也务必以饱满的热情投入声音创作中去。

再如前文提到的《为人民服务》，这篇作品的感情基调肯定是深沉怀念，但同时又要体现不耽于悲伤，敢于负重前行的拼搏之感。

(二)确定目的和对象

在充分了解作品内容的基础上，学会确定朗诵的目的和对象，是朗诵前要做的另一项准备工作。

朗诵的目的中包含着两个方面的内容，其中既有作者的写作意图，又有朗诵者的表达愿望。作者的创作目的是明确包含在作品的结构主题之中的，只需要我们进一步的挖掘，便可找到作品的创作目的。对作品的层次、主题及背景等多方面的理解和把握，就是在深入理解作者的创作目的下进行的；把握好目的，在朗读的时候才能提纲挈领。如前文提到的《为人民服务》这篇文章，该作品可以用来悼念，也可以用来发出号召。知晓这一层创作目的，朗读者的真实情感和鲜明的态度才能在声音中“自然”地流露出来。

而朗诵者的表达愿望与作者的写作意图也是相辅相成的。朗诵绝不是一件简单的、被动的声音复述与传播，朗诵者本人思想感情的运用、语气的转换、内在语的流动都取决于朗诵目的。只有朗诵者产生了表达愿望，才能够真实地再现文章内容，而朗读愿望的产生，正是基于朗诵者对于内容的理解和感受，特别是对目的的正确认识和体会。

仍以《顶碗少年》为例，作者花费了诸多笔墨描写在场观众面对杂技表演失败时候的反应，通过对观众的描写，表现少年在演出时所面临的越来越大的压力。在这样巨大的压力下继续坚持，并取得成功不是一件容易的事情。作者为读者展现了“无论遇到多少艰难曲折也不退缩，只要坚持就能成功”的主旨。朗诵者不仅要体现作者的意图，而且更重要的是要通过有声语言的表达唤起学生勇于拼搏的精神——这就是本篇作品的朗诵的目的。

朗诵活动不是一个单向的情感输出活动，朗诵者要学会同朗诵面对的对象进行交流，以达到听读双方的感情交融。所以，要确立朗诵的对象，做到有的放矢。

不同的朗诵对象，自然有不同的特点，朗诵者需要了解对象，区别对待。对于低年级的学生，朗诵时要做到字词清楚，内容准确，朗诵亲切有趣；对于中高年级的学生，则可以更侧重情感的表达，注重朗诵时情感的丰沛；而当朗诵者面对初高中学生、同事或领导时，则需要在如何表达更丰富的感情、表现深刻的内容主旨，以及如何有技巧地唤醒听众的共鸣上下更大的功夫。

如我们在朗诵朱自清的散文《春》时，如果面对的是低年级的学生，首要任务就是做好字词的发音准备工作，语速稍慢，可以适当采用夸张的语气，并辅以动作；如果面对的是高年级的学生，或是进行朗诵表演，则需要把握好文章的情感，明确文章的情感基调，保持情感和声音的流动稳定，突出“春”的特点，形成自己的朗诵风格。

二、朗诵技巧训练

清理文本的字词障碍，分析好作品的层次，把握文章思路，确定主题与情感基调，明确创作的目的和对象，这些仅仅是完成了朗诵前的案头准备工作。朗诵是要“动心”的，前期的准备，让我们为自己的内心情感找到了依据。要达到口语表达上的流利准确，进而实现声音艺术上的再创作，则必须依赖于有技巧的朗诵方式。

朗诵技巧可以分为内部心理技巧和外部言语表达技巧。内部心理技巧，主要仰仗于朗诵前的准备工作。这里所要讲的朗诵技巧训练，指的是朗诵的外部技巧。朗诵的外部技巧主要包括重音、停连、语调、语速等几个方面。

(一)重音

重音不是加重声音，重音的表达，是出于表情达意上的需要。根据语句目的、思想感情需要而给予强调的词或短语就叫重音。[①] 重音是为了表达的正确，要在分析理解、感受作品的基础上确定。

1. 重音的分类

重音一般发生在具有特殊作用、处于特别位置或有着特别含义的词或者短语上。一般来讲，常见的重音出现有以下几类情况。

(1)强调重音

强调重音指的是为了表示某种特殊的感情，或强调某种特殊意义而故意说得重一些的音，目的在于引起听者注意自己所要强调的部分。语句在什么地方该用强调重音并没有固定的规律，而是受说话的环境、内容和感情支配的。很多时候，同一句话，强调的重音不同，表达的意思也往往不同，例如：

我知道你是一名大四的学生。(是“我”知道，别人可能不知道)

我知道你是一名大四的学生。(你不用提醒我或隐瞒我)

我知道你是一名大四的学生。(强调是你，不是别人)

我知道你是一名大四的学生。(强调大四，快毕业了，不是大学新生)

我知道你是一名大四的学生。(强调学生身份)

同样的一句话，因为强调的重音不同，就可能表现出不同的情感色彩。此外，强调重音还多与那些显露出丰富感情色彩，描绘情景神态的，具有比喻性的、夸张性的词语有关。

如《海上日出》的一段文字：

太阳像负着什么重担似的，慢慢儿，一纵一纵地，使劲儿向上升。到了最后，它终于冲破了云霞，完全跳出了海面，颜色真红得可爱。

“重担”和“可爱”都是有着浓厚感情色彩的词语，而“一纵一纵”“使劲儿”和“冲”

---

① 张涵：《播音创作基础训练教程(第二版)》，172页，北京，中国传媒大学出版社，2016。

都描摹出了太阳上升的一整个过程，所以它们应该是重音。

(2)语法重音

语法重音是按照语言习惯自然重读的音节，这些重读的音节大部分都是按照平时的语言规定确定的。一般来说，语法重音不带有特别的强调色彩。语法重音出现的位置较固定，常见的规律是：

①一般短句子里的谓语部分常重读。例如：花开了，鸟飞了。

②动词或形容词前的状语常重读。例如：她飞快地跑向了她的母亲。

③动词后面由形容词、动词及部分词组充当的补语常常重读。例如：她走路猫一样优雅；他的车开得特别稳。

④名词前的定语常重读。例如：一条瘦弱的狗趴在店门口；没有人知道这场美轮美奂的演出是谁安排的。

⑤有些代词也常重读。例如：什么是梦想？

需要注意的是，语法重音的强度并不十分强，只是同语句中的其他部分相比，读得稍重一些罢了。

(3)逻辑重音

在朗诵的过程中，那些不受语法限制的，但由于其句子复杂、表意曲折，或表达的情感比较特殊，重音往往不能一下子确定，必须联系上下文仔细研究，进行认真推敲，尤其要把它放入特定的语境中加以考查，才可确定其中的重音，叫作逻辑重音。

逻辑重音在文本之中往往没有一个固定的格式，在任何位置上都可以出现。有一些情况是比较常用逻辑重音进行处理的：出现肯定性的词语；表明判断的词语；重要的数量词；与主题相关的具有浓重感情色彩的字词等。

如部编本语文三年级下册《花钟》这一篇文章：

鲜花朵朵，争奇斗艳，芬芳迷人，要是我们留心观察，就会发现，一天之内，不同的花开放的时间是不同的。凌晨四点，牵牛花吹起了紫色的小喇叭；五点左右，艳丽的蔷薇绽开了笑脸；七点，睡莲从梦中醒来；中午十二点左右，午时花开花了；下午三点，万寿菊欣然怒放；下午五点，紫茉莉苏醒过来；月光花在七点左右舒展开自己的花瓣；夜来香在晚上八点开花；昙花却在九点左右含笑一现……

这一篇文章着重在讲，不同的花开放时间不同。所以开篇第一句，做定语的与表示判断的两个“不同的”都是需要强调的，朗诵者可以在处理这两个重音时有一些轻重的差别。而要发现这种不同，离不开人们的认真观察，所以“留心”一词也必须强调。“时间”在这篇作品中贯穿始终，朗诵者也必须提醒听众留意不同的花在不同的时间开放，所以文章中出现的所有的时间点也必须是重音。当然，在这篇选段里标注的重音，也存在着语法重音，如“紫色的”“艳丽的”等。

逻辑重音和语法重音、强调重音是有所区别的。首先，从音量上看，语法重音给人的感觉只是一般的音量轻重有所区别，而强调重音则需要给人鲜明突出的印象，逻辑重音的音量通常来讲是大于语法重音的音量的。其次，从出现的位置上看，逻辑重音可能与语法重音重叠，这时，语法重音服从于逻辑重音，只需要将音量再加强一些就可以了。而当两种重音出现在不同的位置上时，此时逻辑重音的音量需要大过语法重音的音量。从确定重音的难易程度上考量，语法重音更容易找到，在一句话的范围内，根据语法结构的特点，就可以确定语法重音；而强调重音的确定，却与朗诵者对于作品的理解能力紧密相关。

2. 重音的表达方法

确定了语句中的重音之后，还需要选择贴合文本内容的、符合自己声音表达的表现技巧。表现重音的手段主要有以下几种。

(1)加强音量

女孩穿过马路的时候，看见两辆马车冲过来，她赶紧避开，鞋跑掉了一只，怎么也找不着，另一只又叫一个男孩拾起来就拿着跑了。

在这一段文字里"冲"是逻辑重音，事件由此而起。"赶紧"是形容当时紧急的情势，"怎么"是强调鞋怎样也找不到、令人着急的状况。"拾"和"跑"字，表现出捡鞋的那个男孩动作迅速且敏捷。突出这两个动词，一方面可以使男孩的形象更加鲜明，另一方面也衬托出了小女孩的可怜遭遇。再如前文提到的《海上日出》这篇文章，"太阳像负着什么重担似的"这一句，"重担"二字也可以用加强音量的方式来表现重音。

加强音量不是简单地在原有音量上做加法，而是采用强弱高低的对比法则来凸显重音。同样还是《海上日出》这篇文章：

天空还是一片浅蓝，很浅很浅的。转眼间，天水相接的地方出现了一道红霞。红霞的范围慢慢扩大，越来越亮。我知道太阳就要从天边升起来了，便目不转睛地望着那里。

这一段描写太阳即将升起，很明显，"升"字是一个需要强调的重音。在突出这个字的时候，前面部分朗诵时相对音量要小、节奏要缓，为后面强调"升"字做铺垫。

再比如舒婷的诗歌《致橡树》：

你有你的铜枝铁干，
像刀，像剑，
也像戟；
我有我红硕的花朵，
像沉重的叹息，
又像英勇的火炬。

这首诗歌中蕴含了作者浓烈的感情。"刀""剑""戟""红硕的""沉重的""英勇的"，都是在逐层递进的表达情感。如果仅仅是一味地高声呐喊式的朗诵，不但对朗诵者的声音损耗较大，而且也未必会产生最理想的效果。这时，如果我们用对比的方式进行处理，将“刀”“剑”“沉重的”读得相对低沉，词与词之间彼此映衬，既可以突出每一个重音，也可以形成感情的起伏感。

(2)重音轻读

重音轻读是要求在某些感人、缱绻、低沉的部分，故意将音量降低放柔，用来突出或细腻或凝重或亲切的感觉。如部编本八年级语文下册《社戏》中结尾处的一句话：

真的，一直到现在，我实在再没有吃到那夜似的好豆，——也不再看到那夜似的好戏了。

这里作者回忆童年时边吃豆子边看社戏的生活，如今都已经成为梦境一般的追忆，作者深情款款，却又无限惆怅。将“再没有”“也不再”“那夜似的”有力地轻读，语气凝重，可以使人体会到作者眷恋童年乡间生活的真挚感受。

再如部编本七年级语文上册《春》中的句子：

坐着，躺着，打两个滚，踢几脚球，赛几趟跑，捉几回迷藏。风轻悄悄的，草软绵绵的。

朗诵时，“轻悄悄”“软绵绵”是重音，但是在处理这种温柔、轻快的情感时，声声应该放轻、放缓，使整个表达不显得生硬，将听众带入春的意境之中。

(3)拖长音节

这种方法是要求朗诵者刻意放慢速度，以突出强调的音节。这种重音容易很明显地被听众感知到，较富有抒情色彩，尤其适合情感的表达。如在《海上日出》中，“一纵一纵地”，是可以放慢来读的。朗诵者可以用拖长音的方式让听众感受到太阳上升过程的景象。再看案例：

狂风吹不倒它，洪水淹不没它，严寒冻不死它，干旱旱不坏它。它只是一味地无忧无虑地生长，松树的生命力可谓强矣，松树要求于人的可谓少矣！

在这一段话里面，有四个动词，“吹”“淹”“冻”“旱”，这四个词都表达了一种连续不断的侵蚀力量，用拖长音的读法可以体现这些力量的持续性，也可以突出松树顽强的生命力是经得起各种风霜考验的。“一味”表示勇往直前，显示了松树虽九死其犹未悔的态度。“无忧无虑”是自我满足，怡然自得。最后“强”字赞美了松树坚强的生命，“少”字突出了只问耕耘的献身精神。这一组强调重音的词汇，都可以用拖长音的办法来处理。

(4)利用停顿

在朗诵作品的时候，我们可以使用两种不同的停顿方式，帮助我们进行声音表达。第一种停顿方式是一字一顿，即在面对具备情感张力的词语，或是面对感情的转折点、高潮点时，朗诵者可以采取字字都停顿的方式来加强重音。如《卖火柴的小女孩》中的这一段：

第二天寒冷的早晨，这女孩儿坐在墙角里，两腮通红，嘴上带着微笑——她死了，在旧年的大年夜冻死了……

这段描述里“她死了”和“冻死了”这两处，可以运用每字一顿歇的方式，逐个将字音读出，以表达作者沉痛的心情与悲悯的情怀。

另一种停顿方式，是在要强调的词语的前后做必要的停顿，使听者产生某种期待，进而把感情抒发得更深沉感人，或是引人入境，使之感同身受，或是给人某种深刻的启迪，引发思考。朗诵古诗《寻隐者不遇》时，就可以利用短暂的停歇来表现重音。“言师｜采药去，云深｜不知处”。① 两处停顿，既点明了隐者的动向，也凸显出了由于山间云雾弥漫，作者寻不到人的怅然。同时，在朗诵时，适当的停顿也可以引发好奇，紧紧抓住听众的注意力。

(二)停连

停连指的是朗诵中声音的中断和延续。停连是人们在进行声音创作时的一个重要因素，没有停连的朗诵作品是不存在的，语言中的停连不单是人们生理上换气的需要，也是显示文章语义、表达感情的需要。

朗诵时，在字词之间、词组之间、语句之间、段落之间、层次之间，都可能出现声音的暂时中断。这样的中断是一种停顿。而连接是指朗诵时声音不中断、不休止，它往往用于有标点符号的地方，表示缩短停顿，连起来读。

停连的作用主要有以下三种：第一，它是呼吸换气的自然需要，是人的生理需求。第二，它可以用来表示区分、转折、呼应、递进等各种关系，有助于分析语言结构、理解文意、体会作者的思想感情，使听众有咀嚼、消化、思考、回味的空间和机会。第三，停连可以用来表示强烈的感情色彩。停连处理得好，可以增强作品的表现力和感染力；反之，若处理不当，可能会造成语意不清，或使句子读起来支离破碎。停连的产生主要有以下两种。

1. 语法停连

语法停连是反映词句间的语法关系，显示语法结构的停连。它是为了适应表达语言内部结构关系的需要而做出的语音处理。它常常是为了强调或突出句子中的主语、谓语、宾语、定语、状语或补语而做的短暂的停顿。有时停顿的位置不同，则会造成语句含义的不同。

朗诵者在朗诵时要利用语法停连展现作品的层次结构。在朗读前的准备阶段，对文章层次进行细致分析时，我们就需要按照文本的标题、副标题、小标题、部分、层次、段落之间进行适当的停连处理，以便更好地把握作品的脉络，展示作品的情节和感情。

一般来讲，朗诵的停连应该要符合标点符号的要求，句号、问号、感叹号的停顿要比分号长，分号的停顿比逗号长，逗号的停顿要比顿号长，而冒号的停顿，则有较大的伸缩性，要依据上下文的内容进行判断。多数情况下书面语中有标点的地

① 用“｜”符号，表示词或短语分开，停顿时间很短，不换气。

方，同朗诵时需要停顿的地方是一致的。

自然段之间的停顿，应小于层次之间的停顿，层次之间的停顿应小于部分的停顿；标题之后的停顿，通常要长一些。当然，这些所有停顿的位置和时间的长短都是相对的，朗诵者要根据内容上的联系、感情的变化衔接，来灵活掌握。如《三峡之秋》这一小段：

山是墨一般的黑，陡立着，⌒倾向江心，仿佛就要扑跌下来，而月光，从山顶上，顺着深深的、直立的谷壑，把它那清冽的光辉，一直泻到江面。

这一段的标点带来的停顿有多处。首先可以确定的是，“深深的、直立的”，这一处中间是顿号的，停顿时间应该是最短的。而其他各处，虽然都是以逗号作为分割，但是要根据句意来具体判断停连。“陡立着，倾向江心”，表示了山的陡峭和因为陡峭带来的斜坠感。因此，这一处，虽然中间是逗号，但在处理时，应该要连在一起。

标点处的停连是比较好掌握的，语句内部的停连则需要更具体的分析。先通过以下案例来掌握停连的突出、强调效果：

朋友∧即将离开。（突出主语，朋友）

夕阳把水面映得∧通红，把天空也染成∧万道霞影。（突出红和万道霞影）

她高兴得∧一边拍手一边笑。（突出补语，表现人物笑的状态）

他再也找不到回家的∧那条∧孤寂的小路了。（突出中心词）

现在播送∧中央气象台∧今天早晨发布的∧8月中旬的天气预报。（突出前面的“中央气象台”的播送，和后面播送的内容“8月中旬的天气预报”）

自古称作天堑的长江，被我们∧征服了。（突出征服）

除了语意的突出和强调之外，停连也可以形成节奏感。

山∧朗润起来了，水∧涨起来了，太阳的脸∧红起来了。

这里的“山”“水”“太阳的脸”是并列关系，“山怎么样”“水怎么样”“太阳的脸怎么样”也成并列关系。并列关系里，在同样逻辑的地方做出停顿，让整个句子的节奏感更强烈。

到近处看，有的∧修直挺拔，好似当年山头的岗哨；有的∧密密麻麻，好似埋伏在深坳里的奇兵；有的∧看来出世还不久，却也亭亭玉立，别有一番风味。

这一段选自《井冈翠竹》，此部分内容由三个并列分句构成排比句，三句的结构基本相同，三个“有的”分别引领下文，先略做停顿，引起听众的注意，进而引出后面三种形态不同的井冈翠竹，第一种是昂扬不屈的“岗哨”，第二种是灵活的“奇兵”，第三种是平稳中见风姿的“神采”。

再看停连在《白杨礼赞》中的应用：

那是力争上游的一种树，笔直的干，⌒笔直的枝。∧它的干呢，通常是丈把高，像是加过人工似的，一丈以内绝无旁枝；它所有的丫枝呢，一律向上，而且紧紧靠拢，也像是加过人工似的，成为一束，绝无横斜逸出；它的宽大的叶子也是片片向上，几乎没有斜生的，更不用说倒垂了；它的皮，光滑而有银色的晕圈，微微泛出淡青色。∧这是虽在北方的∧风雪的压迫下∧却保持着倔强挺立的一种树。︵哪怕只有碗来粗细罢，它却努力向上发展，高到丈许，︵二丈，︵参天耸立，不折不挠，对抗着∧西北风。①

在上面的选段中，凡是有标点的地方，自然就应该停顿。但是我们要根据不同的标点符号安排不同的停顿时长；同时我们也要根据句意，判断停连。段落中间使用分号的部分，其停顿时间要比句号更短。尤其是到了“这是虽在北方的”总结的部分，停顿的时间更应该稍长一些。此外，这一段中也用到了连接。“笔直的干，笔直的枝”，这两小句中间虽然使用的是逗号，但它们的语意是紧密相连的，用连接的读法，可以让它们更有紧凑感，更有“力争上游”的感觉。连接，不是简单地加快语速，消除停顿；而是要达到一种感情上的衔接和递进关系。“哪怕”一句，在前文“倔强”的基础上，再一次突出白杨树向上的精神，故即使“哪怕”前使用的是句号，也不能让语意中断，给出过长的停顿时间。“丈许，二丈，参天耸立”，亦是同理，它们之间是递进的关系，可以用连接的方式，适当加快节奏，在整句话里产生节奏的快慢交错，让作品听起来更丰富。

2. 感情停连

感情停连，是根据心理、情感的需要做出停连。它受到感情的支配，根据感情来决定停或连，确定停顿时候的长短。感情停连不受标点和语法关系的制约，它的最主要的特点是声断情不断，即声断情连。例如：

这时候最热闹的，要数树上的蝉声∧与水里的蛙声；但∧热闹∧是它们的，我∧什么也没有。

这一小段选文中，首先在“蝉声”后面略做停顿，可以突出强调蝉声与蛙声这两种热闹的声音。其次，“但”字后略做停连，表现作者情感由外界热闹的气氛转到对自身处境的感叹。而在“我”字后面进行停顿处理，则能够衬托出作者的无奈失落，由于其情感色彩较浓厚，需要停顿的时间较长。在“热闹”一词后的停顿，是属于语法停连，突出这种不属于我的热闹。

再比如“盼望着，︵盼望着，东风来了，春天的脚步∧近了”此句，朗诵这一句时，两个“盼望着”之间，要有连接感，读出来人们期盼已久的心情；在“春天的脚步”后面停顿一下，则可以表现出人们对春天即将到来的欣喜、兴奋之情。

此外，在情绪浓烈的地方，常常需要时间较久的停顿。例如：

母亲，这个仇∧我一定要报。

他用尽了全身的力气∧光荣地牺牲了。

听到了这个不幸的消息，大家都难过得∧掉下泪来。

---

① 用“︵”表示连接号，表示要连起来读。用“∧”做停顿号，不论有无标点符号均可用。若用于有标点处，表示停顿的时间再长些。

在以上三个句子中，第一句表达了“我”的悲愤之情，第二句则表达了沉痛的哀悼，第三句表达了“我”的惋惜之情。三句话的情感都非常真挚深厚，而停顿的时间越久则表示情感越浓烈。

（三）语调

我们在朗诵时，既有内在的情感色彩，也有外在的高低强弱、快慢虚实等不同的声音形式，这便是语调。句子里声音高低升降的变化可以让声音文本听起来更具有音乐美，也可以更细致地表达不同的情感，即使是同一个句子，用意不同，语气也会各异，表现出来就是各种高低抑扬、缓急顿歇的语调。

朗诵时语调基本上可以分为升调、降调、直调、曲调四种。

1. 升调

升调一般用于疑问、惊讶、命令、呼唤、反问等语句里，也在情绪亢奋、感情激动时使用。在朗诵时要注意前低后高，语气上扬。例如：

这比山还高比海还深的恩情，我们怎能忘记？（反问）

从我做起，从现在做起！（召唤）

世界杯为什么会有如此巨大的吸引力？（疑问）

什么是永远不会回来的呢？（疑问）

2. 降调

降调一般用于表示肯定、决心、感叹、沉痛等感情的句子里，也会表示语句的完结。一般采用这种语调时，句子逐渐由高降低，末字低而短促，例如：

这就是白杨树，西北极普通的一种树，然而绝不是平凡的树！（赞叹）

外祖父再也不会回来了。（沉痛）

醉过才知酒浓，爱过才知情重；你不能做我的诗，正如我不能做你的梦。（遗憾）

3. 直调

直调一般多用在叙述、说明的语句中，或用来表达内容分量较重的文句，表现庄重、严肃、真实、诚恳、思索、冷淡等语气。朗诵时句调比较平稳，起伏不大，句尾的语音保持平直。例如：

空山不见人，但闻人语响。返景入深林，复照青苔上。（清冷的感觉）

水是一种良好的溶剂。（说明）

一位访美中国女作家，在纽约遇到一位卖花的老太太。（叙述）

4. 曲调

曲调是一句话的运行状态呈现起伏曲折形，或由高而低再扬起，或由低向高再降下，或者是有更多的曲折。曲调可以出现在句子的不同地方，一般用于表示夸张、讽刺、双关、怀疑、惊讶等语气，其表达的感情通常比较复杂或隐晦。

会不会是他已经表达了爱但我却未能察觉？（反省、思索）

啊？还会有这种事？（意外、惊讶）

你行，谁能跟你比呀！（讽刺）

（四）语速

朗诵时声音的抑扬顿挫、轻重缓急便叫作节奏，它在声音的表达过程中呈现出规律性的循环往复的特点。而朗诵节奏的表达与语速呈密切关系。语速是朗诵中速度快慢、急缓的变化。语速的快慢取决于所表达内容的特点以及表达者的感情态度。一般来说，表达积极的心理状态多用快速，表达消极的心理状态多用慢速，而心态平和时语速适中。

以下是《麻雀》一文的选段：

我的狗慢慢向它靠近。忽然，从附近一棵树上飞下一只黑胸脯的老麻雀，像一颗石子似的落到狗的跟前。老麻雀全身倒竖着羽毛，惊恐万状，发出绝望、凄惨的叫声，接着向露出牙齿、大张着的狗嘴扑去。

麻雀是猛扑下来救护幼雀的。它用身体掩护着自己的幼儿……但它整个小小的身体因恐怖而战栗着，它小小的声音也变得粗暴嘶哑，它在牺牲自己！

这一段作品表现了老麻雀与猎狗对峙时的紧张、不安和惶恐，所以，在处理这样的段落的时候，适合用较快的语速。

再如：

读小学的时候，我的外祖母去世了。外祖母生前最疼爱我。我无法排除自己的忧伤，每天在学校的操场上一圈一圈地跑着，跑得累倒在地上，扑在草坪上痛哭。

那哀痛的日子持续了很久，爸爸妈妈也不知道如何安慰我。他们知道与其欺骗我说外祖母睡着了，还不如对我说实话：外祖母永远不会回来了。

这个段落表现了作者沉痛的悲伤之情，需要用较慢的语速进行声音创作。

三、不同文体的朗诵训练要求

做好朗诵前的准备工作，掌握各种朗诵技巧，最终的目的还是要将其运用于朗诵实践之中。而不同的文体具有不同的特点，不同文体的朗诵也各有自己的要求。虽然这些要求只是相对而言的，有时也仅仅是程度上的差异，但我们依然可以从某一种文体的共性出发谈论不同文体的朗诵技巧。下面将从抒情文体、记叙文体和议论说明文体三个方面探讨不同文体的朗诵方式。

（一）抒情文体

抒情文体重在表达个人感受，抒发内心情感，主要包含诗歌和散文两种。

1. 诗歌

诗歌是最早诞生的文学样式，它常用精炼、富有节奏感和音乐性的语言，用比兴、夸张、拟人、反复等表现手法，通过丰富的联想和想象抒发感情，创造鲜明的形象和深远的意境，以此来概括或反映现实生活。

无论是古典诗歌还是现当代诗歌，它们一般都具有以下的特点：第一，想象丰富，感情强烈。一首好诗绝对不会是无病呻吟，它是诗人情动于中而形于外的产物，其中必然蕴含了诗人丰沛的情感。第二，诗歌的节奏通常比较鲜明，韵律和谐，尤其古典诗歌通常都押韵，具有音乐美。第三，诗歌的语言精练而形象，每一个字都是推敲得来的。

要朗诵好诗歌，首先要做到整体感受作品，激发自我内心深处真实的感情，但绝不虚假做作。

每一首好的诗歌都可被视作一件完整的艺术品。朗诵者要代替诗人倾吐心声，那么在朗诵前一定要深切地去感受所要朗诵的诗歌中蕴藏的巨大能量。整体感受诗歌的方法之一就是反复吟诵。“书读百遍，其义自见”，此处的“读”字绝不是简单地用眼睛“看”诗，用嘴“念”诗。单纯地“看”“念”，很难体会出诗中的情意及其味道。此外，诗歌语言精练，单线条的逻辑思维与复合性的形象思维，共同组成诗歌意象，呈现在诗歌当中，其意象又往往具备跳跃性；且诸多运用大量比喻、暗示、象征等手法的诗歌作品，往往不会轻易被世人理解。故在反复吟诵诗歌之外，我们也需要对诗人的生平、创作背景和创作心态有所了解。

首先，我们要对作品有一个整体的把握，这样才能够激发出我们对诗歌作品的真正感情，而不使听众感觉感情假大空，没有着力点。

其次，要将自己带入诗歌的情境之中，把握好诗歌的音韵，处理好诗歌中关键的字眼。

将自己带入诗歌作品当中，绝不是说要任由感情不加控制地自由泛滥，自我沉醉。如果朗诵者不顾文章的整体基调，甚至不考虑观众的接受程度，只为了彰显自己的朗诵技巧与情感，这样一定是没有办法创造出优秀的朗诵作品的。将自己代入诗歌的情境当中，是要求朗诵者展开联想和想象，把诗人在诗歌中塑造的意境，在自己的头脑中具体化、画面化，帮助自己更好地理解诗歌。

诗歌多分行排列，停顿具有一定规律性，诗歌的语言是具有节奏感、音韵美的。所以我们在朗诵诗歌时，务必把握好诗歌的音律。对诗歌中的字眼，做好声音的处理。

如《江雪》这首古诗：

千山鸟飞绝，万径人踪灭。

孤舟蓑笠翁，独钓寒江雪。

这首诗是唐代诗人柳宗元于柳州时创作的一首五言绝句，诗歌中描写了大雪纷飞，天寒地冻的图景，勾勒了独钓寒江的渔翁形象。诗人通过这短短的二十个字，表达了自己在遭受打击后不屈服，但是又深感孤寂的心绪。在整体感受这首诗歌之后，首先朗诵者要引发自己的孤寂之感。

其次，我们可以在脑海中勾勒出千山万径、人鸟绝迹的山野严寒的景象。这首诗歌押的是入声韵，刚劲有力，朗诵时需要在韵律上细细地品味和把握，突出“千山”“万径”与“孤舟”“独钓”的对比，把握“灭”和“雪”所体现的韵律的动感，如此才能体现这首诗歌的意境，用声音描绘出一幅生动的江天雪景。

再看《泊船瓜洲》这首古诗：

京口瓜洲一水间，钟山只隔数重山。

春风又绿江南岸，明月何时照我还。

朗诵者在处理这首诗歌的时候，要格外注意，“春风又绿江南岸”一句中的“绿”字。王安石在创作时起初用“到”，后改为“过”“入”“满”等十来个字，最后才定为“绿”字，可见“绿”字为此诗的诗眼。一个“绿”字不仅自身色彩鲜明，而且把春风也写活了，给人留下了无穷的回味空间。所以朗诵者在读到“绿”字时要注意停顿和重音，以向听众展示出春意盎然的江南景象。

古诗如此，现代诗歌的朗诵也脱离不了这些规律，如诗歌作品《我爱这土地》：

假如∧我是一只鸟，

我也应该∧用嘶哑的喉咙∧歌唱：

这被暴风雨∧所打击着的∧土地，

这永远汹涌着∧我们的悲愤的∧河流，

⌒这无止息地∧吹刮着的∧激怒的∧风，

和那来自林间的∧无比温柔的∧黎明……

——然后∧我死了，

连羽毛∧也腐烂在土地里面。

为什么∧我的眼里∧常含泪水？

因为∧我对这土地∧爱得深沉……

艾青的这首诗写于抗战时期的1938年，当时日本侵略军连续攻占了华北、华东、华南等广大地区，到处疯狂肆虐，妄图摧毁中国人民的抵抗意志。诗人在国土沦丧、民族危亡的关头，满怀着对祖国深沉的爱和对侵略者咬牙切齿地恨，写下了这首慷慨激昂的诗歌。

我们了解了诗人的创作背景后，可在诗歌中标注上停顿和重音，以确定整首诗朗诵的语调和语速。诗歌的前两句，是陈述性的语气，可以用相对平缓的语速进行朗诵。在第三到第六行，诗人的感情越发强烈，语速应该呈现出逐渐递增的趋势。及至破折号之后“我死了”，无论是语速还是语调都应产生变化。我们可以通过声音形塑出前后对比的效果，此处语调务必要深沉，语速要放慢，以体现出诗人对这片土地执着的爱。最后两句点明诗歌主旨的句子，作者在创作时，就已经隔开了一行，做了必要的停歇和停顿。此时朗诵者要像一个高明的歌唱家，充分理解乐谱最后一个休止符的意义，要吸够了气、蓄足了势，表现出作者对祖国的深切热爱。

2. 散文

散文是一种可以自由抒写见闻感受的文体。散文形式自由，题材多样而带有艺术性，其篇幅长短不限。散文不一定有完整的故事，其语言也不受韵律的拘束，可以抒情，可以叙事，也可以议论，甚至三者兼有，散文最重要的特点便是形散而神不散。

首先，散文的朗读要厘清线索，确定主题。散文作者往往是在自身的生活、思想、经历的基础上创作文章，所以散文的题材往往纵贯数千年，横亘几万里，汪洋恣意。但是一篇优秀的散文，其主题总是贯穿于作品的始终，所以我们在朗读散文前要厘清文章的线索，明确主题。

散文的线索可能表现为物、景，或者是人的活动，但是大部分线索都可以归结为作者思想情感的流动。而思想情感又构成了散文的神。形散是散文的外在表现，而神聚才是散文的实质。所以朗诵者要找清楚散文的线索，确定主题，如此方能在朗诵时扣准文章的脉搏。

其次，朗诵者要灵活运用技巧，情感表达要真挚自然、朴实细腻。很多散文的情节性较弱，声音的再次创作不容易划分层次，一不留神，朗诵的时候就可能以同样的情感、基调、语速一贯到底。所以朗诵散文作品时，朗诵者要注意对自己声音的处理，除了重音、停连等声音技巧，还可以在声音的虚实、明暗上下功夫，提升语音的表现力。朗诵者不能为了表现情感，做出夸张的展示，其表现的感情务必要贴合原文，做到真挚自然，细节的处理上细腻不油滑。

最后，朗诵者要抓住每一篇散文的特点，即每篇文章的“文眼”、枢纽点，再进一步发挥。诗有诗眼，文有文眼，抓住了散文的“文眼”就犹如拿到了进入该篇文章的钥匙，会更容易理解其思想、情感与结构。

如《荷塘月色》中的选段：

月光如流水一般，静静地泻在这一片叶子和花上。薄薄的青雾浮起在荷塘里。叶子和花仿佛在牛乳中洗过一样；又像笼着轻纱的梦。虽然是满月，天上却有一层淡淡的云，所以不能朗照；但我以为这恰是到了好处——酣眠固不可少，小睡也别有风味的。月光是隔了树照过来的，高处丛生的灌木，落下参差的斑驳的黑影，峭楞楞如鬼一般；弯弯的杨柳的稀疏的倩影，却又像是画在荷叶上。塘中的月色并不均匀；但光与影有着和谐的旋律，如梵婀玲上奏着的名曲。

面对此段文本，首先，我们要采用生活且自然化的语调去朗诵。这一段文字描写了月色下的荷塘，所以朗诵者应该使用相对柔、细的声音，用中速偏慢的语速进行朗读。此外，作者在这一段文字中描写了月影有明有暗，提到了“参差”的影子等，故朗诵时要注意语调的高低、节奏的快慢、停顿的疏密以及语音的轻重。而几个关键的动词，“泻”“浮”“笼”“画”，在声音创作时，也要注意重音和停连；同时，声音不可以落得过于厚重、实在，以免破坏月光轻柔的感觉和作者心中淡淡的喜悦和哀愁。

再如散文《落花生》，这篇文章中出现了“父亲”“我”“姐姐”“哥哥”“母亲”等不同的角色，所以我们在朗诵时要着重处理好不同人物的语言特点。把握好不同角色所要采用的语气、语调，这篇文章的朗诵就成功了一半。

（二）记叙文体

记叙文是以记叙、描写为主要表达方式，以记人、叙事、写景、状物为主要内容的一种文体，如童话、小说、寓言等。无论是哪一种类型的记叙文，通常都是要阐明事情的脉络，描摹清人物的形象，因事明理、以事启人，在重要的情节和人物的描写上有较为具体的过程和细节。所以，朗读记叙文先要抓住叙述的主线，做好情绪的转换；再辅以技巧，准确表达。

和散文的朗诵较类似的是，记叙文的朗诵也需要抓住叙述的主线。把握好事情的主线，就可厘清结构层次，明确作品的立意和主旨，从全局上对文章进行朗诵的设计。

无论作品是写人记事还是叙写景物，朗诵时应跟随着线索的发展循序渐进，逐步引导听众进入文本塑造的世界，让大家在不知不觉中受到熏陶和感染。叙述部分在朗诵时要做到清楚自然，从容舒展，让听众可以明确了解事情的进展。在描写的部分要朗诵得栩栩如生、形象鲜活，吸引听众的注意；议论部分，则要娓娓道来，不急不缓，富有说服力；而抒情的部分则需要展现真诚饱满的感情。需要注意的是，记叙作品多有情节性，在事情发展的高潮或者是转折点，朗诵者要做好情绪的转换，不可以让自己的情绪停留在之前的语境之中。

如作品《地震中的父与子》中的选段：

然而这位父亲心中只有一个念头：“儿子在等着我！”

他挖了 8 小时，12 小时，24 小时，36 小时，没人再来阻挡他。他满脸灰尘，双眼布满血丝，衣服破烂不堪，到处都是血迹。挖到第 38 小时，他突然听见瓦砾堆底下传出孩子的声音：“爸爸，是你吗？”

是儿子的声音！父亲大喊：“阿曼达！我的儿子！”

“爸爸，真的是你吗？”

“是我，是爸爸！我的儿子。”

“我告诉同学们不要害怕，说只要我爸爸活着就一定会来救我，也能救大家。因为你说过，不论发生什么，你总会和我在一起！”

这是一篇讲述父子之情的文章。一位父亲在地震后，坚持了 38 小时，终于在一片废墟之中救出了自己年仅 7 岁的儿子和他的同学们。以上所选的段落是整篇文章的高潮部分，父亲依靠着自己执着的信念，终于找到了自己的儿子。在处理父亲说“阿曼达！我的儿子！”这句话时，既要考虑到父亲按捺不住的激动之情，又要考虑到父亲身体的疲惫。因此，在朗诵时，这句话绝不应该处理成简单的高声呐喊，而是应该用适当低沉的语调来阐释这种激动。而后儿子说“爸爸，真的是你吗？”，朗诵这句话时，声音里应该带有一种期待且又不可置信地感觉，而在“我告诉同学们不要害怕”那一句时，又应带着兴奋和对父亲的自豪感。

当然，在朗诵记叙文的时候，依然不可以忽略朗诵技巧。如“不论发生什么，你∧总会和我∧在一起”一句，重音应该落在“什么”“你”和“在一起”上，同时使用停连技巧，突出父子之间紧密的情感联结。

(三)议论说明文体

议论说明文体，其文章内在的逻辑关系是比较重要的。厘清作者的思路，将文章读得从容、肯定、平实是基本的要求。

议论说明文的语言主体风格比较一致，褒贬色彩清晰，语言坚实有力，表述简洁。其中说明性文体，其知识性、科学性和准确性，较议论文更胜一筹，朗诵时往往更强调其清晰性。

在面对这一大类文体的朗诵时，需要让听者感受到字里行间的逻辑力量，因此，作品中多使用重音强调关键性词语；同时，停连技巧运用广泛，以更好地突出其逻辑性，语速、语调的变换则相对较少。

如作品《太阳》片段：

有这么一个传说：古时候，天上有10个太阳，晒得地面上寸草不生。人们热得受不了，就找一个箭法很好的人射掉9个，只留下一个，地面上才不那么热了。其实，太阳离我们约有1.5亿千米远。到太阳上去，如果步行，日夜不停地走，差不多要走3500年，就是坐飞机，也要飞二十几年。这么远，箭哪能射得到呢？

我们看太阳，觉得它并不大，实际上它大得很，130万个地球才抵得上一个太阳。因为太阳离地球太远了，所以我们看上去只有盘子那么大。

太阳会发光，会发热，是个大火球。太阳的温度很高，它表面的温度有6000℃，就是钢铁碰到它，也会变成气；中心温度估计是表面温度的3000倍。

这一选段的开头引用了一个神话故事，这个神话故事的引用是为了帮助我们理解事物的状况，而非突出神话的神秘色彩，因此在朗读时，我们应用较平实的、叙述的语气来朗诵。为了强调太阳离我们远，为了让听众形象地感受太阳的远，在朗诵到“这么远，箭哪能射得到呢？”一句时可以适当加强语气，让人体会到太阳之远。而后文在介绍太阳的特点，涉及比喻和数字的时候，声音的基调虽是比较平实的，但可适当加重语气，让太阳的特点尽可能多地烙印在听众的脑海中。

>> 第四节　命题说话训练 <<

所谓说话，就是选用恰当的字、词、句，并运用一定的语法规则和逻辑规则，把这些语言排列成正确的顺序，从而表达出一个完整意思，将无声语言有声化的过程。说话是人们在日常生活中传递信息、交流感情、开展工作的重要手段之一，也是一项最基本的语言技能。说话的过程包括了人的语言、思维、心理、生理等一系列的反映，这个过程看似复杂，其实是在一瞬间完成的，它是对一个人的心理素质、语言能力、知识能力以及各种社会经验的综合考验。

一、命题说话的概念

普通话水平测试中有一个“命题说话”环节，要求应试者从任意抽取的两个话题中选取一个，并在规定时间内进行口语表述的测验项目。此测试环节综合考查被测试者的语音标准程度、词汇语法规范程度、语音表达的自然流畅程度等。由于没有任何的文字凭借，全凭被测试者的自由发挥，因此一直被认为是较难的一个测试项目。其实，抛开普通话水平测试的需要不说，在日常生活中也经常会遇到需要命题说话的情景，如学生在课堂上回答教师的提问或参加辩论赛，教师在课堂上论述自己的观点或做一次小的演讲，应聘工作的求职者回答面试考官的提问，在工作中说服上司或甲方接受自己的意见等，都是命题说话在不同场景中的具体应用。因此，命题说话应成为人们语言交际的一项必备技能。本部分以普通话水平测验中的“命题说话”环节为例，对命题说话的一些技能要点进行分析。

二、命题说话的特点

(一)话题的确定性

《普通话水平测试实施纲要(2021年版)》提供了以下50个话题，因此话题的范围是确定的。

1. 我的一天
2. 老师
3. 珍贵的礼物
4. 假日生活
5. 我喜爱的植物
6. 我的理想(或愿望)
7. 过去的一年
8. 朋友
9. 童年生活
10. 我的兴趣爱好
11. 家乡(或熟悉的地方)
12. 我喜欢的季节(或天气)
13. 印象深刻的书籍(或报刊)
14. 难忘的旅行
15. 我喜欢的美食
16. 我所在的学校(或公司、团队、其他机构)
17. 尊敬的人
18. 我喜爱的动物
19. 我了解的地域文化(或风俗)
20. 体育运动的乐趣
21. 让我快乐的事情
22. 我喜欢的节日
23. 我欣赏的历史人物
24. 劳动的体会
25. 我喜欢的职业(或专业)
26. 向往的地方
27. 让我感动的事情
28. 我喜爱的艺术形式
29. 我了解的十二生肖
30. 学习普通话(或其他语言)的体会
31. 家庭对个人成长的影响
32. 生活中的诚信

33. 谈服饰
34. 自律与我
35. 对终身学习的看法
36. 谈谈卫生与健康
37. 对环境保护的认识
38. 谈社会公德(或职业道德)
39. 对团队精神的理解
40. 谈中国传统文化
41. 科技发展与社会生活
42. 谈个人修养
43. 对幸福的理解
44. 如何保持良好的心态
45. 对垃圾分类的认识
46. 网络时代的生活
47. 对美的看法
48. 谈传统美德
49. 对亲情(或友情、爱情)的理解
50. 小家、大家与国家

(二)内容的灵活性

命题说话的题目虽然是给定的，但只是做了方向性的规定，内容比较宽泛，并且都是围绕人们的日常生活、学习、工作设定的，因此在说话的内容上具有相当大的灵活性。说话人可以围绕抽取到的话题，结合自己的亲身经历，选择自己熟悉和擅长的角度和内容灵活发挥。

(三)表达的口语化

说话是一种口语表达形式，因此要尽量按照日常口语的语音、语调说话，切忌用演讲的腔调。这就要求我们一是尽量使用口语化的词语，可以使用歇后语、俗语、谚语等，但要尽量少使用书面语；二是尽量使用短句，避免使用长句；三是除了口头语言表达，可以尽量综合使用一些面部表情、体态语等，用来增强表达的效果。

(四)节奏的可控性

节奏的可控性指的是说话的语音、语调、语速等都可以自己控制。说话人可以根据自己所抽取的题目，选取一种适合自己的情感基调进行讲述。但也要避免情绪过于激动或者过于消沉，语速过快或者过慢，尽量以一种自然、平和的状态进行表达。

三、命题说话的类型

我们对 50 个给定的话题进行分类，将它们分为记叙型、说明型、议论型三种类型，如表 2-5 所示。

表 2-5　题目分类表

记叙型	1. 我的一天；2. 老师；3. 珍贵的礼物；4. 假日生活；6. 我的理想(或愿望)；7. 过去的一年；8. 朋友；9. 童年生活；14. 难忘的旅行；17. 尊敬的人；21. 让我快乐的事情；26. 向往的地方；27. 让我感动的事情

续表

说明型	5. 我喜爱的植物；10. 我的兴趣爱好；11. 家乡(或熟悉的地方)；12. 我喜欢的季节(或天气)；13. 印象深刻的书籍(或报刊)；15. 我喜欢的美食；16. 我所在的学校(或公司、团队、其他机构)；18. 我喜爱的动物；19. 我了解的地域文化(或风俗)；20. 体育运动的乐趣；22. 我喜欢的节日；23. 我欣赏的历史人物；24. 劳动的体会；25. 我喜欢的职业(或专业)；28. 我喜爱的艺术形式；29. 我了解的十二生肖；30. 学习普通话(或其他语言)的体会
议论型	31. 家庭对个人成长的影响；32. 生活中的诚信；33. 谈服饰；34. 自律与我；35. 对终身学习的看法；36. 谈谈卫生与健康；37. 对环境保护的认识；38. 谈社会公德(或职业道德)；39. 对团队精神的理解；40. 谈中国传统文化；41. 科技发展与社会生活；42. 谈个人修养；43. 对幸福的理解；44. 如何保持良好的心态；45. 对垃圾分类的认识；46. 网络时代的生活；47. 对美的看法；48. 谈传统美德；49. 对亲情(或友情、爱情)的理解；50. 小家、大家与国家

当然，以上只是一个粗略的分类。说话人选择的角度不同、内容不同，就可以使同一话题具有不同的讲述方式。如“我所在的学校”这样一个话题，既可以以记叙型的说话方式讲述自己在这个学校中所发生的故事，也可以以说明型的说话方式介绍这个学校的基本情况，还可以以议论型的说话方式阐述自己对于个体与学校关系的看法等。但以上分类依然具有参考性，可以帮助说话人在应试之前提前准备好各个题目的说话方式和技巧。

(一)记叙型

记叙型的说话，要求说话人讲述一个人、一个事物、某种感情、某次事件的经过等。在进行记叙型说话时，要注意以下几个问题。

①要抓住人物、事件或事物的某一显著特点进行扩展，不可枝蔓太多、面面俱到，要重点突出，详略得当。

②对记叙中事件发生的前因后果的讲述要简洁、清楚、有逻辑性。

③在对人、事、物、情的讲述中，尽量表达出自身积极、乐观的人生态度。

【示例】

我尊敬的人

每个人都有最尊敬的人，我当然也不例外。

我最尊敬的人就是我的父亲。虽然他只是一名普通的国家公务员，但是当我为到这个世界的黑暗和痛苦发出第一声哭喊时，父亲就像山那边每天升腾的那轮红红亮亮的太阳，点亮了我的整个世界。在我小时候，父亲给我的爱像温柔的海浪。我喜欢坐在父亲的肩膀上，他总是让我看向远方，能看多远就看多远，他告诉我站得最高的人永远是看得最远的。在我上中学的时候，父亲给我的爱像风平浪静的海面。不管我的成绩多么好，父亲总会说，骄傲的人永远不会笑到最后。到如今，给我印象最深刻的一件事就是发生在我上初中的时候，那时我新买了一辆自行车，我特别喜欢。有一天放学下大雨，父亲开车去接我，我却不愿意把自行车放在学校，一定要骑回家去。父亲怕再僵持下去我被雨浇感冒了，就把车停到路边，给我打一辆车回家，自己却打着伞骑着我那辆自行车回家。到家后我看到他浑身都湿透了，我趴到他身上就哭了。在我那段最任性的青春期里，父亲从来没直接说过我，都是用行动教会我自己去明白该怎么做。

如今我已经成为一名大学生，父亲给我的爱像海边的灯塔。回家次数越来越少，但父亲开始老去的容颜就是我努力奋斗向前的动力。这就是我尊敬的父亲，他从来不需要多说什么，多做什么，他的眼神我懂。我从来不需要和他解释什么，我的心他懂。我爱我的父亲，我要成为他永远的骄傲。

(二)说明型

说明型的说话，一般是对事物、风景、场景等进行介绍或者说明。在进行说明类说话时，应注意以下几点。

①要抓住事物、风景、场景等的主要特征进行说明，最好是不但抓住事物外表的特征，而且反映出事物之间的内部联系，突出说话的主题性。

②要突出说明顺序，可以采用时间顺序、空间顺序、程序顺序、逻辑顺序等方式，表现出说话的条理性。

③可以同时运用多种说明方法，如分类别、举例子、打比方、列数据、做比较等，丰富说话的内容。

【示例】

我知道的风俗

除夕，是春节的前一天晚上，也就是农历的最末一天，也称“岁除”。潮汕习俗谓之“过年”。而在除夕前，人们便开始忙碌，张罗备办各式年货了：买鸡、鹅、鸭、鱼肉；添置新衣饰；购置家具、器皿；选购年画、春联等。尤其要买柑橘、青橄榄等水果，作为象征吉祥如意和迎送亲友的佳果。农历十二月二十四日是“神明”上天“述职”之时。从这日起，家家户户大扫除，用物和被帐等都得清洗，这在古时被称为“采囷”。除夕夜，全家在一起吃团圆饭，过年夜守岁的习俗十分普遍。守候新春来临，新年钟声敲响，家家户户鸣放鞭炮，庆祝除旧岁迎新年的美好时刻。

农历正月初一称“元日”，为新年之首。天方拂晓，喜炮声声，家家户户厅中大桌上红盘盛满大吉，门前张灯结彩，晚辈向长辈敬茶祝福。早餐最好是不吃荤的，早餐后大人和小孩到亲戚家拜年，主客人互相致新年吉语，共享快乐而又难忘的时刻。可以说，春节在人们心中已经不仅仅是一个习俗了，更是人们亲情的传递和精神上的慰藉。①

(三)议论型

议论型说话就是阐述自己对某一论题的认识、看法，也包括就某一现象或某种

---

① 郭素荣：《新编普通话教程》，241～242页，北京，北京邮电大学出版社，2017。略有改动。

观点发表见解、表明态度等。要说好这类话题，应注意以下几点。

①要根据话题提出正确、鲜明的论点。

②要围绕论点，给出多角度的论据和事例，如可以选择事实论据或者理论论据等，选取的材料或理论必须真实可信、具有说服力，不可胡编乱造。

③论据要能够证明论点，要通过分析揭示出论点与论据之间的必然联系，不能一味地堆砌事例，以“例”代证，或是大量地引经据典，以“引”代证。

【示例】

谈谈个人修养

修养是个人魅力的基础，是一个人综合素质的全面体现，它在我们的生活中扮演着重要的角色。

做一个文明的大学生是学校和社会对我们的基本要求。但是在当今社会里，修养不高的人却比比皆是，这无疑给社会发展带来了阻力。有些人乱扔垃圾、随地吐痰，全然将个人修养抛于脑后。还有些人竟然脏话连篇，不注意语言文明。这些行为都使自身的形象大打折扣。

个人想要获得别人的赞赏和尊重，提高自身的修养是极其重要的。为什么有些人举手投足、一个微笑或者一声问候，甚至接听电话都能给人一种很舒服的感觉，而有些人则恰恰相反？这就是一个人修养的体现。一个有修养的人可以博得更多的信赖和支持，会吸引更多的人与他做朋友，而他便可用更加优良的言行影响其他人。

有时，优雅和礼貌并不是做给别人看的，其实从内心深处，我们每个人都很欣赏这种美。一个人并不一定长得很美、很帅，并不一定拥有一副好嗓音，或者拥有名牌衣物，但只要稍加注意自己的言谈举止和待人接物的礼仪，我们就可以从人群中脱颖而出，这就是个人修养的最好体现了。

俊朗的外表、姣好的面容仅仅是父母给的；优雅的言谈、礼貌的行为则是后天获得的。

因此，我们在提高经济水平的同时必须提高自己的修养，只有每个人的修养得到了提高，整个社会才算得上是真正发展。①

四、命题说话的技巧

（一）话题归类，变多为少

上文已经将命题说话的话题分为记叙型、说明型和议论型三类，说话者在说话训练时，也可将其分类，从而选择恰当的说话思路和方法技巧。比如，“我尊敬的人”“我喜爱的动物”等都是记叙型的话题，“我喜欢的季节”“我了解的地域文化”都是说明型的话题，而“科技发展和社会生活”“对环境保护的认识”等则是有

① 郭素荣：《新编普通话教程》，244～245页，北京，北京邮电大学出版社，2017。略有改动。

鲜明议论性色彩的话题。说话人可以在测试前熟悉好每类话题可能用到的说话方法、事迹材料等，这样就不会打无准备之战，出现不知道该怎么说的意外状况。

(二)现身说法，推心置腹

无论是哪种类型的话题，说话人最好用自己的亲身经历作为事例，这样说出来的话思路流畅、细节翔实、情感自然，更容易感染听众。

(三)突出重点，详略得当

说话的时间是有限的，说话人应选取某一事件、特点、观点进行重点突出的概述，最好在说话一开始就说明自己的态度、观点等，切忌语言啰唆，避免出现虎头蛇尾，或者规定时间剩余太多的情况。

问题与情景测试题

1. 字音辨析练习。[①]

(1)请读一读下列几组字音，并辨析每一组字音的声母有什么不同。

第一组：

被服—佩服　饱了—跑了　步子—铺子　鼻子—皮子

秘书—必须　被套—配套　蝙蝠—篇幅　作文—做门

纹路—门路　大网—大蟒　公务—公墓　无恙—模样

第二组：

虎头—斧头—苦头　裤子—父子—护士　欢欣—翻新

花生—发生　荒唐—方糖　舅父—救护　开口—海口

第三组：

肚子—兔子　平淡—平坦　特意—得意　大堤—大题

队伍—退伍　河道—河套　调动—跳动　兜售—偷售

南宁—兰陵　老路—恼怒　褴褛—男女　无奈—无赖

第四组：

圆规—圆盔　骨干—苦干　梗概—慷慨　改革—开课

挂上—跨上　关心—宽心　天公—天空　干完—看完

第五组：

坚强—牵强　匠人—呛人　开局—开渠　聚集—聚齐

长江—长枪　吉利—绮丽　精华—清华　尖子—扦子

一群—一捆　君子—棍子　大曲—大哭　真菌—真困

老九—老狗　江门—肛门　窍门—靠门　求救—求告

① 本测试题所选字词参考了此书中的部分内容。赵越：《普通话基础训练》，广州，暨南大学出版社，2000。

第六组：

座位—错位　自序—次序　在场—菜场　族人—俗人

基金—资金　字母—继母　字号—记号　唱腔—上苍

诗词—稀奇　名次—名气　记载—自在　刺猬—气味

欣赏—音响　丘陵—幽灵　投机—投资　江水—脏水

第七组：

船桨—船长　捐款—专款　交代—招待　纯洁—存折

绝交—绝招　桥上—朝上　枪口—窗口　杉树—参数

禅心—闲心　姓张—姓江　潮头—桥头　尺码—骑马

顺利—汛期　西方—四方　发泄—发射　希望—失望

瞎眼—砂眼　日本—一本　热爱—夜色　日子—异己

柔软—油盐　叫嚷—教养　绕道—要道　染病—眼病

第八组：

大字—大智　自力—智力　栽花—摘花　小邹—小周

资助—支柱　自愿—志愿　仿照—仿造　照旧—造就

终止—宗旨　战时—暂时　支援—资源　主力—阻力

第九组：

推迟—推辞　鱼翅—鱼刺　春装—村庄　重来—从来

第十组：

山哥—三歌　史记—死记　师长—司长　商业—桑叶

近视—近似　收集—搜集　四十—事实　散光—闪光

生人—僧人　实数—食宿　仓皇—猖狂

第十一组：

饶恕—摇树　如下—一下　惹人—野人　柔姿—邮资

软件—眼见　燃料—颜料　染色—眼色　仍旧—营救

绕道—要道　日本—译本　热饭—夜饭　润笔—硬笔

染病—眼病　认证—印证　干扰—干咬

第十二组：

清早—青草　标志—标记　朝气—娇气　杂志—杂技

长生—强身　池子—旗子　船身—全身　痴人—奇人

诗人—昔人　湿气—吸气　失望—希望　商业—香液

(2)请读一读下列几组绕口令，并辨析每一组字音的韵母有什么不同。

第一组：《俩判官》

城隍庙内俩判官，左边的是潘判官，右边的是庞判官。不是潘判官管庞判官，而是庞判官管潘判官。

第二组：《辛厂长和申厂长》

辛厂长，申厂长，同乡不同行。辛厂长声声讲生产，申厂长常常闹思想。辛厂长一心只想革新厂，申厂长满口只讲加薪饷。

第三组：《东西两洞庭》

东洞庭，西洞庭，洞庭山上一根藤，青青藤条挂金铃。风起藤动金铃响，风停藤定铃不鸣。

第四组：《盆和棚》

老彭拿着一个盆，跨过老陈住的棚；盆碰棚，棚碰盆，棚倒盆碎棚压盆。

第五组：《姓陈和姓程》

陈是陈，程是程，姓陈不能说成姓程，姓程也不能说成姓陈。禾旁是程，耳朵是陈。程陈不分，就会认错人。

第六组：《小青和小琴》

小青和小琴，小琴手很勤，小青人很精，手勤人精，琴勤青精，你学小琴还是小青?

第七组：《同姓和通信》

同姓不能念成通信，通信也不能念成同姓。同姓可以互相通信，通信可不一定同姓。

第八组：《扁担和板凳》

扁担长，板凳宽，扁担没有板凳宽，板凳没有扁担长。扁担绑在板凳上，板凳不让扁担绑在板凳上，扁担偏要绑在板凳上。

2. 声调发音练习

(1)请读一下这两首诗，并为每一个字标注声调。

①陶渊明《归去来兮辞》(节选)

归去来兮，田园将芜胡不归?既自以心为形役，奚惆怅而独悲?悟已往之不谏，知来者之可追。实迷途其未远，觉今是而昨非。舟遥遥以轻飏，风飘飘而吹衣。问征夫以前路，恨晨光之熹微。

乃瞻衡宇，载欣载奔。僮仆欢迎，稚子候门。三径就荒，松菊犹存。携幼入室，有酒盈樽。引壶觞以自酌，眄庭柯以怡颜。倚南窗以寄傲，审容膝之易安。园日涉以成趣，门虽设而常关。策扶老以流憩，时矫首而遐观。云无心以出岫，鸟倦飞而知还。景翳翳以将入，抚孤松而盘桓。

②郑愁予《错误》

我打江南走过
那等在季节里的容颜如莲花的开落
东风不来，三月的柳絮不飞
你底心如小小寂寞的城
恰若青石的街道向晚
蛩音不响，三月的春帷不揭
你底心是小小的窗扉紧掩

我达达的马蹄是美丽的错误

我不是归人，是个过客……

(2)请读一读下面的诗，说一下“一”字的发音特点。

一人一伞雨中游，一花一草诉衷由。

一枝一叶风细细，一点一滴雨柔柔。

一意一念皆似梦，一生一死敢何求?

一俯一仰千秋事，一唱一吟万古愁。

一荣一辱百年计，一升一降万兜谋。

一缺一圆旧时月，一得一失付东流。

(3)请读一读下面的词组，说一下“不”字的发音特点。

不多不少　不知所措　不慌不忙　不清不白　不约而同

不劳而获　不前不后　不平则鸣　不谋而合　不寒而栗

不学无术　不言而喻　不即不离　不遗余力　不毛之地

不可救药　不可思议　不可开交　不左不右　不可一世

不了了之　不管不顾　不打自招　不假思索　不闻不问

(4)请读一读下面的顺口溜，注意轻声字的发音。

娃娃画画，妈妈绣花。娃娃画妈妈，妈妈绣娃娃。娃娃看妈妈绣娃娃，妈妈看娃娃画妈妈；妈妈夸娃娃画的妈妈像妈妈，娃娃夸妈妈绣的娃娃像娃娃。

(5)请读一读下面的两则顺口溜，注意儿化词的发音。

①有个小孩叫小三儿，挑个水桶上庙台儿，摔了个跟头拾了个钱。他又买醋又买盐儿，还买了一个小饭碗儿，这个饭碗真好玩儿，没有边儿没有沿儿，中间有个小眼儿。莲花灯，莲花灯，今儿点了明儿个扔。

②小哥俩儿，红脸蛋儿，手拉手儿，一块儿玩儿。小哥俩儿，一个班儿，一路上学唱着歌儿。学造句，一串串儿，唱新歌儿，一段段儿，学画画儿，不贪玩儿。画小猫儿，钻圆圈儿，画小狗儿，蹲庙台儿，画只小鸡儿吃小米儿，画条小鱼儿吐水泡儿。小哥俩，对脾气儿，上学念书不费劲儿，真是父母的好宝贝儿。

(6)试分析下列作品的主题和感情基调，并依照朗诵的要领，确定重音、停顿、语调、语速，进行朗诵。

人们都说：“桂林山水甲天下。”我们乘着木船，荡漾在漓江上，来观赏桂林的山水。

我看见过波澜壮阔的大海，玩赏过水平如镜的西湖，却从没看见过漓江这样的水。漓江的水真静啊，静得让你感觉不到它在流动；漓江的水真清啊，清得可以看见江底的沙石；漓江的水真绿啊，绿得仿佛那是一块无瑕的翡翠。船桨激起的微波扩散出一道道水纹，才让你感觉到船在前进，岸在后移。

我攀登过峰峦雄伟的泰山，游览过红叶似火的香山，却从没看见过桂林这一带的山，桂林的山真奇啊，一座座拔地而起，各不相连，像老人，像巨象，像骆驼，奇峰罗列，形态万千；桂林的山真秀啊，像翠绿的屏障，像新生的竹笋，色彩明丽，倒映水中；桂林的山真险啊，危峰兀立，怪石嶙峋，好像一不小心就会栽倒下来。

这样的山围绕着这样的水，这样的水倒映着这样的山，再加上空中云雾迷蒙，山间绿树红花，江上竹筏小舟，让你感到像是走进了连绵不断的画卷，真是“舟行碧波上，人在画中游”。

——选自《桂林山水》

孔乙己是站着喝酒而穿长衫的唯一的人。他身材很高大；青白脸色，皱纹间时常夹些伤痕；一部乱蓬蓬的花白胡子。穿的虽然是长衫，可是又脏又破，似乎十多年没有补，也没有洗。他对人说话，总是满口之乎者也，教人半懂不懂的。因为他姓孔，别人便从描红纸上的“上大人孔乙己”这半懂不懂的话里，替他取下一个绰号，叫作孔乙己。孔乙己一到店，所有喝酒的人便都看着他笑，有的叫道，“孔乙己，你脸上又添上新伤疤了!”他不回答，对柜里说，“温两碗酒，要一碟茴香豆。”便排出九文大钱。他们又故意的高声嚷道，“你一定又偷人家的东西了!”孔乙己睁大眼睛说，“你怎么这样凭空污人清白……”“什么清白？我前天亲眼见你偷了何家的书，吊着打。”孔乙己便涨红了脸，额上的青筋条条绽出，争辩道，“窃书不能算偷……窃书！……读书人的事，能算偷么?”接连便是难懂的话，什么“君子固穷”，什么“者乎”之类的，引得众人都哄笑起来：店内外充满了快活的空气。

…………

有一天，大约是中秋前的两三天，掌柜正在慢慢的结帐，取下粉板，忽然说，“孔乙己长久没有来了，还欠十九个钱呢!”我才觉得他的确长久没有来了。一个喝酒的人说道，“他怎么会来？……他打折了腿了。”掌柜说，“哦!”“他总仍旧是偷。这一回，是自己发昏，竟偷到丁举人家里去了。他家的东西，偷得的么?”“后来怎么样?”“怎么样？先写服辩，后来是打，打了大半夜，再打折了腿。”“后来呢?”“后来打折了腿了。”“打折了怎样呢?”“怎样？……谁晓得？许是死了。”掌柜也不再问，仍然慢慢的算他的帐。

中秋过后，秋风是一天凉比一天，看看将近初冬；我整天的靠着火，也须穿上棉袄了。一天的下半天，没有一个顾客，我正合了眼坐着。忽然间听得一个声音，“温一碗酒。”这声音虽然极低，却很耳熟。看时又全没有人。站起来向外一望，那孔乙己便在柜台下对了门槛坐着。他脸上黑而且瘦，已经不成样子；穿一件破夹袄，盘着两腿，下面垫一个蒲包，用草绳在肩上挂住；见了我，又说道，“温一碗酒。”掌柜也伸出头去，一面说，“孔乙己么？你还欠十九个钱呢!”孔乙己很颓唐的仰面答道，“这……下回还清罢。这一回是现钱，酒要好。”掌柜仍然同平常一样，笑着对他说，“孔乙己，你又偷东西了!”但他这回却不十分分辩，单说了一句“不要取笑!”“取笑？要是不偷，怎么会打断腿?”孔乙己低声说道，“跌断，跌，跌……”他的眼色，很像恳求掌柜，不要再提。此时已经聚集了几个人，便和掌柜都笑了。我温了酒，端出去，放在门槛上。他从破衣袋里摸出四文大钱，放在我手里，见他满手是泥，原来他便用这手走来的。不一会，他喝完酒，便又在旁人的说笑声中，坐着用这手慢慢走去了。

自此以后，又长久没有看见孔乙己。到了年关，掌柜取下粉板说，“孔乙己还欠十九个钱呢！”到第二年的端午，又说“孔乙己还欠十九个钱呢！”到中秋可是没有说，再到年关也没有看见他。

我到现在终于没有见——大约孔乙己的确死了。

——选自《孔乙己》

照北京的老规矩，春节差不多在腊月的初旬就开始了。“腊七腊八，冻死寒鸦”，这是一年里最冷的时候。在腊八这天，家家都熬腊八粥。粥是用各种米，各种豆，与各种干果熬成的。这不是粥，而是小型的农业展览会。

除此之外，这一天还要泡腊八蒜。把蒜瓣放进醋里，封起来，为过年吃饺子用。到年底，蒜泡得色如翡翠，醋也有了些辣味，色味双美，使人忍不住要多吃几个饺子。在北京，过年时，家家吃饺子。

孩子们准备过年，第一件大事就是买杂拌儿。这是用花生、胶枣、榛子、栗子等干果与蜜饯掺和成的。孩子们喜欢吃这些零七八碎儿。第二件大事是买爆竹，特别是男孩子们。恐怕第三件事才是买各种玩意儿——风筝、空竹、口琴等。

孩子们欢喜，大人们也忙乱。他们必须预备过年吃的、喝的、穿的、用的，好在新年时显出万象更新的气象。

腊月二十三过小年，差不多就是过春节的“彩排”。天一擦黑，鞭炮响起来，便有了过年的味道。这一天，是要吃糖的，街上早有好多卖麦芽糖与江米糖的，糖形或为长方形或为瓜形，又甜又黏，小孩子们最喜欢。

过了二十三，大家更忙。必须大扫除一次，还要把肉、鸡、鱼、青菜、年糕什么的都预备充足——店铺多数正月初一到初五关门，到正月初六才开张。

除夕真热闹。家家赶做年菜，到处是酒肉的香味。男女老少都穿起新衣，门外贴上了红红的对联，屋里贴好了各色的年画，除夕夜家家灯火通宵，不许间断，鞭炮声日夜不绝。在外边做事的人，除非万不得已，必定赶回家来吃团圆饭。这一夜，除了很小的孩子，没有什么人睡觉，都要守岁。

正月初一的光景与除夕截然不同：铺户都上着板子，门前堆着昨夜燃放的爆竹纸皮，全城都在休息。

男人们午前到亲戚家、朋友家拜年。女人们在家中接待客人。城内城外许多寺院举办庙会，小贩们在庙外摆摊卖茶、食品和各种玩具。小孩子们特别爱逛庙会，为的是有机会到城外看看野景，可以骑毛驴，还能买到那些新年特有的玩具。庙会上有赛马的，还有赛骆驼的。这些比赛并不为争谁第一谁第二，而是在观众面前表演马、骆驼与骑者的美好姿态与娴熟技能。

多数铺户在正月初六开张，不过并不很忙，铺中的伙计们还可以轮流去逛庙会、逛天桥和听戏。

元宵上市，春节的又一个高潮到了。正月十五，处处张灯结彩，整条大街像是办喜事，红火而美丽。有名的老铺子都要挂出几百盏灯来，各形各色，有的一律是玻璃的，有的清一色是牛角的，有的都是纱灯，有的通通彩绘《红楼梦》或《水浒传》故事。这在当年，也是一种广告。灯一悬起，任何人都可以进到铺中参观。晚上灯中点上烛，观者就更多。

小孩子们买各种花炮燃放，即使不跑到街上去淘气，在家中照样能有声有光地玩耍。家中也有灯：走马灯、宫灯、各形各色的纸灯，还有纱灯，里面有小铃，到时候就叮叮地响。这一天大家还必须吃元宵呀！这的确是美好快乐的日子。

一眨眼，到了残灯末庙，春节在正月十九结束了。学生该去上学，大人又去照常做事。腊月和正月，在农村正是大家最闲的时候。过了灯节，天气转暖，大家就又去忙着干活了。北京虽是城市，可是它也跟着农村一齐过年，而且过得分外热闹。

——选自《北京的春节》

(7)试着标注出这两首现代诗的重音和停连，确定朗诵基调，并在同学面前朗诵诗歌作品。

你从雪山走来，春潮是你的风采；
你向东海奔去，惊涛是你的气概。
你用甘甜的乳汁，哺育各族儿女；
你用健美的臂膀，挽起高山大海。
我们赞美长江，你是无穷的源泉；
我们依恋长江，你有母亲的情怀。
你从远古走来，巨浪荡涤着尘埃；
你向未来奔去，涛声回荡在天外。
你用纯洁的清流，灌溉花的国土；
你用磅礴的力量，推动新的时代。
我们赞美长江，你是无穷的源泉；
我们依恋长江，你有母亲的情怀。

——选自《长江之歌》

轻轻的我走了，
正如我轻轻的来；
我轻轻的招手，
作别西天的云彩。

那河畔的金柳，
是夕阳中的新娘；
波光里的艳影，
在我的心头荡漾。

软泥上的青荇，
油油的在水底招摇；
在康河的柔波里，
我甘心做一条水草。

那榆荫下的一潭，
不是清泉，是天上虹；
揉碎在浮藻间，
沉淀着彩虹似的梦。

寻梦？撑一支长篙，
向青草更青处漫溯；
满载一船星辉，
在星辉斑斓里放歌。

但我不能放歌，
悄悄是别离的笙箫；
夏虫也为我沉默，
沉默是今晚的康桥！

悄悄的我走了，
正如我悄悄的来；
我挥一挥衣袖，
不带走一片云彩。

——选自《再别康桥》

(8)选择两首你喜欢的古诗词，朗诵它们，并向大家介绍你喜欢它们的原因。

3. 命题说话训练

从《普通话水平测试用话题》的50个题目中，选取记叙型、说明型、议论型的题目各2个，与同桌互相进行命题说话训练，并在训练后总结自己需要改进的地方以及可以向同桌学习的地方。

第二章测验题

第三章　课堂教学口语训练(上)

【建议学时】

4～6学时。

【教学目标】

知识层面：了解教学口语的基本概念、特点和类型；导入语、讲授语的基本概念、作用和要求；掌握课堂导入语、讲授语的几种类型和使用方法。

技能层面：能根据自己将要教授的学科设计出多种类型的导入语；能根据具体的知识内容设计出不同类型的讲授语，并进行自然流畅、富有特色的教学口语表达。

《礼记·学记》中有这样一段话："善教者，使人继其志。其言也，约而达，微而臧，罕譬而喻，可谓继志矣。"意思是说，一位优秀的教师，他的讲授，扼要而透彻，精微而动听，举例不多而诱导得体，这样学生就很乐意跟着他学习了。这段话，可以说点出了语言在教学中至关重要的作用。但凡优秀的教师，他们的教学语言必定是自然流畅、辞约意丰的，教师的语言能力是决定课堂精彩与否的决定性因素。因此，明确教师语言的要义、类型、使用技巧等，对于准教师、新入职教师以及经验丰富的教师不断地提升自身的教学艺术，有着重要的意义。

教学口语，即课堂教学口头言语，是指教师在教学过程中所使用的职业语言。它是教师根据所设定的教学目的，针对学生的身心特点，选择相应的教学方法，在有限的时间内达成一定的教学目标过程中所使用的一种口头语言。教学口语既需要具有书面语的准确性、规范性等特点，又需要具有口语的通俗性、形象性的特点。

叶圣陶曾说："凡是当教师的人决无例外地要学好语言，才能做好教育工作和教学工作。"[①]教师主要就是依靠教学口语传递知识、启迪智慧的，因此，教师口语能力的优劣直接关系着教学质量的高低。具有优秀的教学口语能力的教师，总能使

① 韩立群、单立治：《以生活为本位的基础教育论：叶圣陶教育理论体系阐释》，223页，石家庄，河北人民出版社，2007。

学生感到如沐春风，从而愿学、会学、乐学。而教学口语能力较差的教师，在课堂上挥汗如雨，却总是事倍功半。可以说，没有课堂教学口语，就没有课堂教学；没有良好的课堂教学口语表达技巧，也就不可能有良好的课堂教学氛围。因此，不管是已有多年教学经验的教师，还是即将踏上讲台的新教师，都需要勤奋练习、刻苦钻研，不断提升自身的教学口语能力。教师优秀的口语表达能力，能够潜移默化地影响学生的口语表达能力，对学生语言能力的培养、提高也有着重要的作用。

综合来看，课堂教学口语具有以下几个特点。

规范性。课堂教学口语属于教师职业语言，因此要求发音标准、用词准确、语法符合规范。具体来说，在语音上，要求使用普通话来表述，发音清楚、吐字准确，不念错别字；在词汇上，以北方方言为基础词汇，避免使用其他方言词汇，谨慎使用新兴词汇或网络词汇等；在语法上，以典范的现代白话文为基础，符合语法逻辑和修辞规范，不说有语病和带歧义的话语。

逻辑性。教学有着明确的目的性，每一堂课都需要在规定的时间内，完成相应的教学内容、教学计划和教学目标。因此，教学口语不同于一般的口语，它必须是经过精心设计的、优化的口语，所有的话语表述都必须围绕着一个主题进行。如果教师在讲课的过程中夹带过多的附加信息和冗余信息，就会既影响讲课的效果，也影响教学任务的完成。

形象性。教师在讲授知识、阐发道理或者描述现象时，要善于化抽象为具象、化平淡为生动、化深奥为浅显、化枯燥为幽默、化繁杂为简洁、化无形为有形，这样既能引起学生的兴趣，又能提高课堂质量，从而让学生有效地学习、快乐地学习。所以教师既要善于从教学内容中发掘问题与生活的紧密联系之处，又要使用生动有趣的话语、案例、肢体动作等寓教于乐，这样才能使课堂气氛活跃，学生兴趣盎然。

启发性。课堂口语受到“课堂”这一特殊场所的影响，有着特殊的教育目的和教育对象，需要完成特定的教学内容和教学目标。现代教育理念下的课堂教学不仅是讲授知识，更重要的是启发学生思考、启迪学生智慧。这就要求教学口语一定要具有科学的启发性。多提问、多设疑、多引导、多点拨，这样才能使知识真正地在学生的头脑中生根发芽，从而把课本知识转化为现实能力。

情感性。儿童首先是用情感来认识周围世界的，最好的教学往往是需要先“动之以情”，然后才“晓之以理”。因此，教学口语必须要有情感性，富有情感的语言才具有“震撼力”“穿透力”，才能感染学生的情绪和精神，引起他们内心世界的共鸣。当然，“情感”不能有意为之，所谓“强哭者虽悲不哀，强怒者虽严不威，强亲者虽笑不和”，虚假的情感只会令人索然无味。“真在内者”，才能“神动于外”。

按照在课堂上教学所具有的不同功能进行分类，课堂教学口语可以分为导入语、讲授语、提问语与理答语、结课语和应变语五种类型。具体见以下几节。

>>第一节　导入语<<

导入语起着引起兴趣、启发思考、活跃气氛以及承上启下的作用。具体来说，导入语有问题导入、故事导入、现实情景导入、游戏导入、教具导入、已学知识导入等多种类型。

在教学活动开展之初，能否通过巧妙、有效的手段激起学生的“第一次知觉”，对于此后教学活动的开展有着至关重要的作用。有学者曾用《桃花源记》中“渔人甚异之，复前行，欲穷其林”形容导入语的作用，“异”—“复前行”—“欲穷其林”，恰如一次好的课堂导入语所能激发的心理期待和探究动机。[①] 而学生能否循口而入、穷其林，则与教师是否能灵巧地设计导入语息息相关。

一、导入语的内涵、作用和要求

(一)导入语的内涵

导入语是课堂教学的引子、开场白，也称导语、导课语，它是在开始新的课堂教学内容或活动之前，教师通过启发、诱导、感染、激励等途径，引导学生进入学习的教学语言。课堂导入是每次教学活动留给学生的第一印象，此阶段学生的注意力最为集中，最有利于开展教学，因此也被称为教学环节的“黄金阶段”。

(二)导入语的作用

成功的导入语不仅能使整节课结构完整、浑然一体，还能实现师生之间教学的高效互动，提高学生学习的内驱力，强化教学效果。

1. 引起兴趣

清人李渔说过：开卷之初，当以奇句夺目，使之一见而惊，不敢弃去。[②] 这句话也同样适用于教学活动，即在教学之初，教师一定要精心设计，通过一系列生动有趣的语言描述来吸引学生、打动学生，使他们流连课堂“不敢弃去”，这也是导入语最为重要的一个任务。如果在教学之初就能把学生的注意力和兴趣点聚焦在课堂上，教师的讲课就会收到事半功倍的效果。

2. 启发思考

学生的思维活动和想象力对学习效率的高低有着很大的影响。导入语能启发思考、引起学生的想象和联想，开阔学生的思路，利于他们对于知识的接受和把握。导入语中常常渗透了教师本节课程的教学目标，或者设疑，或者暗示，或者提纲挈

---

① 李卫东、荣维东：《课堂导入语与教学切入点的设计策略》，载《语文建设》，2007(4)。

② 见《闲情偶寄》“词曲部·格局第六·大收煞”条。

领。虽然导入语方式不同，但总的目的是使学生尽快从宏观上把握学习对象，调动学习的主动性。

3. 活跃气氛

苏霍姆林斯基说过：“多年的学校工作经验使我深信，要能掌握儿童的注意力，只有这样一种方法：就是要先形成，确立并且要使儿童保持一种内心状态，即要做到儿童情绪高涨和智力振奋，这些都是由于产生驾驭真理的感觉和思想上有一种自豪感。”[①]学生的思维活动状况在很大程度上依赖于心理状态，而这种心理状态又在很大程度上依存于师生之间的沟通互动。有趣的导入语可以沟通师生之间的情感，活跃课堂气氛，将学生带入一个充满生气的教学环境中，这样的环境自然是利于调动学生的情绪和情感的。

4. 承上启下

好的导入语能起到承上启下的作用。在设计导入语时，教师要注意导入语既能顺其自然地过渡到新课和新的知识点，又能与已经讲授过的知识内容有机联系起来。即一方面要“启新”，另一方面要“温故”。只有使每次的教学内容环环相扣，学生才能更全面、深刻地把握学习内容，由表及里，举一反三。

(三)导入语的要求

1. 符合学生的认知特点

在课堂导入时，要充分考虑学生的年龄阶段、知识水平、经验阅历等因素，然后综合判断使用哪种类型的导入方法。如故事导入、游戏导入比较适合低学段的学生，而问题导入、已学知识导入等比较适合高学段的学生，教师要根据具体情景综合考虑使用哪种类型的导入语。

2. 与所讲内容高度契合

导入语不能随意设定，一定要与课程的内容相关，若能够和课程的主题高度契合是最好的，这样才能更好地起到承上启下的作用。有的教师设计的导入非常的新颖、有趣，但是与课程的关联度不大，这样的导入就不是成功的导入。

3. 高度凝练，时间不能过长

课堂时间有限，导入占用过长的时间会影响教学任务的完成度，且很容易分散学生的注意力。因此，导入语的时间不能过长，一般需要控制在3～5分钟，要切中要领，尽快进入正题。

4. 新颖有趣，能吸引学生注意力

导入最重要的作用就是激发学生对本节课程的兴趣，因此一定要新颖有趣。教师可以经常变换导入方法，如问题导入、故事导入、案例导入、情景导入等方式轮流使用，这样可以制造陌生感，刺激学生的注意力。

---

① [苏联]苏霍姆林斯基：《给教师的一百条建议》，94页，天津，天津人民出版社，1981。

二、导入语类型

课堂导入的方法是多种多样的，不同的学科所使用的导入方法也是不同的。综合考查不同学科的课例，本文重点介绍问题导入、故事导入、现实情景导入、游戏导入、教具导入、已学知识导入这几种比较常见且实用的导入语。

(一)问题导入

问题导入是指在讲授新的教学内容之前，教师先提出一个与本节讲授内容相关的问题，从而引起学生思考的一种导入方法。“学起于思，思源于疑。”有问题才有探索，疑是学习的起点。提问是引起学生进行深层次思索的重要手段，如果不断的追问则可以使学生的思维向更深、更远处推进。如果没有思维的积极参与，知觉、记忆、想象等其他智力活动都将停留在较低层次，影响知识的接受与再造。因此，教师要擅长在静态的教材信息中发现矛盾、设置矛盾，并通过巧妙的方式引出矛盾，才能创设良好的思维情境，让学生充满疑虑，激活学生的好奇心，从而使学生在良好的学习情绪中开始进入最佳学习状态。

【示例】

《孔乙己》课堂导入

师：孔乙己是大家都知道的，他是鲁迅塑造的著名的小说人物。但孔乙己为什么要叫“孔乙己”呢？他的这个名字有什么特殊的含义？鲁迅对孔乙己到底怀着一种什么样的情感，是爱？是恨？还是其他？是什么造成了孔乙己的人生悲剧？这些问题的答案就在课文之中，请同学们一起来寻找答案。

评析：在本节课程的导入中，教师从主人公的名字出发提出问题，由名字展开对主人公的身份、地位、经历、言行、性格等的探寻。教师在此基础上进一步追问：作者对主人公到底怀着怎样一种复杂的情感？此问题最终指向作者写作本文的目的。这几个问题之间有着内在的联系，并逐步深入，通过问题串联起全篇课文。

【示例】

《飞夺泸定桥》课堂导入

师：泸定桥在泸定城西，又叫铁索桥。红军长征时从这里渡过大渡河。请同学们想想，课文题目改成“过泸定桥”可不可以？“过”桥就行了，为什么还要“夺”呢？

生：因为桥头有敌人的重兵把守，你不夺，他不让你过。

师：夺桥就行了，为什么还要用这个“飞”呢？

生；“飞”就是飞快，不快就过不去了。

师：不快，为什么过不了桥？我们带着这个问题开始学习吧。[①]

评析：在本课的导入中，教师紧紧抓住题目中的“飞”“夺”两字与学生展开互

① 董兆杰：《口语训练》，226 页，北京，语文出版社，1986。

动，以此引导学生思考这两个字背后所隐藏的信息。由“飞”“夺”两字导入，也正好符合课文表现红军在长征过程中不畏艰难、勇往直前的革命精神主题。

【示例】

“字母能表示什么”课堂导入

师：今天很多老师来听课，我们唱一首歌表示欢迎，好吗？

生：好！

师：我先唱一遍——一只青蛙一张嘴，两只眼睛四条腿。两只青蛙两张嘴，四只眼睛八条腿。……大家会接着往下唱吗？

生：三只青蛙三张嘴，六只眼睛十二条腿。四只青蛙四张嘴，八只眼睛十六条腿……

师：同学们，唱得非常好，比我唱得强多啦！不过我听着唱到八只青蛙的那句时，有些乱了，为什么？

生：算腿数的时候，有快有慢。

师：是啊，同学们怎么算呢？

生：嘴数＝只数，眼睛数＝只数×2，腿数＝只数×4。

师：大家发现的这个规律非常好，那么，有任意只青蛙这句怎么唱？

生：任意只青蛙任意张嘴，2任意只眼睛4任意只腿。(学生和听课老师都笑。)

师：大家为什么笑啊？

生：这句太别扭啦！

师：怎样唱好这句呢？今天我们学习了这节课就能解决这个问题。[①]

评析：在本节的导入中，教师通过带领学生一起唱儿歌开场，一方面消除了有评委听课的紧张气氛；另一方面，这首儿歌开头容易，但难度逐步增加，符合七年级学生的年龄和认知特点。更为重要的是，这首儿歌契合本节的知识主题，导入十分自然、流畅、有趣。

【示例】

“When were you born?”课堂导入

师：Do you know Yao Ming?

生：Yes，I know.

师：When is his birthday?

生：(没有人回答)

师：His birthday is… another way of saying it is that“He was born in/on…”

评析：很多学生都比较关注明星的话题，在本节导入中，教师利用学生的这一特点，提出与明星有关的问题导入课程。当学生听到“姚明”的名字时，都反应过来他是

---

① 吕世虎：《走进课改实验区　初中数学新课程教学设计与特色案例评析》，99页，北京，首都师范大学出版社，2003。

世界著名的篮球运动员，于是将学生带入一个熟悉的语境中，学生可以放下紧张情绪，以一种轻松的氛围学习。教师接着再次发问："When is his birthday ?"但因为这一问题属于细节问题，很难有学生回答出来。教师便可以接着解释："His birthday is… another way of saying it is that 'He was born in/on…'"。因为之前学生已经学过"When is his birthday ?"这个句型，所以这一解释一方面复习了前面的知识，另一方面又巧妙地导入了新课。

【示例】

"新文化运动和马克思主义的传播"课堂导入

师：2009年9月28日是孔子诞辰2560周年，此日，来自海内外的孔子后裔及著名专家学者，齐聚山东曲阜，举行盛大的祭孔仪式，政协主席贾庆林也应邀出席，全国人民处在节日的欢庆之中。而在92年前的这一天，当时的国家总统也举行过一次盛大的祭孔仪式，规模不可谓不高，但结果却出乎人意料，遭到了全国人民的一致反对，前后差距为什么会这么大呢？相信学完这节课我们就会找出答案。①

评析：本节的知识重点在讲授中国知识分子从向西方资本主义学习到向社会主义学习、宣传马克思主义的过程。教师通过提问为什么两次"祭孔仪式"结果截然不同的问题，一方面引起学生思考，另一方面这两个事件也正好符合了本节反映的近代中国人不断甩掉精神枷锁、思想不断获得解放这一思想主题。

(二)故事导入

故事导入，是指在正式讲课之前，教师先讲述一个与教学内容相关的故事，从而调动学生兴趣、引起学生情感共鸣的一种导入方法。故事可以是神话、童话、寓言、历史故事、名人逸事或社会事件、自编故事等。故事一定要有趣味性，否则不能激发学生的兴趣。并且，故事一定要与所讲授的内容有密切联系，否则不利于学生理解领悟，从而达不到导入的目的。另外，故事也一定要简短，否则学生的注意力容易分散，也会占用课堂过多时间，影响教学效果。

【示例】

"荆轲刺秦王"课堂导入

师："荆轲刺秦王"是大家都了解的历史故事，但荆轲为什么要刺杀秦王？他们之间是有什么深仇大恨吗？今天我先来给大家讲讲荆轲刺秦王的前序。荆轲刺秦王的故事发生在战国末期，即秦统一中国之前。当时，秦已灭韩破赵，统一天下的大局已定。燕国是一个地处北方的小国。当初燕王为了讨好秦国，曾将太子丹交给秦国作为人质。秦国没有很好地礼待他，太子丹于是逃回了燕国。后来，秦将王翦破赵以后，引兵向北，直逼燕境。燕太子丹为了抵抗秦的大举进攻，同时也为了报当初在秦被凌辱之仇，决定派荆轲劫持秦王，想要挟秦王归还秦侵占的各国土地；如

① 岳晓杰：《新课改下高中历史课堂导入策略研究》，硕士学位论文，河南师范大学，2012。

果要挟不成，便刺死秦王，造成秦国内部的混乱。那么燕太子的计谋有没有成功?荆轲刺秦王具体发生了哪些事情，我们今天就一起来看一看。

评析：在小学到中学的语文课程中，有很多历史故事或文学名著中的经典片段。限于课时及文章篇幅等原因，这些历史故事或文学片段往往省去了很多背景资料，只选取了其中最为典型的部分。在讲授这类课文时，教师可以采用故事导入法，运用简洁生动的语言介绍故事的背景、起因等，既可以调动学生的兴趣，同时也清除了学习正式课文之前的知识障碍。

【示例】

《莫高窟》课堂导入

师：同学们，今天我给大家讲一个故事。公元366年的一个傍晚，一个和尚云游到一个地方，他想找个地方休息。他环顾四周的时候，突然发现一道奇异的景象，一座山金光灿烂，好像有千佛在跃动，把他照得浑身通红。他被眼前的景象惊呆了，怔怔地站了很长时间。然后他猛然有所领悟，跪下发愿，从今后要广为化缘，在这里筑窟造像，使它真正成为圣地。不久，和尚的第一个石窟就开工了，随着他的奇遇被越来越多的人知道，来这里凿窟的人也越来越多。这个和尚叫乐僔，是中国敦煌莫高窟的开创者。今天我们一起来学习《莫高窟》一文，看看乐僔和尚和他的追随者们完成了怎样的宏伟事业。

评析：很多中小学教师反映，写景状物类以及游记类课文较为难讲，学生对此类课文的学习兴趣也相对不高。其实学生之所以兴趣不高，很大一部分原因是这些内容与学生的现实生活相距较远，与学生的经验感知无法联系起来。所以在学习此类课文之前，教师要做的第一项工作，就是将此类课文与学生建立起联系。通过讲故事的方式，把一些历史遗迹、自然风景、物类(静物、动物、植物等)背后的传说、逸事等挖掘出来，呈现给学生，消除学生对课文的陌生感、距离感，也就很好地把握住了教学的先机。在讲授《莫高窟》这篇课文前，教师先讲了莫高窟的创始人——乐僔和尚的故事，通过这个佳话让学生对这个地方产生遐想，也就激发了学生学习的积极性和主动性。

【示例】

“循环小数”课堂导入

师：今天上课之前，先给大家讲一个故事：从前有座山，山里有个庙，庙里有个和尚在讲故事，讲的什么故事呢……

学生很自然地接下去：“从前有座山，山里有个庙，庙里有个和尚在讲故事，讲的什么故事呢……从前有座山，山里有个庙……”

师：我们可以发现，这个故事一直在重复循环，只要把握好“山—庙—和尚—讲故事”这几个关键要素，再加上有充足的时间就可以永远循环讲下去。这和我们今天要讲的循环小数真的是非常相似呢。

评析：数学源于生活，因此在教学中“把数学问题生活化”，把抽象的数学问题与学生的现实生活或熟悉的经验建立起联系，不仅有助于学生带着好奇心去寻找答案，而且更有利于培养学生用数学的眼光发现生活、用数学的头脑思考生活的能力。这位教师在讲“循环小数”之前，通过大家耳熟能详的“从前有座山”的故事讲起，把原本抽象的问题形象化，使学生快速有效地掌握了“循环”的奥秘所在。

【示例】

“禁止近亲结婚”课堂导入

师：同学们，中国法律明确规定“禁止近亲结婚”，这是为什么呢？

生：(思考)……

师：谁知道原因？

生 1：近亲结婚的后代子女容易生病。

生 2：近亲结婚的后代子女可能会有智力的问题。

师：同学们回答得很好，新课之前我们先来听两个故事。

第一个故事中的主人公是英国的维多利亚女王，21 岁时英国女王维多利亚和她的表哥阿尔伯特完婚，婚后他们总共生育了 9 个子女，4 个男孩 5 个女孩，其中 4 个男孩里有 3 个患有遗传病——血友病，女孩也携带着血友病的致病基因。

第二个是“月亮儿女”的故事。在大西洋有个小岛，这个岛几乎与外界没有联系，居住在这个岛上的人，都很喜欢月亮而害怕太阳。每当夜幕降临的时候，大家在沙滩上载歌载舞，很是欢快。他们皮肤白，头发也是白的，很害怕阳光，也看不清楚东西，由此得来了“月亮儿女”的称呼。1970 年左右人才知道是因为这个岛上的人们大都患有白化病。听了这两个故事，大家有什么想法呢？

生 3：两个故事都挺悲惨的。

生 4：这两个故事里的人都是近亲结婚啊。

师：为什么要禁止近亲结婚呢？这节课我们学习探讨下这些问题。①

评析：生物这门课程主要研究生命现象和生命活动规律，这些无一不与现实生活紧密相连，而且，生物科学在发展过程中也积累了丰富的故事资源，因此几乎每一节生物课程，我们都能从历史事件或现实生活中找到与之匹配的故事材料。故事导入可以充分利用这些故事资源，激发学生的生物学习兴趣。

(三)现实情景导入

现实情景导入是指在教学过程中，教师有目的地营造与教学内容相关的现实情景，增加学生对所学内容的直观感受，帮助学生准确并深入地理解教学内容的一种导入方法。现实情景的营造可以利用教室的一切现有资源，或者教师提前通过对人、事、物的安排创设一种情景，或者通过多媒体的文字、声音、图像、影像等资源创设情景，或者教师通过语言带领学生一起进入回忆、联想等多种途径。

---

① 邓士翠：《初中生物课故事导入的理论和实践》，硕士学位论文，山东师范大学，2017。

【示例】

“Point to the door”课堂导入

师：请同学们安静一下，看我的动作。(老师用手指教室的门，几秒后，老师又用手指教室的窗户，几秒后，老师又用手指第一排的课桌)请同学们说一下老师在干什么呀?

生：老师在指门。

生：老师在指窗户。

生：老师在指课桌。

师：同学们回答的都非常好。这些句子用英语应该怎么说呢?来，跟老师一起做动作一起说：“Point to the door”(一边用手指门一边说)，“Point to the window”(一边用手指窗户一边说)，“Point to the desk”(一边用手指课桌一边说)。

评析：在本节导入中，教师没有循规蹈矩地一上课就讲单词、讲语法，而是充分利用教室中的一切现有资源，创设了一个现实的生活场景，引导学生一边做动作一边念单词，这样学生一方面直观形象地理解了 door、window、desk 的含义，同时又把这些英语句子活学活用在现实生活场景中。在低年级的英语教学中，利用一些教室的实物或者教师自带的一些实物，如衣物、水果、玩具等创设现实情景，是一种非常有效的教学方法。

【示例】

“平行线”课堂导入

师：昨天，我要求同学们收集生活中利用平行原理的实例，其实老师昨天也收集了许多，是你们先展示，还是老师先展示?

生：我们先说!

师：好吧，你们说。

生：火车铁轨是平行的。

生：斑马线是平行的。

生：电梯是平行的。

生：不一定，应该是商场那种手扶电梯。

生：音乐五线谱中的五条线是平行的。

(近三分钟的时间学生列举的实例涉及生活中各个方面：音乐、艺术、体育、建筑、交通、装饰等。我也被学生那种争先恐后的、急于展示自己的氛围所感染)

师：你们都说得非常好，下面该老师说了吧?

(学生默许了。我从讲桌上拿出两张本人滑雪的、放大的彩色照片)

师：图片中是谁?她在干什么?

生：是你在滑雪。

师：对，是我前年在−30℃的哈尔滨滑雪场滑雪的照片，但是我不仅没有学会滑雪，还摔了不少跟头。你们知道是为什么吗?

生：两个滑雪板未保持平行。

师：你们真的很聪明。

师：如果说跑道线不是平行的会怎样呢？

生：运动员会撞到一起的。

师：如果铁路的轨道不平行，又会怎样呢？

生：会越轨，出事故的。

师：平行线在生活中用途很广，那么同学们能否结合我们所举出的所有实例归纳出什么样的线是平行线呢？①

评析：在本节导入中，教师通过提前安排，让学生在课前观察生活中的平行关系，随后将这一现实情景又延伸扩展到课堂上，实现了课内与课外、现实情景与数学知识的良性互动。其实在很多数学知识的讲授中，如认识角、多边形、钟面，包括各种方程式等，都可以通过各种方式把学生带入现实情景中来导入。

【示例】

《威尼斯》课堂导入

师：同学们，今天我们要赏析的文章是《威尼斯》(边说边播放水城威尼斯的风光画面，字幕显示：威尼斯)。一提起威尼斯，同学们会马上想到哪些有影响的文学作品呀？

(学生回答，教师点评)

师：在小说《基督山伯爵》以及电影《威尼斯面包师的儿子》等大量的文艺作品中也都或多或少地提到了这座世界名城。可是，很多人并不清楚这样的一组数据：威尼斯的城区面积不足 7 平方千米，目前人口仅 72 万(以前还要多)，但每年的游客却高达 1200 万人次。

[屏幕显示：7 平方千米，72 万，1200 万]

这是个什么样的概念呢？以咱们生活的湖州为例，市区面积 610 平方千米，人口 47.94 万，近两年旅游高峰期年客流量为 350 万～429 万。这么一比较，同学们就会思考这些本不相干的抽象数字背后所隐含的问题了。是啊，威尼斯究竟有什么样的魅力使得莎士比亚、大仲马、马克·吐温这样的文学巨匠都忍不住把它写进自己的作品中，能吸引如此多的各国游客呢？

好，先让我们来看一段录像资料。

师：看过这些图像和文字资料，你们已经获得了哪些信息？能否为这段文字加一个标题？②

评析：在本节导入中，教师一方面利用多媒体播放了威尼斯的自然风光，让学

① 吕世虎：《走进课改实验区 初中数学新课程教学设计与特色案例评析》，113～114 页，北京，首都师范大学出版社，2003。

② 朱昌元：《名师课堂教学实录》，19～20 页，杭州，浙江教育出版社，2003。

生直观地感受了这座小城的风景，另一方面又把威尼斯的相关城市数据与学生当下生活的城市数据做了对比，让学生从心理层面有了更深切的理解，从而对这座小城产生了一探究竟的兴趣。

(四)游戏导入

游戏是一种智力开发活动，也是一种行之有效的教学方式。游戏导入是指在开始新的教学内容之前，教师通过带领学生参与富有趣味的娱乐活动切入教学主题的一种导入方法。游戏的方式多种多样，有各种游戏实操、游戏比赛、游戏表演等。

【示例】

“识字教学课堂”导入

师：今天上课前，我们先来做一个游戏。大家看，屏幕上有一个字，念什么呀？

生：青。

师：对，念“青”，青草的青。大家看，我手里拿着一个魔法盒，魔法盒里有很多卡片，卡片上有“氵”“讠”“艹”“忄”“日”“目”“口”“纟”等很多“小朋友”，它们有些是青的好朋友，有些不是青的好朋友，我们一起来找一找，看看谁是青的好朋友吧！

(把学生分成不同小组，以组为单位派代表到讲台抽卡片，哪一组组成的字正确，且用时短就获胜。)

评析：在教师设计的这个识字游戏过程中，学生自然而然地借助偏旁理解了生字的意思，并初步了解了形声字的构字规律。小组之间的比赛，又刺激了学生的好胜心，激起学生的挑战欲望，达到了高效的学习效果。对于低年级的学生来说，在游戏中进入学习是最佳的调动学生学习兴趣的方式。如“找朋友”游戏、摘果子游戏、正话反说游戏、猜谜游戏、真真假假游戏等，都非常适用于低年级的语文教学。

【示例】

“5的乘法口诀”课堂导入

师：同学们，大家一起来猜一个谜语——五个兄弟，生在一起，有骨有肉，长短不齐。猜一猜，这是人身上的什么器官？

生：手。

师：答对了，手在我们的日常生活中有许许多多的用处，你们都会用手做些什么呢？

(学生讨论)

师：最近老师学了一个“读心术”，也和手有关，只要你们说出手的数量，老师能立马说出手指的数量。你们想玩吗？

生：想玩。

师：不瞒大家说，老师这个本领也是刚学的，同学们能够照顾一下我，先把手的数量控制在5只以内吗？当然也包括5只。

（师生互动，让学生任意报一个5以内的数，教师立刻报出结果。教师根据游戏形成如下板书：

1只手—5根手指

2只手—10根手指

3只手—15根手指

4只手—20根手指

5只手—25根手指）

师：我厉害吗？想知道其中有什么奥秘吗？今天这节课，我们就来揭秘“读心术”。①

评析：在这个导入中，教师分别设计了猜谜语和“读心术”两个游戏，快速激起了学生的求知欲，自然而然地把学生带入了学习氛围之中。同时，利用“手”来学习5的乘法口诀，该设计也非常合理巧妙，渗透了“数学原始发生”的文化意义。

(五)教具导入

教具作为教师辅助教学的用具，有着其他手段不可替代的作用。不论哪个科目，都可以使用一定的教具作为辅助工具。教具导入是指教师根据教学内容，适当选用一些模型、实物、标本、仪器、图表、幻灯片等，通过直观呈现或者和学生一起实践操作的形式，把抽象知识具象化，从而锻炼并提高学生观察能力、思考能力的一种导入方法。

【示例】

“壁虎”课堂导入

师：同学们，你们见过壁虎吗？你知道它长什么样吗？我这里有几个壁虎标本，大家看一下，要看仔细，看它的外形是什么样的？

生：（接过标本，仔细观察，兴趣浓厚）

师：（接过标本）刚才同学们都看得很仔细。现在我们打开书，读读课文，看书上写的和你们看的是不是一样？

评析：在语文教学中，很多状物类的课文，都可以通过使用教具进行导入，如一些自然界的标本或样品，或一些比较珍稀的标本仿制品和模型等，都可以直接拿进课堂让学生先行感知。在教学中，教具的使用也有利于提高学生的观察能力，有利于学生建立起现实生活与所学知识之间的内在联系。在这个教学设计中，教师先通过壁虎的标本让学生一睹壁虎的真貌，使学生对壁虎有了直观的感知，为学生接

① 吴恢銮、张锋：《玩游戏学口诀——“5的乘法口诀”教学设计与意图》，载《小学数学教师》，2019(2)。

下来感知、理解和记忆壁虎的相关知识创造了条件。

【示例】

“宋代的城市生活”课堂导入

一上课，我先出示《清明上河图》让学生欣赏和观察，并要求学生说一说画中都描绘了哪些地方的景象，交流对这幅画的印象。在此基础上，我以“宋代人民的城市生活怎样”为话题，引导学生迅速进入新知识的学习。在教学“唐朝民族关系中的唐与吐蕃关系”时，我利用《步辇图》来导入，引导学生认真观察，感受唐朝的繁荣昌盛，从而使学生产成强烈的学习兴趣。在教学“第二次鸦片战争期间列强侵华罪行”一课时，我利用挂图《火烧圆明园》导入。通过对圆明园残垣断壁的直观认识，引发学生急切了解英法联军侵华罪行的求知欲望。这样，再通过语言渲染导入新课，简捷有效。①

评析：当下虽然各种新媒体图像资源丰富，但一些传统教具仍具有不可替代的优势。这位历史课教师就热衷于各种教学挂图、课本插图、自制图画等的使用，这些教具可以使抽象的语言文字形象化，弥补文字表达的不足，起到图文互补的作用。特别是这些传统教具具有真实的质感，可观可摸，既可以充分吸引学生的注意力，又能加深学生的印象，启发学生的思考。

(六)已学知识导入

教材的知识结构一般都体现出从已知到未知的逐步深入过程，这样既便于教师的教，也便于学生的学。已学知识导入就是教师从学生已学知识中挖掘与新知识相关的内容，以旧带新，从而实现巩固旧知、激活新知的一种导入方法。在现实的教学活动中，已学知识导入往往是教师最常用的一种导入方法。需要注意的是，为了更好地实现已学知识导入的功能，教师需要对导入形式进行不断的创新，或借用故事导入、游戏导入等方式同时进行。只有灵活地运用这种导入方法，才能为新课的学习做好充分的铺垫，提升课堂教学效果。

更为重要的是，已学知识导入不仅是 种行之有效的新课导入方法，它还对培养学生关注知识与知识之间联系的能力，让学生学会学习，进而主动学习、开心学习有着重要的作用。一些学生学习困难，很大一部分原因就是学一课忘一课，学一册丢一册。如果能有意地让学生关注新旧知识之间的联系，那么已学知识通过不断被提醒而记忆增强，新知识也通过已有知识被不断激活。学生学会了学习，就不会因为知识的增多而感觉负担加重，而是越学越开阔，越学越轻松。

【示例】

“认识几分之几”课堂导入

师：今天，我给大家讲一个“孙悟空和猪八戒吃西瓜”的故事。唐僧师徒四人去

---

① 武俊杰：《传统教具在课堂导入中的合理应用》，载《中学历史教学参考》，2018(8)。

西天取经，这一天走到了火焰山。天气真是太热啦！唐僧就让孙悟空和猪八戒去找水来喝。在找水的路上，他们路过一片西瓜地，地里坐着一位卖西瓜的老婆婆。看着水灵水灵的大西瓜，孙悟空和猪八戒馋得直流口水。老婆婆说："你们要吃西瓜，可以，我得先考考你们。"她拿出4个西瓜说："4个西瓜平均分给你们俩，每人得几个西瓜？"同学们也替他们想一想。

生：2个。

师：非常好！老婆婆又拿出2个西瓜，问："现在平均分给你们俩，每人得几个？"

生：一个。

师：同学们非常棒！老婆婆又拿出1个西瓜，问："现在平均分给你们俩，每人得几个？"

生：半个。

师：那么，半个用一个数字怎么表示呢？这下难住了孙悟空和猪八戒，同学们，你们知道该怎么表示吗？

评析：数学、物理、化学等课程的知识体系逻辑性、系统性比较强，一个新的概念、公式的出现往往是在旧知识的基础上演绎或推导出来的。因此，授新课时，教师往往需要通过复习旧知识来引入新知识的学习。但是如何使每节课的导入不单调、不重复，还需要教师多费心思。在这个教学设计中，教师并不是一上课就简单地复习旧知识或者提问旧知识，而是通过改编学生们喜爱的《西游记》的故事，由"平均数"这一已学知识出发，自然地引出了分数的学习。

【示例】

《装在套子里的人》课堂导入

方案一：

师：契诃夫大家熟悉吗？以前学过他的哪些作品？谁能简单介绍一下。

生：以前学过他的作品《变色龙》，他是一名批判小说家，批判的是当时俄国沙皇的黑暗统治。他一般都是写一些普通的小职员，比如，他在《变色龙》中就是写了一个叫奥楚蔑洛夫的小警员，目的是揭示人性的弱点，来警醒后人。

师：这位同学结合契诃夫的作品，对他的思想做了分析。

生：契诃夫是俄国著名的幽默讽刺大师，他与欧亨利、莫泊桑并称为"世界三大短篇小说巨匠"。

生：契诃夫的创作阶段分为两个阶段。第一个阶段是揭示俄国社会的病态和黑暗，代表作品有《变色龙》和《万卡》，主要体现了讽刺手法；第二个阶段是1890年之后，他从库页岛旅行回来，作品更多显示的是乐观主义精神。

师：刚才几位同学的发言，都提到了契诃夫的一个特点——善于造人，这也是优秀小说家的共同特点。这节课，我们通过品读文本，来分析主人公的形象，进而探究小说的主题。（多媒体出示：品读文本，分析人物，探究主题）在分析人物形象之前，先请同学们快速地浏览一遍课文，看看文中都写了哪几件事，用最简练的语言表达出来。①

方案二：

师：同学们，今天我们大家一起来欣赏契诃夫的名作《装在套子里的人》。你们还记得这样一首诗吗？“九州生气恃风雷……”

生(齐诵)：“万马齐喑究可哀。我劝天公重抖擞，不拘一格降人才。”

师：作者是晚清著名诗人龚自珍。万马齐喑，喑是哑的意思，大家都不说话，为什么呢？因为大家的头上、嘴上都套着许多的套子：封建礼教、科举制度是套子，八股文更是思想的枷锁。这是《己亥杂诗》中的一首。己亥年是1839年，时隔60年，1898年，在我们邻国俄罗斯，短篇小说大师契诃夫创作了《装在套子里的人》这个名篇。这是沙皇亚历山大三世统治时期，三世是在二世被刺杀后上台的，所以他在全俄国强化了各种专政工具，疯狂镇压人民的反抗，以致对轻微的自由思想也采取高压手段。这正是作品的背景。这节课我们采取讨论的形式……②

评析：语文课程的新旧知识点之间的联系虽不如数学、物理等课程联系那么紧密、明显，但如果教师认真总结就会发现，这些课文之间或者题材相同，或者作者相同，或者主题思想相近，或者创作背景相似，或者结构相仿等。教师只要认真地探索课与课之间的相似点，以巧妙的方式把新旧之间联系起来，就可以达到温故而知新的效果。在进行《装在套子里的人》这一课程设计时，两位老师同时选用了从已学知识导入的方式。第一位教师关注到了前后知识“作者相同”这一点，从作者出发进行了贯串。第二位教师关注到了新旧知识“主题相近”“创作背景相似”这两点，把两部看似风马牛不相及的作品联系起来，给人以深刻的印象。

总之，导入是课堂的重要环节，好的开头是成功的一半，好的课堂导入是一节优质课的开端。教师要重视导入、研究导入，善于运用创新思维设计丰富多样的导入形式，诱导和激发学生的求知欲，帮助学生做好认真学习的心理准备。

白杨　　春　　春江花月夜　　邓稼先

① 耿文超：《让灵魂长出翅膀——〈装在套子里的人〉课堂实录及反思》，载《语文教学通讯》，2012(4)。

② 倪成生：《走进别里科夫的世界——〈装在套子里的人〉课堂教学实录》，载《中学语文教学》，2001(6)。

>> 第二节　讲授语 <<

讲授语可以分为广义和狭义两种。广义的讲授语，包括了教师在组织教学活动中所发生的一切语言形式，从上课铃响后教师开始教学，到下课铃响后结束教学，这中间所使用的一切语言，其实都是讲授语。狭义的讲授语则是指教师系统、完整地向学生讲解教材内容、传播知识、教授技能的一种教学语言，具体包括叙述型、描绘型、说明型、议论型、抒情型等形式。

讲授是课堂教学的主要手段。被授予"人民教育家"国家荣誉称号的于漪老师曾经说过这样一句话：愿教师用语言"粘"住学生，上出一堂堂受学生欢迎的、思想正确、知识丰富、情趣横生的使人入迷的课！"用语言'粘'住学生"可谓是道出了教师的讲授在教学中的至关重要的作用。教学本身就是教师通过富有风格的讲授语使听者的听觉产生刺激，从而激活学生的感觉活动，帮助学生进行认知的行为活动。教师的讲授语言是完成一切教学目的的起点和基础，因此，如何打造规范、科学、生动、个性的课堂讲授语言，是教师需要用尽一生去探索研究的事业。

一、讲授语的内涵、作用和要求

(一)讲授语的内涵

讲授语可以分为广义和狭义两种。广义的讲授语，包括教师在组织教学活动中所采用的一切语言形式，从上课铃响后教师开始教学，到下课铃响后结束教学，这中间所使用的一切语言，其实都是讲授语。狭义的讲授语则是指教师系统地、完整地讲解教材内容、传播知识、教授技能的一种教学语言，具体包括叙述型、描绘型、说明型、议论型、抒情型等形式。讲授语是在教学活动中使用频率最高、范围最广的一种语言形式。同时，在实际的教学活动中，讲授语往往需要配合其他教学语言，如导入语、提问语、评价语、结课语等同时使用。本节所讲的讲授语指的是狭义上的讲授语。

(二)讲授语的作用

1. 传授知识，答疑解惑

传授知识，答疑解惑，引导学生去发现问题，探究答案，是教学的首要目标，也是教师在课堂讲授中要实现的最重要的目标。在课堂讲授中，首先，教师要把自己的知识转化为学生能够听得懂、记得住的语言形式，不能使用不符合学生年龄特点的语言形式；其次，教师要把教材中的内容完整地、准确地、清晰地呈现在学生面前，这就要求教师必须吃透教材，因为离开了对教材的精准把握，一切教学方法、教学手段的创新都是无根之木；最后，针对学生在学习过程中所遇到的问题、难点等，教师要做出有针对性的回复和解答。

2. 启发思考，培养能力

教师不但要向学生传授知识，还要注重启发学生活学知识、活用知识，培养学生把课本上的知识转化为解决现实问题的能力。这就要求教师在讲授中，绝不能照本宣科，而是要用心去探索、研究教材与现实生活的联系。教师只有带着问题去钻研教材，才能把自己的“问题意识”延伸给学生。另外，在具体的讲授中，教师要注重创新性地运用“启发”的形式和方法，或直观启发，或设疑启发，或假设启发，或联想启发，或情景启发，或对比启发等，要根据具体问题具体应用。例如：

在一次地理课上，学习完“地球的自转和公转”后，教师用假设提问启发学生：假如地球只有自转而没有公转，一年中会有四季变化吗？会有昼夜变化吗？为什么？假设地轴与公转轨道面是垂直的，太阳直射点会来回移动吗？一年中会有四季的变化吗？昼夜长短会变化吗？为什么？假设地轴与公转轨道面的夹角是30°而不是66.5°，那么地球上会出现五带吗？如果有，五带如何划分？如果没有，为什么？假设地球公转时，地轴不是保持指向北极星附近的方向不变，而是也转了360°，那么太阳直射点如何移动，对四季的形成会产生什么影响？①

评析：教师通过这几个假设，启发学生对地球的自转、公转做一个归纳总结，从而更好地掌握这一既是重点又是难点的地理知识。

3. 提高素质，全面育人

培养什么样的人，是教育的首要问题。作为一名教师，应该时刻牢记“立德树人”的理念，并把这一理念融汇在每一堂教学之中。因此在传授知识、培养能力的同时，注重对学生道德情操的熏陶也是教师在课堂讲授中的重要使命。一次成功的教学，不仅在于使学生的知识获得增长，更在于教师通过潜移默化的影响，对学生的立身处世进行良好的规范和引导。教师要在教学中坚持以美育人、以文化人，提高学生的人文素养，帮助学生全面发展，让所有的学生在获取知识的同时更获取健康生活的力量。

(三)讲授语的要求

1. 深入浅出，通俗易懂

把复杂的、抽象的、深奥的知识通俗化、浅显化，转化成为学生听得懂、记得住、忘不掉的语言，是课堂讲授语的要求之一。在中小学教学中，教师面对的学生是身心各方面尚未成熟的儿童或少年，因此，面对不同年级、不同年龄阶段的学生，教师所使用的语言也要有所区分。特别是对于低学段的学生来说，其心智发育水平和接受程度较低，教师的语言要尽可能简短、明白、形象，尽量避免使用暗示语、复杂语。在语音和语调上，不仅要注意准确和规范性，而且还要注意抑扬顿

① 段玉山：《学科教学详解 初中地理》，483页，长沙，湖南教育出版社，2015。

挫、波澜起伏。

如某教师讲授《数星星的孩子》时，部分讲授语如下：

师：小朋友，这无数颗星星撒在夜空中是一幅什么样的画面？来，咱们做一个撒的动作，老师来看看，谁撒得多！瞧！星星都被你们撒到夜空中去了，多美啊！

师：（教师让学生跟着自己一起仰头）天上的星星这么多，可不好数，我们一起把手指伸出来，慢慢数。一颗，别着急，第二颗还没看见呢。一颗，两颗，三颗，第四颗在哪呢？四颗，五颗……于是，小红一直数到了几百颗。来，你来读读这句话。

生：一颗，两颗，一直数到了几百颗。①

从课例中可以看出，这位教师运用了简短形象的语言以及富有童真和夸张的语调引导学生积极投入课堂，牢牢把握了低学段学生的认知特点。

2. 突出重点，详略得当

教学中最忌讳的是“满堂灌”，再精彩的讲授语，如果不留给学生适当的时间去思考和消化，效果也会大打折扣。教师在备课时，要充分设计好什么该讲什么不该讲，什么是重点要反复强调，什么是次要内容可以简单带过，什么内容什么时候讲最恰当，这些问题直接关系着一堂课的质量，也关系着教师能否完成教学目标等重要事项。叶圣陶说过，即使教材特别繁复，非滔滔汩汩连续到三十五十分钟不可，也得在发挥完毕的时候，给学生一个简明的提要。学生凭这个提要，再去回味那滔滔汩汩的讲话，就好像有了一条索子，把散开的线都连起来了。这种简明的提要，当然要让学生写在笔记本上；尤其重要的是写在他们心上，让他们牢牢记住。好的教师，要时刻注意给学生建构一幅知识的框架结构图，学生在每次课后都能按图索骥，直奔重点。

3. 表意流畅，逻辑清晰

如何从上节课顺接到下一节课，如何在每个知识点之间自然合理地过渡，非常考验教师的语言功力。如果教师不能通过语言把课与课、知识与知识之间的逻辑表达清楚，就会直接影响学生学习的效果。因此，教师的讲授语言一定要表意流畅，逻辑清晰。在具体的讲授中，首先，教师要做到时刻围绕本节课的“主题”，不枝不蔓、不偏不倚；其次，在结束一个知识点的讲授时，要采用归纳分类的方法，并尽量使用首先、其次、最后等序数词，给学生清楚的提示。最后，在准备进行较长的论述时，教师要厘清逻辑顺序，是按照横向顺序，按总分总、总分、分总的逻辑线路讲授；还是按照纵向顺序，按时间发展，或者空间变迁的逻辑线路讲授；抑或按照因果顺序，是什么、为什么、怎么办讲起。每个语段尽量只使用一种逻辑线路，避免信息混淆。

① 肖婷婷：《小学语文教师课堂教学语言研究》，48页，硕士学位论文，苏州大学，2017。

4. 富有情感，形成风格

列夫·托尔斯泰曾说：在自己心里唤起曾一度体验过的情感，并且在唤起这种情感之后，用动作、线条、色彩，以及言词所表达的形象来传达出这种感情，使别人也能体验到这种同样的情感——这就是艺术活动。教师的讲授也是一种用言词传达情感，并唤起情感的艺术活动。教师饱含情感的讲授语，会让知识真正地在学生的心灵中生根发芽，同时也有益于培养学生爱憎分明、明辨是非的情感和能力，对学生产生永恒的价值和意义。

二、讲授语的类型与方法

课堂讲授的形式和方法是多种多样的，在教学研究中，因为研究者们所关注的侧重点不同，所以讲授语的类型也有很多种。有的研究者把讲授语分为叙述性讲授语、解释性讲授语、分析性讲授语、评点性讲授语四种[①]；有的研究者把讲授语分为讲解语、讲析语、解说语三种[②]；有的研究者认为讲授语由讲析、归纳、点拨三部分构成[③]；有的研究者将其分为复述、描述、评述、解说四种[④]，等等。本教材在吸取各种分类优长的基础上，依据语言表达方式和风格的区分，将讲授语分为叙述性讲授语、描绘性讲授语、说明性讲授语、议论性讲授语、抒情性讲授语五类。根据不同的授课内容选择不同类型的讲授语，对于课堂质量有着重要的影响。一方面，教师选择合适的讲授语，能为学生在有限的时间内提供更有价值的信息量，利于学生理解所学知识；另一方面，教师选择合适的讲授语，也会在潜移默化中影响学生的语言表达能力和风格，对于学生的全面发展也有着重要的影响。

（一）叙述性讲授语

叙述性讲授是指教师把教材中的知识和内容向学生做出概括性的说明和介绍。所概括介绍的主要包括人物、时间、环境、事件、结果五个主要组成部分及其所发生的变化和过程。叙述性讲授需要做到以下几点：第一，所讲授的内容要准确完整。所谓准确，是指教师在将教材中的书面语转换成口头语的过程中，不能任意改动如人物、时间、空间、中心思想等重要信息，不能出现与教材内容不相符的信息；所谓完整，是指不能任意减少、删除教材中的关键信息，特别是减少后会影响学生理解的内容。第二，讲授的内容要清晰有序。根据教材的具体情况，或以人物为主线，或以时间为主线，或以空间为主线，或以事件的变化为主线等，要井然有序，逻辑分明，层次清晰。第三，语调要传神。讲授最忌平铺直叙，呆板的语调容

① 姜岚：《普通话与教师口语艺术》，195页，北京，商务印书馆，2018。

② 国家教育委员会师范教育司组编：《教师口语训练手册》，261页，北京，北京师范大学出版社，1994。

③ 程培元：《教师口语教程》，140页，北京，高等教育出版社，2010。

④ 董兆杰：《口语训练》，44页，北京，语文出版社，1990。

易让学生索然无味。在讲授中，教师要时刻注意自身语调的起伏、语音的强弱、语气的缓急、语速的快慢，要根据叙述的内容随时转换情绪状态，只有这样，才能紧紧粘住学生，达到预期的教学效果。

【示例】

《鞋》教学片段

师：那么我们接下来先看一看刘庆邦的小说《鞋》。我想请同学们先回顾一下这篇小说的主要内容。

生：一个叫守明的姑娘，媒人来送彩礼的时候她有些害羞，但她还是按照当地的规矩给那个人做鞋，并且把鞋送出去。

师：除了做鞋、送鞋，还有没有什么内容？

生：最后那个人把鞋还给了那个姑娘。

师：注意，“后记”里面出现了一个“我”，这个“我”是不是就等于守明的“那个人”（未婚夫）？

生：不一定。

师：这个“我”叫作“叙述人”，这个人说他曾经收过一双鞋，但是最后把鞋退给了对方，不代表这个人就是守明的未婚夫，但是他写这个后记暗示了守明最后的结局是——？

…………

师：这个幻想很有趣。做鞋的这个过程说明守明已经对未来充满憧憬。刚才这些分析，已经说明鞋对守明非常重要，我要告诉你们的是，小说后面三个字——“有删改”，说明原文不止这样，我去看了看，发现鞋还有很多“戏份”（内容），我试着举一两个例子来和大家一起品一品。比方说这个——“做鞋守明是不怕的，她给自己做过鞋，也给父亲和小弟做过鞋”“她就提前想到了今天这一关，暗暗上了几分练习的心”，说明她是心思细腻的，有准备、有技能的。这一段描写的前面，如果是“手拙”的姑娘，遇到这种事情——给未婚夫做鞋，那是要哭的。不仅如此，原文还描写了很多做鞋的过程，我没办法一一给大家展示，比方说，描写她要做鞋先去河边用黄泥巴把手洗了一遍又一遍。还有一个，一起来看一看，“拿起鞋底，她想入非非，老是产生错觉，觉得捧着的不是鞋，而是那个人的脚”。读到这，我们看，鞋仅仅是鞋吗？

生：不是，鞋代表了“那个人”。

师：还代表了什么？

生：还代表了她的未来、爱情。

师：我们通过读文本本身，还读了一点补充信息，我们可以看出：“‘鞋’不仅仅是守明送给未婚夫的礼物，更是守明对爱情的寄托，甚至是自己未婚夫的化身。”这一篇小说据说当年是以唯一的满分获得鲁迅文学奖，被删减了之后，用作高考题，我是觉得有点可惜的，但是不管如何，我们还是要答题的。题目是“小说以

‘鞋’为中心叙事写人，这样处理有什么好处?”你们看，刚才说的那点能不能答上去。①

评析：语文教学要求教师有较强的叙述和复述能力，尤其是在阅读理解的专项训练教学中，更需要教师能够紧抓文章的核心要点，为学生搭建好理解文本的桥梁。此案例中的文章不是语文教材中的篇目，是教师对学生进行阅读训练的延伸作品，因此在教学中，教师没有恪守传统的语文教学程式，而是自辟新径，紧紧围绕作品中的物象——“鞋”，引导学生理解作品，同时也锻炼了学生欣赏作品的能力。此案例中，教师的语言客观、平实、准确，尽量运用了原文中的原句引导学生进行感悟。

【示例】

“夏、商、西周的政治制度”教学片段

师：大禹大家应该很熟悉了，知道大禹的主要功绩吗?

生：治理黄河(治水、三过家门而不入、公而忘私)。

师：(边出示图片，边讲述)对。大禹一生最大的功业，一是治水，一是立国。治水奠定了立国的根基；立国巩固和发展了治水的成果，使当时松散的部落联盟形成统一的国家。

老师给大家出示的这张图片，是山东嘉祥县武梁祠东汉画像石大禹像。画像中大禹手中持器，头戴斗笠，上身穿宽袖衣，下身穿裳，足穿方口鞋。它形象地传递了大禹治水的事迹。

师：大禹还是我国第一个王朝——夏朝的建立者。大约公元前2070年，禹建立了夏。当时最高统治者称王。

…………

师：随着夏朝的建立，中国社会发生了重大的变化。这一变化首先表现在国家最高统治者的产生方式上。在原始社会后期，部落联盟首领的任命用的是民主选举的方式，这叫作什么制度?

生：禅让制。

师：禹因治水有功，被推举为继位人。大家看一看，禹死后，禹的儿子启是通过什么方式继承王位的?

生：父死子继，夺取王位。

师：对。王位世袭制代替禅让制，对中国政治产生了怎样的影响?

生：政治权力由传贤演化为传子，王位在一家一姓中传承，“家天下”制度由此开始。

师：(出示总结性图表)

禅让——→王位世袭

① 钟培旭：《穿针引线，别有意味——小说中“物象”的作用》课堂实录，载《学语文》，2019(2)。

传贤——→传子

天下为公——→天下为家[①]

评析：首先，教师用概括性的语言总结了大禹一生中最大的两项功业及其对历史所产生的影响；其次，引申到夏朝的建立以及由此发生的国家最高统治者产生方式的改变，并出示图表进行了高度的总结概括。教师的每一句话都高度概括，不枝不蔓，不缠不绕，表意清楚，重点明确，自然也会有助于学生明确学习的重点所在。

(二)描绘性讲授语

描绘性讲授是指教师对教学中所涉及的人物、景物、物品、场景、感受等所做的形象化的表达，给学生以如闻其声、如见其人、如睹其物、如临其境的真实性的感受。叙述与描绘最大的区别在于：叙述强调的是发生了什么，描绘强调的是怎样的状态。例如，“他走出家门的时候，正好下起了大雨。”这是叙述，强调的是人物在什么时间发生了什么。而“他走出家门的时候，铜钱大的雨点铺天盖地似的洒下来，打在玻璃窗上啪啪直响，天好像就要塌下来似的”。这是描绘，强调的是事物当前形、声、色等方面的状态。在具体的教学中，描绘与叙述经常配合使用，有时候甚至不分彼此。综合来看，如果是需要简要地总结介绍，多使用的是叙述性讲授，使学生一目了然的了解事情的起因、经过和结果。如果是需要将学生带入某种情景中，以引起学生的注意和思考，调动学生的情绪，则多使用描绘性讲述。

描绘性讲授有以下几方面要求。第一，描绘要符合客观规律。要明确“夸张”和“虚假”的界限，形容珠穆朗玛峰“高耸入云”是夸张，如果说珠穆朗玛峰海拔两万米，就是虚假，不能为了渲染效果而任意夸大。第二，描绘要抓典型特征。不论描绘的是人、事、物还是场景，都要特征突出，是令人印象深刻的“这一个”，而不是毫无特征的“任一个”。第三，描绘要生动形象。为了达到绘声绘色的效果，教师在描绘时可以使用比喻、排比、拟人、夸张等修辞手法。

【示例】

《穷人》教学片段

在讲《穷人》这篇课文的第二段时，教师用下面这段话把学生带入到一个刮着风暴的夜晚：

师：托尔斯泰的第一段描写把我们带到了海边的一间小屋里，我们仿佛看到在这又黑又冷、狂风呼啸的夜晚，女主人公桑娜正坐在火炉旁一边补着破渔帆，一边焦急地等待着出海打鱼的丈夫归来的情景。桑娜听到屋外呼啸的海风再也坐不住

---

① 陈伟国：《来自历史课堂的智慧：高中历史新课程教学实录与反思》，8～9页，成都，四川教育出版社，2008。

了，她走出门，来到茫茫的大海边，希望能看到丈夫的小船。可是，漆黑的大海上什么也看不到。她又想到了那个生病的女邻居西蒙。现在我们的视线随着桑娜的身影移到西蒙家的门口……①

评析：教师通过一段富有情感的情景描述，将课文中的场景进行了真实地呈现。这样栩栩如生的描述，自然会使学生感同身受，让学生与课文中的人物一起乐、一起哀。这样的描述是成功的，也是有温度的，比一些教师惯常使用的“来，大家翻开课文，我们今天学习第二段，请大家先读一遍”的教学方式要有效得多。

【示例】

《石钟山记》教学片段

临近尾声时，教师别出心裁地以导游者的口吻向同学们介绍了石钟山的优美景象和山名的由来：

师：鄱阳湖口、长江之滨的石钟山，素有“小蓬莱”之称，是座千古名山，山上“石钟亭”“怀苏亭”“清浊亭”等三十多个景点各具特色，但最让人留恋的要数“江天第一览”。

从登山南路拾级而上，步入山门，便见“石钟亭”。沿阶而进，穿过竹林，是纪念苏东坡三游石钟山的“怀苏亭”，再过“绀园”，横穿“廊外廊”，就到了悬崖绝壁之上的“江天一览亭”。这里视野开阔，气象万千，为眺望长江和鄱阳湖的览胜之处。站在亭前的一块巨石之上，手扶栏杆放眼望去，水天相接，迷迷茫茫；稍近，碧波荡漾的鄱阳湖和波涛滚滚的长江水你挤我拥，谁也不让谁，真是“水天黄赤界，江湖两分明”。再近，湖面上渔帆点点，渔歌阵阵，一些不知名的鸟儿相互追逐着，仿佛在喜庆鱼儿满舱。脚底处便是当年苏东坡乘船夜探石钟山的地方。侧耳细听，“水石相搏，声若洪钟”。循隧道而至崖底，可见到“上锐下广，中空而如钟”的山洞。钟之形与钟之声为石钟山的山名提供了较为充足的理由，这里山依水，水环山，江入湖，湖纳山，构成了一幅极妙的风景画……②

评析：如何引导学生去领悟景物描写之美历来是语文教学中的难点。在本教学片段中，教师使用大量描绘性的语言，通过形容、拟人、引用、描摹、铺排等手法，把石钟山的美景呈现在学生眼前。正是教师的语言之美渲染了景物之美，给学生的眼、耳都留下了美的享受。

(三)说明性讲授语

说明性讲授是指教师用简洁清晰的语言，把事物的形状、性质、特征、成因、关系、功用等解说清楚，或把人物的经历、特点表达明白，或将事理的含义内蕴予以诠释等。说明性讲授的方法主要有以下几种：概括说明——概括介绍事物的特

---

① 李吉林：《教学也是艺术》，载《福建教育》，1986(11)。略有改动。

② 马芝兰、张金发：《教师口语》，222页，沈阳，东北大学出版社，2013。

征；定义说明——用简洁明确的语言，指出被说明对象的性质特点；分类说明——按一定的标准把被说明的对象分成不同的类别逐一说明；举例说明——用实例具体明晰地说明事物；比较说明——用比较的方法具体、突出地说明事物在某方面的特征；数据说明——从数量上表明事物的特征和本质。

说明性讲授需要注意以下几点：第一，说明的语言要客观、平实。说明性讲授主要是向学生客观地说明事物或阐明事理，重点是把事物特征说清楚，或者把事理阐述明白，因此如实表达最为重要。第二，说明的语言要高度准确。不管是向学生表示时间、空间、数量、范围、程度、特征、性质、程序等，都要求表达准确无误、说明严密，拥有科学性和严谨性。第三，说明层层深入。特别是在阐述事理时，教师的表达要由表及里，由浅入深，由现象到本质。

【示例】

《威尼斯的小艇》教学片段

师：看来，同学们对课文的整体感知能力还不错。不过，既然那么多的人去过威尼斯，想必其中一些人写下了自己的游历见闻和感受，有的写威尼斯的古老历史，有的写热情好客的威尼斯人，有的写造型各异的石桥，有的写琳琅满目的工艺品。那么，朱自清写什么？怎么写？这些问题对于作者来说是至关重要的；同时对于读者来说，也是最急于想弄清的。对于我们学生而言，如何在谁都能写的同一个文题下别出心裁，达到平中见奇的效果，是非常实际的问题。……那么，在朱自清的眼中，威尼斯有什么“新异”之处呢？能否在文中找到一句统率全文、提纲挈领性的句子呢？

…………

师：这位同学能不迷信书本上的现成答案，对文章有很好的整体把握能力，而且对内容之间的关系、概念之间的归属都解释得有理有据，有较强的逻辑分析能力。大家应看出文章的第三段是一个过渡段，“威尼斯不单是明媚，在圣马克广场走走就知道。”这句话是文章两大部分内容之间的过渡句。前半句承接上文，“明媚”二字写出威尼斯“海中之城”景物鲜明可爱、明亮动人的特点，其实就是对“水上城市”特点的概括了，也算是第一、第二节的文眼，是威尼斯城“别致”的第一方面。后半句开启下文，用“华妙庄严”概括威尼斯“别致”的第二方面。通过以上讨论，我们厘清了文章围绕“水上城市”和“文化艺术之城”两大方面分两大层次写威尼斯的“别致”。这样我们就完成了阅读的第一步——写什么！①

评析：在该教学片段中，教师紧紧围绕“写什么”和“怎么写”，对这两个对于作者和读者来说都非常重要的问题进行了概括说明。首先说明了“写什么”和“怎么写”对于作者和读者来说同等重要；其次以课文原句为支点，厘清了该篇课文“写什么”的问题。教师没有使用过多修饰性的词汇，以客观、平实的语言对课文进行了分

① 朱昌元：《名师课堂教学实录》，20～22页，杭州，浙江教育出版社，2003。略有改动。

析，表述非常清晰，有利于学生把握文章的中心和主题。

【示例】

“分子式”教学片段

师：今天我们学习第七节——“分子式，分子量”。首先学习：什么是分子式。大家看书上的黑体字，“用元素符号来表示物质分子组成的式子叫分子式。”注意，第一，分子式是用元素符号表示的；第二，它是用来表示物质分子组成的，是一个式子，叫分子式。下面我们一起来朗读一遍。①

评析：该教师首先说明了本节的学习重点“分子式，分子量”；其次对“分子式”的定义进行了说明；最后又说明了“分子式”两个注意事项。这段简单的介绍，开门见山，重点突出，更为难得的是句句相扣，衔接得天衣无缝。

【示例】

“鸦片战争”教学片段

师：鸦片是一种对人体危害较大的毒品，英国本土对吸食鸦片者往往采取非常严厉的处罚措施，那他们为什么还要把这种害人的毒品偷运到中国来呢？这就与当时中英的贸易有关了。请大家看教材，了解一下当时中英进出口贸易的情况。

(学生阅读教材，提炼要点)

师：(同学们)总结得很好。刚刚来到中国的英国商人曾兴奋地给国内的供货商写信，说只要每一个中国人拥有一套睡袍、每一户中国家庭拥有一套用餐的刀叉和一架钢琴，这个市场就足以让所有的英国人过上女皇般的生活。但是古老的中国很快给了英国商人以绝望的打击，原因很简单：绝大多数中国人睡觉时不穿睡袍，吃饭时也不是使用刀叉把食物送到嘴里。至于钢琴，即便中国当时有人看见过这样的东西，也认为它的功能与普通桌子没有什么太大的区别。中国不是一个可以被什么风暴轻易颠覆的国家，中华民族不是一个轻易被其他文化浸染影响的民族。这样中英贸易出现了这样一组数据：从1781年到1790年，中国卖给英国茶叶的总值为9600多万银元；而1781年到1793年，英国卖给中国货物的总值仅为1600多万银元，只及茶价的1/6。每年有几百万银元从英国流入中国。②

评析：历史教材一般选择重要的大事件在时间上进行串联，不会把事件的起因等进行特别详细的说明，这样学生就很难对历史产生“同情之理解，理解之同情”。因此在教学中，就需要历史教师能根据实际情况对一些事件的缘由、经过、结果等进行适当的补充，以加强学生的理解。在该片段中，教师通过举例说明、数据说明、比较说明等方法，向学生讲述了鸦片战争的背景。

---

① 瞿葆奎：《中学化学课实录》，31页，北京，人民教育出版社，1989。略有改动。

② 陈伟国：《来自历史课堂的智慧：高中历史新课程教学实录与反思》，145～146页，成都，四川教育出版社，2008。

(四)议论性讲授语

议论性讲授指教师针对某个问题、事物、事件或现象等发表自己的看法，进行分析评论，并表明自己的观点和态度。完整的议论应该包括论点、论据和论证方法三部分内容，在具体的授课过程中，教师可以根据课堂情况，有主次、分重点地选择使用这三部分。议论性讲授的具体方法主要有立论和驳论两种。立论是指赞同支持某种观点，或直接正面提出自己的观点和主张，然后运用理论事实和逻辑推理来证明其正确性；驳论是指首先反对、驳斥某种观点，并进一步确立自己的观点。议论性讲授需要注意以下几点：第一，论证要严密。一旦确立论点，从论据到具体的论证，必须时刻围绕论点展开，要自成逻辑，无懈可击。第二，语气要坚定。支持什么、反对什么、赞美什么、批判什么，立场一定要鲜明、语气一定要坚定，不能游移不定，自我怀疑。第三，议论可以有一定的主观性。在教学中，支持教师有自己独特、新颖的观点和视角，这对于培养具有创新思维的人才是非常有益的。但要注意，“独特”的前提也一定是积极的、正面的，不能是消极的、阴暗的，更不能是反动的。

【示例】

《庄子二则》教学片段

教师引导学生对“庄子和惠子的观点谁更有道理”进行讨论之后。

师：大家的争辩真是异彩纷呈。不过，大家得明白一点：庄子和惠子的立场和思想是不一样的。庄子是道家，重欣赏；惠子是名家，求真知。一个超然世外，一个固守现实。一个像艺术家，一个像逻辑家，我们很难断定孰是孰非。几千年下来，没有定论。我们对它的认识会因心境和经历的不同而异。即使是同一个人，理解和认识也会因为年龄的增长、阅历的增加而改变。就如已故的著名哲学家、国学大师张岱年先生，他在《直道而行·庄惠濠梁之辩》中有这样一段话——

我二三十岁时读《庄子》这一段，认为惠子“子非鱼，安知鱼之乐”，是很有道理的，而庄子所谓“是鱼之乐也”不过是主观的臆断。

请认为惠子有理的同学读这段话。(认为惠子有理的学生齐读)

师：请认为庄子有理的同学读以下这段话：

近年来，我参照中国思想史上的情况，我的观点改变了。我认为庄子肯定“鱼之乐”是正确的，乃是一个比较深刻的观念。(认为庄子有理的学生齐读)

师：张岱年先生这个比较深刻的观念是经历了长时间的积淀得出的。他前后的观点并不一致，产生这种观念变化的原因是什么呢？请大家欣赏下面这组图画，可能会有所启发。

(观看中国古代园林建筑中有关鱼乐的图片：颐和园知鱼桥、无锡寄畅园知鱼槛、承德避暑山庄知鱼矶、香山知乐濠、上海豫园鱼乐榭、杭州玉泉鱼乐园、北海濠濮间、圆明园四十景图之鱼乐、苏州沧浪亭、扬州瘦西湖钓鱼台、颐和园知鱼桥。)

师：在这组中国园林的图片中，它们有什么共同的地方？

生：它们是最自然、最纯真、最原始的自然景观。

师：再注意一下，图片的边上注明了景点名称，你们觉得有没有共同特点？

生：似乎它们的名字都出自庄子与惠子游于濠梁的典故，比如知鱼桥、鱼乐园等。

师：这所有的图片都来自园林，命名都与濠梁之辩有关，我们再想想，从帝王、名士到平民百姓，为什么都用“知鱼”，他们想表达什么呢？

生：因为这些景点都是供人游玩休闲的，看到这种景象就会有超然物外的心境，而庄子就是恬淡闲适的代言人，用这个名字取景，就是想表达这种情感。

生：为什么叫知鱼呢，因为知鱼是感性的流露，帝王太过理性，来这里可以调节身心，以此陶冶性情。

师：是啊，用我们的慧心其实是可以感觉到其中的奥秘。后人追慕庄子，仰慕他的那份心境。张岱年后来认同庄子的看法，也是因为他追慕庄子“天地与我并生，万物与我为一”的意趣。①

评析：在讲课的过程中，教师并没有直接说出课文中所暗含的观点，然后要求学生记住这唯一正确的答案，而是首先让学生自己展开辩论，并引用张岱年的材料，对学生所支持的不同观点都给予了适当的支持，树立了学生的自信心。然后，教师通过一些景点中对“濠梁知乐”典故的使用，引导学生理解庄子“天地与我并生，万物与我为一”的意趣。整个教学过程水到渠成，论点的引出、论据的使用以及论证的方法都恰到好处。

【示例】

《鸿门宴》教学片段

师：有人说项羽不在席间杀死刘邦，表现了他的“妇人之仁”，而苏轼在《范增论》中说这体现了他的“君人之度”。对这两种说法，你们是怎么看的？

(学生讨论，观点不一)

师：刚才大家讨论得很热烈，充分发表了自己的意见，有一些思想交锋的“火花”闪耀出来。在这里我不想对大家的发言作老吏断案般的评判，有的议题不必去追求“唯一答案”。钱锺书在《管锥编》中对项羽有一个分析，对我们理解项羽丰富、复杂的性格内涵有帮助：“‘言语呕呕’与‘喑呜叱咤’，‘恭敬慈爱’与‘僄悍猾贼’，‘爱人礼士’与‘妒贤嫉能’，‘妇人之仁’与‘屠阬残灭’，‘分食推饮’与‘玩印不予’，皆若相反相违；而既具在羽一人之身，有似两手分书、一喉异曲，则又莫不同条共贯，科以心学性理，犁然有当。《史记》写人物性格，无复综如此者。谈士每以‘虞

---

① 朱昌元、张震雷、冯妙群：《中学语文执教力 文本解读 设计 实施 评价》，225～226页，杭州，浙江教育出版社，2016。略有改动。

兮'之歌，谓羽风云之气而兼儿女之情，尚粗浅乎言之也。"①

评析：设计"妇人之仁"与"君人之度"的讨论，对于引导学生把握项羽的复杂性格来说是一个很深刻的话题，切中了要害，也点燃了学生思维的火花。从学生的讨论来看，见仁见智，而教师也并没有公布一个"唯一正确的答案"，而是鼓励学生去认识人物性格当中的复杂性。在教学中，应该支持教师有自己独特、新颖的观点和视角，这对于培养具有创新思维的人才是非常有益的。

(五)抒情性讲授语

抒情性讲授是指教师通过抒发内心的感受和感情，进而感染学生情绪的一种表达方式。抒情性讲授可以分为直接抒情和间接抒情两种。直接抒情是指不借助于外物，教师将自己的赞颂、欢愉或愤怒、哀伤等感情开门见山地抒发出来。这种抒情手法表达出较为浓烈的感情，可以对学生产生较强烈的感染力。间接抒情是一种需要依附于事、依附于理、依附于景的抒情。间接抒情可以通过对事、景、理生动形象的刻画，使抽象的情感客观化、具体化、形象化，成为可以被再体验、再理解、再认识的事物。

抒情性讲授需要注意以下几点：第一，直接抒情和间接抒情要配合使用。直接抒情过多，会流于空泛；而过多的间接抒情，也会导致情感隐蔽，不利于感染学生的情绪。第二，教师要具有真情实感。抒情的目的是为了创造氛围，感染学生，只有真实的情感才能打动人，所谓"不精不诚，不能动人"。如果在具体的教学中，原本设计有抒情性讲授的环节，但教师的情绪又不在状态，就要及时地调整讲授方式，不能强制性抒情。第三，抒情的语气要适时变换。根据要抒发的情绪状态的不同，要适时调整语气的强弱、语速的快慢等。

【示例】

《游园不值》教学片段

师：亲爱的同学们，原来当我们用我们的慧眼去发现的时候，我们突然感觉，这些自然的小生物啊，这苍苔，将我们的眼睛染绿；这红杏，将我们的心田滋润；这柴扉，让我们去感受那自然的回归。如果说，苍苔的绿将生命唤醒；那红杏的红啊，将春天的生命照亮。

师：你已经感受到了，一枝红杏因何来，只因墙外有郎才。春色满园你还想看，柴门就为你打开。所以我的朋友，你热爱我的红杏，我这一枝的特别让你想象那份春色满园。这也是对我的园的怜呐！刚才，让杏花和你们说话，这红杏和这花草真的会说话吗？叶绍翁和园主人真的能对话吗？那为什么我们就感受的那么多？想到了那么多？全在于我们一一想的。看来想象园子有多美，园子就有多美；想象园子怎么热烈，园子就怎么热烈；想象园子怎么热闹，园子就怎么热闹。这些都源

① 朱昌元：《穿越语文丛林》，309～310页，杭州，浙江教育出版社，2007。

于那一枝红杏。所以就有“红杏枝头春意闹”。但闹中我们却突然发现——园还是那座园，压根我们就没进去过。这所有的一切都是我们心里想的。突然我明白了，心有多大，园子就有多大。一切都还是全凭于我们的心啊！那就让我们静静地轻轻地回去，把我们所感受到的，深深地留在我们的心中吧！①

评析：教师首先用抒情性的语言，描绘了苍苔、红杏、柴扉这些自然的小生物对于春天的召唤、生命的召唤。教师的欢愉之情毫不掩饰、尽情流露。接着，教师又通过一系列的反问、设问、排比、引用等修辞手法，抒发出“心有多大，园子就有多大。一切都还是全凭于我们的心啊！”的真情实感。先是直接抒情，后是间接抒情，两者配合使用，使情感的抒发与理念的表达相得益彰、融为一体。

【示例】

“马克思主义哲学的产生”教学片段

师：3月14日下午两点三刻，当代最伟大的思想家停止思想了。让他一个人留在房里还不到两分钟，当我们进去的时候，便发现他在安乐椅上安静地睡着了——但已经永远地睡着了。

这个人的逝世，对于欧美战斗的无产阶级，对于历史科学，都是不可估量的损失。这位巨人逝世以后所形成的空白，不久就会使人感觉到。②

评析：教师在歌颂马克思的伟大贡献时，借用自恩格斯的《在马克思墓前的讲话》中的一段话，属于借助、引用其他人语言的间接抒情。通过引用与马克思有着生死之谊的恩格斯的原话，更有助于学生体会到情感的真挚，从而引发共鸣。在教学中，教师要有意识地积累一些名人名言、名人事迹、名著中的经典片段等，为间接抒情积累素材。

教学是一项兼具激情与理性、感性与思考的事业，这意味着课堂本应该就是多姿多彩、千变万化的。不同的学科类型、不同的课程内容、不同学龄的教学对象，也需要教师适时地调整讲授语的类型和风格。同时，不同教师的个性，也决定着在讲授语的选择和使用上是不同的。但不管使用哪种类型的讲授语，都需要教师多读书、多思考、多实践，这样才能言之有物。

父爱之舟　　开启素材朋友圈　　联想与联想　　梦游天姥吟留别

① 窦桂梅：《〈游园不值〉课堂实录》，载《福建论坛(社科教育版)》，2006(6)。

② 《马克思恩格斯选集(第三卷)》，1002页，北京，人民出版社，2012。

问题与情景测试题

1.《荷塘月色》课堂教学实录(浙江省嘉兴市秀城区教研室　王晓红)

[课前准备]在早自习时让学生先自学印发的背景材料、作者简介。准备一个录音机，录好《平湖秋月》的民乐曲。再准备三首乐曲——《出水莲》《三六》《楚歌》的片段，以备课中音乐比较的环节使用。

第一课时

师：同学们，今天我们一起来学习一篇写景抒情的散文，朱自清的《荷塘月色》。(板书)

师：我们都知道，古往今来有许多优秀的散文家，他们用自己饱蘸深情的笔，写下来许多诗情画意的篇章，在名家们的笔下一草一木都含有深情，富有灵性，光写荷花的就有许多优美诗句，如描写荷花色彩和形状的有“接天莲叶无穷碧”，下一句——

生：映日荷花别样红。

师：还有描写荷花动态的有“小荷才露尖尖角”，下一句是什么?

生：早有蜻蜓立上头。

师：还有一句描写荷花品格的是?

生：出淤泥而不染，濯清涟而不妖。

师：好，今天我们一起来欣赏一下朱自清笔下的《荷塘月色》，看看那是一个怎样的情景呢?现在请大家跟着老师的配音朗读，一起走入朱自清为我们描绘的意境中。(老师配音朗读，所配音乐为《出水莲》和《平湖秋月》两首乐曲组合)

…………①

这段课堂实录中，这位老师是如何导入的?如果你来讲授《荷塘月色》，你会怎样设计导入语?

2.“不太可能是不可能吗”教学实录(翔宇教育集团宝应县实验初级中学　马洪亮)

师：同学们，昨天我做了一个梦，梦里我在与人掷骰子，第一次我便掷出了三个“6”全朝上，我赢了这个数(伸出两根指头，让学生猜)……

生：两百?两千?两万?二十?两百万?……

师：(不断地摇头，并拿出两枚硬币)两块!

(学生哈哈大笑……)

师：我感到太少了，便把两枚硬币抛向空中——奇迹发生了，我发现这两枚硬币居然都站在地上。

生：啊?!

师：我感觉这两枚硬币一定不平凡，于是就拿去买了一张体育彩票，结果中了

---

①　朱昌元:《名师课堂教学实录》，1～2页，杭州，浙江教育出版社，2003。略有改动。

五百万。

生：哇……

师：我飘飘然，不知东南西北了，忽然，我想起了一个老朋友，我非常想把这个好消息告诉他，可是我忘了他的电话号码，情急之下，我拿起电话就随意地拨了一个号码，没想到通了，而且电话的那头正是我的朋友。

生：哈哈哈，不可能！

师：我把这一段奇遇告诉了他，他说："你在做梦吧?"——这时我醒了，我后悔莫及——梦要是没醒多好啊！

(学生笑声一片)

师：同学们，这样的事情你们相信吗?

生：不相信！

师：为什么?

生：我觉得这些事情都不太可能发生，而且连续几件都发生在你一个人的身上，可能性就更小了，所以我认为不可能发生。

师：是的，正是因为不太可能发生，使得大家不相信这样的事情会发生，那么，不太可能就是不可能吗?(教师板书课题)

师：同学们，刚才梦中的事大家不相信会发生，现在我们就选择其中的一个来试试看，我们来做掷骰子的游戏，我先说一下规则：每次同时掷出三个骰子，记录掷出的"全是'6'"和"不全是'6'"两种情况出现的频数，并填表。每组掷40次。每个小组的一个同学操作，一个记录，其余同学监督。每掷10次换一个同学，让每个同学都试试。①

这段课堂实录中，这位老师运用了哪几种导入方法?请你概述使用这几种导入方法的好处和需要注意的地方。

3.《琵琶行》课堂教学实录(浙江省临海市回浦中学　包建新)

[课前准备]印发一些材料，先让学生自读，材料包括教学参考书上与课文有关的文字和《唐诗鉴赏辞典》中《琵琶行》的鉴赏文章。在对照注解疏通字面意思的基础上，参考这些材料，用一个"情"字去鉴赏《琵琶行》。学生在课前提炼出几种"情"，并做初步鉴赏，然后交课代表汇总。

师：江西有座城市，名为九江，九江有一处名胜古迹，名为白居易祠，白居易祠中有一副著名的对联：枫叶四弦秋，枨触天涯；浔阳千尺水，勾留江上别离情。(此联用幻灯打出)上联是《琵琶行》诗意的浓缩，"枨触"即为"感触"之意；下联是写白居易离开九江(当时为江州)时，九江人民对白居易的深厚情意，"勾留"即为"逗留"，"千尺水"衬托"别离情"之深。这副对联空缺了三个字，大家在课前已看过这

---

① 吴小兵：《初中教学课堂教学的20个细节》，10～11页，南京：南京师范大学出版社，2016。略有改动。

篇课文，凭着初读的印象，觉得这空缺的三个字应填什么呢？

生：贬官怨。

生：这不好。诗中的确写到诗人的凄凉心境，但这不是怨；况且，以“怨”来形容白居易，使人容易联想到怨妇之类，太小家子气了。(众笑)我认为用“恨”更好些。

生：我觉得“贬官”两字也要改。《琵琶行》这首诗是白居易被贬为江州司马时所写，用“贬官”虽然意思吻合，但与下联“别离”两字对得不工整，在“序言”中有“是夕始觉有迁谪意”一句，取句中“迁谪”两字，正好能与“别离”相对。

师：这副对联大家是否已经看到过了？

生：(急忙分辩)没有。

师：原对联就是“迁谪恨”三字。但第一位同学对“贬官怨”也不算错，说明这首诗已经读进去了。刚才同学说到这首诗是白居易被贬为江州司马时所写，怎么被贬为江州司马的？谁来综合下从各种材料中获取的信息，给大家介绍一下。

生：发下来的资料有说明，当时有人把宰相刺死了，白居易上书请求捉拿凶手，但他当时所担任的官职无权过问朝政，于是以越职言事的罪名被贬为江州司马。

师：补充一点，白居易曾写过许多讽喻诗，揭露社会许多不合理的现象，如我们读过的《卖炭翁》，刺痛了权贵。上书之事，权贵们乘机说他越职奏事，只是当时被贬为江州刺史，为什么又被贬为江州司马呢？原来，白居易的母亲因看花坠井而死，在母亲死后，白居易曾作《赏花》诗、《新井》诗，结果被权贵们利用，诬陷他有伤名教，再被贬为江州司马。看来前面所说的“迁谪恨”是有来由的。白居易怀着“迁谪之恨”，送客浔阳江头的湓浦口，偶遇琵琶女，感慨系之，写出了千古名篇《琵琶行》。课前，我们说过要以“情”来解读鉴赏此诗，同学们从不同的角度提炼出了诗中所包含的感情，综合一下可以分为四个方面：第一，白居易被贬谪的怅恨之情。第二，琵琶女被侮辱、被损害的悲苦之情。第三，白居易对琵琶女深切的同情。第四，琵琶女对白居易的感激之情。

(板书这四点)全班同学正好是四组，每组探讨一种“情”。为了方便交流，每组可四人一小组，小组同学相互切磋。7 分钟后，每组推荐一位同学上台发言，其他同学可作补充。注意：①探讨内容可以是在诗中哪些地方可以看出这种“情”，要善于在看似无关的诗句中有所发现；同时也可以探讨诗人是如何表现这种“情”的，等等。②充分利用资料。资料中鉴赏角度与我们大不一样，但对我们的探讨很有启发意义。③如果关键处觉得需要全班同学体味体味的，上台的同学尽管发指令。④如果讨论中有什么疑问解决不了，可以由上台的同学向我提问，我也想尝尝做学生的滋味。在探讨之前，我愿意为大家朗读全诗，也许我的朗读对大家的探讨也是一种启发。

(教师朗读全诗，然后学生讨论，7分钟后，四位同学在掌声中先后走上了讲台)①

这段课堂实录中，这位老师是如何导入的？你会怎样设计《琵琶行》的导入语？该教师都使用了哪种类型的讲授语，他的讲授语具有什么样的特点？

4.《扬州慢》课堂教学实录(浙江省海盐县元济高级中学　徐桦君)

师：同学们，到今天为止，我们已经在唐诗宋词的艺术宫殿中畅游近两个星期了，今天的课意味着我们就要和唐诗宋词暂时沙扬娜拉了(众笑)。不知大家发现没有，中国的古诗词里描写月亮的诗句很多，就拿我们正学的第三单元的宋词来说吧，就有许多诗句描写了月亮，想想看，有哪些？(众生七嘴八舌)看样子，大家的兴致很高，好，那就让我们根据幻灯片的提示，把这些诗句背诵一遍吧。

[教师放映幻灯片提示：李煜《虞美人》—柳永《雨霖铃》—苏轼《念奴娇·赤壁怀古》—李清照《一剪梅》]

生："春花秋月何时了，往事知多少""今宵酒醒何处，杨柳岸晓风残月""人生如梦，一尊还酹江月""雁字回时，月满西楼"。

师：月亮，这颗孤独的地球卫星，千百年来见证了人间的沧海桑田、悲欢离合，她已经成了人类永恒的朋友，情感寄托的对象，在中国，古往今来悲月、颂月、怀月的诗文真是不计其数，形成了中国特有的月文化。那么，有谁知道，有"中国的月亮城"美称的是哪座城市？

生：(一生朗声答道：扬州！)

师：(师故作惊异状)呀！你怎么知道？

生：(众生：因为今天要学《扬州慢》)

师：(师笑)不错，扬州的月亮是扬州的一道独特风景，古人说：天下三分明月夜，二分无赖是扬州。扬州占了天下三分之二的月色，今天老师要带你们去沐浴一下中国月亮城的银辉，不过，不是现在的扬州，而是一起去神游八百多年前的扬州，大家有没有兴趣啊？

生：有！

师：好，请看——[出示幻灯片之一：课题与作者；幻灯片之二月下扬州城图片一张]且慢，既是游览，没有导游怎行？担任我们此次导游的是人称"慢词圣手"的南宋著名词人——姜夔。下面有请第一小组代表上来对姜夔做一个简短的介绍。(第一小组代表上台，持话筒脱稿发言，完，众鼓掌)

师：看来，姜白石虽仕途潦倒，然词、书、乐三绝，颇类似时下的影视歌三栖艺人，要是生逢当世，也可算是文艺界大腕了。(众笑)

下面再请第二、第三小组，分别简短地介绍一下扬州的地理历史情况和词人写作本词的背景与动机，第四小组说明词前小序的作用。(三个小组代表分别上台发

---

① 朱昌元：《名师课堂教学实录》，300～302页，杭州，浙江教育出版社，2003。略有改动。

言，内容略）

师：老师补充一点。[出示幻灯片]“扬州慢”一曲是姜夔首创，故词牌即词题；因写劫后扬州又是慢词，故称“扬州慢”；慢即慢词，曲调舒缓，一般较长。它与长调同中有别，前者就曲调而言，读时宜慢；后者则就字数而言，按习惯，91 字以上称为长调。

师：下面就让姜夔引领我们进入八百多年前的扬州，见识一下“慢词圣手”的导游艺术吧。大家还记得老师教给你们欣赏诗词的七言秘诀吗？

生：先看时代与背景，语言入手第一步；一读二读再三读，化身诗人展想象；亲临其境亲历事，亲闻其声亲见人；抓住诗眼带全篇，内容技巧两相顾。

…………①

在这段课堂实录中，这位老师的讲授语具有怎样的特点？请谈一下你的感受，并总结一下有哪些你可以学习借鉴的地方。

5. 课堂导入语练习

(1)请用故事导入的方法，为朱自清的《背影》教学设计一段导入语。

(2)请用已有知识导入的方法，为《鸿门宴》教学设计一段导入语。

(3)请用问题导入的方法，为鲁迅的《拿来主义》教学设计一段导入语。

(4)请用游戏导入的方法，为安徒生的《皇帝的新装》教学设计一段导入语。

(5)请用现实情景导入的方法，为史铁生的《秋天的怀念》教学设计一段导入语。

(6)请用教具导入的方法，为鲁迅的《阿长与〈山海经〉》教学设计一段导入语。

6. 讲授语练习

(1)请根据自己的学科观看 5 个不同教师的优质公开课视频，总结该教师的讲授语特点，并选取一段进行模仿，在课堂上向同学们展示。

(2)请根据自己的学科，挑选中小学教材中一个课时的知识内容设计讲授语，要求在这个课时中要分别用到叙述性、描绘性、说明性、议论性、抒情性讲授语中的至少三种。

第三章测验题

① 朱昌元：《名师课堂教学实录》，321～323 页，杭州，浙江教育出版社，2003。略有改动。

第四章　课堂教学口语训练(下)

【建议学时】

6～9学时。

【教学目标】

知识层面：了解提问语、理答语、结课语、应变语的基本概念、作用和要求；掌握课堂提问语、理答语、结课语、应变语的几种类型和使用方法。

技能层面：能根据自己将要教授的学科设计出多种类型的提问语、结课语，并可进行自然流畅、富有特色的教学口语表达；能根据学生的提问、回答做出有针对性的理答；能对不同情境中发生的课堂突发事件做出富有艺术性的应变。

>>第一节　提问语与理答语<<

西方哲学史上流传着这样一个故事：维特根斯坦在剑桥大学读书时，同时听当时著名的哲学家罗素和穆尔的课。有一天，罗素问穆尔："你最好的学生是谁?"穆尔毫不犹豫地说："维特根斯坦。""为什么?""因为在所有的学生中，只有他听课时总是露出一副茫然的神色，而且总有问不完的问题。"后来，维特根斯坦的名气超过了自己的老师罗素。有人问："罗素为什么会落伍?"维特根斯坦说："他没有问题了。"我们经常用这个故事来说明善于发现问题是人不断进步的前提，所谓"学之有道，贵在善问"是也。但是在真正的教学过程中，如维特根斯坦一般善于发问的学生太少，这个时候，就需要教师发挥自身课堂调控者身份的优势，善于提问并及时反馈，在师生的双向互动过程中，达成既定的教学目的。

一、提问语的内涵、作用和要求

(一)提问语的内涵

提问语是指在课堂教学过程中，教师根据教学目的、学情状况等有计划、有目的地向学生提出问题，引导学生思考并做出回答的一种教学语言。从本质上来说，课堂教学过程本身就是一个师生之间不断地提出问题又解决问题的过程，思考往往从提问开始。不管是检验学生所得，还是刺激学生思考，提问都是最简单有效的方式。

(二)提问的作用

1. 集中注意

提问是引起学生注意、调控课堂秩序的重要手段。当发现某个学生注意力不集中时，提问可以将其思绪有效地拉回课堂；当课堂秩序混乱时，教师发出提问的信号，可以使不太安静的课堂尽快恢复平静。需要注意的是，此时的“提问”只是一种课堂组织手段，效果是暂时的，如果想保持高效的课堂运转，教师就需要在提问的艺术性上花费功夫。

2. 沟通交流

教学需要“教与学”的双向互动，提问是实现教师与学生沟通交流的重要途径。“提问—回答—再提问—再回答”的过程，其实是学生不断主动解决问题、不断挑战自我的过程。在这一动态的过程中，教师在“教”，学生在“学”，而且是在积极主动地学。通过提问引起学生的有意注意，让学生积极参与教学活动获得的对知识的理解程度，比教师的单向讲授获得的对知识的理解程度要深刻得多。

3. 启迪心智

疑问是思考的第一步，所谓“不愤不启，不悱不发”就是这个道理。提问可以使学生经常处于“愤”和“悱”的状态中，既可以调动学生的学习兴趣，也可以锻炼学生的思考能力，启迪学生心智。一方面，学生在教师的提问中开始对问题进行深入思考；另一方面，学生也在其他同学的回答中检测自身的不足、获得启发，开阔了视野。

4. 获得教学反馈

通过提问，教师可以快捷地获取真实、有效的课堂反馈信息。学生写作业时可以抄袭，考试时有可能作弊，但回答问题时就无法滥竽充数或偷梁换柱。教师可以从学生的回答中检测学生对知识的掌握程度，也可以通过提问判断自己是否达成了教学目标，从而及时调整教学进度，改进教学方法。

(三)提问语的要求

1. 针对性

只有有效的提问才能产生相应的提问效果。为了避免出现无效问题、低效问题，提问语的设计要充分考虑如提问对象(年龄、性格、知识水平)、教学科目(语文、数学)、课程类型(理论课、实践课、新授课、复习课)、提问时间(课前、课中、课后)等各种因素。在充分考虑各种因素的基础上，设计有针对性的问题，才不会出现答非所问的情况。同时，每个问题的提出都是为了指向特定的教学目标，不能无节制地“满堂问”“零碎问”“太空问”等。

2. 层次性

提问有侧重检测学生综合素质能力的高层次提问，也有简单检测知识接受程度的低层次提问。频繁的低层次提问会让学生感到厌烦，频繁的高层次提问会令学生不知如何作答，最终都起不到提问的效果。所以，在设计提问语时，要通盘考虑，低层次提问与高层次提问交互进行，从整节课堂来看，最好呈现出一种递进式的坡度，让学生在“爬坡”的过程中体会到学习的乐趣。

3. 启发性

提问的最终目的是让学生在问题中思考，加深学生对知识的理解。学生能否产生思考，如何思考，思考什么，都与提问语的设计息息相关。过于直白或晦涩的提问，都达不到启发学生思考的目的。设计巧妙的提问语、必要时做好铺垫，都是使提问具有启发性的重要因素。例如：

一位政治教师在讲授“意识能够正确地反映客观事物，不等于人们意识都是一样的”时，引用了一道高考作文题作为提问语：一对孪生兄弟到公园玩耍，回来后向母亲报告各自的观感。哥哥说：“那可真是个好地方，荆棘上面也有鲜花。”弟弟说：“那可真是个鬼地方，鲜花下面也有荆棘。”为什么在同一地点、同一时间，兄弟俩会得出如此不同的观感呢?①

在该教学中，教师没有提问“为什么人们的意识是不一样的?”这样直白的问题，而是通过一则故事做好铺垫，在提问语中巧妙地设计“同一地点”“同一时间”“孪生兄弟”这些有趣的点，把学生一下子就引入到对问题的思考之中。

二、提问的类型和方法

教学提问的类型和方法是多种多样的，依据不同的划分标准，提问语也具有不同的类型和使用方法。

(一)根据提问的难度水平分类

布卢姆在1956年提出思维层次模型理论，他认为人类的思维层次有深浅之分，并可以以金字塔的上下层级形式呈现。金字塔的下三层表示浅层或初级思维，上三层表示深层或高级思维。浅层思维包括记忆(remember)、理解(understand)、应用(apply)三个层级，深层思维包括分析(analysis)、综合(evaluate)、评估(create)三个层级。

受此影响，国内很多学者根据所提问问题的难度水平，把提问分为记忆水平的提问、理解水平的提问、应用水平的提问、分析水平的提问、综合水平的提问、评

① 马芝兰、张金发：《教师口语》，150页，沈阳，东北大学出版社，2013。

价水平的提问六种。如图 4-1 所示。

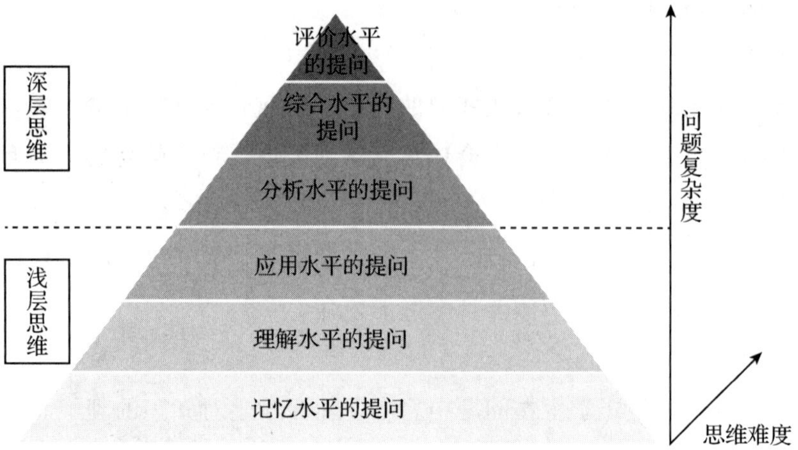

图 4-1　布卢姆思维发展金字塔

为了便于理解这六种提问方式，本文特选取了饶美红讲授的《孔乙己》的课堂实录，通过对同一篇课文的不同难度水平的问题设置，大家看一下这六种提问方式之间的区别。

1. 记忆水平的提问

通过提问检测学生是否已记住先前所学的知识内容，主要考查学生的记忆能力。如一些人文类课程中的时间、地点、人物、情节、意义等，理工类课程中的定义、定理、公式等。如"《孔乙己》的作者是谁?""圆的面积公式是什么?"等。常用的句式有："……是什么?""……在哪儿?""……有多少?""……之后发生了什么?""谁说过……""……怎样发生的?""你能概述出……"。

【示例】

《孔乙己》课堂实录

师：课前我们都已预习过，通过对课文的通读，孔乙己留在你脑海里最深刻的画面或者说最深刻的语言、动作是什么?

生：孔乙己是站着喝酒而穿长衫的唯一的人。

生：他总是满口之乎者也。

生：给孩子们吃茴香豆时的情景。

…………

师：同学们都很有感触，孔乙己留给你们还有什么深刻的印象吗?

生："窃书不能算偷……"这句话我印象也很深。①

评析：教师所提问的问题"孔乙己留在你脑海里最深刻的画面或者说最深刻的语言、动作是什么?"主要考查学生对课文的记忆程度，学生只要说出或简单概述出课文中的原话、原意就可以，不需要更为复杂的思维活动。类似的问题还有"《孔乙

① 苏立康：《品课·初中语文卷 001》，90 页，北京，教育科学出版社，2013。略有改动。

己》的作者是谁?”“《孔乙己》选自鲁迅的哪本文集?”等。

2. 理解水平的提问

通过提问帮助学生重新组织、理解、辨析、加工知识内容。这类提问经常要求学生用自己的话表述对某一知识内容的领悟程度，例如：“你能用自己的话说说什么是价值规律吗?”“你能说一下祥林嫂为什么总是说‘我真傻’吗?”提问的语式经常为“请用你自己的话讲述/描述/说明/解释一下……”“如果用自己的话，你会怎么说/如何解释……”

【示例】

师：同学们都很有感触，孔乙己留给你们还有什么深刻的印象吗?

生：“窃书不能算偷……”这句话我印象也很深。

师：你认为“窃”和“偷”意思一样吗?

生：不一样。

师：怎么不一样?

生：……

师：其实两者意思一样，“偷”是口头语，“窃”是书面语，你们说孔乙己自己知不知道两者意思是一样的?

生：知道的。

师：那他为什么要这样说?

生：人们用口头语“偷”来嘲笑孔乙己，孔乙己为了辩解而用古词语“窃”，故意在字面上做文章。

生：说明了孔乙己这个没落封建文人的迂腐、可悲。

师：同学们讲得都非常棒，《孔乙己》这篇经典的课文在你们的父辈和老师读书时候就有，有意思的是这两天老师问了一些年长者和一些和我同时代的人，让他们说说多年后孔乙己留在他们脑海里最深的印象是什么，他们不约而同地说到了这几幅孔乙己的经典画面：

…………

师：根据以上这些文字的叙述，你认为孔乙己是一个什么样的人?

生：读书人!

师：怎样的读书人? 能否在前面加个定语。

生：可笑的读书人!

生：迂腐的读书人!

生：善良的读书人![①]

评析：教师所提问的问题“你们说孔乙己自己知不知道两者(窃和偷)意思是一样的?”“那他为什么要这样说?”“你认为孔乙己是一个什么样的人?”这些问题在原文

---

① 苏立康：《品课·初中语言卷 001》，90 页，北京，教育科学出版社，2013。略有改动。

中没有直接给出答案，需要学生在理解课文的基础上自己概括总结，这类问题显然比前面单独考查记忆力的问题更有难度。

3. 应用水平的提问

通过提问帮助学生用学过的知识解决新的问题。这种提问主要考查学生是否具有把课堂知识转化为解决问题的能力，如“我们如何计算出这个皮球的体积?”“我们知道了圆的特征，如果给一个圆形的花圃安装花洒，哪个位置最合适?”经常用到的句式为“请举例说明……”“如果/假如……会发生什么？/该怎么解决?”等。

【示例】

师：国际知名的文化研究学者李欧梵先生认为：孔乙己是历史转折时期、落后于时代的，固守着过去价值观的被侮辱、被损害的读书人。在你们的印象中，读书人的社会地位是如何的？

生：读书人的社会地位应该是挺高的。

生：“万般皆下品，唯有读书高”嘛。

师：那就让我们去看看生活在那个年代的孔乙己的社会地位如何。假如我们让时光倒流，让我们回到孔乙己那个年代，你能在咸亨酒店众多的酒客中，一眼就认出哪个是孔乙己吗？请根据文中的话说说理由。

生：能，根据第四小节中的“孔乙己是站着喝酒而穿长衫的唯一的人”。

师：为什么说他是唯一的？

生：根据文中第一小节的描述，站着喝酒的是短衣帮，而穿长衫的是要踱进店面隔壁的房子里，要酒要菜，慢慢地坐着喝。

师：也就是说孔乙己既不属于短衣帮，又不属于穿长衫的主顾。但是，他只要踱进店里坐着不就可以成为长衫主顾一类了吗？他能坐着喝吗？

生：不能，因为他太穷了！经济地位不允许他坐着喝！

师：那么只要他脱下长衫就可以归入短衣帮了。他愿脱下长衫吗？

生：不能，他太穷了，只有这么一件衣服，所以脱不下来。

师：你认为他没有换洗的衣服，果真是这样吗？

生：不对，我觉得是他始终放不下读书人的架子，他认为长衫再破也是读书人的标志。

生：他喜欢与众不同。

（全班大笑）

师：那这个孔乙己太有个性了。

生：在他的思想里他无论如何也不可能把自己和短衣帮归属在一起。

生：他企图用一件长衫来提高自己的社会地位，他的思想意识不认可他脱下。

师：所以真是欲上不能，欲下不甘啊！既不能踱进店里去喝，又不能放下读书人的架子，脱下长衫。孔乙己成为与这个社会格格不入的孤独的边缘人。①

评析：在这个教学片段中，教师提出了两大问题，一是“在你们的印象中，读书人的社会地位是如何的?”“生活在那个年代的孔乙己的社会地位如何?”二是“能在咸亨酒店众多的酒客中，一眼就认出哪个是孔乙己吗？请根据文中的话说说理由。”第一个问题需要学生联系社会实际，才能判断出当代读书人与古代读书人社会地位的差别。第二个问题则需要联系课文想象一个具体的场景，通过想象生成孔乙己的人物形象。

4. 分析水平的提问

通过提问帮助学生从整体、全局上分析事实、结论、价值及其各要素的相互关系等。这种提问属于检验较高层次知识水平的提问，能树立学生的全局观念，锻炼学生的批评性思维能力。这类提问答案一般不是唯一的，需要教师适时引导。如“是什么导致了祥林嫂的人生悲剧?”“第二次世界大战发生的原因有哪些?”常用的句式有“请分析/证明……”“为什么会/是什么原因造成……”“……的相同的/不同点是……”“……背后的主题/意义是什么?”等。

【示例】

师：这么一个不属于任何群体的边缘人，是否跟别人没有任何关联了?

生：文中这样写道：“孔乙己是这样的使人快活。”说明他还是和别人有关联的。

师：能从文中找到“这样”的具体表现吗?

生：“满口之乎者也……”，他说窃书不能算偷，大家都笑了。

生：大家说孔乙己捞不到半个秀才时，“店内充满了快活的空气”。

生：孔乙己和邻居孩子之间的“多乎哉？不多也”，也都是笑声。

生：孔乙己说：“跌断，跌，跌……”，大家便哄笑。

师：静下来，让我们想一想，这些真的好笑吗？如果我们就是孔乙己，考不上秀才举人，可笑吗？没钱不能多给孩子茴香豆，可笑吗？没钱只能去偷书，可笑吗？被丁举人打折了腿，可笑吗？……让我们觉得可笑的分别是孔乙己的什么事?

生：窃书不能算偷，这里表明了孔乙己的没落、迂腐。

生：连半个秀才也捞不到，说明被人家取笑戳到内心隐痛时孔乙己那种失望、颓唐的悲凉心理。

生：“不多不多，多乎哉？不多也。”这句话显示了孔乙己最诚挚的人性，但由于生活的窘迫，这人性不过是笑料的一部分罢了。

生：“跌断，跌，跌……”孔乙己此时的神态是“低声，恳求”说明他很可怜！

生：突然发现让人们觉得可笑的分别是孔乙己的“偷窃—落第—迂腐—断腿”。

师：确实，如果我们是站在酒客的角度，觉得孔乙己是可笑的。但我们以孔乙己自身的角度去想想，这一切对于孔乙己个人来说都是他心中永远的痛，那为什么

---

① 苏立康：《品课・初中卷001》，91～92页，北京，教育科学出版社，2013。

每一次店内外都充满了快活的空气？

生：说明了当时社会悲凉，人情冷漠。

师：孔乙己他自认为是一个读书人、有身份的人，可他的一举一动却成为人们无聊生活中的笑料。可见他们的快乐是建立在孔乙己的痛苦之上的，他们在玩味、欣赏别人的苦难。孔乙己这么一个悲苦的人的形象就很直观地展现在我们眼前。①

评析：在这个教学片段中，教师提出的“让我们觉得可笑的分别是孔乙己的什么事？”“这一切对于孔乙己个人来说都是他心中永远的痛，那为什么每一次店内外充满了快活的空气？”这两个问题，都需要学生透过众人取笑孔乙己这一现象的表层，去探究这种矛盾现象背后的深层原因。这就需要学生从整体、全局上，联系孔乙己的生平、当时的社会风气等多种因素进行综合分析。

5. 综合水平的提问

通过提问帮助学生把先前所学知识的各部分内容进行抽象和概括，经过创新性转化，形成新的知识认知。这种提问能引导学生对某一问题进行深入思考，对学生人生观、世界观的塑造起着重要的引导作用。例如：“学习完诗歌《理想》后，请说一下你的人生理想是什么？”“商鞅变法的各项政策合理吗？”常用的提问句式有：“一个可能的解读方案是……”“你的建议是……”“如果……，可能会发生什么？”“你有多少种方法来解决这个问题？”“你会怎么改进/发展/创新……”

【示例】

师：那个叫孔乙己的人，他死了。是谁杀死了孔乙己？

生：是科举制度，让他学了一些没用的东西，如茴字有四种写法等，让他无法谋生。

生：是他自己的性格，他好吃懒做。

生3：是当时的社会，人与人之间的冷漠、麻木。

师：鲁迅先生在《我之节烈观》中写道：“中国的看客是无主名无意识的杀人团。”我们来看一下，鲁迅是让孔乙己怎样从人们的视线中逐渐消失的？

生（齐读）：他从……便又在旁人的说笑声中，坐着用这手慢慢走去了。

师：著名作家余华在《内心之死》中说：“当读到这段文字，有‘一种子弹穿过身体的迅疾’的感觉。”鲁迅先生省略了孔乙己最初几次来到酒店的描述，当他的腿被打断后，才开始写他到来的方式，这是一个伟大作家的责任。于是我们读到了文学叙述中的绝唱：用手走路的人，一个非人！这幅图景是整篇小说的灵魂，孔乙己留给我们的是用手支撑着身体走出门的背影，背影后是自顾自谈笑着的人们。

（生思考）②

评析：“是谁杀死了孔乙己？”这一铿锵有力的追问，不仅需要学生完全地理解

① 苏立康：《品课·初中卷001》，92～93页，北京，教育科学出版社，2013。

② 苏立康：《品课·初中卷001》，96页，北京，教育科学出版社，2013。

课文的主旨，而且还要求学生对当时的科举制度、社会风气、鲁迅的人生追求、社会理想等有综合的深入思考、转化，才能得出较为完整的答案。这种提问不仅仅需要学生认真学习知识，更需要学生有独立思考的能力。

6. 评价水平的提问

通过提问帮助学生明确判断事物的价值标准，帮助学生建立正确的价值观。这种提问一般包括评价他人的观点、判断思想的正误、辨别方法的优劣等。如教学《鸿门宴》时可问："有人说项羽不在席间杀死刘邦，表现了他的'妇人之仁'，但苏轼却说这表现了他的'君子之度'，你怎么看?"常用的句式有"请判断……""你认为……更……""你同意……这个观点吗?"等。

【示例】

师：孔乙己不幸中的血腥味就在这些看客的冷漠的谈论中消解了，这正是鲁迅最痛心的。一种全民族的演戏与看戏，是一种极其可怕的消解力量。那么鲁迅为什么要塑造一个处于社会边缘的、遭社会凉薄的孔乙己形象呢?

生：唤醒人们的同情心。

生：披露这个麻木的社会。

师：社会对于苦人的凉薄，这是在相当长的时间内一直使鲁迅先生感到痛心和愤慨的问题。鲁迅在日本留学的时候，就经常和友人许寿裳一起探索"中国民族中最缺乏的是什么"的问题，他们当时得出的结论是："我们民族最缺乏的东西是诚和爱"。在鲁迅先生看来，这种爱的缺乏，往往表现为一般群众精神的麻木，从而对不幸者采取冷漠的旁观的态度。《孔乙己》完成了他揭露并批判社会对于苦人的凉薄的写作意图。请看这段文字：

(屏幕显示，生齐读)

"凡是愚弱的国民，即使体格如何健全，如何茁壮，也只能做毫无意义的示众的材料和看客，病死多少是不必以为不幸的。所以我们的第一要著，是在改变他们的精神。"①

评析：在这个教学片段中，"鲁迅为什么要塑造一个处于社会边缘的、遭社会凉薄的孔乙己形象呢?"对这一问题的探讨，表面看考查的是"作者的写作意图"，但深层追问下去，它包含了对旧社会和腐朽道德的批判、对新世界和开明道德的期望等更为深刻的主旨。在对这一问题的探讨中，学生对错误与正确、黑暗与光明有了重新地认知，也有助于使学生树立正确的价值观和世界观。

(二)根据提问语的内部结构分类

课堂提问，本身就是一个教师有"疑"、而"问"、求"答"的行为，所以依照语言学对疑问句内部类型的研究，提问语可以分为以下四种。

---

① 苏立康：《品课·初中卷 001》，96～97 页，北京，教育科学出版社，2013。

1. 是非式提问语

是非式提问是教师在讲授完某个知识内容之后，提出问题让学生对其正误、优劣进行判断、辨识的一种提问。这种提问一般是教师预先有倾向性的答案，提问的目的是让学生自己说出答案；或者教师提问之后，学生的答案并不重要，而是为了引出另外的话题，有另外的目的。是非式提问后，教师往往需要继续追问“为什么?”这样才会把学生的思考引向深入。

【示例】

《世说新语·咏雪》教学片段

师：大家都认为“未若柳絮因风起”比“撒盐空中差可拟”是更巧妙的比喻，同学们也这么认为吗?

生：我赞同，“柳絮”比起“盐”来说，是更具有诗意的意象。

生：“盐”太生活化了，而且生活中谁会撒盐呢?

生：柳絮和雪相同，飘在空中有一种轻盈之感，而且外形大小相似。

生：盐是晶莹状的颗粒，和纷纷扬扬的大雪不太相似。

评析：教师使用的“‘××’比‘××’更怎样?”是个典型的是非式提问语，学生有“是”或“否”两种回答。但显然，“是”或“否”的回答并不是教师提问的初衷，重点在于对选择“是”或“否”原因的陈述。

【示例】

“燃烧和灭火”教学片段

师：现在，我们可以做实验了。同时，有谁可以告诉我：氧气生成后，我们就立即收集吗?

生：不是的！我们采用的是排水法收集氧气，所以应该等导管口产生连续、均匀的气泡后才能开始收集。

师：同学们，我们怎么才能知道氧气是不是满了呢？如果太满，会不安全的。

生：老师，当气泡从瓶外冒出时，我们就可以知道集气瓶已经收满氧气了。

师：好！估计用不了几分钟，大家收集的氧气就差不多了。一会儿，我们可以直接熄灭酒精灯吗?

生：不可以！应该先把导管移出水槽。这样，水槽中的水就不会倒吸入试管导致试管炸裂了。

生：老师，我的已经满了，可以移出导管了。

师：好的！大家赶快行动吧!

师：同学们，我可以用嘴吹灭酒精灯吗?

生：不可以，应该用酒精灯盖子去盖酒精灯![1]

评析：确定了提问的方式，在什么时机、什么知识点上抛出问题也是决定提问

---

① 严永金：《名师最激发潜能的课堂提问艺术》，69页，重庆，西南师范大学出版社，2008。

是否有效的决定因素。实验室制氧气是初中化学课中的一个重要知识内容，它涉及的一些知识点，如催化剂、装置的安装、氧气的收集方法、实验步骤、量取药品、检验方法、验满方法等，是以后很多化学知识的基础。因此，该教师通过在每一个知识点上是非式提问的方式，让学生自己判断正误，这样无疑会比单纯的讲授更能加强学生的记忆。

2. 正反式提问语

正反式提问是指教师从正、反两方面提出假设，制造矛盾，引发学生展开思维交锋，从而在辨析中达到某种认知的目的。这种提问能将学生带入矛盾的旋涡中，引起学生之间的争论，在充分的辩论之后，教师适时点拨，将学生的认知统一到一个方向，这样也会留给学生较深的印象。

【示例】

《奥斯维辛没有什么新闻》教学片段

师：为什么标题叫作“奥斯维辛没有什么新闻”？如果叫作“奥斯维辛的大新闻”呢？会有什么不同的效果？

生 1：难道还有比集中营的残忍更加广为人知和骇人听闻的新闻了吗？所以标题应该叫“大新闻”，引起人们充分的重视。

生 2：这是一篇非时效性的报道，目的在于反思暴行、警戒世人，所以叫作“没有新闻”是符合事实、也符合目的的。

评析：“奥斯维辛没有什么新闻”与“奥斯维辛的大新闻”两个标题一正一反，都有一定的合理性，犹如辩论赛中的辩题，值得学生进行思维上的交锋。在学生的头脑风暴中，孰优孰劣的答案会逐渐分明，课文的主旨也会进一步得到明确。而且，在讨论中往往会有很多意想不到的闪光点值得大家品味，教师也可以通过观察学生的争论来了解学生的思维习惯、性格特点等。

【示例】

《窦娥冤》教学片段

师：有人认为，窦娥不懂法律，若是她懂得保留证据，就不会冤死，大家怎么看？

生：有一定的道理。古代的文学作品在塑造人物时，往往把人物的价值放在尽忠尽孝上，个人的权利没有得到过肯定，没有“自我”的意识。我觉得完全可以给窦娥改变一下形象，让她变成社会的一个“战士”，通过各种途径为保护自己而战斗到底。

生：我不同意，就算她保留了证据，但恶毒狡诈的小民张驴儿，还有平庸的官员也不会给她翻案的机会的，这是整个社会的问题使得窦娥冤死的，不是个人的问题，窦娥的不幸是整个社会不公的镜子。

评析：很多的正反式提问语，问题看似简单，但其中包含着对于历史背景、时代环境、人文风气、价值观念等内容的知识储备。关于窦娥是否“懂法”就能改变命运的问题，也需要学生综合考虑当时的创作背景才能做出恰当的判断。所以通过正反式提问，教师不仅可以强调一些重点、难点知识，而且还可以适时地拓展很多课外知识。

3. 特指式提问语

特指式提问是指教师在讲授完特定的知识内容后，适时地设下疑点，提出问题。特指式提问属于一种半开放性的提问，因为所提问题的答案教师没有在题面中做出暗示，需要学生自己思考，答案也不是唯一的，所以具有一定的“开放性”。但是，特指式提问又是一种“有目的”的提问，教师在步步诱导之后，最终带领学生走向教师预先设计好的答案，所以又带有一定的封闭性。

【示例】

“认识圆”教学片段

师：车轮是什么形状？

生：圆形。

师：为什么车轮要做成圆形呢？难道不能做成别的形状吗？比方说：做成三角形、四边形呢？

生：不能！

师：那就做成椭圆形，怎么样？

生：这样一来，车子前进时就会一会儿高，一会儿低。

师：为什么做成圆形就不会一会儿高，一会儿低呢？①

评析：与是非式、正反式提问语不同，特指式提问语中没有给出可供参考的答案，需要学生根据提问自行思考给出答案。在这个教学片段中，“车轮是什么形状？”“为什么车轮要做成圆形呢？”“做成椭圆形，怎么样？”这一系列问题，题面中没有任何关于答案的暗示。因此这类问题就在一定程度上考查了学生对于已学知识、生活常识的掌握程度。教师注意要紧紧扣住学生的回答，将之与教学内容巧妙地联系起来，寓讲解于问答之中。

【示例】

《青蛙的眼睛》教学片段

文章第二自然段写了一个奇怪而有趣的试验：给青蛙吃许多静止的死苍蝇，青蛙却活活饿死，但只要把死苍蝇拴在线上，在青蛙眼前掠过，青蛙立刻就会跳起来把死苍蝇吃了，跟吃活的一样。

师：这个奇怪的试验说明了什么？

生：说明死的苍蝇青蛙也要吃，不过死的苍蝇要动起来它才会吃。

师：如果不用动的死苍蝇，而用动的死蚊子、死白蜂、死蚱蜢等，青蛙也爱吃吗？为什么？

---

① 史洁、刘晓利：《教师言语技能》，111 页，北京，国轻工业出版社，2017。

生1：爱吃，因为这些东西都在动。

生2：因为这些东西都是昆虫。

师：那么，这个奇怪的试验说明了一个什么普遍的道理呢？

生：说明只要是动的昆虫，不管是死是活，青蛙都爱吃。①

评析：围绕“这个奇怪的试验说明了什么？”这个核心问题，教师根据学生的理解和回答又提出了几个相关问题，最终推导出了“青蛙只吃动的昆虫”这一道理。特指式提问一方面可以用于教师引导学生对问题进行深入思考，另一方面也常用于对学生已学知识记忆的考查，或学习新知识的引导等。

4. 选择式提问语

选择式提问就是教师对问题进行综合、归纳后，从中提炼出可以供学生比较、选择的答案，引导学生在两种或多种答案的相互比较中找出自己认为恰当的一种。选择式提问一般需要学生陈述选择的理由，不然提问就会流于形式，不能很好地引起学生的思考。选择式提问能够打开学生的思路，帮助学生在比较中认识事物、把握规律。

【示例】

《故乡》教学片段

师：小说主要是写人的。《故乡》的主人公是谁？是“我”还是闰土？

生1：是“我”。

师：为什么？

生：“我”的活动贯穿全篇，《故乡》里的环境、人物、情节都是通过“我”在回故乡过程中的所见、所闻、所感表现出来的。

师：其他同学有不同意见吗？

生2：有。我的意见是：《故乡》的主人公是闰土而不是“我”。理由是：闰土是小说描写的中心人物，他处在情节矛盾的中心，作品主要是通过描写他的生活变化来反映中国农村经济的破产和农民生活的痛苦的，是小说主题思想的主要体现者。因此主人公应当是闰土，“我”只是一个陪衬人物。

师：大家的意见呢？

(学生争论，多数同学支持第二个学生)

师：我赞成主人公是闰土。判断谁是小说的主人公，不能简单取决于出场次数或占有篇幅多少，而要看他是否在小说的情节、结构、矛盾冲突中占中心地位。闰土在《故乡》中是处于中心地位的。②

评析：在这个教学片段中，教师设置了“我”和“闰土”两个选项，让学生在比较之后选择谁是《故乡》的主人公。这一问题涉及对作品的主要情节、人物形象以及主

---

① 傅道春：《情境教育学》，125页，哈尔滨，黑龙江教育出版社，1996。

② 史洁莹、刘小禾：《讲解技能　提问技能》，81页，北京，人民教育出版社，2001。

题思想的认识和理解，不管学生选择哪个选项，都需要学生结合文本找出依据，并作具体分析。在这一过程中，既锻炼了学生们的分析综合能力，同时，也使答案在学生们的论辩中越辩越明。

【示例】

“自由落体运动”教学片段

师：(拿出一个小铁球和一张纸片)同学们，我现在要从相同高度处同时释放一个小铁球和一张纸片，是小铁球下落得快还是纸片下落得快？为什么？

生 1：小铁球下落快。

生 2：因为小铁球比纸片重。

师：那就是说质量越大，下落越快？下落加速度由其质量决定，同学们说对不对？

生：对。

师：(拿出由质量较小的小纸片揉成的纸团与一张质量较大的纸片)同学们，我现在要从相同高度处同时释放纸团和纸片？是纸团下落得快还是纸片下落得快？为什么？

(众说纷纭，有的说纸团下落得快，有的说纸片下落得快。实验结果显示质量小的纸团反而下落得快。)

师：所以，同学们，问题出在哪里？下落加速度是由其质量决定的，还是由其体积决定的？

评析：针对学生认为质量大的物体下落得快、质量小的物体下落得慢的错误认识，教师设计了这个对比性实验。通过多次选择式的提问，学生明白了纸片之所以比纸团下落得慢，是因为空气阻力对纸片影响大，突出了阻力对下落快慢的影响。至此，学生形成了“重力加速度与质量无关”的正确观念。

三、提问的策略

根据问题的思维逻辑呈现结构，可以将提问语分为纵向结构提问、横向结构提问以及树状结构提问三种。[①]

(一)纵向结构提问

这是一种教师设计多个层层递进的问题，学生在教师的引导下，层层分析、逐步解决问题的提问方式。在教学中，教师根据实际情况，设计多个问题，“各个分问题之间的关系是一种依赖性关系，呈链状。具体说来就是，如果把总问题分解为a、b、c 三个分问题，那么这三个分问题及总问题之间的关系是：通过解决 a 而达

① 黄伟：《对话语域下的课堂提问研究》，82 页，博士学位论文，上海师范大学，2008。

到解决 b，通过解决 b 而解决 c，最后解决总问题”[①]。也就是说，后面的问题在前一个问题的基础上提出，前后问题之间由低到高、由易到难、环环相扣、步步深入。这种提问方式化解了总问题的难度，让学生在探索中慢慢接近答案，犹如游戏中的“打怪升级”，兼具科学性与趣味性。

【示例】

《药》教学片段

“忽然见华大妈坐在地上看他，便有些踌躇，惨白的脸上，现出些羞愧的颜色，但终于硬着头皮，走到左边一座坟前，放下了篮子。”

如果设计的问题是：“这段描写的含义和作用是什么?”那难度就较大，不仅需要综合许多的问题，而且还需要较丰富的知识和经验，这就会使学生产生畏惧心理，思维受阻，降低了学生回答问题的热情。因此可以将这一问题分解成若干个小问题，以降低问题的难度：

①这段文字描写了夏四奶奶的什么?(神情)

②这是什么样的神情?(羞愧)

③夏四奶奶为谁感到羞愧?(儿子)

④她儿子是为革命而死的，应骄傲才对，为何羞愧呢?(不理解儿子)

⑤连母亲都不理解儿子，这说明了什么?(辛亥革命脱离群众)[②]

评析：在这个教学片段中，如果教师直接提问“这段话说明了什么?”学生会摸不着头脑，不知道从哪个角度回答，也很难从中推理出“辛亥革命脱离群众”这一隐晦的主题思想。所以教师将问题分解，在步步引导中让学生自然地推理出文章的主题。这五个问题的难度是依次增加的，而这五个问题都设立在前一个问题的答案的基础上，当解答出前一个问题之后，学生的“已有知识”就扩大了，下个问题所要求的知识就可以和学生的“已有知识”建立起联系，解答下一个问题就比较容易了。

【示例】

“两位数减一位数的退位减法”教学片段

核心问题：借一当十。“借一当十”是算理，更是后续学习的基础。

小问题：

问题 1：这个减法计算题给我们设置了什么困难?

问题 2：30－7，个位上 0－7 不够减怎么办?

问题 3：用竖式怎样计算 30－7 这个问题呢?[③]

评析：为引导学生理解算理“借一当十”，教师设计了一连串有逻辑关系的问题。通过问题 1，引导学生主动发现这个减法和之前学习的减法有什么不同，即被

---

① 丁念金：《问题教学》，97 页，福州，福建教育出版社，2005。

② 杨长征：《语文教学“问”论》，载《广西财政高等专科学校学报》，2004(9)。

③ 李涛、周静、杨建伟：《课堂提问讲解技能及案例分析》，12 页，北京，中国轻工业出版社，2017。略有改动。

减数的十位不够减了。明确了所遇到的困难，自然提出要解决的问题“个位上的0不够减7怎么办?”所以，通过问题2，让学生通过各种方法、途径自主探索有什么解决的办法，在这个过程中，会对“借一当十”这个问题产生一些理解。通过问题3，在有了操作经验的基础上，将操作过程和竖式计算建立联系，学生会用符号表示“借1”，并且能够用竖式正确计算。从发现被减数十位不够减这个问题，到结合操作过程理解算理，再到将算理符号化，明确用竖式计算的方法，这一连串问题不但与核心问题“借一当十”密切相关，构成一个整体系统，而且也是有层次的，学生在逐步突破困难的过程中学会了知识。

(二)横向结构提问

这是一种教师首先设计一个核心问题，由这个核心问题出发延伸出若干个小问题，解决了这些小问题就解决了核心问题的提问方式。与纵向逻辑结构提问不同的是，这些小问题之间没有明显的难易、主次、高低之分，但都与核心问题有着密切的联系。这种提问方式可以引导学生从不同角度去观察、思考问题，有利于深化学生对知识的理解，培养学生思维的广阔性。

【示例】

《圆明园的毁灭》教学片段

师：读了这两篇文章你又有怎样的感受?感受可长可短，一句话行，一个词也行。

生1：我觉得圆明园是我们的名胜古迹，却被烧掉了，很可惜。

生2：我觉得英法联军他们太坏了，他们把能拿走的都拿走，不能拿走的就烧掉。

生3：我恨透了英法联军，圆明园本来就是我们中国的名胜古迹，却被他们破坏了，太可惜了。

生4：我感到很惋惜，因为圆明园是两代皇帝的心血，可就在三天之内就被英法联军化为灰烬。

生5：我想用一个词来表达，就是毁于一旦。

师：听出来了，同学们读书读出了自己的感受和情感。说明同学们会读书，说明同学们在读书的时候已经走进了圆明园。有的时候我们读书不能只停留在感受和情感上，更重要的是我们透过这种恨、惋惜、毁于一旦的这个滋味，沉淀在我们心中的应该是一份思考。这可能是我们读书、学习语文的最重要的目的。比如同学们刚才说的那种感受，我们可能会想，圆明园被毁灭了，毁灭的究竟是什么?不应该毁灭的是什么?永远也毁灭不了的又是什么呢?如果我们要是这样去思考，我们就会把我们的情感沉淀在我们心中，变成一种最理性的姿态。

所以我愿意用两堂课领着同学们再次走进圆明园。①

---

① 窦桂梅：《圆明园的毁灭》课堂教学实录，载《小学语文教师》，2004(11)。

评析：在这个教学片段中，教师先让学生谈论自己读课文的感受，很多学生说出了感到“圆明园被毁灭了”这个感受。于是，教师紧紧抓住“毁灭”这个课眼，提出了三个问题：

第一，圆明园毁灭的究竟是什么？

第二，不应该被毁灭的是什么？

第三，永远也毁灭不了的又是什么？

这三个问题从不同角度进行发问，但最终都指向了“毁灭”这一核心主题。教师从这三个方面出发对课文进行了建构，引导学生从不同视角去观察思考问题，不仅使学生认识到了圆明园不可估量的文化史价值，也进一步理解了什么是真正的强国、什么是国家尊严等更为深邃的问题。

【示例】

《十八岁出门远行》教学片段

教师设计了下列几大问题展开教学：

A. 小说中的“我”一直在寻找什么？寻找的过程及结果怎样？

（从关键词“旅店”切入。“旅店”一词在小说中共出现 19 次，主人公在文中不断重复要寻找“旅店”，最后发现“旅店”竟是那遍体鳞伤的“汽车”，小说中的人、事、情几乎都与“旅店”[汽车]有关，可以以“旅店”为辐射源进行联想，引出讨论、探究的话题）

B. “我还没走进一家旅店”这句话为什么出现了多次？与文章主旨有什么关系？

（从关键句切入，类似“我还没走进一家旅店”的句子在小说中出现了 5 次，结尾部分“我一直在寻找旅店，没想到旅店你竟在这里”和它们遥相呼应。通过这一问题的探究，带动对全篇的理解）

C. 寻找“旅店”的过程中，出现了哪些不合情理的事？这些荒诞情节在小说中起什么作用？“旅店”在小说中有什么象征意义？

（从情节切入。阅读文本，从字里行间体味句外之意）

D. 在寻找“旅店”的过程中，主人公的情绪有什么变化？原因是什么？

（从情绪切入。主人公在寻找旅店的过程中，情绪的不断变化，构成了小说的一条线索。情绪是怎样变化的？通过回答该问题，牵引情节，体味主旨）①

评析：在这个教学片段中，教师分别从关键词、关键句、情节、情绪四个角度提出问题，这四个问题没有明显的难易、主次、高低之分，但都与文章的主题有着密切的联系。对任意一个问题的深入探讨，最终都会到达同一个主题。这样多角度开展教学，可以锻炼学生思维的开阔性。

（三）树状结构提问

---

① 杨小波：《〈十八岁出门远行〉教学设计》，载《语文建设》，2005(1)。略有改动。

这是一种教师以中心问题为根源，所有的主干、支干由中心问题向外延伸的提问方式。在实际的教学过程中，提问的方式往往是纵、横交错进行的，对纵向链条上的某一小问题进一步延伸展开，就成为一个横向结构提问，反之亦然。在解决横向结构提问中的某一个小问题时，也往往需要借助纵向深挖，才能对问题有深入的理解。这种提问方式使整个教学过程犹如一棵挺拔的大树，主干突出、枝杈分明、树叶茂密。

【示例】

“商品的含义及其基本属性”教学片段

为了使学生自己感悟“商品的基本属性”，教师设计了这样几个问题：

A. 自然界中的阳光、空气为什么不是商品？农民自产自用的粮食、蔬菜以及给灾区捐赠的物品是商品吗？废品收购站收购的物品是商品吗？（引导学生关注价值是商品所特有的属性）

B. 有价值的东西一定是商品吗？有使用价值的东西一定是商品吗？没有使用价值的东西一定没有价值吗？没有价值的东西一定没有使用价值吗？（引导学生关注使用价值是商品的自然属性）

C. 超市货架上的物品是商品吗？现在手中正使用的签字笔是商品吗？为什么？（引导学生关注商品的交换价值是价值的表现形式）

评析：在这个教学片段中，围绕商品具有价值、使用价值、交换价值的属性，教师设计了三大问题域。这三大问题域有一定的层次性，需要在解决了前一个问题的基础上才能进一步探讨后一个问题，呈现出纵向结构特点；在每一大问题域中，教师又同时设计了多个分问题，这些分问题之间又呈现出横向结构关系，共同为学生深入理解商品的三个属性服务。综合来看，教师的提问结构像一棵大树，主干突出，枝繁叶茂。

【示例】

“诚信做人到永远”教学片段

教师根据学生实际情况，设计以下问题引导学生讨论回答。

A. 你在生活中遇到过不诚实的人吗？你愿意与经常说谎的人相处吗？

B. 你在生活中遇到过诚实的人吗？你认为老实人吃亏吗？守信的人失败是守信惹的祸吗？

C. 诚信就意味着要说出全部真话，公布自己的全部秘密吗？诚信是否意味着应当具体情况具体分析？

评析：在这个教学片段中，教师设计了三大问题域，其中，前两个问题域之间是横向结构关系，没有明显的前后、主次之分，但答案最终都指向“做人要诚信”这一核心主题。第三个问题域与前两个问题域之间又是纵向结构关系，对第三个问题域的探讨，首先需要学生在前两个问题域中认识到做人“应该诚信”，才能再进一步探讨问题三中“如何诚信”的问题。在每一个问题域中，教师设计了一些分问题，这些分问题又呈现出纵向结构的特点，如问题域B“你在生活中遇到过诚实的人吗?你认为老实人吃亏吗？守信的人失败是守信惹的祸吗?”这三个分问题是层层递进的关系。正是在这种纵横交错、循序渐进中，学生顺利达成了学习目标，同时也开阔了视野。

此外，根据教学提问的具体方式分类，还可将提问语分为：直问(开门见山提出问题，问在此而意也在此)和曲问(迂回地提出问题，问在此而意在彼)；正问(从正面提出问题，答案寓于问题之中)和逆问(刻意从相反的方向提出假设)；单问(提问对象为特指的某个学生)和复问(同时提问多个学生)；快问(教师急速提问，学生快速抢答)和慢问(教师提出问题后留给学生充分的思考时间)。

根据提问的内部结构分类，可将提问语分为：总分式提问(将一个大问题分解为若干个小问题进行提问，所有小问题的答案是探讨大问题答案的基础)；台阶式提问(将几个具有连贯性的问题依次提出，前一个问题的答案是后一个问题的基础)；连环式提问(用环环相扣的一系列问题进行提问，以疑引疑，追问到底)；插入式提问(暂时中断学生对前一个问题的思考，插入另一个新的问题)。

以上提问语的多种分类方法各有侧重，有些提问语虽分属于不同的类型，但在内涵和具体使用上有着高度的相似性。实际上，在真正的课堂教学中，教师往往不是只使用某一种提问方式，而是多种提问方式交叉使用。

四、提问与理答的双向互动

理答是课堂问答中的重要环节，也是一种直接、快捷、使用频率高、影响大的即时评价方式。在当下的课堂教学中，面对学生的回答，一些教师还停留于重复使用“不错!”“读得很好!”“你真棒!”“你说得真好!”“你真聪明!”等笼统的即时评价，或者如一些低学段课堂，一个学生回答问题后，教师让全班学生为他鼓掌，并齐呼“棒，棒，棒，你真棒!”，又或者奖励回答问题的学生小红花、小勋章、五角星、小玩具等，这些理答方式看似变化多样，但学生从这些反馈中，并不知道自己究竟哪里好，或者错误在哪里、不足在哪里，自然也不能对学生产生真正的激励或引导作用。因此，如何能使理答富有针对性、有效性、激励性，如何能让理答少一些程序与机械，多一些感性与灵动，是每一位教师的必修功课。

(一)理答的内涵

所谓理答，即教师对学生回答问题后的反应和处理，它与发问(教师提问)、候答(学生思考问题与组织答案时教师的等候)、叫答(教师叫某个学生或学生小组回答)一起构成了课堂问答的一个完整过程，是课堂的重要组成部分。理答也是一种教学评价行为，是教师做出的即时性口头评价。作为引起、保持或促进学生课堂学习的一种重要手段，它推动着教学内容的深入开展、教学目标的逐步实现，同时，它对于学生的全面发展、教师的自身成长和课堂文化生成都具有重要的价值和意义。

(二)不同回答的理答方法

学界对理答行为有着不同的分类标准，如国外学者胡森根据学生回答后教师不同的回应方式将理答行为分为评定答案、重复答案、改正答案、发展答案、重复诱导、不管学生的回答继续组织教学和提问六类。① 国内学者崔允漷将理答分为积极反应、消极反应、探问和转问、再组织四种形式。张玉成将理答分为注意倾听、给予鼓励、探究和归纳答案四类。②

课堂是随时变化的，学生对问题的回答也往往是多种多样、不可预料的。但综合来看，面对教师的提问，学生的回答都可以放置在答对、答错、答得不完整、不配合回答几种情况之中。面对不同的回答反应，教师应根据实际情况做出不同的回应。

1. 对于正确回答的理答

当学生给出正确的、精彩的答案时，教师的理答应以表扬和肯定为主，这样能使学生明确自己的长处和优点，获得自信心，更具有主动学习的动力。但需要注意的是，表扬和肯定切忌流于表面或千篇一律，一味地使用“真棒!”“你真了不起!”“很精彩!”“很好!”“你的看法很有见地!”“你的想法非常有价值。”等泛化的评价，并不能使学生产生真正的情感认同。真正的能产生激励性的理答，首先，需要教师的语气一定要真诚，必要时可以配合适当的体态语；其次，教师的理答一定是根据学生的实际回答做出的有针对性地归纳、总结或提升；最后，当学生的回答非常正确或精彩时，教师可以进一步追问，让学生说一下回答的缘由或思考的过程，会更有效地激励学生的主动思考。例如，教师可以进一步追问“为什么你认为这是对的?这背后的理念是什么?”“你有什么样的证据来支持该结论?”“你是怎样形成这样的结论的?”“是什么因素使你想到了这些?”“你还能想出其他方法来解决这个问题吗?”等。

【示例】

《半截蜡烛》教学片段

师：同学们，如果我们把这个故事改编成一部电影，你觉得出现最多的镜头该是什么？闭起眼睛想想。

生 1：是那半截蜡烛。蜡烛是贯串整个故事的，蜡烛牵动着大家的心。

生 2：我觉得是墙上的那面钟，“滴答滴答”的声音一直在耳边回响，伯诺德夫人和两个孩子的心随着这“滴答滴答”的钟声越来越紧张。

生 3：我眼前闪过的总是德国军官的阴险的眼睛，总让我觉得那双阴险的眼睛

---

① [瑞典]T. 胡森、[德]T. N. 波斯尔斯韦特：《教育大百科全书(第 6 卷)》，121 页，重庆，西南师范大学出版社，2006。

② 张玉成：《教师发问技巧》，29 页，新北，心理出版社，1984。

似乎已发现蜡烛的秘密。

师：(兴奋地说)你们都能从文章的细节思考，将来肯定是出色的导演！(语调变平和)虽然镜头不一，风格有别，但我感觉你们的意图都是一样的，能说说吗？

生4：我认为这些特写镜头都是为了渲染一种紧张的气氛，突出当时情况的危险，表现人物心理的紧张，最后反衬人物的智慧和勇敢。

师：(欣喜地)概括得多全面呀，正是因为你善于思考、善于总结才有了如此精彩的回答，这种概括能力可是我们学习语文的重要能力，老师也要向你学习！①

评析：面对学生的精彩回答，教师没有局限于“回答得很好！”或“你真棒！”这类泛化的肯定评价，而是根据学生的具体回答敏锐地捕捉到其中的闪光点，给出了“能从文章的细节思考”“镜头不一，风格有别”等富有针对性的回应。不仅如此，教师还在此基础上进一步追问，试着让学生自己概括、评价“好的理由”，诱导学生深入思考，也锻炼了学生的语言概括能力。最后，教师给出了学生“善于思考、善于总结”“老师也要向你学习”的评价，学生的自豪感是不言而喻的，这样，他们对该课程学习的热情也自然会进一步高涨。

2. 对于不正确回答的理答

在课堂上，学生回答错误或者答非所问的情况经常出现，这时候，如果教师表现出生气的情绪，或者勒令学生直接坐下，或者直接说“你回答得不对。”“你到底会不会？”等，会让学生自我感觉糟糕，影响接下来的学习效果。当然，这并不是说要对学生的错误避而不谈，而是要根据学生回答问题的具体情况做出相应的理答。如果学生是由于没有认真听讲，对教师提出的问题没有听清或没来得及思考，教师应该再给学生一定的思考时间，让其思考清楚或自己纠正错误。教师可以重复一下问题，或者说“别紧张，你再思考一下。”“我们可以等你一两分钟，你再想想。”等。如果教师认为学生在理解问题上出现错误，可以提示学生：“你能用自己的话描述这个问题吗？”或者：“告诉我，你觉得这个问题在问什么？”如果学生仍不能理解，可转换提问的方式或变换提问的角度。如果学生由于紧张而没有给出很好的回答，教师可以用微笑来缓解学生的焦虑感，教师可以说：“你把老师的问题再理解一下。”“我觉得你可以再整理一下自己的语言，肯定会回答得更精彩。”等。如果是高级认知类型的问题，教师要以尊重学生思想的态度来理解学生的思维过程，教师可以询问学生：“你能告诉我，你这样说的原因吗？”或：“你能告诉我，你是怎样得到这个答案的吗？”如果学生确实是没有学会相应的知识，在教师的引导下也无法说出正确的答案，教师可以说：“你先坐下来，听听其他同学是怎么想的？待会儿再请你说，好吗？”“谁来帮帮他呢？请你拨打好朋友的求助热线。”“这个问题是大家可能普遍犯错的，所以大家都要注意。”总之，教师的理答要因人而异、因时而变，只有这样才能激发学生的问题意识，让学生得到真正的进步和成长。

---

① 项阳：《让课堂充满灵气——智慧理答入门》，73～74页，合肥，安徽大学出版社，2012。

【示例】

"轴对称图形"教学片段

师：通过刚才的讨论，我们已经知道了这三个图形都是轴对称图形，对吗？

生：对。

师：张老师又有话想说了，虽然都是轴对称图形，但它们就没有什么不一样的地方了吗？我分明感受到同学们思维的火花在跳动。谁来说说？

生：我觉得它们的面积不同。

师：找到面积不同，可以，不过总是感觉有点偏题了，因为我们在探讨轴对称图形。

生：它们的形状不同。

师：嗯！不同。还有别的不同吗？

生：圆无论怎么折都是轴对称图形，可是正五边形、梯形同圆形却不一样。

师：这位同学发表了一系列重要的讲话，有合理的，也有一些小问题。我觉得有必要来分析一下，对不对？首先他在讲圆的时候用到了一个词，那个词你们知道吗？老师特别欣赏。你说。

生：我觉得是"无论"。

师："无论"是什么意思？不管怎么折，对不对？

生：对。

师：其实如果从这个男孩的思路往下挖掘的话，我想他已经把我们研究的目光集中到了对称轴上来——也就是说，你的意思是这个圆形不管怎样折它都能重合，换句话说你认为圆形应该有几条对称轴？大声说。

生：无数条。

师：确信吗？自己折折看。

（学生折）

师：对于另外两个图形，有什么要说的？

生：梯形只有一条对称轴。

生：正五边形有五条对称轴。①

评析：在这个教学片段中，教师想让学生回答出"等腰梯形、正五边形、圆在对称轴数量上的区别"，而学生"面积不同"的回答与教师讲授的"轴对称图形"的背景显然是答非所问的，但教师没有直接否定学生，也没有直接公布答案，而是以"有点偏题了，因为我们在探讨轴对称图形"等提示，及时对学生的思维进行了纠正，最终引导学生给出了正确答案。

3. 对于不完整回答的理答

学生回答得不全面、不完整、不深刻，是一种最为普遍的课堂现象。这时候教

---

① 张英：《让教师的课堂评价语成为学生前进的风帆》，载《江苏教育研究》，2007(1)。

师要敏锐地发现学生理解上的偏差、疑惑，并适时介入追问式评价，引导学生思考、讨论，达到对问题全面深刻的理解。如果是学生的语言表达能力不好，语言生涩、不流畅，教师首先应该耐心倾听(一般情况下都让学生把话说完，尽可能不打断，必须打断学生时要注意语气)，维护学生的自尊心，教师可以说："不用紧张，请你把语句重新组织一下，可以试着用上一些连接词，相信你一定能够说得更好!""老师给你提示一些关键词，你可以把语言组织得更精彩一些。"如果学生是思维受到限制、思路无法拓宽，教师可以分解问题、巧妙点拨，或者利用适当的追问、反问，帮助学生打开思路或另辟蹊径，引导学生由表及里，或由此及彼，或举一反三，直到理解变得准确、全面、深刻为止。教师可以说"你能说得更具体些吗?""你能对你所说的给出一个例子吗?""你能提供什么样的事实或证据来支持你的看法吗?""关于这个问题，你还知道什么?""你已经告诉了我它们是如何相似，你能告诉我它们有什么不同吗?"等。

【示例】

《望月》教学片段

师：同学们，作者以"望月"为线索，写了三部分内容。你能完整、简洁地说说文章的主要内容吗?(指定一生回答)

生：(脸涨得通红，头低垂着，站着一言不发)……

师：(微笑着)别急，课文主要写了什么?请你想一想，我看你有这个概括能力。

生：(站了一会儿，终于开口，但结结巴巴地)写了深夜，我在江轮甲板上看到，看到月亮，这个月亮又倒映到了江中……(说不下去了，表达中断，急得鼻尖冒出了细密的汗珠，用求助的目光看着老师)

师：(含笑朝他点了点头)很好，第一部分的内容说出来了，我就等着你继续往下说，希望你能有更精彩的话!

生：(受到鼓舞，继续说，但表述还显得有些不流畅)不一会儿，小外甥也来了，他和"我"背诵写月的诗，我们背了很多。后来……后来……后来，我问小外甥："月亮像什么?"小外甥说："月亮像眼睛。"

师：(耐心听完，摸了摸该生脑袋)真厉害，把课文的主要内容完整具体地说出来了。不用紧张，你刚才提到了"江中的月亮""诗中的月亮"，还有小外甥"想象中的月亮"，请你把语句重新组织一下，并用上一些连接词，相信你一定能够说得更好!

生：(沉思了片刻)课文先写了"我"看到了江中的月亮很美丽，接着写了小外甥和"我"比赛背诗，写月亮的诗很多，最后写了小外甥想象中的月亮像"天的眼睛"。

师：(竖起大拇指)说得妙，妙在你用了"先……接着……最后……"这些连接词把文章的主要内容说得很有条理；还妙在你这次抓住重点把主要内容说得简洁明了。请坐!

（学生满面笑容地坐下，腰板挺得笔直）①

评析：在这个教学片段中，由于学生的语言表达能力欠佳，多次回答都没有切中要害，但教师给予学生足够的耐心和引导，给了学生一次次自我修改、完善的机会，最终帮学生厘清了思路，优化了答案。学生也在不断地尝试中体验到了成长的快乐，自然也会增添一份对教师的喜爱、对本门课程的喜爱之情。

在语文教学界，广泛流传着一个关于于永正老师“第八次”的故事。在一次有近千人听课的公开课上，于老师请了一个没举手的同学站起来读书。那是一个非常腼腆的女生。这样一个场合，这样一种氛围，那个女生不自然的声音发着颤，有一个句子竟然读了三遍，仍然读错了，旁边的同学忍不住轻声地笑了，这不大的笑声却让这个同学更加紧张，第四遍又犯了同样的错误。于老师轻轻地摸了摸她的头，鼓励她说：“别紧张，没关系，我们还有第五遍，第五遍不行，我们还有第六遍。”在他的鼓励下，第八遍，这个女生终于成功了，听课的老师情不自禁地为女生和于老师鼓掌。快要结束之际，于永正老师请这个女生说说自己的感受，那个女生眼含热泪说，希望于老师永远教她。也许许多年以后，这堂课究竟讲了什么，这个女生已不再记得，但这“第八次”将会永远铭记在心，并一定会影响她的人生。

4. 对于不合作学生的理答

对于不合作的学生，教师放弃让其回答，或者简单的训斥，都会影响大多数学生的注意力，破坏课堂的和谐气氛，甚至导致信息交流的中断。教师应仔细分析学生“不合作”的原因，是自卑？害羞？还是不会？针对不同的情况有的放矢，才能重新点燃学生的学习兴趣。对于自卑、敏感的学生，教师要试着营造宽松的氛围，让其放下戒备心理。对于没有掌握知识而不配合的学生，当学生说“我不知道”或“我不记得”的时候，教师可以给予必要的提示和线索，如提示关键词，可以把问题简单化或者帮助学生重新回顾知识，或将问题分解，采用层层递进、由浅入深、化难为易的方式提问。教师可以试着以这样的话鼓励学生：“碰到困难，别退缩，相信自己，再试几次！相信你准能行。”“相信你能行，再认真想一想，别着急大家相信你一定会说得很好。”“老师知道你心里已经明白，但是嘴上说不出，我把你的意思转述出来，然后再请你学说一遍。”

【示例】

在一次课上，教师提问一个转学过来、从不举手回答问题的学生，但在点名之后，该学生并没有站起来积极回答问题。

师：请A同学站起来回答一下这个问题。（教师亲自走到A的身边，鼓励他站起来）

生A：（终于站了起来）

师：你一定能理解老师刚才说的那个问题吧，大胆一些，说出你的想法，老师

① 项阳：《让课堂充满灵气——智慧理答入门》，99页，合肥，安徽大学出版社，2012。

相信你有这个能力。

生A：(非常迟疑，不肯开口。教师继续面带微笑地看着他，A终于断断续续地说了几句话。但因为回答得不流利，很多学生纷纷说出“他说错了”，A显得更加窘迫)

师：(走到他身边，抚着他的肩，亲切地面对学生们)在学生们提意见前，老师先要表扬A，A是这个学期才从别的学校转到我们班的，他原来的教材和我们的不一样，刚来的时候可是有好多字不认识。今天他第一次在这么多学生的面前勇敢地站起来发言，大家觉得他是不是很有勇气呢？

(老师的话音刚落，教室里响起一阵热烈的掌声。A满脸通红，试着读了一段课文)

师：(不失时机地追问其他学生)这位新同学读了，你想夸夸他吗？你觉得他的哪些方面值得大家学习呢？

生：他胆子真大，声音很洪亮！

师：他在哪些地方做得不错，还有什么方面需要大家提个醒呢？你想对他说些什么？你能送他一些小点子吗？让他进步得快些。

(接下来当学生们真诚地为生A指出朗读中的不足时，他已没有了刚才的难堪，很愉快地接受了同学的帮助)

师：(不忘鼓励)老师相信，有这么多学生们的热情帮助，他一定会进步得很快。

师：有哪位同学愿意谈谈你在这节课中的学习感受？

(学生们争先恐后地发言)

生：我喜欢当评论员，当我夸同学时，他会对我笑，我也很开心。

生：这节课中，我还学到了小朋友之间要互相帮助，不能随便笑话别人。①

评析：在这一教学片段中，教师充分的鼓励消除了转学生内心的自卑心理，保护了学生的尊严，引导学生融入了新的学习环境，开始真正的学习旅程。同时，教师也努力在学生之间营造出一种互相关爱、共同进步的学习氛围，让学生懂得宽容，学着发现别人的长处，让每个学生都有表达的权利和自由，使学生成为一个个受到尊重的鲜活个体。

【示例】

“昼夜交替和时差”教学片段

师：如果北京是早上八点钟，请问东京应是早上几点钟？

生：不知道。

师：(提示)没关系，那么，请你翻开地图册，查一下北京和东京相差几时区？

生：北京在东八区，东京在东九区，它们之间相差一个时区。

---

① 刘旭、李文星：《义务教育阶段基于新课标的语文评价研究》，135～136页，天津，南开大学出版社，2014。

师：(提示)那么，请问相差一个时区，应相差几小时呢？

生：不知道。

师：(提示)没关系，请问地球上总共有多少时区呢？

生：二十四个时区。

师：(提示)地球自转一圈为二十四小时，地球上总共有二十四个时区，那么，每个时区是几小时呢？(提示)

生：一小时。

师：(提示)既然北京和东京相差一个时区，那么，应该相差几小时呢？

生：一小时。

师：是早一小时呢，还是晚一小时呢？

生：不知道。

师：(提示)地球是自西向东自转，请问是东京先看到太阳呢？还是北京先看到呢？

生：东京。

师：那么，请问北京是早上八点钟，东京应是早上几点钟呢？

生：早上九点钟。

师：太棒了，你终于通过自己的努力得出了正确的答案。①

评析：在该教学片段中，面对学生一次次只说“不知道”的不合作态度，教师并没有放弃，而是不厌其烦地一次次提示、引导，最终使学生自己探索出了答案。其实，真正精彩的课堂，并不是“教师提问——学生正确回答”这样简单的一问一答，而往往是“教师提问—学生不正确回答(包括偏颇、不完整的回答)—理答—学生多次补充回答—学生完整回答或精彩回答”的过程，只有在这个过程中，才能体现教师教学引导的水平，才能让学生的思维得到真正的发展。

提问与理答相辅相成，缺一不可。在课堂上，教师提出一个精彩的问题是非常重要的，但是如果只有提问没有反馈，就犹如捕鱼时郑重地抛出了渔网，但却不收网，终是没有战果的空欢喜一场。所以，在设置提问的时候，教师就需要预想到各种可能的答案和相应的理答方法，或肯定，或鼓励，或引导，或纠错，都要有的放矢，对症下药。

图形的运动　　药　　寓言新编　　长相思

① 王晞：《课堂教学技能必修模块》，110～111页，福州，福建教育出版社，2008。

>> 第二节 结课语 <<

法国作家阿尔丰斯·都德的《最后一课》是很多人所熟悉的名篇。读过这篇文章的人应该都对文章结尾的描写有着深刻的印象："他转身朝着黑板，拿起一支粉笔，使出全身的力量，写了几个大字：'法兰西万岁！'然后他呆在那儿，头靠着墙壁，话也不说，只向我们做了一个手势：'放学了，——你们走吧。'"从教学的角度来看，韩麦尔先生这种主题明确、动人心弦又铿锵有力、干净利落的课堂结束方式是非常精彩的，不仅把当时的课堂气氛推向高潮，也深深感染了小弗郎士和同学们，感染了每一个读者。但是在目前的课堂教学中，"如何精彩地结课"却是很多教师所忽略的。例如，很多教师会认真地设计导入语，但却忽略了结课语的设计；很多教师单一地以"留作业"的方式结课；也有很多教师甚至讲到哪儿是哪儿，铃响就直接下课；这些结课方式都会显得教学过程不完整，教学效果自然也会逊色。对结课环节的忽略，同时也表现在教学研究上，不管是在教学研究论文还是一些研究著作中，如导入语、讲授语等的研究成果都非常丰富，但是对结课语的相关研究，无论是在数量还是质量上都无法与前者相提并论。

结课语是一堂课的尾声，很多时候也是新课的提示和预告，它与导入语首尾呼应，是教学过程中必不可少的重要一环，有着归纳知识重点、升华教学主题等其他教学环节无法替代的作用。因此，如何让学生带着美感下课，带着继续探索的心理下课，是值得每一位教师去认真研究的。

一、结课语的内涵和作用、要求

(一)结课语的内涵

结课语又叫结束语、收束语、断课语、结尾语等，是在一堂课或者一个相对独立的知识片段结束时，教师为了总结、巩固、扩展、提升教学内容所使用的教学语言。结课语可以根据授课内容分为一堂课的结课语、一个单元的结课语等。

当一堂课的内容讲完，或一个相对独立的知识片段讲完之后，为了让学生对已讲的知识有一个整体印象，或为了帮助学生了解已讲知识中的重点，教师有必要做一个概括性的小结。结课语也是引导学生的学习从课内转向课外、从理论转为实践的重要途径，是提升课堂质量的重要保证。有经验的教师都特别注重结课语的设计，精彩的结课语既能使整个教学环节完整丰富，也能给学生留下深刻的印象。

(二)结课语的作用

1. 强调重点，梳理知识

中小学生对知识的把握往往是支离破碎、不成体系的，因此，作为一个教学环节的"收官"之语，巧妙的结课语设计，会使学生进一步加深对所学知识的重点、难点、关键点的理解。例如：哪些知识是必须掌握的？哪些是必须熟记的？哪些内容是课下要反复练习的？还有什么内容是课下要拓展的？本节知识与先前所讲授的知识有什么内在联系等。这样可以帮助学生明确重点，把零散、孤立的知识串联起来，使学生了解概念、规律的来龙去脉，有利于使学生建立系统的知识网络体系。

2. 增强记忆，巩固知识

记忆是一个需要不断巩固的过程，由瞬时记忆到短时记忆再到长时记忆，最为有效的办法就是及时总结、及时复习。结课语无疑就起着及时总结、巩固复习、帮助学生有效记忆的重要作用。教师可以使用口语、顺口溜等方式，也可以使用表格、图示等方式增强学生的记忆。

3. 启发思考，拓展知识

好的开头，引人入胜；好的结尾，如"余音绕梁，三日不绝"。有目的地设计结课语，不仅是给学生的已学知识画上一个完美句号，更重要的是能够拓展学生已掌握的知识。在结课环节，教师不仅可以将一个知识点拓展到另一个知识点，也可以把课内的知识延伸到课外。这种拓展既是知识的升华，同时也可以实现知识的学以致用。

（三）结课语的要求

1. 承接自然

首先，结课语的内容设计要适当照应开头，使结课语好似一条金线，帮助学生把零散的知识串联起来，形成完整的知识结构，做到首尾相连、前呼后应；其次，结课语要与课堂内容高度契合，切忌离题万里、不着边际；最后，结课语要符合学生的认知水平，切忌小题大做、故作高深。

2. 简洁有力

首先，在语言上，结课语一定要简单明了、干净利落，不可冗长，更不可拖泥带水；其次，教师要合理掌控结课语的时间，避免出现"前紧后松"或"前松后紧"的情况，一般来说，结课语控制在3～5分钟为宜；最后，结课语可以掷地有声，也可以绵里藏针，但一定要起到画龙点睛的作用，帮助学生的认识产生一个飞跃。教师还可以利用表格、图示、罗列等形式，帮助学生把本节课所学的内容加以整理概括，使知识结构明晰、条理清楚。

3. 新颖丰富

结课语的设计要尽可能做到形式新颖、内容丰富，使每节课的结课设计都呈现出不同的特点，让学生每次都有眼前一亮的感觉，觉得老师的结尾是必要的、有用的，也是令人期待的，甚至在结课后仍有回味无穷的感觉。在同一学期的课程中，教师应该经常变换结课方式，避免学生产生审美疲劳。

二、结课语的类型

教无定法，同样，结课语的设计也没有固定不变的格式，每种类型都有它自身的特点和优劣。本教材在综合考虑知识特点、课堂氛围、学生认知特点的基础上择优选取了以下几种结果类型。

(一)归纳总结型

归纳总结型结课语是课堂教学中常用的一种结课方式，是指教师在结束讲课时，对本次教学内容的重点、难点等做提纲挈领的归纳总结，使教学内容主线分明、脉络清晰，便于学生加深理解、强化记忆的一种教学语言。归纳总结型结课看似简单易行，其实对于教师有着很高的要求，不仅需要教师对所讲授的知识烂熟于心，还需要教师深谙知识之间的联系、区别，事物发展的内在逻辑、规律，以及有高度准确性、极具条理性的语言组织能力等。

一般情况下，结课语的归纳总结主要由授课教师完成，偶尔也可以由学生总结，教师补充完善。归纳总结可以使用口语形式，也可以使用板书、顺口溜、歌谣、口诀、表格、图片等形式完成。

【示例】

《林黛玉进贾府》结课语

师：总体来说，《林黛玉进贾府》是《红楼梦》中写得极其精彩的篇章之一，具有很高的艺术成就。第一，它具有精细而富有典型特征的环境描写，具体表现在宏伟的外观、讲究的布局、华贵的陈设三个方面。第二，它描写了几个具有鲜明个性特征的人物形象。林黛玉小心谨慎，美貌多情，体弱多病；贾宝玉眉清目秀，英俊多情而又藐视世俗；王熙凤精明强干，惯于权术。第三，它具有严谨而独特的戏剧性结构。通过林黛玉的耳闻目睹，展现了小说的典型环境和典型环境下的典型人物。

评析：在这个教学片段中，教师对《林黛工进贾府》这篇文章的环境描写、人物形象、戏剧性结构的艺术成就进行了清晰的归纳概括，这样学生就从整体上对这篇文章有了清楚的印象，使学生对于文章的初步的感性认识上升到了较为理性的认识。

【示例】

“浮力的利用“结课语

师：浮力知识对社会的服务性很强，因此掌握解决有关浮力问题的方法也非常重要，下面我们来归纳一下求浮力的几种方法：

(1)实验法：$F_{浮}=G-F$(G 是物体的重力，F 是物体在液体中的重)；

(2)压力差法：$F_{浮}=F_1-F_2$(F_1 是物体下表面在液体中受到的压力，F_2 是物体上表面在液体中受到的压力)；

(3)浮沉法，①上浮：$F_{浮}>G$(重力)；②下沉：$F_{浮}<G$；③悬浮或漂浮，

$F_{浮}=G$；

(4)阿基米德原理：$F_{浮}=G_{排}=\rho_{液}\cdot g\cdot V_{排}$。[①]

评析：在这个教学片段中，教师将计算浮力的几种方法为学生做了清晰的梳理概括，这样学生在后期的巩固练习中，可以根据不同的情况套用不同的计算方法，简单易行，避免混淆。当学生可以较为轻松地掌握每堂课的知识内容时，久而久之就可以形成学习的良性循环。

【示例】

“科举制的创立”结课语

师：科举诞生隋朝时，炀帝最先设进士，实行“学而优则仕”，公平竞争用考试。太宗玄宗武则天，完善科举是关键，太宗重教扩国学，进士第一称状元，则天“武举”选武士，诗赋考试玄宗时。教育文艺大发展，科举改善用人制，此制延续一千三，清朝末年才废止。

评析：顺口溜作为一种灵活的教学辅助手段，被广泛应用在各类课堂中。从梳理知识的角度来讲，适时利用顺口溜，可以帮助学生辨析易混淆的概念、内容，促进学生对疑难知识点的理解和掌握；从记忆的角度来讲，将知识点编为顺口溜方便学生记忆，是一种快捷有效的记忆方法。通过顺口溜结课不仅适用于一些人文课程，同样也适用于一些理工课程，如在讲授数学课程“圆柱表面积”时，可以用如下顺口溜：圆柱表面积，计算真容易；先算侧面积，再加底面积；底面个数有差异，请你一定辨仔细；一般圆柱算两底，水桶无盖算一底；通风管，不算底，你说容易不容易。[②] 化学课讲授“干燥剂”知识点也可以用顺口溜：酸干酸，碱干碱，氧化不能干还原，中性干燥剂，使用较普遍，只要不反应，干燥就能成。不管任何学科，只要教师认真钻研，总能总结出有效、有趣的知识记忆方法。

【示例】

政治老师在课堂结束前，以图谱的方式(如图 4-2 所示)总结了本节课的知识点。

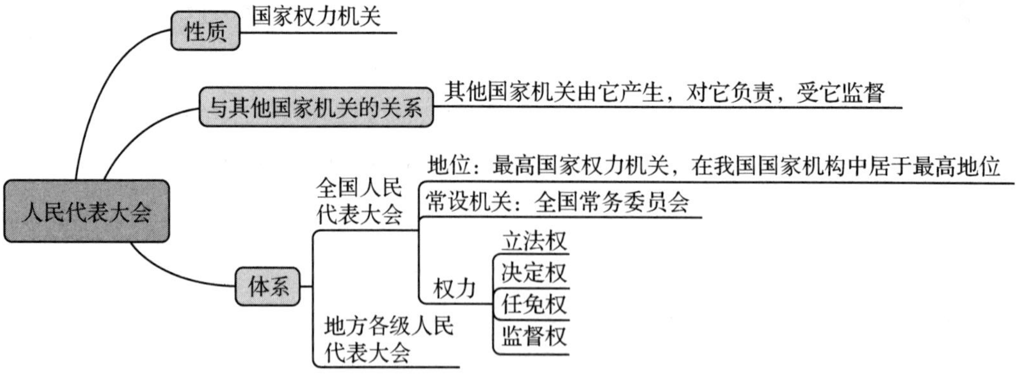

图 4-2 “人民代表大会：国家权力机关”结课图

① 何伟忠：《浅谈初中物理教学中结束语的讲法》，载《成才之路》，2009(3)。略有改动。

② 孙丽凤：《巧用顺口溜打造数学高效课堂》，载《甘肃教育》，2018(4)。

评析：利用可视化的表格、图示归纳整理知识点是教学中比较常用的一种方法，通过图表等进行结课可以帮助学生将凌乱的知识点有效地集合起来，建立起较为完整的具有逻辑性的知识体系。这种图表归纳法一方面可以促使教师改进和完善教学设计，进行教学反思；另一方面也可以增加学生的学习兴趣，提高学生的学习效率。

(二)拓展延伸型

拓展延伸型结课语是指教师在课堂教学即将结束时，根据教材的内容特点和学生的认知基础，增补与课程内容相关的知识以开阔学生视野，引导学生继续探索的一种教学语言。拓展延伸的知识可以是与课堂教学有联系的书面内容，如一个故事、一个人物的生平、一篇文章、一本书等，也可以是与课堂教学有联系的课外活动、社会实践活动等。

不管是教材内容还是课堂时间都是非常有限的，有一些问题不适宜在课堂展开深度讨论，这种情况下，教师可以使用拓展延伸型结课方式。这种结课方式不仅可以实现知识的迁移和转化，有助于知识之间连点成线，织线成网；同时也锻炼了学生的自主学习能力，帮助学生获得多方位的发展。

【示例】

“《老子》五章”结课语

师：综上，同学们对“《老子》五章”的理解，大家谈到了“道”“无为”“辩证思想”，联系了治国之道和处世之道，探讨了老子思想对我们今天的现实意义。老子思想的深邃不是我们一节课或者一个月就可以领会的，胡适说他小时候就会背《老子》了。德国哲学家尼采说：“老子思想的集大成——《老子》像一个永不枯竭的井泉，满载宝藏，放下汲桶，唾手可得。”从过去到现在我们闻其道，希望今后我们不断体悟，渐得其“道”，并能够在人生路上取其精华，努力践行其“道”。众所周知，《老子》博大精深，有些还佶屈聱牙，因此，对《老子》文本的研读不可能是一次性的，而是常读常新、越钻越深的。可以说，学习“《老子》五章”仅仅是个开头。[①]

评析：这位授课教师首先引用胡适和尼采对于《老子》的评价，使学生感受到了《老子》一书的重要地位和无穷魅力，丰富了学生对于《老子》的认识。由此为引子，教师强调了“对《老子》文本的研读不可能是一次性的，而是常读常新、越钻越深的。”这样就把课堂学习延伸到了课下的继续探索，甚至在一定程度上向学生灌输了终身学习的理念。

【示例】

《前赤壁赋》结课语

师：读罢《前赤壁赋》，我们不由地又翻开同样有“一洗万古”之妙的《后赤壁

---

① 张斗和：《真语文书系说话是一门学问》，118页，北京，语文出版社，2015。

赋》。“若无前篇，不见后篇之妙；若无后篇，不见前篇之佳。”只“山高月小，水落石出”“山鸣谷应，风起水涌”十六个字，便似宇宙今日始开。同学们，去欣赏吧！①

评析：教师在讲完《前赤壁赋》后，通过引用古人对于《前赤壁赋》《后赤壁赋》的评价、比较，激起学生强烈的好奇心和探究心理。

【示例】

“能量守恒”结课语

师：今天我们学习了各种能量是可以相互转化的，在转化过程中总能量是守恒的，当前我国在西部开发中提出“西气东送，西电东送”。请大家分析、讨论一下在“西电东送”的整个过程中哪些能量参与了转化？

评析：在课程即将结束之时，教师将教材知识转化为现实问题，引导学生们思考讨论。学生们各抒己见、争论不休，不仅使课堂气氛又一次活跃起来，而且培养了学生主动思考的意识。

【示例】

“叶的蒸腾作用”结果语

师：寒冷的冬天快来了，大部分树木的叶子脱落了，这样树木就能减少蒸腾，保持水分，顺利度过寒冷、干燥的冬季。那么你们课后观察观察，落在地面的叶子，是背面朝上的多，还是正面朝上的多？然后再想想为什么。②

评析：在这个教学片段中，教师将课堂知识内容延伸到了现实生活中，引导学生带着知识、带着问题去观察生活、研究生活，加深了学生对所学知识的理解和应用。很多学科都可以使用这种结课方式，如在语文课中，学习了“王”字，就可以让学生下课后观察街道上的招牌、广告等有哪些字都使用了“王”偏旁，这些字有什么共同的特点？总之，所有的知识都是人类对物质世界以及精神世界探索的产物，把这些知识再次还原为现实问题，是一种非常有效的学习方式。

(三)承上启下型

承上启下型结课语是一种或呼应前面的导语内容，或提出一些有悬念的问题引出下次授课内容的教学语言。有经验的教师都特别注重教学内容的首尾呼应，前面提到的问题，后面一定会有所回应；后面强调的问题，在前面已埋下伏笔，有所暗示。这样的课堂犹如一个有生命的个体，浑然一体、流动自然。

这种结课方式要求教师精心设计课程前后内容之间的逻辑关系，要衔接自然、不觉突兀。好的承上启下型结课犹如相声艺术中的“包袱”，教师在学生不知不觉中将包袱皮打开，把“问题”一件一件装在里面；然后又偷偷系牢“包袱”扣子，等待时机成熟突然抖落，教学高潮就自然到来。这样的教学既出乎意料，又合于情理，具

① 邢秀凤：《语文课堂对话艺术》，264页，吉林，东北师范大学出版社，2005。

② 具春林、尹泳一：《教师口语训练教程》，203页，哈尔滨，哈尔滨地图出版社，2006。

有很强的趣味性，自然也会受到学生的喜爱。

【示例】

“原子结构”结课语

师：根据物理知识可知，同种电荷互相排斥，异种电荷互相吸引，为什么在原子核里却出现了带正电的质子共居于原子核中？带负电荷的电子又为什么不被吸引到原子核上，而总是保持一定的距离呢？下节课我们一起来探讨这个问题。

评析：这个教学片段属于典型的“启下型”结课方式。教师在一节课结束的时候提出了问题，但并不急于解决这个问题，而是作为引出下次课的一种导入方式。这样结课，一方面能激发学生的求知欲，另一方面又能为下一节课做好铺垫，加强了新旧知识之间的联系。这种结课一般用于上下节课之间联系比较紧密的课程。

(四)练习巩固型

练习巩固型结课是课堂教学中经常使用的、比较简单的一种结课方式。练习巩固型结课语是指教师在课堂即将结束时，通过提问、布置测验、布置练习题、开展竞赛、组织讨论等形式帮助学生理解和巩固知识的一种教学语言。这种结课方式要求教师必须提前有目的、有计划、有针对性地设计好口头或者书面练习题，在学生练习中发现的问题，教师要及时予以反馈。练习巩固型结课一方面可以帮助学生巩固知识；另一方面也可以帮助教师进行查漏补缺和教学反思，提高教学质量。

值得注意的是，练习不等于“留作业”，练习的方式有很多种，教师要注意经常变换练习方式，避免学生产生厌倦情绪。例如，教师可以通过提问的方式，检查学生对知识的掌握程度，锻炼学生的总结归纳能力、口头表达能力；可以通过布置练习题的方式，让学生当堂或者课后完成；教师可以通过组织小型竞赛的方式，激发学生的参与兴趣；也可以通过组织讨论的方式，对学生的掌握情况进行查漏补缺等。

【示例】

《师说》结课语

师：今天还有一个任务没有完成，就是文言知识总结。同学们就把这个任务作为课外作业完成吧！具体要求是，你们从一词多义、古今异义、文言虚词三个方面做个总结。第一，你觉得在这篇课文中哪些是一词多义的，请排列一下。第二，古今异义，这篇课文中哪些词语现在还在用，但现在的意义和过去不一样了。第三，文言虚词重点总结“之”“而”“也”“则”“于”“乎”的用法，大家总结一下，我明天检查。另外，这篇文章是要求背诵的，当然就只有你们自己背诵了。明天学新课文前，我们再花一点儿时间检查并订正同学做的文言知识总结。①

评析：留作业是很多课堂的惯例，但是怎么留？留什么？留多少？这些问题都需要教师认真地研究。一味地让学生做课后练习题，一味地使用单一的练习方式，

---

① 李镇西：《听李镇西老师讲课》，227页，上海，华东师范大学出版社，2005。

或者练习量太大，都会让学生不堪其重。在这个教学片段中，该教师的作业设计紧扣课文，与课堂讲授的内容非常密切，实用性很强；同时，该教师根据课堂时间及时调整教学内容，灵活地将课堂上没有完成的任务转化成课外作业，避免了“拖堂”的出现，显示了很高的课堂调控能力。

【示例】

“有理数的乘方”结课语

师：我们已经学过了乘方的算法，下面老师来组织一个小竞赛，我们全部同学分成 6 个小组，看哪个小组能用最短的时间算出黑板上的 4 道题目，并且谁得分最高，谁就是获胜队。好，大家先分组，然后一起看 PPT 上的练习题：

第一题：-9^2

第二题：$(-9)^2$

第三题：2×3^2

第四题：$(2\times3)^2$

评析：在一些理工类课程中，概念、公式的引出并非难事，但让学生透彻地理解、掌握并灵活地运用这些公式却非易事。这个时候，通过练习进行巩固就显得非常必要。在这个教学片段中，教师采用了竞赛的方式，激励全体学生都参与到竞赛中来，不仅活跃了课堂氛围，而且也及时得到了教学反馈。

【示例】

“生命活动的承担者——蛋白质”结课语

师：下面我们来做一个小测验，看看大家的掌握情况(见表 4-1)。①

表 4-1　蛋白质功能多样性的练习填空题

结构蛋白	组成细胞膜的主要成分是________和________，构成核糖体的是________和________，染色体的主要成分是________和________
催化作用(酶)	促进蛋白质水解为多肽的________，催化多肽水解为氨基酸的________，基因工程的________和________，以及促进光合作用和呼吸作用有关的酶等
运输作用	红细胞中的________是运输氧的蛋白质，参与细胞主动运输的________是蛋白质
调节作用	由垂体分泌的促进生长发育的________和调节其他内分泌腺活动的各种________，能调节血糖含量和糖类代谢的________和________，维持水分平衡的________
免疫作用	由浆细胞产生的________，由效应 T 细胞产生的能增强淋巴细胞免疫功能的某些________
信息传递作用	在细胞膜上与糖类结合的________，有识别并传递信息的作用

评析：在课堂即将结束时，教师根据教学内容开展一些小测验，也是一种非常实用的巩固知识的方法。通过测验，学生自己就可以发现知识漏洞，从而及时复习、加深理解。

① 黄玮：《高中生物学课堂“结课”的常用方式》，载《生物学教学》，2018(8)。

(五)情感升华型

情感升华型结课语是指教师用充满感情的语言，激发学生对学习的热情和兴趣，对真、善、美的向往和追求的一种教学语言。结课阶段正是学生知识和情感升华的阶段，情感升华型结课也是教学情感目标得以落实的重要手段。因此，从教材内容中挖掘情感因素，用高尚的情感感染学生，使学生的情感体验在结课中得到升华，也是很多教师经常会使用的结课方式。

升华情感的方式有多种，如通过议论、抒情、名人名言、朗诵、图片、歌曲欣赏、畅想等手段，都可以收到“曲终情未了”“润物细无声”的效果。值得注意的是，教师的情感必须真挚，才能让学生产生共鸣，如果在受到某些因素的影响教师的情感无法饱满和专注时，教师就要适时地改变结课方式，不然就会适得其反。

【示例】

“钠的化合物”结课语

师：同学们，制取纯碱的原理我们已学过，但你们知道侯氏制碱法的创始人吗？知道侯氏制碱法是在怎样的环境中诞生的吗？侯氏制碱法的创始人是侯德榜先生。1937 年日本侵略军逐渐逼向南京，他们看中了南京的硫酸铵厂，为此想收买侯德榜，但是遭到侯德榜的严正拒绝。为了不使工厂遭受破坏，他把工厂迁到四川，新建了一个永利川西化工厂。为了探索新的制碱方法，他带领技术人员，做起了实验。1 次、2 次、10 次、100 次……一直进行了 500 多次试验，分析了 2000 多个样品，才把试验搞成功。他在给友人的一封信中曾写道：“万一功亏一篑，使国人从此不敢再谈化学工程，则吾等成为中国之罪人。吾人今日只有前进，赴汤蹈火，亦所弗顾……”同学们，当时艰苦的条件是可以想象的，但正是像侯德榜一样的先辈们为了我们祖国的兴盛拼命努力着，才有了我们今天所拥有的一切。希望我们同学们都能向他们学习，让我们的祖国越来越强大，让我们身为一个中国人而感到骄傲。

评析：本教学片段采用了讲述名人故事的方式进行情感升华。不管是在人文类课程还是理工类课程中，都有很多的名人事迹可以挖掘，这些名人事迹因为具有高度的真实性，所以更能感动学生。

【示例】

“He has had an accident”结课语

T：What lesson can we get from the dialogue?

S1：Be careful when you go out.

S2：Keep yourself safe at all times.

T：Thanks for your wonderful advice. Heine once said:“Life is a precious thing in the world，death is the greatest sin.” Romain Rolland once said:“There is only one heroism in the world，that is to understand life and love life.”So we must remember that no matter at any time，we must cherish our lives.

评析：本教学片段采用了引用名言的方式进行情感升华。学生生命安全问题一直是家庭、学校最为关注的事情。在这个教学片段中，教师先让学生自己谈论感受，然后通过海涅和罗曼·罗兰的名言进一步强化情感，最后做了“we must remember that no matter at any time，we must cherish our lives(不管任何时候，一定要珍惜生命)”的总结，适时地通过课文对学生进行了一次生命安全教育。

【示例】

《再见了，亲人》结课语

师：通过刚才的学习，我们已经感受到了志愿军叔叔和朝鲜人民之间比山还高、比海还深的情谊，那就让我们在有感情地朗读中结束这节课的学习吧。

生：再见了，亲人！再见了，亲爱的土地！列车呀，请慢一点儿开，让我们再看一眼朝鲜的人，让我们在这曾经洒过鲜血的土地上再停留片刻。再见了，亲人！我们的心永远跟你们在一起。

评析：本教学片段采用了齐声诵读的方式进行情感升华。首先，在学生较为全面地学习了课文之后，教师适时地进行了情感点拨；其次，学生在齐声诵读中结束课堂教学，给人一种意犹未尽、回味无穷的感觉。

总之，结课的类型要活，但效果要实。在具体应用中，教师要经常变换结课方式，一是使学生对课堂有新鲜感，二是有利于锻炼、提高自身的执教能力。科目不同、学情不同，结课的方式也是千变万化的，但不管怎么变，有利于学生发展的课堂教学理念不能变。

出塞　　从军行　　静夜思

>> 第三节　应变语 <<

唐代张彦远的《历代名画记》中记载了这样一个故事：三国时期，有个叫曹不兴的画家在为孙权画一幅屏风时，不小心溅落到画绢上一滴墨点，他急中生智、将错就错，将墨点顺势画成一只飞舞的苍蝇。当孙权观赏画屏时，误认为是一只真苍蝇伏在上面，便用手指去弹，弹之不去，这才发觉是画的苍蝇，于是对曹不兴的画技赞叹不已。[①] 在课堂教学中，类似“误墨”这样的突发情况经常会发生，教师能否冷

---

① “曹不兴，吴兴人也。孙权使画屏风，误落笔点素，因就成蝇状。权疑其真，以手弹之。”见唐代张彦远《历代名画记》。

静、机智、巧妙地化解各种意外事件，是能否成就一堂好课的关键因素，也是评判教师是否具有扎实的专业学识、丰富的教学经验的重要标准。恰当的应变语的运用，能让教师在各种突发状况中化消极因素为积极因素，变被动为主动。因此，提高自身的应变能力，锤炼自身的应变语言，也是教师的教学基本功之一。

一、应变语的内涵和作用、要求

(一)应变语的内涵

应变语是指教师在课堂上处理各种突发情况时所运用的一种教学语言。

从突发事件的来源看，一是由于教师自身个人失误而导致的意外状况，如因写错板书、念错字、讲错知识、思维卡壳、教学内容枯燥而引起课堂骚动等；二是由于学生对知识有疑问、身心不适或不遵守课堂纪律而导致的意外状况，如质疑教师教学内容的正确性、上学迟到、课堂上交头接耳、突发疾病等；三是由于无法预料的外界环境的改变而导致的意外状况，如教室外突然响起的噪声、人或物的突然闯入、天气的骤变、教学仪器或教具的故障等。

从突发事件的原因看，一类是与教师正在进行的教学内容相关的意外状况，如教师讲课中的失误或学生对于教师所讲知识点的争论、质疑、反驳等；另一类是与教师正在进行的教学内容无关的意外状况，如学生突然身体不适或各种无法预料的外界环境的改变等。

从突发事件对教师的影响来看，一种是对错明显，可以立辨正误，不会导致教师无法做出判断、给出错误答案的意外状况；另一种是超出教师的知识范域，教师不知该如何回答的意外状况。

总之，课堂上的偶发情况相当多，即使再有预见性、备课再充分的教师，也不可能全部预料和防止突发情况的发生。教师所能做的，就是尽量充分地提前熟悉各种突发教学情况的类型和处理方法，做到知彼知己，才能百战不殆。

(二)应变的作用

1. 稳定课堂秩序

当突发状况发生时，学生或受到惊吓，或感到意外，或故意起哄等，都会扰乱到正常的教学秩序。教师无法完全回避这些偶发的情况，这时候教师如果视而不见，或表现得束手无策，或采取的措施不当，都会影响到教学的进程和教师的个人形象。因此在面对突发情况时，教师首先要克服自身的心理障碍，以冷静的心态面对和思考；其次，教师要尽快审时度势，确定突发事件的是非对错，或进行纠正，或予以肯定，或通过另外的话题转移学生注意力等，尽快将课堂秩序引上正轨。

2. 改善课堂氛围

稳定课堂秩序之后，如何审时度势地驾驭突发状况，也是决定此后的课堂氛围走向的重要一环。如果教师只是简单、潦草地压制了学生发出的声响，而没有关注学生内心的呼喊，此后的课堂效果也是不能尽如人意的。所以，教师还应该尽可能地挖掘、捕捉隐含在突发状况中的有利因素，对之进行机敏地分析和处理，解答学生疑问、调整学生思路、激活学生思维，使课堂氛围重新活跃起来。

3. 锤炼教学艺术

如果教师通过及时、巧妙地处理突发事件，把课堂从"山穷水尽"的局面引向了"柳暗花明"的意境，获得出乎预料的教学效果，那教师的教学艺术无疑就获得了进一步的锤炼和提高。当然，这种教学智慧不是从任何一本教科书上可以完全学到的，它需要教师在日常的教学工作和各种各样的实践锻炼中，不断增强自身应对课堂突变的心理承受能力，积累各种应变的教学技巧，熟悉各种应变语言。这样，教师才能于冷处激之，求以热；于滞处变之，求以畅；于险处排之，求以奇，才能不断提升自己的教学艺术。

(三)应变语的要求

1. 当机立断

当机立断、及时调控是处理突发状况的必要准则。如果教师采取回避的态度，任由事件发酵而置之不理，就有可能使事件走向恶化，最终导致严重的教学事故。因此，当突发状况发生时，教师应该在第一时间迅速做出判断并有效处理。一些有经验的教师凭借自身的教学经验和敏锐的感知力，在事件处于萌芽状态时，就能够做到有效处理，这当然是一种最理想的状态。

2. 掌握分寸

在对突发事件进行处理之前，教师首先必须对事件的缘由做细致的观察和准确的判断，尽量弄清楚事情的来龙去脉，这样才能为后续的处理做好铺垫。在了解了是人为还是非人为，是有意制造混乱还是无意惹出麻烦之后，教师可以根据不同的事件做出相应的反应。一方面，要态度温和，不能反应过度，尽量少用训斥的话语，切忌使用讽刺、挖苦、嘲笑、刻薄的言论；另一方面，要考虑整体性，既不能为了处理突发事件占用太长的教学时间，也不能因为少数学生的问题而占用过多大多数学生的时间。

3. 随机变通

再优秀的教师，也不可能预见到课堂的所有细节。课堂从来不是一潭死水，而是暗潮涌动的大海，特别当一些跳动的浪花闪耀着求知的、智慧的光辉时，教师应该恰当地加以引领，抓住难得的时机对学生进行适时的教育，让学生彰显个性、彰显智慧，这本身也是教育的本质所在。这时就需要教师随机变通教学内容和教学进程，不必拘泥于课前规划好的教学设计。

二、应变的方法

在课堂突发事件的相关研究成果中，不同的研究者从不同的角度对课堂突发事件进行了分类，大部分都是从引发课堂突发事件的缘由角度进行分类的。但课堂突发事件成因复杂，既可能是单因素造成的，也可能是多因素造成的。不同因素导致的课堂突发事件可能用同一种应变技巧，同一种因素导致的课堂突发事件也可能并不适合用同一种应变方法解决。这在一定程度上为我们学习和提高应变技能增加了难度。而如果换一种思路，从课堂突发事件导致的结果(教师对突发事件的处理能力)进行分类，则更为清晰和易于掌握。

从课堂突发事件导致的结果来看，一类是在教师的知识范围之内，教师能够立即判断出事情的是非正误，对面临的问题能给出解答。其中又可以分为正向的突发事件，即学生所提出的问题、发生的意外状况与教学内容实质上是同一方向的；逆向性的突发事件，即学生所提出的问题、发生的意外状况与教学内容是背道而驰的。另一类是暂时超出了教师的知识范围，教师不能马上判断出事情的是非正误，暂时不能给出解答。每一类事件中都有多种应变语的类型和方法可以使用。

(一)在教师知识范围之内的应变语类型

当发生课堂突发事件时，教师的专业知识和教学经验可以解决正在发生的事件，我们将之视为在教师知识范围之内的应变。这类事件虽在教师的能力范围之内，教师可以化解意外，避免尴尬，但不同的应变方法和应变语的使用，可以使突发事件产生不同的效果。例如，低级的应变方法和应变语，可以缓解意外事件进一步发展为混乱的局面，教师可以正常完成自己的教学任务；中级的应变方法和应变语，能够关注到学生的感受、保护学生的好奇心和尊严，营造出良好的学习氛围；高级的应变方法和应变语，能够将意外事件转变为有利的课程资源，并借机引导学生知识、智力、品德等各方面的健康发展。教师在处理课堂突发事件时，要不断积累应变经验，争取使自己的应变能力从“求生”走向“艺术”。

1. 处理正向突发事件的应变语

有时候，学生提出的问题具有一定的价值和合理性，在这种情况下，教师应该给予学生肯定性的回复，最好能把学生所提观点的闪光之处融合进正在进行的教学之中，这样一方面使教学过程自然流畅，同时也激励了学生。

【示例】

《我的战友邱少云》教学片段

在一次教授《我的战友邱少云》的公开课上，一位学生语出惊人：“邱少云，假如我是你，我就打几个滚先将火灭了，说不定这个时候山上的敌人正在睡觉呢。”课堂上一片愕然，王老师却处变不惊地问：“孩子，你不希望邱少云死，是吗?”孩子点了点头，王老师紧接着说：“我理解你的心情，将心比心，谁不希望自己能好好活着?”男孩脸上逐渐泛起受人理解的得意和幸福。“这样的希望不光大家有，我相信在邱少云心中也有。”看着男孩接连点头，王老师话锋一转，“但是，一名军人面对残酷的战斗形势，面对自己的危险处境，我相信，一定还会有另一种声音在他的内心深处响起。大家听，另一种更加强烈、更加坚定的声音在对他说……”

一个短暂的停顿后，班上的同学陆陆续续把手举起来。

“我听到有声音这样对邱少云说，如果我一个人的牺牲能够换来战友们的平安，我死也是值得的。”

“我听到有声音这样说，战友们在望着你，朝鲜人民在望着你，祖国人民在望着你，你一定能够坚持住。”

“我还听到有一种声音在这样对邱少云说，邱少云啊邱少云，你不是希望自己成为一个真正的钢铁战士吗？烈火可以烧毁你的身体，但烈火永远烧不毁你坚强的意志和伟大的精神，你将在烈火中得到永生!”

“哗!”台下一片掌声，热烈而持久。王老师也情不自禁，一脸兴奋地握住了那个孩子的手。①

评析：在这个教学案例中，学生提出的疑问确实是很多读者的疑问，具有一定的合理性，如果教师这个时候对疑问置之不理，无疑会让学生对邱少云事件的真实性、合理性产生怀疑，自然也就很难认同课文中所蕴含的思想教育价值。王老师首先认可了学生的疑虑，这就在心理上拉近了与学生的距离，接着从学生所提观点的对立面出发，让学生自己思考并为什么邱少云必须这么做。学生的讨论一方面给教师提供了答案，同时学生自己说出的答案也更容易让其他学生产生心灵共鸣。教师借助这一突发事件丰富了教学内容；升华了教学目标，将不利扭转为有利。

其实，王老师这一次教学的成功，也是建立在曾经失败的基础上的。在之前的一次该篇课文的公开课上，他一边让学生观看邱少云被烈火烧身也纹丝不动的视频片段，一边配着旁白，想要熏陶出壮烈的气氛，随后问学生：“面对这样一位战士，你有什么话想对他说吗?”就在此时一个男生却说：“邱少云，你真是一个傻瓜。”在场的师生都为这个回答感到错愕，全场的焦点立马集中在王老师身上。同样备感震惊的王老师瞬间做出的反应是：“傻瓜？你才是傻瓜！坐下。”全场师生，就连王老师都为自己这毫无水平的回应感到诧异。结果教学由盛转衰，这堂课在王老师后悔、沮丧、尴尬的心情中草草收场。正是这次失败的应变，使王老师痛定思痛，重新思考、反思、改进自己的应变方法，这也才有了以后的精彩课堂。

【示例】

《夜》和《药》比较阅读教学片段

有位教师在一次公开课上用比较阅读的方法解读《夜》和《药》这两篇课文。在谈到小说的环境时，有个学生递上了一张纸片，写着：“老师，为什么《药》里的狗没

---

① 雷玲：《名师教学机智例谈 语文卷》，79～87页，上海，华东师范大学出版社，2007。

叫，而《夜》里的狗叫了?"教师看完纸片，觉得太出乎意料了，教了这么多回《夜》，还是第一次碰到如此怪的问题，是把它当作枝节问题搁置一边呢，还是临时改变教学思路，引导学生讨论呢？学生们都用期待的目光盯着教师手中的纸片，教师索性将质疑的问题给大家念了一遍，教室里顿时哄堂大笑。教师说："同学们，别以为这个问题可笑，它还值得讨论呢！大家想想，两篇课文中的狗，一只没叫，另一只叫了，这是否违背了生活常理?"一个学生说："不违背。这是因为，生活中的狗，并不是每有动静都叫的，一般的看门狗，还得待有人进门才叫。""照你这么说，《药》中的狗没叫，那是行人在街面上走；而《夜》中的狗叫了，那是阿弟进门来了，是吗?"教师做了补充，学生点头称是。教师接着说："不过，同学们还得继续往下想，这没叫的狗和叫了的狗对渲染环境所起的作用是否相同?"学生异口同声说："不同。"有个学生回答："《药》中的狗没叫，渲染了环境的肃杀，而《夜》中的狗叫了，渲染了环境的恐怖。"教师随即充分肯定："对！那么这两种不同的氛围和当时的政治气氛是否统一?"又一个学生回答道："是统一的。《药》里的肃杀，正是革命者夏瑜临刑前的氛围；而《夜》里的恐怖，正是"四一二"反革命政变的气氛。""好极了!"教师情不自禁地为这一场没有事先准备而成功的讨论暗自高兴。①

评析：在该教学片段中，学生提出的问题并非故意捣乱，而是两篇课文中确实存在的不同之处。在该教师拿到写有问题的字条时，甚至在将问题念出之后，内心可能并没有解答这一问题的成熟答案。但该教师采取了以守为攻的方法，发动了全体学生一起去寻找答案，一方面留给自己思考的时间，另一方面从学生的回答中吸纳最有价值的观点，不仅很好地化解了这一意外情况，而且还无意间升华了教学内容。

2. 处理逆向突发事件的应变语

有时候，学生因为故意捣乱、认知偏差、道德异化等原因，会在课堂上说出或做出一些阻碍正常教学秩序、与教学内容背道而驰的言语或行为。在这种情况下，教师首先要克制自己的冲动情绪，可以采取正反比较、切磋商讨、旁敲侧击等方法缓解冲突，尽量在融洽的气氛中处理问题。如果是教师自身的教学失误导致出现了意外情况，可以采取将错就错、自我幽默等方法化解问题。

【示例】

"What are you doing?"教学片段

这节课上，一个学生正在自顾自地玩弄文具，并没有扰乱课堂秩序。这时候教师用眼神示意学生，希望他专心听课，然而并没有起作用。当教师正在用"What are you doing?"这个句型让学生练习句子的时候，这位同学玩弄的铅笔盒掉在地上，文具撒了一地，安静的班级顿时空气变得凝固。英语老师走到这位同学面前，边说："What am I doing?"一边回答："I am picking rulers、pencils、erasers."捡完之后，开始说："What am I doing?"然后继续回答道："I am helping the student."班

① 金克中、胡立新:《教师口语》，272页，武汉，华中科技大学出版社，2013。

里的同学都在看着这位教师边讲课，边维持班级的课堂秩序。这位玩弄玩具的同学开始低下头，觉得不好意思了。[①]

评析：在这个教学片段中，当学生表现出学习的不合作姿态时，教师并没有立即用言语阻止，而是为了不扰乱课堂秩序，采用了眼神示意的办法，保证了正常的教学秩序。当冲突升级时，教师就地取材，将维持课堂秩序与所讲授的知识内容结合起来，旁敲侧击地让学生意识到自己的错误，可谓是“润物细无声”地化解了问题。

【示例】

“戊戌变法”教学片段

一位教师讲“戊戌变法”，在板书时，将“戊戌”两字的顺序写反了，这时候教室里先是窃窃私语，接着出现了隐隐的笑声。教师这时候已经意识到了自己的错误，但他没有立即修改两个字，而是用镇定的眼神盯着班里的学生，半分钟后，才开口说：“同学们，请看看黑板，有没有什么错误?”学生这时以为老师是故意设计了“找错”的教学环节，纷纷举手发言。

评析：在这个教学片段中，教师能不动声色地纠正自己的失误，得益于良好的心理素质。如果教师发现错误赶紧擦掉重写，虽然也不会影响正常的教学，但容易留给学生“这个老师能力不行”的印象。而该教师在发现错误后将错就错，一方面化解了意外，同时通过这样一个巧妙的反转加深了学生对这两个字的印象。

【示例】

某迎新会片段

在一次迎接新生的活动中，新安排的班主任正在一一地点名认识学生，当他念到“周一舸”的时候，把“舸”念成了“kě”，这时学生站起来说：“老师，我叫周一舸(gě)，百舸争流的舸。”老师顿时意识到了自己的错误，赶紧向学生道歉，并说：“看，老师也会出错，也不是万能的哦。谢谢这位同学的提醒，我都念错好多年了，还好今天咱们有缘认识，你帮我修改过来，不然还不知道要错下去多长时间呢。这个字大家也都要注意一下，千万别再念错了呀。”班里的学生听完老师的回答，并没有嘲笑老师，反而因为老师的知错就改、平易近人而感觉更亲近了。

评析：与上一教学片段“将错就错”的解决方法不同，在该教学片段中，当学生指出教师的错误时，教师并没有想办法去掩盖或者遮蔽，而是坦诚大方地承认自己的失误以及问题。这种真实的反应和真性情的流露，反而让学生看到了老师对学生的尊重，拉近了师生之间的距离。值得注意的是，知错就改虽然是一种非常优秀的品质，但是这种失误不能一而再，再而三地重复出现，否则也会影响教师的个人威信。

【示例】

《咏梅》教学片段

毛泽东的《咏梅》这首词借描写梅花的特点——凌寒独放、俏不争春、乐观谦

---

① 焦强磊：《教学机智的层级特征研究——以新课改背景下的课堂教学为例》，硕士学位论文，南京师范大学，2017。

虚，表达了乐观的革命精神。在赞美梅花傲霜斗雪的精神时，一位教师在黑板上板书：百丈冰。不料，一不小心，写成了“万丈冰”。学生看见了，在下面提醒：“老师，写错了，是‘百’，不是‘万’。”教师定睛一看，果然写错了，就边改边笑着说：“我觉得‘万丈冰’比‘百丈冰’更能表现环境的恶劣，更能体现梅花傲霜斗雪的精神，就自作主张改了一个字。只不知毛主席他老人家同意否。”学生听了，都笑了起来。①

评析：在这个教学片段中，教师运用了自我解嘲的方法为自己解围，以幽默的方式化解了意外状况中的尴尬，不仅稳定了课堂秩序，还无意中向学生展示了自身的教学智慧。更为重要的是，教师还将幽默与讲课内容联系起来，化偶然失误为不可多得的课程资源。

(二)超出教师知识范围的应变语类型

当发生课堂突发事件时，教师的专业知识和教学经验暂时无法解答学生提出的问题或解决正在发生的事件，我们将之视为超出教师知识范围的应变。当发生此类事件时，教师首先要做的就是稳定自己的情绪，保持冷静。如果教师自己先表现出惊慌失措或沮丧懊恼的情绪，那势必会严重影响此后的教学效果。对于学生提出的有价值的问题，值得进一步探讨的，教师可以选择议论启发或者暂时搁置的方法来解决；而对于一些没有答案或者没必要进一步探讨的问题，教师可以通过转移话题的方法来解决。

【示例】

《木兰诗》教学片段

于老师教《木兰诗》时，有位学生提出疑问，认为诗中写的不可信，“‘同行十二年，不知木兰是女郎’，是不可能的。十二年，这么长时间共同生活打仗，怎么会认不出是女的呢？不说别的，一双小脚在洗脚时就会露出来的”。于老师说：“南北朝时妇女还不裹脚。”学生又问：“那么中国妇女什么时候开始裹脚呢？”这下可把于老师给卡住了，于老师想了想说：“课后我们大伙儿都去查资料，大家一起来回答这个问题。好不好？”

评析：学生的追问显然暂时超出了教师的知识范围，于是教师选择了暂时搁置的办法。但值得注意的是，教师并不是说“我回去找找答案”，而是把这个问题的解答权交给了学生，这样就激起了学生的求知欲，把一次教学意外事件转变成了很好的学生自主学习的机会。

【示例】

“分数乘分数”教学片段

一位教师在讲完了分数乘以分数的乘法后说：“一个分数乘一个真分数所得的

① 焦强磊：《教学机智的层级特征研究——以新课改背景下的课堂教学为例》，硕士学位论文，南京师范大学，2017。

积一定是一个比原来的分数更小的分数。同学们想想看这是什么道理?”学生回答后，教师做了小结。准备布置课堂练习时，突然一个学生发问：“如果一个真分数的分母加上另一个真分数的分子做分子，这个真分数的分子加上另一个真分数的分母做分母，这样所得到的分数一定比这个真分数小吗?”这个问题，教师事先没有料想到，一时难于解答。于是他笑着对学生说：“请同学们想，×××提出的这个问题。”课堂顿时安静下来，学生们个个进入沉思之中。停顿了片刻，教师又提议，同桌四邻的可开展讨论。课堂立刻沸腾起来。有的说比原来的分数小，有的说比原来的分数大，争论不休，谁也说服不了谁。这时下课铃响了，教师因势利导地说：“既然同学们意见分歧，这节课就不忙做结论，留给大家课后去做进一步的研究，我相信大家能得出正确的答案的。”第二次课的时候，教师在继续引导学生讨论钻研的基础上，带领学生一起引出了结论。①

评析：对于学生提出的问题，这位教师并不知道真正的答案是什么。他先是把问题留给学生一起讨论，这样一方面留给自己思考的时间，另一方面也可以从学生的讨论中获取解答问题的灵感或素材。但学生的讨论显然也并没有解答这个问题，于是该教师又选择了暂时搁置的方法。值得效仿的是，该教师在处理这个突发事件时自始至终一直是以引导者的身份，带领学生一起去寻找答案，即使是在第二次上课时，该教师也并没有急于公布结论，而是继续引导学生讨论，直到学生自己推导出答案，可以说是不露声色地化解了意外。

【示例】

《画蛋》教学片段

教师在分析《画蛋》一文时，指导学生观察国画，有位同学提问：“达·芬奇和他的老师为什么都留着长头发，而我们却不能留?”教师答：“每个民族都有自己的风俗习惯，我们的一些习惯跟他们就不一样。我们要学习他们的是什么呢?就是要学习他们专心学习的精神。”不久，那个学生又问：“老师，您有达·芬奇的本事吗?”回答“有”吧，又不符合实际；回答“没有”吧，学生会认为教师没本事，对教师感到失望。只听这个教师说：“达·芬奇本事真大。他为什么能有这么大的本事呢?就因为他学习刻苦，谁想要有本事，谁就得刻苦学习。”②

评析：在该教学片段中，由于学生提出的第一个问题与教学内容是不相关的，所以教师通过转移话题的方式，在解答了问题之后把内容转移到了“学习他们专心学习的精神”这个与教学内容相关的话题上。而不久后学生提出的第二个问题，一来与教学内容无关，二来这是一个没有必要探讨也没有解答价值的问题，所以教师又采用了转移话题的方法，把问题拉到了与教学内容相关的话题上，摆脱了学生不

---

① 冯克诚：《小学数学课堂教学方法实用全书(中)》，1531页，呼和浩特，内蒙古大学出版社，1999。

② 任维亮：《课堂教学中的教师语言与仪表美(中学篇)》，184～185页，沈阳，白山出版社，2012。

断追问无意义话题的困境。

总之，造成课堂突发事件的原因多种多样，因此应变语的使用也没有成规，需要因势利导、对症下药。以上所列举的应变方法和应变语类型可以解决大多数的课堂突发情况。但要富有成效、艺术性地应对千变万化的课堂突发情况，需要教师不断地充实和丰富自身的专业知识，不断地拓展自身教育学、心理学方面的知识，研究学生的认知规律和心理状态，才能以不变应万变，灵活地处理好各种突发情况。

美丽的小兴安岭　　爬山虎的脚　　神奇的探险之旅

问题与情景测试题

1. 下面的提问语分别来自窦桂梅和王崧舟老师在教授“圆明园的毁灭”一课时所使用的提问语，请读一下这些提问语，并判断他们属于我们本节中所讲的哪种类型的提问语。两位不同教师的提问语各有什么样的特色？

(1)窦桂梅《圆明园的毁灭》

①看到“圆明园”这三个字，你眼前出现了怎样的画面？

②读了课文《圆明园的毁灭》以及《雨果致巴特莱的信》，你有哪些感受？

③有不可估量的损失，就说明它一定有不可估量的价值。那么，同学们也用“是……也是……”这个连接词说一说。

④昔日圆明园究竟有些什么，使我们说它有不可估量的价值？

⑤此刻在你心中，圆明园拥有的是什么，浓缩成一个词？

⑥英法联军是怎么做的？浏览第五段，用书上的词语概括概括。

⑦出示书中的句子，用没有了……也没有了……还没有了……再说说……

⑧现在圆明园什么都没有了，那么，留给你的是什么？

⑨面对英法联军火烧圆明园的行径，你会怎么做？如果你是皇帝、大臣、士兵、老百姓，选择一个角色，说一说自己的想法。

⑩读了上面的词句，再读“圆明园”这三个字的时候，难道你心中只有自豪和愤怒吗？

⑪现在要离开圆明园了。那么，请闭上眼睛，你眼前出现的是废墟、是火焰，那么，在你的心中，圆明园仅仅是废墟、是火焰吗？圆明园在你心中是什么印象？①

(2)王崧舟《圆明园的毁灭》

①读了文章的第一段，你知道了什么？

① 窦桂梅：《〈圆明园的毁灭〉》课堂教学实录，载《小学语文教师》，2004(11)。

②用哪个词形容这种损失？“不可估量”什么意思？

③面对这两个“不可估量”，你读了后内心是怎么样的？

④学了文章的最后一段话，你又知道了什么？

⑤“化为灰烬”的究竟是什么？

⑥快速看看课文的中间部分，你还知道了什么？

⑦“举世闻名”是什么意思？圆明园举世闻名的是什么？

⑧仔细数一数第三段写圆明园的建筑景观一共用了几个“有”？各有什么？

⑨假如要写尽圆明园所有的景观还要多少个“有”？依据在哪里？

⑩请你再读读文章，对于圆明园的毁灭，你还想问些什么？

⑪阅读交流《圆明园之最》，你对圆明园的什么产生了深深的震撼？

⑫面对这把大火，你有什么想说的吗？把它写下来，不仅要写到纸上，还要写到你的心里。

2. 读一下这三个教学片段，总结一下这三位老师的理答语具有什么样的特点？如果你是这节课上的教师，面对学生这样的回答，你还能给出什么样的理答语？

(1)王崧舟《圆明园的毁灭》

师：这是文章的第一段，那么学习了文章的最后一段话你又知道了什么？

生：我国的园林艺术之宝化为灰烬。

师：你希望老师把哪个词语写下来？

生：化为灰烬。

师：很好，学语文就要有这样的敏感性。

(2)薛法根《天鹅的故事》

师：同学们写得很投入！现在谁愿意来读一读自己概括的故事？

生：(教师将学生写的内容投影到大屏幕上)起因：有一天，突然寒潮降临。经过：老天鹅和一群天鹅破冰的事情。结果：斯杰潘老人背着枪走了。

师：(边点评边帮学生修改)你写了三句话，把起因、经过、结果交代得很清楚。老师也有三句话：一是删去“起因、经过、结果”这三个词，三句话就连贯了；二是“寒潮”与“突然”调换一下位置，删去“的事情”；三是故事还没结束，老人走了，天鹅呢？不见了！(生笑)再听听别人的看法，把结果改一改，好吗？

(3)周益民《去打开大自然绿色的课本》

师：想想，诗人为什么说大自然是绿色的呢？

生：因为大自然有绿树、翠竹、碧草、青山，它们都是绿色的。

生：不对，大自然里也有红花、彩霞呀，并不完全是绿色的。

师：说得有道理！那么诗人为什么偏要说它是绿色的呢？想想，绿色是不是有着某种……

生：我明白了，绿色是生命的颜色，象征着活力。

生：确实，在沙漠里，只要看到了绿洲，就等于获得了生命的希望。

生：因为绿色充满活力，像一个少年，朝气蓬勃，活力四射。

生：我不同意，难道其他颜色就不能代表大自然了吗？

师：好啊，那你说说看，你认为大自然是什么颜色的？

生：我认为大自然是红色的，红枫、红花、红云，万紫千红。红色代表着喜气洋洋，象征着红红火火。

师：红色的大自然，好！蕴藏着热烈，昭示着兴旺，传递着幸福。古诗中对“红”的吟咏也很多，像……

生：霜叶红于二月花。

生：人面桃花相映红。①

3. 根据你所学学科，选择5个优质课的结课语，在课堂上向大家分享，并说一下这些结课语的优点。

4. 请读一下这几个情景，如果你就是在场的老师，应该怎么处理这些突发事件？

(1)一个学生正在有声有色地朗读《桃花源记》，这时挂在黑板上展示桃花源美景的教学挂图“咚”的一声掉在了地上，全班学生哄堂大笑，这个时候你会怎么处理？

(2)上课已经10分钟了，你正在讲课，这时一个学生撞开门，没有打招呼，直接坐到了自己的座位上，还气喘吁吁地直喘气，引得班里学生都纷纷看着他，面对这个场景，你会怎么处理？

(3)你正在讲《丑小鸭》这篇课文，在即将结课之时，一个学生举着手说：“老师，我觉得丑小鸭之所以能变成白天鹅，是因为它的父母就是白天鹅。如果是一只鸭子，再怎么努力也变不成白天鹅。”很多学生纷纷附和。这个时候，你应该怎么处理？

(4)你提了一个问题，然后一个学生举着手就直接站起来回答了。这个学生非常爱回答问题，但每次回答都说起话来没完没了，并且回答的内容都不在问题的点上，即使你用眼神示意，他也没有停下来的意思，这个时候你会怎么办？

5. 根据自己的学科，完整地观看2个优质课视频，认真总结这2个视频中用到的导入语、讲授语、提问语、理答语、结课语、应变语的特点，并将你总结的内容在课上与大家分享。

6. 根据自己的学科，任选一课时的内容，完成一个完整的教学设计。

第四章测验题

---

① 肖川：《中国名师教学设计》，119～120页，北京，大众文艺出版社，2010。略有改动。

第五章　与学生谈话的口语训练

【建议学时】

4～6学时。

【教学目标】

知识层面：了解与学生谈话的口语的概念、类型、特征；了解针对学生个体与学生群体的谈话口语的含义、特点；掌握针对学生个体的谈话口语的具体分类和使用要求；掌握针对学生群体的谈话口语的具体类型和使用要求；掌握与学生谈话的口语的使用原则。

技能层面：教师能在教育工作中恰当地运用与学生谈话口语的技巧。

>>第一节　与学生谈话的口语的概念、类型与特征<<

与课堂教学的口语不同，与学生谈话的口语多出现于课堂外的场合，是教师与学生进行课外的交往活动和沟通谈话时主要使用的一种口语形式。如果教师能够处理好与学生在课堂外的谈话，便可以为学校整体性教育工作提供坚实的支撑。所以，了解教师与学生谈话的口语，掌握其特点，对教师来说是必不可少的功课。

要掌握与学生谈话的口语的技巧，首先需要了解与学生谈话的口语的基本概念、类型与特征。只有对学生谈话口语有了基本的认识，才能在谈话实践中灵活运用与学生谈话的口语的技巧方法。

一、与学生谈话的口语的概念

学校和教师的主要任务是教书育人，让学生能够健康成长。教师既向学生传授各种人类文明发展至今形成的知识成果，也要对学生的思想道德进行引导与教育，在这个过程中，教师与学生谈话的口语能力的高低就显得尤为重要。

与学生谈话的口语专指课外的教育口语，这是教师在课堂教学之外最常使用的一种教育口语形式，是一种主要为了对学生的思想道德、心理精神、行为规范以及实际能力等方面进行指导与教育的口头语言。教师利用与学生谈话的口语，针对学生在生活、学习、情绪等方面的困难与疑问，为学生答疑解惑，帮助学生提高自己处理实际问题的能力和各种综合素质。虽然与学生谈话的口语是教师在课堂教学之外使用的教育口语，教师当时所进行的教育活动也并不完全对接教学活动，但与学生谈话的口语仍是课堂教学活动重要的补充部分，能够为课堂教学活动的顺利进行提供坚实的保障。

二、与学生谈话的口语的类型

从谈话对象的形式特征来看，与学生谈话的口语可分与为学生个体谈话的口语与学生群体谈话的口语两种类型。除了根据谈话对象的范围特点来划分以外，还可以根据学生谈话口语的内容与功用进行更为细化的分类，比如，与学生个体谈话的口语可以继续划分为表扬式、鼓励式、批评式、说服式、疏导式和启迪式谈话口语等，而与学生群体谈话的口语则还可以分为集体活动谈话口语和主题班会谈话口语。

(一)与学生个体谈话的口语

与学生个体谈话的口语所针对的是单个的或小范围的学生。在与学生个体谈话的口语中，教师旨在通过与学生进行深入的双向交流，引导学生向教师敞开心扉，从而解决学生的问题与困难，帮助他们接受与适应学习的环境。这种类型的谈话口语相当考验教师的综合素养与灵活应对能力，因为每个学生都是一个独特的个体，他们所面对的困难与提出的问题既相似又千差万别，教师在进行教育活动时势必不能采用千篇一律的方法。这就要求教师了解每一个谈话对象的情况与问题，能够对他们的困难与疑惑做出有针对性的分析与解答。

(二)与学生群体谈话的口语

与学生群体谈话的口语所面对的是全班或全校等集体范围中的学生。教师对学生群体的谈话需要在特定的时间与场合中进行，教师一般是在集体活动或者主题班会中向学生展开具有普遍意义的教育活动。由于与学生群体谈话的口语针对的不是个别学生或一小部分学生，所以谈话的内容要能够在班级内产生普遍的影响，不是仅对个别学生有提醒作用，而是能够对全体学生都具有教育意义。这种与学生群体谈话的口语具有较强的说理性和教育性：一方面提醒、引导学生反省与思考，另一方面规范、预防学生的思想与行为。这要求教师能够及时总结学生的问题，对学生群体存在的普遍问题具有敏感性，同时还要有深入分析问题的能力，在恰当的时刻，使说理教育的效果最大化。

三、与学生谈话的口语的特征

(一)灵活性

教学口语主要是在课堂上使用，教师通过教学口语向学生教授相关的知识技能，这时教师相对于学生来说掌握着权威的信息。教师所使用的交际口语则是一种职业口语，主要用来与家长、领导、同事等进行沟通。相对于这两种较为严肃的口语形式来说，教师与学生谈话的口语中教师与学生的地位、关系更为平等，相处氛围也较为轻松。教师与学生谈话的口语主要在课外的教育活动中使用，在谈话方式上有多种选择，对环境的要求也不如使用教学口语和交际口语时正式，可变动的空间更大，教师可以根据具体情况做出调整。

(二)日常性

与学生谈话的口语更具有日常性和人情味，因为教师在与学生谈话的口语中的对象是学生，其内容主要是关于学生的学习、生活、心理、情感等各项细碎事情：或了解学生各自的性格特点，或关怀学生的生活与学习状态，或提醒学生注意精神和思想上的变动，或赞扬鼓励学生的优秀表现，或批评劝诫学生的错误言行，或对学生们遇到的困惑给出及时而有效的解答。这些教育活动也意味着与学生谈话的口语无法过于严肃，交流只有具有一定的轻松特质，才符合教师与学生课下沟通的氛围，使教师为学生所接受和信赖，令学生乐于沟通交流、听从教师的引导。

(三)合作性

教师与学生谈话主要是为了了解学生或者解决学生的问题，与学生谈话的口语不是一味单向的传输，而是要与谈话对象形成稳定的合作关系，也就是说教师的谈话要能使学生感受到一致性与可沟通性，即在信息上清晰易懂，在谈话方向上与学生的愿望或期待相对一致，能够让学生快速进入合作状态，以建立起高效率的互动模式。

>> 第二节　与学生个体的谈话训练 <<

与学生个体所进行的谈话，可以从多个方面进行把握，本节主要根据谈话内容的不同划分出三种类型：表扬与鼓励、批评与说服、疏导与启迪。教师在具体的谈话活动中可以根据谈话对象、谈话内容、谈话场合等的特征来选择合适的谈话技巧。

一、表扬与鼓励

(一)表扬式谈话的技巧

表扬式谈话口语是一种教师对学生平时所表现出来的良好思想与言行给予肯定性的评价的教育口语形式，其目的在于肯定学生的良好表现，使这种表现得到巩固，令学生能够坚持并继而树立起正面的榜样。可以说几乎任何人都愿意得到表扬，表扬作为一种正面的评价，能够给被表扬者带来精神上的愉悦与满足。学生在被教师表扬之后，其心理得到了满足，言行得到了肯定，这能够增强学生的自信心，并使其乐意继续发扬优点，从而在班级中带动一股良好的风气。

1. 表扬式谈话的类型

(1)直接表扬

直接表扬就是教师对学生表现出来的良好思想或言行直接做出肯定的评价。通常这种直接表扬的语言都比较积极、富有感情，教师通过这种直接、正面的评价方式，将学生身上的优点指出来并给予肯定，往往可以使学生真切地感受到自己的价值，以及教师对自己的关注和认可。

【示例】

一个四年级的同学，他的整体成绩在中上等。这个同学很喜欢语文、体育等科目，但是对英语有很强的厌恶心理。在与这名同学的交流中，他曾经告诉我："我就是不喜欢英语，英语单词太长啦，记不住！我做题都是蒙对的。"英语学习上的挫折使他越来越失望，对英语基本采取了放弃态度，平时对待英语任务也变得越来越懒散，靠着侥幸勉强及格。有一次他的英语测验成绩接近B，单词听写也对了一大半，虽然这其中有他自己所说的很大的运气成分，但我还是找到他谈了一次话，告诉他："你这次英语成绩很好啊，这张测试卷还是有些难度的，但是你差一点就能得B，单词也记住了大半，你看记单词对学习英语还真是有很大帮助的，是不是？只要稍加努力一下，收获就是双倍的。既然找到了突破口，一定要继续努力啊！老师期待看到你下次的努力成果！"后来这位同学虽然没有喜爱上英语这个科目，但是也已经化解掉了自己对英语的偏见，能够认真完成老师布置的任务，成绩也逐渐提高了。

评析：示例中这名同学还处于小学四年级，正是培养其对学习的兴趣与热情的时期。对他来说，英语作为一种新的语言学起来既陌生，又困难，学生很容易因为得不到收获而自暴自弃。这时教师选择恰当的时机对他的英语成绩做出了肯定性的评价，相当于让他看到了学习英语的希望。教师直接的表扬令学生长期以来的失望心情得到安慰，从而感受到了学习的动力，重新燃起了学习的积极性。

(2)间接表扬

间接表扬就是通过较为委婉的方式进行表扬。虽然表扬可以令人感到愉悦，但是表扬竟不是“万金油”，它的效力是有限的。有时候得到的直接表扬过多，学生也会产生“免疫”，表扬对他们来说便成了一句空话。而有一些学生则是不喜欢受到直接或者当众的表扬，这些学生会因直接表扬而感到过多的压力，如此也不利于学生身心的健康成长。教师的间接表扬就是通过迂回、暗示等低调的形式来对学生的优点和成绩做出肯定的评价。教师可以通过他人传达赞扬之意，或是通过暗示含蓄的表扬学生，这种表扬因其更具客观性和真实性，反而会更有效果。

【示例】

一位教师接的新班里有一个从小被父母娇惯的学生，只要认为自己被“得罪了”都会骂人甚至打人。原来的班主任对他的评价是道德败坏。这位教师一开始也是以批评为主进行教育，但是这名学生只是表面上看起来比以前老实了些，实际上背地里并没有改掉恶习。于是教师开始利用表扬来教育他，只要发现他身上的一个小小的优点，老师就会大大地表扬他一番。但是教师发现他仍旧没有改变，反而在私下对别人说教师是“硬的不行，想来软的哄我，哼！我就不吃这一套”。

后来有一次这位学生又因小事打了别人，家长来到学校道歉，与教师谈起了教育孩子的难处，感到十分无奈与无力。但是教师却对家长说：“其实他有很多优点……我相信他慢慢会改掉打人、骂人的坏习惯的！”

过了一段时间后，大家发现这名同学似乎变了一个人，没有像以前一样爱惹事了，家长也说他回家后就做作业。教师找他单独进行了一次谈话：“以前，大家都盼望你改掉打人、骂人的坏习惯，经常批评你，也经常表扬你的优点，但你为什么不接受呢?”学生没有回答，教师又继续问他是什么时候决定改掉坏习惯的，他才说道：“从……从你对我爸爸说我成绩不错，还有许多优点……”教师不解：“这些话我班上在对你说过多次了呀?”但是教师随即想起了一篇文章中引用的学生日记，应当与这位同学的心声相仿：“这些话老师曾对我说过多次，那时我以为老师是当面奉承我，甚至敷衍我，是企图使我听话和就范的招数。自从看了班务日志后，我才知道，这些话是出自老师的真心……”教师立刻明白了：人都希望看到别人的表扬，但又怀疑正面对自己的表扬，尤其是后进生；人都讨厌别人背后说自己的坏话，但都愿意听到别人背后说自己的优点……①

评析：在这个示例中可以看到表扬的确不是万能的，一些老师觉得学生只要听到表扬就会开心、听话是过于偏颇的想法，实际上被滥用的表扬对学生来说已经丧失了教育性。所以示例中该学生前期面对老师的表扬无动于衷，甚至觉得老师是在敷衍自己，毫无反省之意。而在老师告诉家长他的优点后，学生却发生了巨大的变化，因为在这名学生看来，这种间接的通过他人而得到的表扬可能更具有真实性。只有在这时，学生才相信老师对他的评价与期望都是出自真心。可见迂回的表扬方式在教育学生时的重要性和作用。

---

① 路伟：《教师口语》，249～250页，北京，北京师范大学出版社，2011。

2. 表扬式谈话的要求

(1)真诚原则

大部分学生都十分愿意得到教师的夸奖，但这并不意味着教师对学生随便的一句表扬就能让学生感到满足。学生是一个自尊心很强的群体，他们虽然稚嫩但是对他人的态度却有敏锐的感知力，学生希望得到的是教师发自内心的真诚评价，而不是虚伪的表扬。但是在当下的教育环境中，很多教师不是固守传统严苛的教育方式，就是没有节制的表扬学生。有时候教师并没有发现学生的优点，但是想要达到一定的教育目的，便强行生硬地赞扬学生，实际上这种毫无感情的表扬并不能发挥预期的作用。教师在使用表扬式的谈话口语时应该从关心学生、爱护学生的立场出发，真诚地对学生做出评价，发自内心地表扬学生。教师真诚的情感态度是可以通过其言语传达到学生心中的，学生能够感受到教师对自己的关注。受到教师真诚表扬的激励，学生也会乐于接受教师传达的观念与信息，这样教师才真正实现了赏识教育的目的。

【示例】

班级里有一名新转来的同学琪琪，平时在学习上不是特别用心。许多科目上的错误，并不是因为不懂，而是因为不认真导致在细节方面出现各种问题。于是班主任将她请到办公室，希望能与她沟通一下。班主任首先亲切地对她说："你才刚到班里不久，有没有什么问题啊？如果有什么不方便的，可以告诉老师或者同学，大家会帮你一起解决的。"她摇了摇头，对班主任说没有什么问题。班主任接着说："没有当然好，如果有也不要不好意思讲，以后遇到什么困难也随时欢迎你来和我交流。虽然你刚来不久，我也发现你有很多优点，你的字写得真的很漂亮，以后如果班级需要，还希望你能帮班级尽一份力呢。"琪琪有点不好意思地笑着点了点头。班主任耐心地告诉她："而且你的理解和接受能力也很好，我看你平时的表现和作业，思路都相当正确，而且也很清晰。唯一的问题就是有一点粗心，在大的框架上没有问题，却在小的细节地方出错，这不是很可惜吗？不知道你有没有注意到自己的这个小毛病？"琪琪听了班主任这一番话，更不好意思了，便对班主任说："老师，我会多注意的，谢谢您的提醒。"此后，班主任发现琪琪做题的正确度和完整度确实提高了不少，她的成绩也因此在班级中得到了快速提升。

评析：示例中的教师对粗心大意的琪琪给予了充分的关心和尊重，不仅亲切地询问了她刚到新的环境中是否需要帮助，而且表扬了她的字写得漂亮，接受教学内容的能力很强。教师在与这名新同学沟通的过程中一直很亲切和有耐心，给予了这位新同学充分的尊重。而且教师没有直接就琪琪的问题大肆谈论，而是通过表扬琪琪的优点，引起琪琪自己的重视。这些都是教师真诚对待学生的体现，学生能够感受到教师在表扬与关心自己时情感与态度的诚挚，从而发自内心地接受教师的教导。

(2)适度原则

虽然表扬式的谈话口语很受学生青睐，在教育活动中具有很高的价值，我们也强调了教师的表扬式谈话口语应当情感真诚，但这些并不意味着教师都要一股脑的去热情地表扬学生。凡事都忌过界，所谓“物极必反”，教师对学生的表扬也是如此，当教师的表扬式谈话口语过多或者情感注入过量时，得到的便不是期望的结果，反而会是学生的逆反。有的教师过于想拉近和学生的关系，时时处处都试图表扬学生，把称赞的话语挂在嘴边，甚至夸大一些情况。这时学生会认为教师的表扬不具有真实性和参考价值，有时候也会使学生被表扬淹没，滋长学生骄傲自满的毛病等。所以教师在使用表扬式的谈话口语时，一定要注意分寸，适时而发，适度而行，让表扬之语有价值。

【示例】

张丽从七年级便开始担任班长，负责帮助老师管理班级各项事务。她不仅学习用功，做其他工作也非常尽职尽责，成绩优异，工作突出，深得老师的信任。八年级时张丽仍旧担任了班长一职，但是教师发现她的工作态度渐渐不如以前了，虽然学习成绩还是很好，但是整个人却少了以前的开朗活泼。老师为此感到疑惑，于是平时更加频繁地夸奖她，希望能给予她鼓励。但是张丽的情况并没有因此好转，老师只好找到她谈话。一再询问下，老师才得知，原来因为张丽总是受到老师的表扬，别的班干部觉得自己所做的工作被老师忽视了，许多同学甚至不愿意搭理张丽。老师没有想到正是自己过度的表扬把张丽孤立了起来，还挫伤了更多学生的积极性。

评析：这个示例中的教师就是没有把握好表扬的度，对于张丽同学的表扬过量且过高，不仅造成其他同学的积极性锐减，同时也给张丽同学造成了一定的心理负担，使她在与其他同学相处以及做班级工作时面临着更多的困难。

(二)鼓励式谈话的技巧

鼓励式的谈话口语是教师在激励学生，帮助学生树立信心，促使学生前进时使用的一种教育口语。这种重在激励与鼓舞的谈话口语，多是在学生已经取得良好的成绩，并有希望得到更好的发展时使用的，同时也可以在学生遇到瓶颈，产生退缩、畏惧的心理时使用。鼓励式的谈话口语和表扬式的谈话口语很相似，二者都强调对学生的肯定与鼓励。但与表扬式谈话口语对学生过去与当下的良好表现做出肯定性总结不同，鼓励式的谈话口语更侧重于对学生未来发展情况的期望，希望能激励学生在未来奋发向上。

1. 鼓励式谈话的类型

(1)赞扬

赞扬就是对良好的品质和言行做出肯定性的评价。教师对学生使用赞扬式的谈话口语，也就是在适当的时候给予学生肯定性的评价，对学生的良好表现提出表扬。这样既能让学生对教师产生亲切感，使师生关系融洽，又能够让学生明确自己的优点和长处，从而激发学生的积极性和进取心。

【示例】

某中学有个七年级学生，成绩很差，考试经常不及格。一次数学期中考试，他答不出来一道题，就在卷子上写了这样一段话："零分我的好朋友你在慢慢的向我靠近你如此多情难到你把我当作一个无用的人不我不是一个无用的人我是人我也有一颗自尊心再见吧零分。"监考老师面对这无标点、错字连篇、字迹歪歪扭扭的"答卷"，气愤至极，把这个学生带到了办公室，交给了班主任。班主任妥善地处理了这个问题。班主任让学生读了他自己写的那段话，然后帮助这位学生校正了错别字，又指导他重新组织了那段话，成了下面的样子："零分，我的好朋友，你在慢慢地向我靠近。零分，你如此多情，难道你也把我当作一个无用的人？不，我不是一个无用的人，我是人，我还有一颗自尊心。再见吧！零分！"班主任对学生说："这是诗，一首很好的诗！"一番话说得学生的脸上露出了笑容。班主任又说："诗贵形象，这首诗是有形象的；诗言情，诗言志，从这首诗中可以看出作者是不甘心与零分为伍的人，这正是言情志。"学生听到这是诗，自己也能写诗的评价后非常激动。班主任热情的话语驱散了他心中的阴影，增强了他的进取心，坚定了他向零分告别的勇气。经过努力，两年后他终于考取了高中。[①]

评析：班主任从学生答卷的诗作中发现了他的闪光点，利用赞扬式的谈话口语鼓励了学生去努力学习。班主任对学生的诗作的热情赞扬，既肯定了学生不甘与零分为伍的心态，更增强了学生积极上进的信心。

(2)启发

启发式的谈话旨在激励学生奋进，它更为强调通过另外的一件事，让学生能够自觉地进行深远的联想与思考，从而对自身有一个全新的认识，继而端止态度，奋发进取。

【示例】

新学期，作为班主任，为了加强班级的管理，我找到一名有经验的学生，希望他能够担任班上的纪检委员，帮助教师和同学管理班级，让大家共同进步。但是这名一向有积极能量的学生却拒绝了这个提议，在我的一再询问下，他才告诉我原因。原来他过去当班干部的时候因为办事认真，坚持原则，总是得罪同学，现在他打算吸取以前的"教训"，不再去得罪人了。听了他的话后，我了解了他的心结和问题，对他这种消极的思想我没有直接进行批评，而是向他讲了一个故事暗示他：一位导演为一个广告的拍摄四处寻找合适的模特，有一天终于发现了合适的人选。这个被选中的模特很高兴，但是她觉得自己脸上的几颗痣在画面里不好看，便做手术去掉了。等到了试镜的时候，导演却很失望，决定不再用这位模特，因为这位模特脸上的痣实则正是她的一大魅力所在，导演看中的也是她的这个特征。这位同学听完了我的讲述，若有所思，终于下定决心接受了担任班级纪检委员的任务。

① 郭启明：《教师语言艺术》，284～285页，北京，语文出版社，1992。略有改动。

评析：对于名位同学不愿意得罪同学、不愿意做班干部的想法，教师并没有直接批评他，而是向他讲述了一个富有启发性和哲理性的故事，激发学生的思考，使学生明白他想要抛弃的“认真办事、坚持原则”的精神是多么珍贵的品质，鼓励了学生要坚持做自己。

(3)反话刺激

反话刺激是教师故意用反面的话来刺激学生，让学生不甘落后，自己主动选择进取的道路的一种口语方式。现在的学生虽然有逆反心理，有时会故意与家长、学校反向而行，但同时他们也都有很强的自尊心，不愿被他人看低。教师使用激将的方式，利用的正是学生较强的自尊心和逆反心理，通过反面的话语刺激学生，对学生产生内在的激励作用，让学生的逆反心理在一个积极的方向上发挥作用。这种形式的鼓励话语更适用于纠正学生的不良言行。

【示例】

五年级的小潼刚从家乡转到新学校，与班级里其他同学的学习成绩相比有些差距。小潼本身很有上进心，但是年龄比较小，所以自制力有限，加上环境不同，有时容易产生懈怠情绪。有一次检查单人背诵任务，轮到小潼时，她没有完成背诵任务，但是却毫不在意，似乎还觉得理所当然。教师见她这种状态，便对她说：“我正打算在班级里办个小型的竞赛呢，现在看来你很难入围拿奖啦！”小潼听了很不服气，对教师说：“谁说的！我只是现在还没背完而已，我肯定能得奖的！”教师似乎不相信：“你看这一点你都还没背完呢，怎么比得过别人啊？我看很难。”小潼听了更不服气了：“老师您看着吧，我一定能行的！”经过教师这么一刺激，小潼原本的上进心被重新激发出来了，接下来的时间里小潼不仅赶上了班级的平均进度，还补回了自己以前落下的内容，后来在班级的知识小竞赛中取得了第一名的好成绩。

评析：示例中的教师针对小潼自制力不强、容易懈怠的特点，选择用激将式的话语来鼓励她完成背诵任务。教师故意用反话对小潼说她在竞赛中肯定很难赢过别的同学，刺激了小潼的自尊心，使小潼产生了一定要完成背诵任务、取得优胜的心理。小潼的好胜心压过了她的懈怠心理，使她圆满地完成了背诵任务，并在小竞赛中获得优胜。

2. 鼓励式谈话的要求

(1)目标明确

鼓励不能是凭空喊口号，而应当有切实的预期目标，如果只是在不确定中行进，无论开始时的热情有多么高，所有的能量都会在漫无目的的叫嚣中枯竭，最后空有热情，和当初毫无目的的状态没有区别。年轻的学生群体更是难以接受长期没有收获的努力，所以教师鼓励学生前，一定要先了解清楚学生的情况，分析学生实际的需要，为学生找到一个明确的方向和目标，让学生的热情被激发起来之后能够有一个实际的目的地可供追寻。

【示例】

一位教师刚接的新班中有一名叫沈勇的学生，是一名全校闻名的后进生。为了做好沈勇的转变工作，这位教师经过多方观察、了解，努力寻找突破口，发现沈勇的乒乓球打得特别好，于是教师便邀沈勇一起打乒乓球，在打完球后和沈勇进行了一场气氛融洽的谈话。教师首先夸奖了沈勇的乒乓球技术，继而提出了自己的问题："有人称你为后进生，我原来想这个学生非常笨，可你的乒乓球技术使我知道你一点儿不笨，相反你简直聪明过人，伶俐出众。我实在是不懂你怎么会成绩不好。""教师……"沈勇一时语塞。教师又故意把话题岔开："这样吧，你只讲一讲你的乒乓球技术是怎样练出来的。"于是沈勇详细地介绍了他的练球过程。教师接着他的话说下去："很好，你爱打球，打得勤，打得多，夏练三伏，冬练三九，长年累月，从不间断，你的经验可归纳为四个字——刻苦、勤奋，这就是你成功的秘诀！"沈勇听到教师的话掩不住脸上的自豪，教师便接着说："沈勇同学，你如果把这种精神用到学习上，那就不得了喽！"沈勇露出了笑容，又经过一番交谈，教师和沈勇达成了约定："以后你帮我学打乒乓球，我帮你学习文化课怎么样？"此后沈勇果然没有辜负教师的一片苦心，两个月下来，他有了显著的变化。①

评析：示例中的教师在与学生进行谈话、鼓励学生努力学习之前，首先对学生的情况做了详细的了解和分析，所以教师清楚应该如何与学生建立起沟通的桥梁。在谈话的过程中教师有自己的明确目标，即要使学生把练习乒乓球的热情与勤奋同样能用在学习上。因此教师在鼓励学生认真学习时，能够根据学生的精神态度为学生提出明确的目标与方法，激起学生的兴趣与热情。

(2)情感真切

教师在使用鼓励式的谈话口语时，应当以情感为基底。鼓励原本就是一种带有很强的感情色彩的活动，教师在对学生进行鼓励时应该先从情感入手，以情促理。教师情感的真切能够直接影响到学生的受教育状态，很多时候学生都是因为对教师感到信任，才愿意听从教师的教导。所以教师与学生之间建立起良好的情感基础是实施激励式教育的重要条件，教师一定要满怀爱心对待学生，用善意和诚意让学生感到亲近，这样才能使学生在教师的鼓励中明确学习目标，提高自主学习的意识。

【示例】

学生小凌的普通话说得很好，而且声音很好听，学校举办朗诵比赛时，全班同学都一致推举小凌代表整个班级参加比赛，并且对她取得优异的成绩充满了期待。然而在比赛的前一天，却突然出现了意外，学校要求小凌换一个朗读内容。班主任临时帮助小凌按照要求重新选择了朗诵的材料，但是小凌经过这一波折，感到时间紧迫，对自己丧失了信心，便想要放弃比赛。班主任积极地鼓励她："小凌呀，你代表的是咱们整个班级，全班四十多个同学一直在注视着你，为你加油打气，大家

① 郭启明：《教师语言艺术》，194～195页，北京，语文出版社，1992。略有改动。

都相信你一定能够完成好这次的任务，你也要相信自己啊！”小凌听了班主任的话，重新获得了信心，在最后的时间里努力背诵和练习，第二天在朗诵比赛上完美地完成了朗诵任务，并且获得了第一名。

评析：可以看到小凌同学参加朗诵比赛的条件是非常好的，因此教师和全班同学才会对她寄予厚望。但是小凌作为学生毕竟缺乏经验，面对突如其来的变化，和过于紧张的时间，难免会觉得自己难以胜任，甚至打起退堂鼓。但是当小凌在关键时刻信心不足时，教师没有去责备她或者心急的要求她继续练习，因为这样可能会增加小凌的畏惧感。教师反之以恳切的话语勉励小凌，让她感受到全班同学对她的信心与期望，通过真切的情感鼓励，她重新燃起了对比赛的信心。

二、批评与说服

(一)批评式谈话技巧

批评式的谈话口语是教师在对学生的缺点、错误等毛病做出否定评价，以使学生认识到自己的问题、改正错误时使用的一种教育口语。我们都懂得这个世界上人无完人，一个人一生中难免会犯下多多少少、大大小小的错误。尚处于人生起始阶段的学生更难逃在一些路段出现各种各样的问题，而且他们也尚缺乏成熟的分辨能力与反省意识，这便需要教师能够敏锐地发现问题。教师此时既要理解学生，又要及时挑明学生的错误，引导学生总结经验教训，帮助学生走上正确的道路。

1. 批评式谈话的类型

(1)正面批评

批评式的谈话口语最常见的形式便是正面批评，也就是教师直截了当地指出学生的错误或者不足之处，分析学生的缺点，教育学生的思想言行，要求学生对自身问题做出改正。使用这种直言的批评式谈话口语时，教师通常态度会比较严厉，因而对学生也具有一定的威慑作用。但是这种比较严肃的批评方式更适用于问题比较严重或者态度不够端正的学生。虽然批评可以帮助学生进行反省和成长，但是未成年的学生承受能力较弱，有些学生特别重视、反感批评，所以正面的批评有时候并不能取得令人满意的结果，这就要求教师根据不同学生个体的情况适时调整批评的方式与程度。

【示例】

有一名学生虽然很聪明，但是不求上进。他的父母在外打工供他读书，他却每天只是在学校吊儿郎当地混日子。教师批评他道：“你看看你自己现在像什么样子，既没有学生样，也根本走不上社会。明明这么聪明的孩子，却一点也不知道争气！父母在外辛苦的挣钱，保证你的吃穿用度，即使常年不着家也要让你能够在学校学习知识！而你呢？在学校里耗费父母的金钱，还耗费着自己的大好青春！将来你就用这些年的空白去回报父母的付出和期望还有自己珍贵的年少时光吗？你这样无所事事地混日子，以为到了社会上就能有所作为了吗？无论到哪里，做什么事，不都需要坚忍的意志和勤奋的态度吗？更何况如今的社会越来越重视基础的文化水平。难道你真的要等到踏入了社会，亲身体验过了社会的严酷与艰难再追悔莫及吗？”在这次很严肃的谈话后，这名学生开始慢慢地改变自己的坏习惯，学习也开始走上正轨。

评析：示例中教师使用直接批评的方式对学生进行教育，严厉地指出学生本身不上进、不勤奋的毛病，以及对父母和自己的不负责任，直接告诉学生如果他就这样无所事事，即使到了社会上也很难有所成就。这种直截了当的批评方式很适用于聪明但没有努力上进的学生，直接且严肃的批评谈话能够对学生产生当头棒喝的效果，促使学生反省自己。

(2)间接批评

间接批评的谈话口语较为委婉柔和，没有直接批评那样尖锐，如果教师能够巧妙妥当的使用，同样能够取得良好的教育效果。间接批评的谈话口语有几种具体的方式：先扬后抑、幽默化解、宽容理解等。

先扬后抑就是将对学生的批评放在后面谈，先列举学生的优点，对学生身上的闪光之处进行肯定。比起批评，大多数学生当然更希望得到称赞，这种先扬后抑的方式先对学生提出真诚的表扬，再中肯地指出学生的不足之处，这可以在一定程度上保护学生的自尊心，防止学生因受批评而产生抵触情绪。教师还可以通过幽默诙谐的语言提出批评，让学生在比较轻松的氛围下间接的接受批评，这样既可以避免因批评引起的冲突，又能够使学生乐于接受批评，从而更好地改正自己的错误。批评式的谈话口语主要是想让学生明白道理、懂得改正，它绝对不是一种咄咄逼人的口语形式，更不是一定要学生对某个错误付出代价。尤其当学生已经深刻认识到自己的问题，或者学生本人性格比较内向时，教师更应当采用宽容的方式，给予学生理解与原谅，这种适当的宽容态度反而更能加深学生改正的决心。

【示例】

班主任了解到班上有不少同学抽烟，他并不横加指责，也不点名批评，只是诙谐地讲了几句话：“今天，我给大家讲讲吸烟的‘好处’。”一句妙语开场，如石击水。接着讲道：“第一个‘好处’是吸烟引起咳嗽，可以吓退小偷；第二个‘好处’是咳嗽导致驼背，可以节省布料……”①

评析：面对学生抽烟这种情况，教师并没有直接去批评学生，有时候对叛逆期的学生来说，直接的批评作用很微小。教师反之以幽默的方式，用诙谐的语言来告诫学生，一句反话开场首先吸引了学生，既指出了吸烟的危害，又巧妙地从侧面点明了学生不应该吸烟这个敏感的话题，使学生在轻松的氛围中体会到吸烟对自己的伤害以及教师的良苦用心。

---

① 郑尔君：《教师口语》，173页，合肥，中国科学技术大学出版社，2011。

2. 批评式谈话的要求

(1)尊重对象，把握分寸

“批评是一种教育手段，而不是教师的自我发泄。”[①]但是在现实的教育活动中，很多教师并没有清楚地认识到这一点，仍然抱有相当传统的教育理念。这些教师有意无意地在批评教育中加入过量的私人化情绪，以教育之名，嘲讽、斥责甚至谩骂学生，这种方式不仅起不到教育作用，而且对学生的人格造成了极大的伤害。无论谈话对象是谁，我们都应该以尊重为前提，教师更要自觉保护年幼学生的自尊心，尊重学生的人格，让学生心服口服地去接受教育。教师在使用批评式谈话口语时，切忌把批评当作肆意指责学生的工具，甚至超出批评教育的界限。教师要注意做出适时的调整，调整批评的尺度，把握好批评的分寸。

【示例】

有一位老师上课时发现一个学生低头在看一本杂志，当该生知道老师注意到她时，慌忙把杂志塞进课桌里。下课后，老师叫她到办公室去一趟，可老师在办公室左等右等却不见她的身影，只好返回去找她，结果，发现她局促不安地站在楼梯口。老师把她叫到一边，问她：“为什么不到办公室去?”她对老师说：“怕你当着那么多老师的面批评我。”望着这位女生涨得通红的面孔，这位老师改变了主意，不再坚持要学生进办公室。于是，在楼梯口，老师同她进行了交谈，使她认识到了自己的错误，并下决心改正。[②]

评析：示例中的学生很在意教师批评自己的场合，可见其自尊心比较强，如果教师忽略学生的感受，坚持在办公室对她进行批评教育，很有可能会适得其反。这位教师一开始并没有意识到场合的问题，但是在学生表达了自己的顾虑后，教师尊重学生的想法，并不勉强她到办公室去，这样不仅维护了学生的自尊心，还有助于学生更为坦然地接受批评与教育。

(2)讲究策略，及时止损

教师使用批评式谈话的口语多是针对学生的错误言行或者不正确的思想，教师应当尽量在问题刚出现时提醒学生，以尽快将学生拉回正常的轨道，让学生受到最少的负面影响，防止问题在后期继续蔓延发酵。这种及时止损的要求考验教师在谈话中的灵活应变的能力。教师发现学生的问题、批评学生、引导学生纠错，不仅需要处理好与学生的关系，还要处理好学生与当前困境的关系，而每位学生的情况又各有不同，所以教师需要制定不同的策略，做到有的放矢，使批评教育及时而有效。

【示例】

刘老师是一位有经验的班主任，情商很高、谈话幽默。有一次刘老师开完会回

---

① 徐丽华：《教师口语艺术》，244页，杭州，浙江大学出版社，2012。

② 路伟：《教师口语》，253页，北京，北京师范大学出版社，2011。

到教室，同学们正在上晚自习，刘老师环顾一周却看到小磊、小涛、小腾三个人的课桌涂满了黑色。刘老师当时想这么大的孩子了，还能把课桌用得和黑炭一样黑，瞬时间脸色就变了。但是多年的经验告诉她，这个时候发火很不明智，一定要冷静。刘老师让这三位同学先上自习，下课以后到办公室找她。刘老师在办公室询问了三位同学为什么要把课桌涂成黑色。小磊说自己想给桌子换个颜色，总是一个颜色太难看了。刘老师问小磊为什么不用水彩笔涂，这样会更漂亮。小磊则说："刘老师我不想用水彩笔，太千篇一律了，没有特色！"并且说完以后就红着脸，不好意思地低下了头。对于学生希望让课桌变得更美观的想法，刘老师觉得自己无力指责，说不出哪里不对，只能拍拍小磊的背，对他说："那课桌自己好像并不太喜欢穿黑色衣服呀，你去问问它的意见好吗？"小涛断断续续地对刘老师说："我看到课桌上那个洞太大，就想着把它涂上是不是能够堵上那个洞，会不会就看不到了，所以就涂了。"刘老师回答他："哦，原来如此啊，那你有没有想过通过填充棉花或是一些别的东西把它补好呢？"小涛摇了摇头，刘老师继续用亡羊补牢的故事教育他们，询问他们如果犯了错，是应该立即改正错误还是选择忽视，用更大的错误去盖住它。小涛回答应该立刻改正。刘老师便趁机教育他："你今天所犯的错误就好比是没有及时补住窟窿，而是用其他东西去掩盖它。"小涛意识到自己的错误，向刘老师保证以后再也不会这么做了。最后刘老师看向小腾，马腾说自己是因为和王涛打赌比谁涂得更快才涂黑课桌的，并没有其他恶意。刘老师便又向小腾讲述了要爱护公物的道理，批评了他的这种不文明行为，最后小腾也向刘老师保证以后不会再犯这种类似的错误，一定会好好爱护公物。①

评析：在这个示例中，三位学生的行为虽然没有对他人造成直接的影响，互相也没有产生冲突，但是这种随意对待公物的行为，反映了他们思想上的不端正。长此以往，这种不端正的态度很有可能会影响学生其他方面的成长，也可能会对班级别的学生产生不良的示范效果。首先，示例中的刘老师发现三位学生的异常行为后，立刻察觉到问题，并及时采取措施，对学生进行批评教育，使三位学生意识到自己的错误；其次，刘老师在教育三位学生时，分别采取了不同的方式，使用了不同的谈话技巧，有针对性地对每个学生的问题进行了分析、批评与引导。刘老师的批评口语讲究策略，是根据学生不同的心理特征组织的，因而能够点到学生的症结所在，引起学生的共鸣。

(二)说服式谈话技巧

说服是指通过充分的事实与充足的理由，使谈话对象接受说话者的某种看法或者意见等。说服式的谈话口语就是教师通过摆事实、讲道理的方式，一步步引导学

① 杨国华：《高中班主任在班级管理中的批评性谈话技巧研究》，硕士学位论文，华中师范大学，2018。略有改动。

生认识到自己的问题所在，从而转变态度，向正确规范的观念和行为靠拢。说服教育方法更多地关注到被说服者内在的接受情况，倾向于让被说服者心甘情愿地去转变自己的想法。因而教师与学生进行谈话时，应当更加注意自己的谈话口语对学生的引导和内化作用。

1. 说服式谈话的类型

(1)直接说服

直接说服就是不绕弯子，正面进行摆事实、讲道理的说服活动。直接说服式的谈话口语分为开门见山式和层层递进式，教师既可以直奔主题，点明各种利弊，警醒学生；也可以循序渐进地进行说服，避免一次性给学生过大的信息量，而是层层剥茧式地对学生进行思想上的敲击，让学生一步步地深刻认识到自己的问题。

【示例】

两位同学为了一点小事，由互相谩骂发展成拳脚相加，在操场上扭打成一团，其他同学看到后将他们强行拉开，双方身上都挂了彩，而高个子学生听到同学的劝说后甚至更为生气，捡起砖头作势还要继续打。教师把他们叫到了办公室，了解情况以后，教育他们说："你们怎么不想想？为了这么点小事就动手打人？好在没造成更严重的身体伤害，如果事情进一步恶化，真用砖头砸下去，后果不堪设想！不但要遭受肉体疼痛，把你们送到医院，教师、家长都不得安宁。学校还会视情节的轻重对你们进行处分，如果把你们开除了，那多冤啊！为了这一点点的小事，就葬送自己的求学生涯。你们看怎么办呢?"两人明白了事态进一步发展的严重后果，赶紧说："老师，我们错了，回去我们好好反省，改过。"①

评析：这个示例中两个学生打架斗殴的事件比较严重，所以教师开门见山地批评了他们，指出他们的错误，直接向他们分析了可能会产生的一系列不良后果，把问题的严重性赤裸裸地展示出来，从而得以说服学生进行改正。

(2)间接说服

间接说服是借由其他事物来迂回讲述，通过侧面的说理让对方发现言语中蕴藏的真实含义。教师在教育学生时，可以采取这种间接说服式的谈话口语，不急于向学生灌输大量的道理，不正面言明自己的意图，而是通过迂回的方式将所要言明的道理藏于其中，让学生自己去思考和发现，进而有所理解和感悟。但是教师在使用间接说服式的谈话时，一定要注意不能让谈话脱离轨道，要把握好迂回的程度和对学生的适时引导，控制好二者的平衡。既要不露痕迹地隐藏起道理，由学生自己去感悟，又要引导学生去注意，防止隐藏过度，使得学生丧失去挖掘和思考的兴趣。

【示例】

陈师发现许多学生做事的时候总是畏畏缩缩，前怕狼后怕虎，对自己非常没有信心。老师找到几个同学问为什么，得知学生主要是害怕别人的议论和评价。他人

① 郑尔君：《教师口语》，179～180页，合肥，中国科学技术大学出版社，2011。略有改动。

的言语固然重要，但是长此以往这样放不开手脚，也不利于学生心性的开阔发展。于是陈老师趁机教育学生："这样吧，我给你们讲一个故事，看看你们会不会改变想法。有一天，祖孙二人骑驴去赶集，路人看到便议论说：'俩人骑一驴过于残忍。'于是爷爷下来让孙子骑。路人见状纷纷议论：'孙子不孝。'孙子赶紧下来让爷爷上去。路人还是继续说：'老人心肠太狠。'后来俩人都不骑了。路人又说：'你看有毛驴不骑是傻瓜。'"同学们听了都笑了起来。老师便问他们："你们既然笑了，那看来这个故事确实有滑稽的地方，相信大家都发现了。那大家说说，这祖孙二人该怎么办才好呢?"同学们会心地笑着说："走自己的路，让别人去说吧。"

评析：这位教师在进行说服教育前已经了解到这些学生的情况，并且确定了基本的教育目标，也就是让学生不要总是过于在意别人的议论，被他人的言论限制了自己。但是教师并没有直接向学生灌输这些道理，而是选择了间接说服的方式，挑选了具有针对性的故事，利用富有哲理性的小故事让学生自己从中体会。这种间接说服的方式虽然有些迂回，但是它能够引导学生去领悟，反而更易于学生接受。

2. 说服式谈话的要求

(1)了解对象，明确目的

教师在与学生进行谈话时，面对的每一个学生都可能会有他们不同的问题与困惑。首先，教师要明确所面对的对象的情况，只有了解了每个学生的具体问题，包括他们的年龄、成绩、性格、爱好、家庭等，才能施以合适的教育手段。其次，还要明确谈话所要达到的目的，选择适用于说服对象的方式，根据说服对象的状况对症下药。教师只有清楚学生的需求，确定好自己与学生谈话的目标，才能使说服口语更有针对性，进而解决实际的问题。

【示例】

曾经有一个学生张鹏在看了某青年作家的事迹和小说后，对他特别迷恋，在日记和作文中对该作家大加赞赏，抨击当前的教育制度。后来张鹏甚至在日常的生活和学习中也模仿起该作家的态度与行为，不仅对待学习漫不经心，而且在自己不喜欢科目的课堂上直接顶撞老师。本人在了解了张鹏的想法和转变后，也抱着分析学生的心理的态度阅读了一些该作家的作品，熟悉该作家的事迹。在做好了充足的准备之后，本人与张鹏进行了一次谈话。在和张鹏交谈时，本人首先表示了对该作家才华的肯定，认可了该作家在写作方面的功底，以及在看待现实问题方面的敏锐度和深度。同时本人也向张鹏强调了该作家这种成就是以大量的阅读为基础的，并不是一朝一夕之间完成的。而这位青年作家的这种成功更是以牺牲了其他科目的学习为代价的。该作家这种偏才的成功具有特殊性，但我们并不能完全去照搬和迷信。只有脚踏实地安心学习，充实与丰富自己，才能走好自己的成功之路。张鹏在听了这一番话后，意识到了自己看待问题过于极端和片面，接受了对自己的劝导。

评析：示例中这位教师在对学生进行说服教育之前，首先做了充足的准备，不仅了解了学生的心态与想法，还提前阅读了青年作家的作品，了解学生迷恋的对象的情况。教师既肯定了学生对该作家才华的认可，又分析了该作家这种情况的特殊之处，以及向这种特殊的成功者学习不可取的原因。由于教师提前做足了功课，所以在对学生进行说服教育时具有针对性，说服的目标很明确，在说服的过程中能够面面俱到，紧紧抓住学生的心理。

(2)顺应时机，灵活应变

教师除了应该了解学生各自的情况，根据对象的不同特征与目的需求来变换自己的谈话口语外，还要根据相应的时间、空间以及对象状态的不同来灵活处理谈话口语。在谈话过程中，时空与谈话双方的心境等其实都是处在变化中的，比如，有的谈话情境中，学生比较适应当下的环境，心情也处在一个稳定乐观的状态，这时教师应当抓住时机，顺势对学生进行直接教育。而当学生状态不佳或者在谈话中学生的情绪变得比较激动时，此时教师应适时改变自己说教的方式，做出适当的让步，待到学生的情绪稳定并可以理性思考之时，再引导学生去认识问题。

【示例】

期中考试以后全班同学的情绪都比较激动，大家在教室里讨论自己的成绩以及考完以后的轻松感。当时正好就要上自习课了，平时班上的纪律委员是一个循规蹈矩、负责任的男孩子，当看到班级乱哄哄地吵成一片时，他就立刻站起来大声叫嚷，态度十分强硬地让同学们安静下来。但是当时同学们还都处于亢奋状态，听不进去纪律委员的劝告，几个同学甚至和他吵了起来，直到教师走进教室。事后教师把这几位同学以及纪律委员都叫到了办公室，进行了批评谈话。其他同学知道自己理亏，虚心接受了批评，但是纪律委员是一个认死理的孩子，觉得自己没有错，老师批评他是不对的，对教师一直抱有抵抗的情绪。直到教师把他单独叫到办公室，他和教师交流说自己只是做了应该做的事情，结果同学不喜欢他，教师还批评教育了他，令他觉得很不公平。教师在了解他的想法后，先是肯定了他作为纪律委员的正确做法，然后又给他做了全面的分析，语重心长地教育他，这件事本来他没有错，但是当天的情况特殊，大家都处于激动的状态中，况且他运用的方式方法也不对，结果造成了同学们的反对，使得他自己的心里也很不舒服。纪律委员听了教师的话之后恍然大悟，明白了自己错在哪里，应该灵活地处理情况而不是命令式地教育其他同学。①

评析：在这个示例中，纪律委员认为自己按纪律行事，所以并没有做错，但是他没有意识到自己的处理方式过于强硬。教师在一开始的处理中也没有抓住他的心理做出劝导，所以纪律委员对教师总是抱有一种抵抗的情绪，无法接受教师对自己的批评。但是后来教师及时发现了问题，与他进行了单独的谈话，灵活地改变了自己说教的方式，首先对纪律委员的工作态度进行了肯定，继而有理有据地分析说理，指出他的问题出现在何处，使他心服口服地接受了教育。

---

① 杨国华：《高中班主任在班级管理中的批评性谈话技巧研究》，硕士学位论文，华中师范大学，2018。

(3)以理服人，态度诚恳

首先，教师在说服学生时能够就事论事，为学生讲清楚对错与利弊，是能够让学生理性地发现问题并且真心实意地改变自己的重要基础。其次，情感的辅助也不可小觑，无论教师讲述的道理多么重要，如果教师本人缺乏基本的真诚，那么也很难以理服人。教师应当以诚恳的态度与学生交谈，做到推心置腹，用情感化的语言让学生感受到教师真切的关怀，同时用学生能够接受和理解的语言向学生说理，使学生真正从各种道理中获得学习与生活的指导，纠正自己错误的思想观念。

【示例】

八年级学生鸿宇才思敏捷，平时阅读过大量的文章，十分擅长写作，他的作文总是作为优秀范例在年级公告栏中被张贴。后来鸿宇还在许多大大小小的作文竞赛中获得各种奖项，成为年级和学校中的小红人。然而获得众多荣誉和赏识后，鸿宇却慢慢地产生了骄傲自满的情绪，语文课上经常不认真听课，在课堂上随意地看自己想看的书，作业也经常敷衍了事。虽然他的作文仍旧可圈可点，但是语文整体的成绩明显下降了。班主任在发现他的问题后找他谈话："你的写作功底非常好，作文在全年级甚至在全校都算上等，你也拿过不少竞赛的奖，我们都很为你骄傲和高兴。"鸿宇听了之后显然很高兴也很得意。班主任便接着说："但是最近你的语文成绩却下滑很快，我也发现你上课没有以前认真了，一些基础的诗词背诵和简单的阅读题总是出错。难道你没有发现自己最近被一种叫作自满的情绪给包围了吗？它在阻挠着你正常的学习步调，让你不能进步反而退步。骄傲自满是每个人的弱点，一旦被它擒住，便会自认为天下无敌，从而裹足不前了。我想这些道理你都是懂得的，只是暂时被一些荣光蒙蔽了双眼。希望你能够不负老师和同学的期望，重新进取起来，成为能够长足发展的人才，为自己也为班级和学校争光，好吗?"鸿宇有些羞愧地低下了头。后来鸿宇用实际行动表明自己端正了态度，不仅语文成绩重新回升，而且写作水平也得到了提高。

评析：示例中，面对因骄傲自满而出现成绩倒退情况的学生，这位教师没有一味地指责和批评，而是就事论事，以理服人。这位教师首先肯定了学生的能力和他曾取得的成绩，然后转而向学生列举了他近期出现的问题，通过讲道理，让学生认识到当下的自满情绪会给自己带来的负面影响，并诚挚地提出自己和同学们对他的期望，让学生心服口服地转变自己的态度。

三、疏导与启迪

(一)疏导式谈话技巧

疏导是指积极疏通引导，这是学校教育的一种重要的德育方法。教师采用疏导式的谈话口语，多是在学生遇到负面状况的时候，比如，学生有难以自行解决的困难，学生的情绪低落，或者需要劝说学生改正自己的错误言行时等。因此，疏导式谈话要重视对矛盾症结的疏解，注重对学生的积极引导。

1. 疏导式谈话的类型

(1)顺势漫谈

顺势也就是要根据当下的情势行动，对一些正处于问题情绪或矛盾状态中的学生比较适用。顺势漫谈的疏导式谈话口语，以考虑学生的情绪为主，避免带给学生过重的压力。首先要采取轻松的漫谈方式，舒缓学生的精神压力，让学生感到自己并非孤立无援；其次，引导学生逐渐放松下来，以获得理性思考的能力。

【示例】

一位年轻的教师因为班级中一名学生当众直呼其名而恼怒，甚至抬手扇了学生一耳光。这件事情引起了班级里的轩然大波，30多名学生联名给校长写信，要求校长处理这位教师。信写好之后，学生们找到了班主任征求意见。学生们给班主任叙说了事情的经过，并展示了联名信。班主任看了信的内容后认为还是应该引导学生用稳妥的方法处理这件事情，不要让师生之间的矛盾进一步激化。于是班主任冷静地对学生们说："打人不对，何况是老师打人。"首先对整件事情的是非下了明确的判断，并对学生们的做法也做了原则上的肯定："你们敢于向老师提出批评，希望老师尊重学生，这很好。"由此班主任在情感上拉近了和学生们的距离，使学生对班主任产生了信任的态度，认为班主任会全力支持他们的做法。但是班主任这时话锋一转，又问学生们："你们为什么非要用写告状信的办法呢?"通过学生的回答了解到学生们主要是想让打人的教师接受教训，以后不再打人。班主任接着学生的目的趁机劝导学生："做事就是要有正确的目的、良好的动机，但仅有这些并不一定能把事情做好，还有一个方法问题。听说过一只对主人很忠诚的熊，想用石头砸死落在主人脸上的苍蝇，结果却将主人砸死了的故事吗?"有学生点了点头。"熊之所以做了蠢事，就是在解决问题的方法上出了毛病。你们说，方法问题是不是也很重要?"学生们若有所思。"想想看，你们在犯了错之后，最不愿老师怎么做?"学生普遍都认为是不愿意教师告诉家长，只要向自己指出来，并改正就可以了。班主任引导学生意识到自己的做法实际上和他们不愿意教师向家长告状是类似的，并向学生提出了新的解决办法，即亲自与这位教师谈一谈，或采用写信的方式，或由班主任代学生向这位教师转达意见。学生们在班主任的劝解下放弃了给校长写信的方式，决定与教师直接进行沟通。①

评析：在这个示例中，学生面对教师动手打人的事件，心情相当激愤，从他们要联名给校长写信也可以看出来。这时候学生的情绪比较激动，也非常认可自己的道理与做法，如果教师直接否定他们，提出让他们改变自己的做法，有很大的可能会使学生感到失望，甚至让学生产生教师都不可靠的想法。所以示例中的教师选择了顺势疏导的谈话方式，沿着学生的想法与他们展开对话，先对学生的认知与做法

① 郭启明：《教师语言艺术》，229～230页，北京，语文出版社，1992。略有改动。

做出相对的肯定评价，在顺势地漫谈中让他们感受到教师对他们的支持，使学生冷静下来进行理性的思考。

(2)逆势诱导

逆势诱导的疏导式谈话口语多是在学生相对平和的状态下使用的，当然它也可以在顺势漫谈后继续使用。逆势也就是说与当下的情境反向而行，学生此时的情况相较于顺势漫谈中的状态，更为放松，因而可塑性也就更强，便于教师迅速采取疏导手段。教师依据学生当下情绪与精神较稳定的特点，采取反向诱导的方式，让学生从外部看自己的状态与问题所在，通过认识另一种状态的价值，来发现更多样的可能，促使学生意识到自己言行的不妥或从消极的状态中走出。

【示例】

李老师是一位优秀的班主任，在他新接任班主任的班级里有一个年级里出名的难管理的学生刘某。前任班主任曾语重心长地告诉李老师要特别关注刘某。经过一段时间的观察，李老师决定找刘某进行一次谈话。一天晚自习结束后，李老师将刘某叫到操场边。李老师看出来刘某显然有些紧张，还有点对立的情绪。李老师便对这个学生说："刘同学，我观察你好长时间了。"他向李老师瞟了一眼。李老师接着说："我观察到、也听到不少同学都说你很有义气，当过班长，组织能力很强，而且集体荣誉感也很强。"显然这样的评价有点出乎刘某的意料，他的敌意立刻就没有了，还不好意思地挠了挠头。李老师接着说："我接这个班级时间不长，还不十分了解班级情况，我想请你给我介绍一下好吗？"人被需要是一件高兴的事，刘某很自然地向李老师介绍了起来，还提到需要先特别关注哪几个同学，但是却没有把自己包括进去。李老师对他提供的信息表示了感谢，并提议他帮助自己把教室卫生负责起来。刘某很乐意地接受了这项工作，李老师便接着告诉他要管好别人首先要管好自己，以身作则，方能以理服人，指出他这几天在哪些方面没有做好。刘某真诚地对老师保证了自己以后一定会改正。①

评析：示例中无论从观者还是从学生刘某的角度来看，班主任李老师当时的谈话都很有可能是要对刘某进行批评教育。但是李老师正是有意选择了逆势诱导的谈话方式，将谈话的重心放在刘某的问题之外，不刻意去谈及刘某的毛病，反而寻求刘某帮助自己处理班级工作。虽然李老师没有直接劝诫刘某，但是反向的引导更有利于对刘某产生有效的疏导作用，刘某在李老师的逆势诱导下不仅正视了自己的问题，还决心改变自己的言行。

2. 疏导式谈话的要求

(1)情为先导

疏导式的谈话口语，无论顺势还是逆势，都是围绕对学生的开导进行的。教师怀抱对学生真切的关心劝导学生，不仅要晓之以理，更要动之以情。疏导式谈话口

---

① 赵国忠：《今天，可以这样做班主任》，84～85页，南京，南京大学出版社，2014。

语并不是一种情绪激烈的交流方式，教师在使用时侧重于和风细雨般地对学生进行教育，因而情感的真切与充沛是十分必要的，否则疏导话语会显得过于平淡，难以激起波澜，学生也得不到应有的感染。

【示例】

学生易某两岁的时候父母便离婚了。易某一直在亲戚家生活，父母也很少关心他。易某的父亲脾气比较暴躁，责骂易某是常有的事。长此以来，易某养成了沉默寡言、孤僻独行的性格。即使是在学校和同学相处也相当自卑，似乎不愿意与他人交往，对学习也抱着不在乎的态度。赵老师作为易某的班主任，在调查了他的家庭情况后，决心帮助他正确认识孤僻的危害，敞开自己的心扉，去了解他人和自身。易某正是由于长期被冷酷、缺乏温暖的环境浸染，无法正确地看待自己，觉得自己不如人，害怕被嘲笑和拒绝，才把自己封锁了起来，以保护自己的自尊心。于是赵老师决定主动去接近他，用关爱来打动他。有一次赵老师特地找到易某谈心："其实在老师的眼里，你一直很特别，而且是一个好孩子。"易某显然并不相信赵老师的话，只是看了看赵老师。赵老师见状便又补充道："你可能不相信，或许还觉得奇怪。不过老师所说的感受是真的，老师一直都这么认为。你想知道为什么吗？"易某听到这里似乎有些好奇，轻轻点了点头。赵老师便告诉他："虽然你不爱说话，不喜欢主动和别人交往，但是你一直在努力遵守着学校和班级的纪律。而且，你还非常诚实、有担当，老师检查作业的时候，你没做完就会诚实地告诉老师说自己没有写完，接受老师的批评和惩罚，不会为自己的错误找借口。而咱们班有许多同学却会找各种理由为自己辩解，单就这一点老师也会觉得你是一个值得信赖的人。你很聪明，只是你蜷缩在自己的世界里了，好像对自己没有信心一样。老师想告诉你，你是优秀的，老师很喜欢你。如果你也能这样觉得，能够多相信自己一些，你也会因此变得更好的！"听了赵老师这些发自内心的话语，易某的眼眶红了，长长地舒了一口气："老师，谢谢您，我明白了。我会努力变得更好的！"

评析：在示例中，由于特殊的生长环境，易某长期缺乏他人的关爱与温暖，极度缺乏自信与鼓励。对这种学生来说，教师首先需要以真挚的感情来融化他心中的壁垒，让学生敞开自己的心扉，愿意去聆听他人的意见，这样后续的说理疏导才能发挥作用。赵老师便是以恳切的态度和诚挚的感情与易某进行交谈，表达出自己对他的注意与关怀。赵老师的话语正如一股温柔和煦的春风，带着易某未曾体验过却渴望拥有的情谊，疏导了他孤僻与冷漠的内心，使他戒备的内心渐渐有了生机。

(2)以疏为主

疏导式谈话口语自然要以"疏"为主，以"塞"为辅。一味地"塞"有时或许能取得一定的效果，但这通常都是暂时而表面的，并不能从根本上解决问题，反而会造成问题的累积与恶化，最后爆发新的事端。教师在教育工作中凡能以疏导为先的，都要先对学生进行开导，避免刺激学生或者导致问题的堆积。疏导强调教师的语言要相对婉转，教师的疏导式谈话不是以强硬的态度命令学生转变，而是委婉地指引学生去正视问题、转变态度。

【示例】

一次测验中有一部分学生没有发挥好，成绩很不理想，心情比较低落，为了发泄，他们甚至把试卷揉成一团，扔到了垃圾桶里。教师看到了，没有直接去批评他们，而是私下找到这些学生来谈话，给他们讲了一个故事来劝导他们："以前有两人一同向师傅学习如何编织竹篮，但是他们做了半天却总是做不好，和师傅编出来的竹篮差距很大。其中一个人感到特别泄气，最后忍不了便把手中的竹篮一扔，索性不做了。而另一个人则拿着自己的和师傅的竹篮仔细对比、钻研，终于找到了差别在哪里，知道了应该怎么修正自己的问题，最后他成功做了一个和师傅所做的一样结实美观的竹篮。各位同学，你们现在的状况是不是和这二人的情况很相似呀，那么我们应该怎样从他们身上吸取经验教训呢?"

评析：在示例中，学生因为考试结果不好而感到难过，这时教师如果强调他们不理想的成绩，并且训斥他们的行为，只会使学生更受刺激，导致学生的心情更为郁闷。这位教师显然意识到了学生此时情绪的敏感，没有当即严肃批评他们，而是以疏为主，首先化解学生的低落心情，防止问题的堆积与恶化，再进一步从侧面告诉他们正确对待落差的方式，以委婉的方式和话语指导学生去正视问题。

(二)启迪式谈话技巧

启迪即开导和启发。启迪式的谈话口语肯定学生的主体作用，调动学生在自我教育过程中的积极性，体现了对学生的尊重与信任。与间接的说服式口语相比，虽然两者都强调教师的引导性与学生的主体性，但是教师的启迪式谈话口语是一种以鼓励赞扬为主的教育口语。这种谈话方式强化了学生自行纠正与反省自我的意识，使得他们的转变更多的源自内心的要求，能够对学生产生更为持久而深刻的影响。

1. 启迪式谈话的类型

(1)设问引导

使用设问引导这种谈话方式时，可以选择向学生抛出一些问题引导学生思考。在谈话过程中，提问与解答是很常见的对话形式，教师充分利用这种谈话氛围，根据具体的教育情形，设计一系列帮助学生思考的问题，交由学生自行地去寻找答案、解决疑惑。学生以教师提出的具有启发性的一个或一系列问题为基础，展开积极的思考与探寻，在追寻答案的过程中纠正自己的错误认识，重新走上积极健康的道路。但要注意，这种设问引导的方式是教师利用有启发性的问题积极正面的引导学生，绝非是对学生进行盘问、逼问、责问等。

【示例】

一次运动会中，班内的一把椅子被邻班同学不小心损坏，经过修理后还能用，但使用的时候经常会发出噪声。这天学校举办艺术节，操场上摆满了各班的椅子、表演用品、食物和水。活动结束后回到教室，教师发现坏椅子被换成了一把新椅子。同学们都推说不知道是怎么回事，但是教师心里明白是有同学趁机用坏椅子换了邻班的新椅子。教师正在考虑如何教育同学时，邻班的王同学抱着几瓶矿泉水和物品进来了，说是自己班的同学拿错了。教师便趁机问这位王同学："你为什么要把东西送回来呀?""因为这是你们班的，我们当然要还回来啦。"教师又故意问："假如我们班的同学从前故意拿过你们班的东西，现在你们发现拿错后还会送回来吗?""那也要送回来。""为什么呢?"王同学毫不犹豫地回答说："因为我们应该这样做，既然不是我们的东西就应该还。"教师转向自己班的同学："大家觉得她说得好不好?""好!"教室里响起一片掌声。一些同学此时也明白了老师的用意，不自觉地低下了头。下课后，班长和几位同学一起搬起那把新椅子去还给了邻班。

评析：教师在发现问题后并没有直接批评学生，而是在王同学来还物品时，借机设问引导同学进行反思。教师当时不仅是在问王同学，也是把问题抛给了自己班的同学，通过这些问题和王同学的回答启迪学生，让学生自己认识到错误并改正。

(2)类比和设譬

类比和设譬都是把抽象的道理形象化、具体化的方式，通过更为直观的说理来帮助学生打开认知。类比就是选择具有一定相似性、相关性的事物来讲解另一个事物。教师在讲解一个问题时，根据学生的特点和问题的复杂程度，通过列举与之相关的事物，在两种相关事物的相互对照中展开分析，使无形的道理在学生的脑海中具象化，从而更快速、清楚地提高学生的认识。设譬也就是打比方，教师通过巧妙的比喻把所要阐明的道理通俗化，使谈话更具生动性与形象性，既能让学生理解那些深刻的道理，又能让学生在认识事物关系方面打开新的思路。这两种方式对低年级的学生非常适用。

【示例】

一位生物教师在帮助一名受过学校纪律处分、萎靡不振的学生时说过这样一段话："海参遇到污染环境，难免要把毒素吸到内脏去。海参吸入毒素，一经发作，身躯就会发生强烈的收缩，甚至把中毒的内脏全部或部分排出体外。有的海参为了排出毒素，把身体裂开，排出内脏。待游到适宜生存的良好环境时，再重新生长或长好，继续生活下去。"教师看了看这位同学，语重心长地说："一个人有了缺点错误，就应该学习海参的精神。"在教师的暗示教育下，这位学生很快振作起来，第二学年还被评为"优秀学生"。①

评析：示例中的学生受到学校处分后萎靡不振，显然在处分的打击下丧失了积极性与主动性。这位生物教师根据自己的专业知识教育学生，通过海参在吸收了毒素后的做法类比，向学生说明人难免会犯错，但是在犯错后更重要的是要认识错误、改正错误，让自己重新更好地成长。这位教师通过类比和设譬的方式，以两种事物之间的相似性和相关性把道理形象化，让学生从海参的活动中体悟到积极生活

---

① 郑尔君：《教师口语》，174 页，合肥，中国科学技术大学出版社，2011。略有改动。

的精神。

(3)分析举例

举例通常会选择与日常生活更为贴近的事物，这样更为直观和简单。对于认识水平较低的学生来说，受人生经验所限，很难发现一件事物中蕴含的深层含义，教师通过举例的方式让学生在平常的事物中发现无限的哲理；对于认识水平稍高的学生，举例的方法不仅能够帮助学生明白事理，引导学生认识到问题的所在，还能优化学生自己分析问题的能力。

【示例】

二年级的小强站队时总是拖拖拉拉，他不是在教室里磨蹭，就是跑到一边去玩。一天，放学站队时，小强在后面磨蹭着玩，这时一群大雁从头顶飞过，教师把他叫过来，拍着他的肩膀说："小强，你看见了吗？这群大雁排队排得多整齐啊，它们一会儿排成个'人'字，一会儿排成个'一'字，没有一个不守纪律的。你知道它们为什么没有一个不排队的吗？"小强说："不知道。"教师接着说："因为那样会脱离集体，会掉队。掉队就会迷失方向，遇到危险。"小强渐渐明白过来。从此，他排队再也不磨蹭了。①

评析：示例中的学生还是一名二年级的小朋友，小学生对于高深莫测的道理的理解能力比较有限，所以这位教师通过鲜活事例来做出分析的方式，利用大雁排成整齐队列飞过的现象来进行教育，以通俗易懂的形式和语言引导学生认识自己拖沓磨蹭的坏习惯。

2. 启迪式谈话的要求

(1)暗示引导

启迪式谈话口语强调一种层层深入、循序善诱的教育过程，其目的是让学生能够在不知不觉中受到影响，继而有如柳暗花明一般获得全新的认识。教师在使用启迪式谈话口语时务必要注意语言的委婉，从细微处着手，以暗示性的言语为主，所有说理应当侧重于点拨，把更大的思索空间留给学生去填补。教师还要把自己看作一位引路人，要认识到虽然教师在学生的教育活动中占有无比重要的作用，但是教师并不占据主体地位，真正的主体还是学生。教师要善于给学生提供用以思考的素材，帮助学生打开思维的新天地，让学生在与教师谈话的潜移默化中有所顿悟。

【示例】

一名五年级的学生，在一节课上老师请他起来回答问题，但是他却闹起了小脾气，一直不愿意起立，也不回答老师。后来班主任了解到这件事情，便找到这名学生，问他是不是遇到了什么不开心的事情，希望他能够告诉班主任，让班主任帮助他。当时他还是一脸不情愿，只随便回答了一句："没有。"班主任见状便换了一个问题："那你能告诉班主任你为什么不愿意搭理老师吗？毕竟你这样可是让咱们老

① 郑尔君：《教师口语》，163页，合肥，中国科学技术大学出版社，2011。

师很尴尬呢。"他又恢复了沉默，班主任便对他说："这样吧，我们来交换一下，假如是你向老师说话，而老师却对你爱搭不理的，不想和你继续交流下去，你会感到开心吗?"班主任停顿了一会儿："老师一直还是很尊重你的，对不对？如果你有觉得不对的地方可以向老师质疑。既然老师这样尊重你，那你是不是也应该用尊重来回应老师？刚才老师和你说的交换的情况，换成你，是不是也会觉得自己没有被认真对待、没有受到重视？那么换成老师也是一样啊，你想一想，老师满怀希望地想要和你交流，却只得到了沉默，老师是不是会感到很伤心?"这个同学听了以后不好意思地低下了头，小声地应了一句。班主任便顺势告诉他："老师相信道理你都懂的，交流比起沉默会更有用，有时候我们的冷漠和沉默正是问题出现的地方。你也明白以后应该怎么做了对吧?"后来这个同学找到了被自己顶撞的老师，向老师道歉，和老师沟通了当时的状况和缘由。

评析：这个示例中的学生顶撞教师，对教师相当不尊重，在班主任找他谈话时也仍然带有情绪。班主任见他仍然没有与自己交流的倾向，便转而抛出了几个问题，用引导的方法，让学生设身处地地去感受自己是否能接受那种不礼貌的态度，让他自行去思考自己的言行是否合适。教师在这里主要是一个引导者的身份，引导学生对自己进行反思，选择正确的道路。

(2)正面赞扬

启迪式谈话口语以启发学生、打开学生思路为主要目标和任务，这也决定了教师应当以赞扬和鼓励学生为主。教师正面的评价可以让学生受到鼓舞，从而激发起学生的热情和兴趣。所以教师在试图启迪学生时，一定要以鼓励性的语言为主，多激励赞扬学生，这样才能更好地达到启迪的教育目的。

【示例】

元旦节，班级准备办一个小型的晚会，几位同学负责准备活动当天需要的装饰物品。然而在准备过程中，经常只有小雯忙着，其他同学的参与感很低，对完成这项任务并不十分积极。小雯感到很受伤，便找到老师说自己不想负责这项任务了。老师询问小雯是不是因为自己做了很多事所以觉得很委屈，小雯解释道："不是，我只是觉得这样做事很混乱，没有效率，如果让大家分工去做就好了。"老师进一步引导小雯："你觉得应该把各自的任务明确下来对吗?"小雯说："应该列一张清单，明确下来每个人各自的任务，这样大家迟早都要干，就会抢着完成自己的工作了。"老师对小雯的想法露出了赞许的表情，称赞小雯的想法很好，可以按照这个方式去实行。小雯便高兴地表示自己回去后立刻把大家的工作划分清楚，列出来交给老师看。

评析：示例中，当小雯同学在抱怨当下的任务并且表示自己想放弃时，教师认真地倾听了她的心声，并引导她谈了自己的想法。教师对小雯的提议表示了赞许，肯定了她通过划分任务来解决问题的方式。这种正确赞扬的方式，能够激发学生的积极性，从而提高解决问题的实际能力，因而小雯的懈怠心理很快便一扫而净，转而通过正面的方法来解决和处理各种问题。

>>第三节　与学生群体的谈话训练<<

与学生群体的谈话可以分为集体活动谈话和主题班会谈话两种主要的形式。集体活动谈话可以分为宣讲式谈话和座谈式谈话，主题班会谈话则包括由教师主持的谈话和由学生主持的谈话两种。教师可以在谈话实践中灵活地选择谈话方式。

一、集体活动谈话

集体活动谈话指的是针对学生集体的谈话，多以学生普遍存在的问题或学生共同关心的问题为立足点，通过宣讲式讲话、座谈式讲话等多种形式，对问题进行分析与解答。

(一)宣讲式谈话

1. 宣讲式谈话的内涵

宣讲，即宣传讲述。宣讲式的与学生谈话的口语，主要是指教师向学生单向宣传讲述道理，即教师通过讲道理的方式对学生进行集中教育的谈话方式。

2. 宣讲式谈话的要求

宣讲式的谈话是教师向学生说理，所以主要是教师对学生集体的、单向的信息传输，这期间虽然也有学生的回应，但数量比较少，因而这种集中的宣讲活动对内容有一定的要求。

(1)内容符合时效性

宣讲不能占用课堂太长的时间，那样会消磨掉学生的耐心和兴趣，尤其是对于低学段的学生来说，更不容易对长时间宣讲保持集中的注意力。所以教师需要在较短的时间内，安排合适分量的内容。作为听众的学生，主要是以倾听的方式对宣讲内容进行整体上的感知，这就要求教师以适中的语速进行宣讲，过快的语速可能导致观点表达不清，过慢的语速也容易导致内容、形式散漫。

(2)引用典型事例

宣讲是为了让学生整体把握所讲的主要内容。这就要求教师要明确宣讲主题，在宣讲的过程中突出宣讲重点。只有让学生对宣讲主题印象深刻，才能产生良好的宣讲效果。宣讲带有一定的鼓动性和说服性，教师应尽量选择现实生活中典型的事例来进行论证，少说空话、大话。

(3)选择恰当时机

宣讲是调动集体情绪、调节集体氛围的有效形式，这要求教师挑选适当的时机，营造合适的氛围。学生在活跃的氛围里更容易对外界事物进行探索和感知，也能让师生在良好的集体氛围里产生情感上的共鸣，从而产生好的宣讲效果。

(4)保持平等观念

宣讲虽然是一种单向的谈话形式，但绝不是将某些观念强行施加给学生。教师在表达讲述观点时，切忌主观臆断、态度强硬。需牢记宣讲既不能过于激烈，亦不能平淡乏味，而要端正个人态度，以恰当的情绪表达观点，以平等的观念对待学生，这样才能让学生在如沐春风的过程中理解宣讲内容。

【示例】

一次，学校组织全体学生在操场举行考前动员会。师生刚就位，天上开始下起星星点点的小雨，学生们变得有点慌乱，主席台上的教师们将学生的状态尽收眼底。这时，一位教师及时站出来说了这样的一段话："同学们，'莫听穿林打叶声，何妨吟啸且徐行'，这是苏轼眼中的雨；'风雨送春归，飞雪迎春到'，这是毛主席眼中的雨；'不惧风雨，迎难而上，勇创辉煌'，这是我们学校全体师生眼中的雨。今天刚好下了一点小雨，为我们的动员会助兴……"这番话使得学生们钦佩不已，同时心中的斗志也被点燃，虽然动员会提前结束了，但仍在学生中间起到了良好的鼓舞作用。

评析：示例中，教师面对突发情况能抓住关键点，通过形象的比喻进行说理，体现出教师扎实的理论修养和灵活的应变能力，也使听众耳目一新，豁然开朗。

(二)座谈式谈话

1. 座谈式谈话的内涵

座谈式谈话指的是教师采用讨论的形式与全体学生进行交流。相比宣讲式的单向信息传输，座谈式的学生谈话口语更侧重于教师和全体学生的双向互动状态。

2. 座谈式谈话的要求

(1)增强师生互动

座谈式谈话强调师生双方的交流互动，这就要求教师不能自说自话，而是需要营造一个较为轻松活跃的谈话氛围，调动学生的积极性，使自己的谈话能够得到充分的回应，让学生最大程度地参与其中。

(2)把握主体地位

座谈式谈话虽然是教师与学生的互相交流，但是教师在谈话中仍然要注意自己的主体地位，要有主体意识，主动把握谈话节奏与发展方向，不能让谈话流于散漫，甚至淹没了谈话的目的与主旨。教师需要在谈话中引导话题走向，并及时推动话题的延伸与总结，这样才能让座谈式谈话发挥更好的作用，对学生产生积极有效的影响。

(3)提高应变能力

在与学生沟通互动的过程中，由于师生间思想上、心理体验上的差异，会产生许多与主题相关的新的问题，因而这就要求教师有较强的应变能力和灵活处理问题的能力。教师要在座谈之前做好充足的准备，对可能出现的问题做合理地设想并给出相关解答，才能在与学生群体的交谈过程中灵活应对。教师对学生提出的问题要给出合适的解答，对每个小问题的讨论及结果做出及时恰当的总结与反馈，这样才能使座谈会顺利且成功地进行。

【示例】

在一次关于学习经验的座谈会上，教师请同学们分享自己的学习体验或困惑，由于学生害怕表达自己的缺点，便出现了短暂的冷场。此时，教师以自己为例，向同学们分享了自己遇到的难题，并在分享过程中循循善诱，引导学生思考问题出现的原因。最终在同学们的帮助下，教师解决了自己在生活上遇到的困难。受到了教师这种精神的鼓舞，其他同学也开始相继交流分享自己遇到的困难及经验教训，从而推动了座谈会的顺利进行。

评析：示例中对于师生谈话中出现的学生“冷场”现象，该教师能够以自己的经验为例引发学生思考，最终达到互动的沟通状态，从而收获良好的效果。

二、班会谈话

班会谈话指的是针对班级全体学生的讲话，是教师以特定的主题为出发点，围绕学生学习与生活中的共同问题或需求而进行的一种有目的、有组织、有计划、有准备的规范化、系列化的教育活动。教师通过定期开展班会谈话活动，对学生学习、生活方面进行评价与总结，能够对学生进行价值观念上的引领，逐渐引导学生树立正确的世界观、人生观、价值观。同时，教师将学生聚集在一起交流问题，使得学生之间进行思想碰撞与情感交流，能够有效增强学生之间的团队协作意识，有利于良好的班级文化的形成。从主客体的形式上来看，班会谈话可分为教师主持的主题班会谈话与学生主持的主题班会谈话两种类型。

(一)教师主持的主题班会谈话

1. 教师主持的主题班会的内涵

由教师主持的主题班会谈话是传统的班会谈话形式之一。一般是教师选定一个主题，并围绕该主题进行准备，集合全体学生进行谈话的形式。

2. 教师主持的班会的要求

(1)选择适当的主题

主题班会的谈话形式，要求教师选取的主题鲜明。主题是班会谈话的灵魂，所有获得良好效果的主题班会谈话都离不开一个鲜明突出的主题。教师要时刻观察学生动向，选择学生普遍关心的问题为主题，通过师生间对问题的探讨与交流，帮助学生对问题进行深入研究，用一定的积极的思想观念引导学生形成正确思考问题、分析问题与解决问题的能力。

(2)研究与准备

教师需对选定的主题进行详尽的准备工作。如果教师确定了谈话的主题，而没有进行分析研究、资料准备等工作，会使谈话出现话题表象化、庸俗化等情况，难以收到良好的谈话效果。所以教师必须亲力亲为，自己动手去准备，并在准备过程中发现新问题、获得新体验，这样教师才能在与学生谈话时表达出切身体会，对突发情况的处理也能得心应手。

(3)总结与反思

每一场班会谈话结束后，教师都要对本场班会进行整体上的总结，这不仅是对谈论内容的主题升华，而且有利于增强学生对谈话内容的认同感。此外，教师也要对谈话过程中的不足之处进行反思，总结经验教训，为下一次的班会谈话提供借鉴，从而促进主题班会谈话质量的不断提高。

【示例】

中小学里存在玩手机的现象，虽然很多学生心里都知道玩手机影响学习，但却很少有人能克制自己。针对这种情况，全班精心设计了题为“该不该带手机进学校”的主题班会，把全班分为两大组分别代表正、反两方，各方派代表进行辩论。由于选择的内容就是发生在学生身边的事，他们对此有深切的感受，因此正、反两方都能有理有据地对自己的观点进行激烈的辩论。最后结果是反方胜利了，他们认为：带手机进学校会影响学习，同时对身体有一定的危害，是不对的。开完班会后，许多学生还意犹未尽地继续讨论，而玩手机的现象却大大减少了，在班中形成了良好的学风。

评析：示例中的教师善于观察学生的动态，抓住学生中普遍出现的问题并以此为主题来讨论，同时进行旁敲侧击的引导，让学生在互相交流中认识到错误并予以改正，达到了师生共同期望的理想效果。

(二)学生主持的主题班会谈话

1. 学生主持的主题班会谈话的内涵

由学生主持的主题班会谈话，是一种新型的班会谈话形式。它指的是教师与学生开展谈话之前由学生讨论，提供主题、确定主题、进行准备并集合全体学生与教师进行谈话的形式。

2. 学生主持的主题班会谈话的要求

学生主持的主题班会谈话是通过让学生主动参与话题的选择、准备与探讨，提高学生独立思考问题的能力、团队协作的合作意识、深入分析的探究能力等，使得学生多方面的能力得到锻炼，从而提升学生的综合素质的一种有效形式。由于学生主持的主题班会谈话不可控因素较多，因而在实施过程中有更多的要求。

(1)教师指导作用

虽然是由学生主持，教师仍要发挥指导作用，不可全然旁观。对于主题的选定，不能放任学生任意选择，教师要适时提供合理的建议，引导学生选择具有探讨价值的话题。学生在准备过程中，教师也要时刻关注进展，帮助学生顺利进行对资料的准备和筛选。在班会谈话过程中，教师也不能任由学生随性讨论，而要注意提醒学生把握时间与主题，引导学生达到理想的谈话效果。

(2)鼓励学生

教师要以平等的姿态参与谈话过程，而非以高高在上的姿态评头论足。教师过度的批评与谴责，不仅容易打击学生的积极性，也可能演变成师生无法沟通的不利局面。所以教师要平等地对待学生，鼓励学生充分准备、多次尝试，不断探索更加具有创新意识的班会谈话形式。

(3)全面总结与点评

教师不仅要对班会谈话内容进行总结，也要对学生主持工作进行点评。对班会谈话进行总结，是对本次谈话主题的升华与延伸；对学生工作进行点评，是对学生积极参与的鼓励与肯定。对于学生主持班会中的亮点与创新，教师需特别表扬，对其中的不足之处也要稍做指明，利用评价来启发和点拨学生，以便学生能在下一次的班会谈话中有更出色的表现。

【示例】

某校高一年级有一次名为“面对挫折”的主题班会，班会开始前先由学生讲述在日常生活中经常遭遇的挫折，然后组织全班同学来讨论怎样面对这些挫折。一名同学首先讲述了自己遇到的挫折，他讲述自己平日里花费了大量的时间做数学难题，可是他的数学成绩始终没能得到提升，对此他感到非常挫败，不知该怎么办，甚至产生厌学的想法。针对这个学生的问题，班里其他的学生一起鼓励该生不要失去信心，并共同讨论分析该生问题产生的原因。某些数学成绩较好的同学也分享了自己经常巩固基础知识的学习方法。结合着成绩好的学生的打基础学习方法，同学们鼓励该生先将学习重点放在基础知识巩固上，再循序渐进做些难题。最后，教师根据同学们的讨论结果稍做点拨评价，让该生重拾了学习的信心与动力。整个班会过程由始至终都有学生的参与，教师只在其中起到指导、点拨的作用，学生在班会开始之前已投入了时间、精力去准备和研究，在班中已形成一股讨论的热潮，课堂上几乎全体学生都积极地发表了自己的见解，并在最后形成了一个共识：要勇于面对挫折，客观分析，冷静思考，或请教别人找出解决问题的方法。

评析：示例中的班会由学生全程组织，全体学生积极参与，针对某个学生的问题，全体学生都为其出谋划策，分享如何提高成绩、树立信心的方法。同时教师作为参与者起到了点拨、指导的作用，这样的班会形式能够锻炼学生多方面的能力，让学生在沟通交流、团结互助中获得更为深刻的谈话体验，同时使得学生的综合素质有一定的提升。

本章主要介绍了教师口语中的与学生谈话的口语。与学生谈话的口语看似日常，但实际上对教师的应对能力、语言表达、综合素质等都有较高的要求。它包括对个体学生和群体学生的谈话，在不同的谈话类型中更要求教师采取相应的处理方式。因此教师必须要重视课堂外与学生的沟通交流，掌握与学生谈话的口语的特征、类型、要求以及具体原则等，善于运用各种谈话技巧，从而妥善处理学生学习和生活上的各项问题。只有这样教师才能真正做好教书育人工作，为学生指明方向、照亮前途。

我家衣橱的“变”班会课　　走在自己的时区·班会课

问题与情景测试题

1. 八年级的一位任课老师，在某天晚饭时间发现班里的一名同学小钰独自坐在班里发呆。上前询问后他了解到，小钰经常向班主任反映班级的大大小小的问题，班里的许多同学因为她爱打小报告，纷纷排斥她，小钰因此感到很苦闷。教师在了解了小钰的情况后，开导小钰道：“小钰，你是个诚实的孩子，教师也明白你是为了让同学们还有咱们的班级更好。班级里如果有打架或者作弊这种事情，你应该向教师反映，你做的是对的。但是有一些小事情和小错误，你可以先让同学们自行处理，帮忙劝解同学，如果你们无法解决，再告诉教师，交给教师处理。这样相信同学们很快就能理解你的用意了。”小钰听从教师的建议，按照教师的方式来对待班里的问题，班级的氛围渐渐又融洽了起来。

请分析这位教师的谈话口语体现了与学生谈话的口语的哪些特征，并谈谈这位教师这样做的原因及意义。

2. 一次体育课上，三年级的同学要练习踢毽子，小杰同学动作不太协调，总是中断，他觉得很伤自尊，于是练习了一会儿后就打算放弃。教师发现后便对小杰说：“小杰，不错！你现在已经能踢这么多次了！虽然还没有其他同学那么多，但你每次练习都有进步，只要坚持下去，一定能踢更多的，对不对？”

根据以上情景，判断这位教师的话语属于哪类与学生谈话的口语，并分析其符合哪些要求。

3. 在一次监考中，教师发现自己班里的一名同生使用手机作弊，这名同学平时学习成绩中等，性格内向文静，以前也并没有过类似举动。

如果你是这位教师，将怎样处理？请结合本章节内容，针对该情景设计一段与学生谈话的口语。

4. 一位教师刚走到教室门口，被一个足球狠狠地砸了一下。这位教师捡起球微笑着说：“这一脚很厉害，不过角度不怎么样，打得太正了。要想练好射门基本功，还得到球场上去。下次要是再看到有同学在教室里练球，我可要出示黄牌警告了。这一次，我不追究。”

还有一次是学生踢球，把窗子上的玻璃打碎了。这位教师并没严厉训斥学生，而是心平气和地讲了下面一段话："玻璃碎了，大家一定都很心疼。那位同学此时此刻的心情，一定也很不平静，也很后悔。玻璃虽然是他打的，可我也有责任，是我提醒不够，况且他也不是故意的。所以，这块坏了的玻璃由我负责赔偿，不过以后再有人打坏了玻璃可就得由本人赔偿了。大家看好不好?"①

请根据本章所述内容对该情景进行分析，评价该教师采用了哪种与学生谈话的口语类型。

5. 有个学生对数学老师讲课慢、反应略显迟钝很不满意。有一次讲解习题，数学老师在黑板上写一个步骤用了较长时间，这个学生极不尊重地说了一句"你知道怎么做不?"教师对这个学生的行为十分恼怒，便说："你当老师还是我当老师?老师讲题，你插什么嘴?"②

请分析该场景中教师出现的问题，并给予评价。针对此现象提出合理的解决措施。

6. 九年级某班同学即将面临中考，然而班内同学平时的学习态度却有些松懈，一些不良的学习习惯和错误的学习方法也没有得到重视和纠正。

请你根据本章节相关内容为班主任设计一次针对学生群体的谈话活动，以激发同学们的学习热情，并对你所设计的谈话类型、内容及依据做出说明。

第五章测验题

① 郭启明：《教师语言艺术》，239～240页，北京，语文出版社，1992。

② 路伟：《教师口语》，262页，北京，北京师范大学出版社，2011。

第六章　与家长交流的口语训练

【建议学时】

4～6 学时。

【教学目标】

知识层面：了解与家长交流的口语的概念、类型与原则；掌握家庭访谈口语的概念、特性与技巧；掌握家长会交流口语的概念、特征与技巧；掌握日常情境交流口语的概念、特征与技巧。

技能层面：能熟练地使用各种类型的与家长交流的口语；能在教育工作中恰当地运用与家长交流的口语。

>> 第一节　与家长交流的口语的概念、类型与原则 <<

一、与家长交流的口语的概念

家长是沟通学校教育与家庭教育的桥梁，他们既是等待被教师召唤的学校教育的参与者，也是有一定教育目标、教育理念、沟通愿望和诉求的学校教育的积极参与者。因此，教师应当对“教师—家长”这一较为特殊的口语交流情境予以重视，教师应如何与家长实现良好的互动、沟通，也是教师工作的重要内容。

与家长交流的口语是指教师为了与家长沟通学生教育方面的问题，根据不同的情境，运用不同的语言，实现与家长相互交流的一种交际语言。

从教师的角度来看，它是教师口语的重要组成部分。教师除了要在课堂上讲课、在学校主持各种教育类活动外，与家长的交流也是教育工作的重要组成部分；从教育的角度来看，它是学校教育与家庭教育沟通的直接渠道。学生的教育不仅仅需要学校教育，更重要的是学校与家庭教育的联动；从实施效果方面来看，教师与家长的口语交流能够起到增进家校联动，提高教学效率和水平的作用。

二、与家长交流的口语的类型

教师与家长的口语交流发生于一定的情境之中，随着交流情境的变化，交流目标、交流环境、交流节奏、交流反馈等也随之呈现出一定的差异性。因此，以交流情境的不同为划分依据，与家长交流的口语可以分为家庭访谈、家长会交流和日常情景交流三种类型。

(一)家庭访谈

家庭访谈指教师为了达到一定的教育目标，如深入了解学生的家庭教育环境、向学生家长深度反馈学生的学校教育情况、谋求学校教育与家庭教育的合作等，教师到学生家中与家长深度交流的教育活动。

良好、顺畅的家庭访谈能够收集到教师所需的有效信息，也能够反馈给家长学校教育的相关情况，使学校教育与家庭教育形成协作关系，进而有利于为学生制定充满个性的教育发展规划目标。

(二)家长会交流

家长会交流指按照一定频次在学校举行的，有确定的交流意图和目标，针对家长群体的反馈沟通活动。它是教师向家长反馈学生在学校的教育教学情况和学生在校表现最为直观的方式。

(三)日常情景交流

日常情景交流指发生于教师工作场所，以满足家长单方面咨询的交流活动。有效的日常情景交流能够有针对性地解答家长的疑惑，推进家庭教育与学校教育的沟通、协作。

三、与家长交流的口语的原则

(一)平等原则

教师与家长的地位是平等的，他们都是学生教育活动的主要参与者。坚持平等原则就是要在教师与家长的交流过程中，教师不因社会因素、交流情境的变化仰视或者俯视家长或者改变交流沟通的内容。人很容易陷入习惯性的偏见，但作为教育工作者，需要随时有明确的意识，在与家长的交流中时刻提醒自己平等对待家长。如果平等原则能够得到有效实施，那么教师与家长的口语交流会更为顺畅，从而避免因先入之见而产生情绪或语言的对抗，也能避免更多其他的矛盾与冲突。

(二)尊重原则

不同家长的性格是多种多样的，坚持尊重原则就是教师在与家长的交流过程中不因家长个体的差异性、独特性故意贬低其人格或思想，要尊重每位家长的独特性。人在面对与自己不同的观念时会自然地产生排斥和抵触情绪，继而会产生矫正对方、征服对方思想的想法。作为教师尤其容易有这个习惯。因此，教师在与家长进行口语交流时要时刻提醒自己，吸收、采纳与自己不同的思维方式或许能够更好地解决问题。

(三)安全原则

在社会日益多元化的当下，教师可能会接触到各个阶层、不同年龄，拥有不同教育背景的家长，他们有自己的生存信念与生活方式。与家长沟通，即与他们的生存观念、生活方式交流，这其中可能会充满观念的碰撞甚至是语言的对抗。安全原则就是教师在与家长交流的过程中，避免产生语言与肢体的激烈对抗，也需注意交流的深度与广度，话题主要围绕学生的教育问题，尽量不要讨论其他无关的话题。

>> 第二节　家庭访谈交流训练与技巧 <<

一、家庭访谈的特征

家庭访谈主要有三个方面的特征：教师所针对的访谈对象是学生的家长，访谈目的是促进学生成长，访谈目标明确；教师须深入学生家庭进行访谈，因此访谈环境教师不能控制；访谈对象有其自身的价值取向、说话立场、说话语境，因此访谈的节奏不可控。

(一)访谈目标明确

家庭访谈的主要目标是让教师主动与学生家庭建立起良好的沟通渠道，将家庭教育因素纳入学校教育的相关规划，最终通过家庭教育与学校教育的联动，促进学生成长。

这一目标在不同的访谈语境和访谈情境中会有更具体的针对性，比如，了解学生的家庭环境，以促进对学生学校活动的全面理解；反馈学生的学校活动，谋求学校教育与家庭教育的合作；教师通过回访，获取家长对学生的家庭教育的反馈等。

总而言之，对于教师来说，家庭访谈的目标是非常明确的，没有一个较为明确的目标便不需要有相应的家庭访谈活动，漫无目的的家庭访谈是徒劳的。

(二)访谈环境不可控

访谈环境是访谈顺利进行的重要因素，它包括两个方面，物理环境和心理环境。物理环境的舒适性、安全性和隐私性对访谈效果有直接影响。但心理环境才是访谈能否顺利开展的决定性因素。

首先，对于教师而言，被访谈的家庭环境隐私性极高，陌生与高度的隐私性会使教师产生一定的心理压力。被访谈对象的物理环境在某种程度上是未知的、不可预料的。

其次，访谈双方的心理环境也在一直变化。心理会随着访谈双方对物理环境的适应而逐渐放松，或随访谈双方交流的推进而更加紧张。这一过程也是未知、不可控的。

物理环境和心理环境的不确定性，使家庭访谈的环境不可控，充满偶然性。

(三)访谈节奏不可控

访谈节奏指围绕访谈目标展开的有效口语交流的推进速度。

由于访谈环境的不可控，访谈者与访谈对象的价值取向、立场和语境等的差异性，因此访谈节奏也是不能完全控制的。访谈节奏变快的一种情况是访谈目标得到有效贯彻，访谈过程极为顺畅，沟通极为有效；另一种情况是访谈对象刻意回避、表达模糊、访谈无法有效推进。

访谈节奏变慢的一种情况是访谈目标得到有效贯彻，关键问题得到较为充分、深入的探讨；另一种情况是偏离既定访谈目标，话题散漫无端，不能重新回到访谈目标。

综上可知，家庭访谈的特征从访谈目标来说，是确定的，没有既定访谈目标的家庭访谈是不可能的；从访谈环境来说，它充满偶然性；从访谈节奏看，它亦可能充满不确定性。因而，虽然有明确的访谈目标，但因访谈环境与访谈节奏的不确定性，家庭访谈可能不会达到预期效果。这就需要教师针对家庭访谈的不同特征使用相应的口语交流技巧。

二、家庭访谈技巧

从家庭访谈的特征出发，家庭访谈的主要技巧是确定并坚持访谈目标；营造舒适、安全的访谈环境；控制访谈节奏；保持访谈距离。

(一)确定并坚持访谈目标

首先，制定访谈目标。访谈目标的制定一般具有特定的语境和出发点，根据这一特殊的出发点，结合学生的个性与独特性规划访谈目标。

教师要尽可能地去了解学生的家庭成长背景与教育经历，收集丰富的有效信息，提前与学生、学校和受访家庭协商，完善访谈计划。

【示例】

谢老师在学期中间突然接到任课教师的反馈，小王同学总喜欢在课堂上插话，插话内容与讲课内容无关，插话经常打断正常的课堂教学节奏，并引起一众学生的哄闹。谢老师立即找小王面谈，但小王同学态度懒散，没有沟通的意向。谈话后，小王同学继续在课堂上接话，引起哄闹。面对任课教师的批评，态度也无所谓，成绩开始下滑。谢老师决定以此为契机进行家访。

谢老师根据与小王的交流，结合学期伊始对小王家访的内容制定了访谈目标，即了解小王最近的家庭生活内容，寻找小王最近学习态度转变的原因，与小王的父母沟通，共同面对、理解小王学习态度转变这一事实。在理解的基础上，寻求家庭协作，帮助小王重新树立起对学习的积极态度。

谢老师在制定了这一访谈目标后，与小王进行了沟通，在获得小王的同意之后与小王的父母进行了电话联系。

谢老师说："王妈妈您好，最近您是否有时间，我想与您聊聊小王最近在学校的一些情况。他一直都乐观积极，学习也认真。但是最近有点儿注意力不太集中，我已经跟他聊了一下，但他好像有点儿回避，所以我想还是得跟您或王爸爸一起面对面坐下来聊一聊，看看孩子最近是不是有一些我不太了解的新情况。咱们一块儿看怎么解决一下这个问题。您看可以吗?"

王妈妈说："谢老师，小王在学校是不是闯祸了？谢谢谢老师及时跟我们沟通。我跟王爸爸最近都很忙。小王在家一直都很乖，我想不出来他有什么不一样。"

谢老师说："王妈妈，小王在学校没有闯祸，只是他最近跟刚开学的时候对学习的态度有点儿不一样，成绩也有点儿下滑，我在跟他沟通的时候不能把握到他心里的想法，所以想着通过家访我们一起坐下来聊一聊，看看孩子到底是怎么想的。知道、理解他的想法，我们才能好好地帮助孩子。如果您和王爸爸最近没有时间，那您看什么时候合适呢?"

王妈妈说："谢老师，谢谢您，小王最近的成绩有点儿不太稳定？在家他看起来好好的啊，我先跟他爸爸商量一下，再跟您联系吧。"

谢老师说："好的，谢谢王妈妈支持我们的工作，请您确定好时间及时跟我联系。我也跟孩子再沟通沟通。"

谢老师立即找小王沟通，说明家访的进程，并且修改了家访目标：与小王的父母一起充分了解小王最近的心态变化，寻找变化产生的原因，在充分沟通的基础上建立家校协作关系，帮助小王重新燃起对学习的兴趣。

评析：首先，制定访谈目标教师在家访之前根据家访对象的特征制定了针对性极强的家访目标，充分尊重访谈对象。有礼貌地预约，有分寸地提前告知访谈对象访谈目标，并且能够根据预约交流中的反馈，调整访谈目标。

其次，坚持访谈目标。在访谈的初期，礼貌、合适、温和地根据前期了解的具体情况再次阐明访谈目标，并引导被访谈者围绕访谈目标进行有效的交流。在访谈中期，随着交流的深入，要避免在访谈目标之外的话题上做过多纠结，适当地将话题引导至访谈目标。在访谈后期，做好总结，根据实际恰当地结束访谈。

在访谈过程中，根据反馈，围绕访谈目标进行记录，引申的问题或许可以作为回访的话题。

【示例】

杨老师说："张妈妈，您好！小张在学校一直比较安静，学习也认真。但是最近有老师跟我反馈，他在课堂上会接老师的话。"

张妈妈说："小张在家一直都很听话的，安静得都不怎么说话，我们问他什么他就点点头。上次，他大姨过来家里，小张坐在屋里写作业，我们喊他他都不出来，打个招呼，很羞涩的。还有，上上次……"

杨老师："是的，张妈妈，我也发现了，小张在刚开学的时候，一直都安安静静的，是最近才这样的，所以我就很想跟您一起聊聊，他最近在家有没有什么跟之前不一样的。之前我跟他沟通过，他嘻嘻哈哈的，没有回答我的问题。"

张妈妈说："没有什么不一样的，他每天回来就做作业、睡觉。我跟他爸爸都不容易的，每天都要早早出去工作挣钱，供孩子上学，晚上回来都很晚了。孩子很胆小的……"

杨老师说："张妈妈，小张最近还是很胆大的，(笑)他可会接老师的话了。小张接话能活跃课堂氛围，我还挺喜欢这样的孩子的。但是有些老师会觉得这样会打断课堂的授课节奏，小张最近接话都是与课堂上课内容无关的话。他接完，其他孩子也跟着一起起哄，大家的注意力就分散了，很难再回到课堂上来。我找他谈话，发现他对什么都无所谓，我跟他说，'你知道课堂上这样做会转移大家的注意力吗'，他嘻嘻哈哈地跟我说，'老师，我不知道'。"

张妈妈说："杨老师，那你就批评他……"

杨老师说："张妈妈，是这样的，批评不是目的，我们批评孩子，你们疼在心里，所以我不经常批评孩子。我觉得最重要的是要找到孩子这样做的原因，您刚才也说，小张一直都安安静静的，我的观察也是，他之前一直都很安静的，就是最近才特别活泼，好像对学习有点儿无所谓的态度，所以我就想着咱们一起找到原因，然后再跟他聊。您看这样行不行？"

张妈妈说："好的，我们全力支持杨老师和学校的工作。但是，我们该做些什么呢？"

杨老师说："从跟您聊的情况看，您和张爸爸经常不在家，也不太了解孩子最近的情况。我就想，能不能请你们抽出来一些时间，观察一下孩子的生活，看看他最近有没有一些生活方面的变化。如果咱们能找到这个变化，可能就能推测他心态的变化了。您说这样行吗？等您观察好了，您跟我联系，我可以再来一次，咱们叫上孩子，一起聊，把话说开，说清楚，您看怎么样？"

评析：示例中的教师能够围绕访谈目标展开谈话，能够通过合适的引导将谈话紧紧地围绕访谈目标，避免了话题分散和漫无目的地闲聊。教师还能够根据家长的反馈和出现的新问题与家长协商，作为回访的主要目标。

(二)营造舒适、安全的访谈环境

第一，按照受访者的意愿，沟通合适的访谈时间，确定参与访谈的对象，提前协商、告知访谈目标，提醒受访者做好一定的心理准备；其次，教师要根据受访者的反馈，做好自身的心理建设。

【示例】

张老师提前与李妈妈沟通，协商访谈时间，确定访谈的对象即小李的母亲，提前告知了小李最近在学校的情况。根据李妈妈的反馈，张老师了解到小李的父母工作繁忙，可能没有太多的时间关注小李的生活与学习情况。根据这些信息，张老师做了以下心理建设：①访谈时间可能会比较紧凑；②访谈对象对孩子的了解可能也不充分。针对这些问题，张老师做了一些安排：①访谈直奔主题；②留给访谈对象一些了解孩子的时间，以待回访。

评析：示例中的教师能够与家长提前沟通，做好一定的心理建设，并做了充分的预案。

第二，教师依照前期的访谈计划与心理建设，接受并努力适应受访者家庭的物理环境，避免先入为主和刻板印象。

【示例】

王老师为了找到张同学的家，在地图定位的周边转了很久，经过打听才最终确定大概的位置，最后得知张同学家在弄堂的深处，一个非常狭窄的筒子楼里。王老师虽然走得满头大汗，但并没有因此而情绪低落，也极力安慰自己："每个学生都有每个学生的特殊情况，我要尊重每一个学生。"走入张同学家后，王老师发现，自己的腰无法直立，在走过一个堆满了锅碗瓢盆的五六米窄地后，转过一个弯儿，才能直起腰来，与张爸爸打招呼。张爸爸把墙边的桌子收起来，王老师接过张爸爸递来的一个板凳。"我在家也坐这个。"王老师说，他尽力寻找起自己家与这里的相似之处。张爸爸又把桌子展开，放上两个玻璃杯，倒了开水。"我家也有这种桌子，特别方便，特别省空间。"王老师一边说，一边坐下，拿出纸笔，把包抱在胸前。王老师找到舒服的坐姿，给自己心理暗示：耐心再耐心。

评析：示例中的教师努力适应访谈的物理环境，该教师并没有因为物理环境的糟糕而产生排斥心理。他努力回想熟悉的环境，使自己尽快适应，还根据环境对自己做了积极的心理暗示。

第三，恰当地寒暄，拉近与受访者的距离；以访谈目标为中心，使用温和的询问语，以受访者的表达意愿为中心，尊重受访者的表达内容、表达方式。

【示例】

李老师在见到孙同学的爸爸时，说：“孙爸爸您好，我是之前跟您联系过的李老师。听孙同学说，自己的爸爸是非常厉害的工程师，一直都想登门向您请教。听说您经常外出工作，不经常在家，这次能跟您一起聊一聊孙同学最近的学习情况，真的太好了。我好像早到了一会儿，您现在有空吗？现在开始，您看合适吗？”

评析：示例中的教师在见到家长的时候进行了寒暄，告知对方自己对他们的了解，拉近了与受访者的距离。教师直奔主题，提出访谈目标，恰当、礼貌地使用了询问语。

在聊到齐同学的交际情况时，佟老师询问，齐同学是否住过公共宿舍，与其他同学共享公共空间时是否发生过矛盾，以及发生矛盾后齐同学如何处理、家长如何介入等问题。

齐爸爸说：“我女儿住过公共宿舍，之前是跟室友有过一些小矛盾，不过都解决了，之前的班主任很负责的，他把我们叫到一起，大家聊了聊，没什么大问题。孩子们都小，以前没有住过集体宿舍。”

佟老师说：“是的，我也是这么想的，孩子们都还小，她们可能不太知道怎么跟别人分享公共空间，有矛盾是可以预想的。我就是想知道，之前是怎么处理的，孩子有没有通过这些经历学习到该怎么与他人相处。”

齐爸爸说：“详细的我就不清楚了，你得去问问她妈妈，都是她妈妈跟她聊的。反正最后解决了，都是小事儿。我女儿很乖的，又大方，平时跟朋友相处都是很好的。这次的事情我觉得只是孩子们小打小闹，有点儿脾气也是正常的，谁还没有脾气呢，是不是，佟老师？只要孩子没事儿，学习不影响就没关系。”

佟老师说：“齐同学的成绩一直名列前茅，但是，齐同学的寝室关系，据我所知，好像一直都不太顺利，所以我想……”

齐爸爸说：“佟老师，这个事情呢，你找她妈妈聊吧。你是物理老师吧，小齐的物理学得还行，谢谢佟老师教得好。”

佟老师：“好的，谢谢齐爸爸，是小齐学习认真，你们在家里也辅导得好，又配合我们的工作，那我下次再约齐妈妈聊一聊。”

评析：教师以齐爸爸的表达意愿为中心，充分尊重了齐爸爸的表达内容，尽量在齐爸爸的表达范围之内进行访谈。齐爸爸对孩子的维护与故意回避问题，教师也表示了理解，没有在齐爸爸回避的地方穷根究底，而是打算约齐妈妈来学校进行访谈，共同解决齐同学的问题。

第四，关注反馈，尽量使用肯定语。努力理解对方的立场与语境，尊重对方的言说逻辑，但不放弃自己的立场，在这一前提下进行再反馈。避免做主观的、任意的判断。

【示例】

在谈到刘同学最近在班里与其他同学和任课老师的冲突时，刘爸爸说：“你就打他！他在家，说什么不听，我就一个拳头。他妈也不拦着，不用心疼小孩儿，不打不成材！”

成老师说：“我爸爸小时候也这么教育我，但是后来他就不打我了。有一回他跟我说，‘我打你我心里也疼，打你也没用，越打越不听话’。我现在也有孩子了，有时候我也生气，也想打他，但是想想从小我爸爸越是打我，我就越不想听他的。所以我就想，打孩子有时候可能不是真的为了孩子好，只是想发泄自己心里的怒气。打了之后，孩子反而跟我们更远，更不亲了。刘爸爸，您说有没有道理？有时候可能还有其他的处理问题的方法。刘爸爸，您觉得呢？”

刘爸爸说：“反正我们从小也是这样长大的，成老师，你看你现在这么好，还不是小时候家里教育得好嘛。”

成老师说：“是的，确实，我们这一代人都是这么长大的，但是现在的好坏真的跟小时候挨过打没有关系。反而，我觉得，那些经历特别不好，比如，我生气的时候，第一个想到的不是解决问题，而是拿拳头出气，明明有更好的解决方法，为什么要用暴力的行为呢？所以，我觉得刘同学在学校可能不知道解决问题除了用拳头，还有其他的方法。刘爸爸，我觉得，您可能需要反思一下自己的教育方式，孩子是会模仿父母的。”

评析：示例中的教师关注家长的反馈，使用了肯定语，在理解和充分尊重家长的言说逻辑的前提下，同时又坚持了自己的立场，最后做出了较为客观的判断，有理有据。

第五，因任何原因导致的自身不适和受访者不适，教师与家长之间都应及时交流、反馈。教师在尊重受访者意见的前提下，跳过沉默、表达模糊、分歧等，若无法跳过，则应及时停止访谈。

【示例】

毛老师与韩妈妈聊到韩同学在学校里总是拽女同学辫子的话题时，韩妈妈说：“他在家里也不听话的，他还小呢。”

毛老师说：“是啊，在妈妈眼睛里，孩子总是长不大（笑）。但是在学校里，他可不小啦，韩妈妈，都上四年级了。孩子……”

韩妈妈（插话）说：“小着呢，小着呢，都是小打小闹，闹着玩儿的，我们家孩子，就是有点儿好动。”

毛老师说：“是这样的，韩妈妈，其他的孩子也有活泼的，他们……”

韩妈妈（插话）说：“他在家里也不听话，那你说怎么办呢，我们也想管，管不了啊，还太小，又好动，比我们家邻居家里的孩子都好动。你说他是不是有多动症。”

毛老师说：“他平时跟姐姐、妹妹相处怎么样呢？”

韩妈妈（沉默），说：“相处得，好的，好的，很好的。家里的姐姐、妹妹都让着他（停顿），都很文明的（停顿）（沉默）。”

毛老师："他跟爸爸的相处呢？"

韩妈妈(沉默)，说："相处得很好的(沉默)。"

毛老师："好的，韩妈妈，我们下次有机会再聊，如果能跟韩爸爸聊一下就更好了。感谢您的配合。"

韩妈妈说："我们愿意配合的，老师您多管管，该管就管，我们绝对支持。"

评析：这个示例中，教师在访谈无法有效推进的情况下，跳过了沉默、分歧，及时结束了访谈。这样既避免了浪费谈话双方的时间，同时又为下次访谈准备了条件。

(三)控制访谈节奏

如果访谈节奏变快，教师应适当对访谈目标进行引申，以获取更多的有效信息。但这一前提是充分尊重访谈对象，若出现明显的回避，教师可以尝试在访谈的中后期再次询问，若继续回避，则不再追问，并进行标记，以待回访；若访谈对象表达模糊，教师可尝试再次清晰地说明访谈问题，以帮助访谈对象理解问题，并进行有效的交流；若访谈对象完全不能理解访谈目标和相关的访谈问题，教师则礼貌地停止访谈。

【示例】

姚老师在对单同学进行家访时，单妈妈完全赞同姚老师的看法，无论姚老师说什么，单妈妈都点头，表示自己努力配合学校和老师。姚老师说："单妈妈，谢谢您的配合，我刚才聊了我能做的，那您也来聊一聊您准备做什么吧，配合学校是一个方面，家庭的支持也很重要。您说是不是？"

评析：这个示例中，教师针对家长一味表示接受，访谈的节奏变快，话题无法深入的情况，将话题巧妙地抛给家长，促使家长深入思考并做出反应，较好地推进了访谈的深度。

如果访谈节奏变慢，应适当提醒受访者回到访谈目标。这一前提仍然是充分尊重访谈对象，若访谈对象对某一问题比较了解，交流过于充分，教师在耐心倾听，收集有效信息的同时，应恰当提问，使话题返回下一个访谈目标；若访谈对象完全偏离访谈目标，教师则需及时提问，使访谈对象回到访谈目标；若访谈目标已基本完成，访谈对象仍然继续提供无效信息，教师可以礼貌地结束访谈。

【示例】

汪老师在与小李的妈妈聊到小李不能按时完成作业并且撒谎的时候，小李妈妈借机向汪老师请教该如何辅导小李的功课，询问需要购买哪些教辅资料，参加何种课外补习班。汪老师在听完小李妈妈的问题之后说："小李妈妈，你们想要孩子学习进步的心情跟我们是一样的，但是孩子现在的情况是他完成课内作业都稍显吃力，我们先聊一聊孩子在家写作业情况吧。"

评析：这个示例中，教师针对家长偏离访谈目标的情况，耐心地听完家长的表达，领会到家长希望学生进步的诉求，在充分肯定的基础上使用转折语，将话题拉回访谈的主要目标。

(四)保持访谈距离

访谈距离指访谈活动进行的深度与广度。家庭访谈因为需要深入学生家庭，在某种程度上可能会涉及家庭环境和学生成长环境中较为隐私的部分，访谈的深度与广度与在公共空间中进行家长会交流不尽相同。而不同的访谈对象对访谈距离的认识也不相同，有些访谈对象或者注意保持访谈距离，有明确的隐私意识和距离意识，能够较为客观、理性地对待家庭访谈活动，并且能够理性、客观地参与沟通。但是，也存在着访谈对象不能很好地把握访谈距离尺度的问题。因此，作为访谈者的教师，要时刻注意并保持访谈距离。

第一，在制订访谈目标与计划时，便需要明确访谈底线。如果不能确定，可以向学校的心理咨询中心或教研室经验丰富的教师寻求帮助。

第二，在访谈过程中，一旦超出访谈时间，便及时停止。若访谈必须进行，在尊重访谈对象的前提下，与其协商是否能够采用集体访谈的模式，即由两位以上访谈教师参与访谈。

第三，在访谈后，继续保持距离意识，对涉及学生家庭隐私的内容做好保密工作。

【示例】

小华的家庭环境比较复杂，她与爷爷、父亲、继母生活在一起。父亲常年在外务工，不经常在家。小华最近突然产生了厌学的情绪，刘老师希望能够家访。她预约到了小华的继母。对于如此特殊的访谈对象，刘老师咨询了教研主任，希望能够明确访谈的底线。教研主任建议刘老师与另外一位经验丰富的老师一同前去访谈，并且叮嘱，访谈涉及家庭情况方面，需要把握好访谈的尺度。

在聊到小华最近的厌学情绪时，小华的继母说："家里太忙了，我得上班，晚上还得照顾她爷爷，她爸在外地。她平时也不跟我交流，跟她爸也不怎么联系，没话说。老师你在学校多教育她，她在家也不听我的。"

刘老师说："谢谢你们支持我们的工作，在学校我们都是关注到每一个学生的。但是在家里还是需要你们多支持，有什么情况及时沟通，一起协力才能更好地解决问题。"

小华的继母说："最近确实，我关心得也少，现在毕竟是两个人了(她一边说一边抚摸自己的肚子)，我也不容易啊。刘老师，你看我们家的情况，你也知道，有很多话也不是我说的，说轻说重都不好。我也想管，有心无力啊。老师你多教育她。她爸说了，学好学坏都无所谓，她反正也不听话。"

刘老师说："我们作为老师还是希望学生都学好的。"

小华的继母说："我们也是这么想的啊，她学好了还不是她自己的，小孩儿脑壳不灵光。”

刘老师说：“希望你们能多跟她交流交流，多鼓励鼓励她。小华很聪明，之前的学习成绩你们也都知道。”

小华的继母说：“好的，我跟她爸说说，让她爸给她打电话。她爸在外面不知道……”

刘老师(插话)：“差不多时间到了，我们下次再聊，谢谢您支持我们的工作。”

评析：这个事例中，教师在访谈之前寻求学校帮助，明确访谈底线。在访谈中，面对没有明确隐私意识的访谈对象，教师避免聊起涉及隐私的话题，在涉及隐私的话题开始之前及时结束了访谈。

家庭访谈具有不同于家长会交流和日常情景交流的特殊性，因此交流的安全性是第一位的，教师要时刻注意保持交流距离和交流底线。在这一基础上，在尊重访谈对象的前提下，恰当地坚持访谈目标，营造访谈氛围，控制访谈节奏等能够保证访谈的有效开展。

>> 第三节　家长会交流训练与技巧 <<

一、家长会交流的特征

家长会交流作为教师主导型交流场景，它的目标、环境和过程都可以提前进行精心设计，使教师在舒适的环境里按照特定目标主导交流进程。这是它不同于家庭访谈和日常交流情境的特征，这些因素降低了意外状况地发生，因此家长会的可控性、可调节性和稳定性较高。但是，家长会交流的方式同样充满挑战，因为这是一个充满了多样、差异反馈的交流场景。

(一)交流目标、环境、节奏均可控

家长会是教师为了总结一定的教学工作，在特定的公共空间举行，针对家长群体展开的交流活动。家长会交流的目标非常明确，交流环境比较固定。家长会交流主要以教师汇报为主，因此交流的节奏全凭教师掌握。

(二)反馈多样化

家长会交流不单是教师一人的单方面宣讲，它在根本上是一个双向的交流、沟通活动。在教师汇报中和提问的环节中，家长可能会针对各种问题在全体家长面前提出疑问，因而反馈多样化也是它的特点之一。

虽然家长会交流的目标、过程和节奏都是可控的，但反馈的多样化又使得家长会具有偶然性和一定的不可控性。因此针对它的这些特征，教师需要掌握相应的交流技巧。

二、家长会交流的技巧

针对家长会交流的特征，教师需要制订明确严谨的交流目标、交流内容和交流计划；营造舒适的交流环境；掌控话题方向并耐心地接纳家长的反馈。

(一)制订明确严谨的交流目标、交流内容和交流计划

这是家长会交流的前期准备阶段，教师根据本次家长会的目标设计交流计划，并尽可能详尽地预设各种可能出现的意外情况，做好预案。

【示例】

石老师主持的家长会主题是期中总结，他需要向家长呈现上半个学期的教育教学情况、总结上半个学期的工作得失、向家长汇报学生的在校情况，这些内容是这次家长会的主要目标。他根据目标设计了家长会交流计划，首先总述教师的教学工作，继而总结工作的得失，最后将重点放在学生在校情况的评价方面。石老师也准备了一些家长会中可能出现的问题的反应预案，比如，针对家长插话，该如何合理地将话题转回交流目标；针对家长集体的沉默，该如何活跃氛围；针对家长们的小声交流，该如何将其注意力吸引至教师的谈话；针对家长的对抗性反驳，该如何应对，等等。

评析：这个示例中，教师有明确的交流目标，能够按照目标设计交流计划，并且假设了一些意外状况，准备得比较充分。

(二)营造舒适的交流环境

舒适的交流环境有利于沟通的顺利进行，但是需要一些特殊的场景设计，不仅需要考虑到教师的舒适性，也需要考虑到家长的舒适性。因此，在家长会举行之前，首先礼貌地告知家长参加家长会的具体目标、流程和方式，使家长有充分的心理准备。

【示例】

楚老师提前通过班级群发布了家长会的通知，简单介绍了家长会的目标、流程与方式，并请所有家长收到后回复，班级群里的家长在信息发布十五分钟之后基本上都回复了。针对24小时后还没有回复的家长，楚老师在非工作时间一一拨打了他们的电话，确定通知到了每一位家长。但是在家长会的当天，意外还是发生了。

迟爸爸在家长会开始后十分钟推门进入班级，所有家长都看向他，他慢悠悠地走向一个空位，抽出椅子，椅子撞上了后面的课桌发出“咚”的一声。他坐下后，掏出手机。

楚老师不得不停下，与所有家长等迟爸爸坐好。

楚老师一边等待一边说：“我们之前在班级群里说好了，迟到的家长在班会结束以后留下来打扫卫生。(笑)好了，刚才两点之后到的爸爸妈妈们一块儿留下来体

验一下孩子们平时的班级劳动，也算是为班级做贡献了。”

家长们都笑了，迟爸爸也抬起头，不好意思地笑了。

评析：这个示例中，教师礼貌、合适地通知到了所有的家长，对于可能没有收到通知的家长又一一特别通知，确保了家长的知情权。面对可能出现的迟到情况，楚老师也提前做好了预案，设计了“惩罚措施”(不一定是打扫卫生，也可以是其他的)。这个措施其实只是一个提醒，让家长们重视家长会，不要迟到。在关键时刻，这个措施也能拿出来作为一个缓解紧张氛围的小段子。当然，不是所有的家长都像案例里面的迟爸爸那样，在迟到了之后仍然理直气壮，不会合适地表达自己的歉意，但不排除此种情况出现的可能性。在极端的案例里，这样化解紧张、尴尬氛围的口语表达是非常合适的。这样的“惩罚措施”也可以迁移使用，比如，在家长会开始之前，嘱咐家长把手机调为静音的时候，也可以告知家长，如果在中途手机响了，会有一个什么样的小惩罚。这样一方面可以立起规矩，另一方面也能在事情发生的时候用这样的小惩罚化解尴尬。

在举行家长会的公共空间设计方面，或许可以打破传统的讲台—课桌模式，进行多方面的探索，如圆桌式、工作坊式等。这些模式可以使家长有效地参与到家长会的集体讨论中，并且打破传统家长会中教师的完全主导性地位，促进交流的多元化与多样化。

【示例】

钟老师在家长会的设计上采用了圆桌对谈模式。在与家长委员会提前沟通的情况下，钟老师和家长委员会制定了本次家长会讨论的话题“如何在期中考试之后加强家校联系，继续保持学生积极的学习态度”。钟老师提前礼貌地告知所有家长，嘱咐、鼓励家长们提前准备发言。最终的对谈，家长们纷纷发言，进行了热烈的讨论，钟老师借此了解了家长们的诉求，并将此作为开展下一个阶段的教育教学工作的重要参考。

评析：这个示例中，教师打破了传统的家长会模式，教师由汇报者向倾听者的角色转换，家长由被动的受教育者向主动的教育参与者的角色转变，充分发挥了家长的主体性和能动性，增强了家校联系，有助于教育工作的深入推进。

(三)掌握话题方向

家长会交流的双向性使得交流可能会出现一些设计之外的环节，如家长的插话，圆桌、工作坊模式中的随意、散漫的聊天等，这需要教师能够具有一定的话题掌控能力，使交流按照一定的目标进行。

【示例】

在迟老师主持的家长会的家长讨论环节，有几位家长一直在闲聊，迟老师示意大家停下不再说话，这几位家长小声聊天的声音在教室里回荡，他们抬头意识到了班里只有自己的声音，就停下了闲聊。迟老师说：“大家都喝口水润润嗓子，我也歇一会儿，讨论了这么久，还是要休息一下。”“好了，水也喝完了，我们请各组老师发言吧。”

评析：这个示例中，将讨论的主动权交给家长确实能够起到调动家长积极性的作用，但是讨论容易陷入闲散聊天。教师在发现这种情况的时候，并没有直接制止家长，而是通过一些策略使得闲聊不得不自行停止。接着，教师也巧妙地使用语言化解了尴尬，给家长一个台阶，适时地将话题重新拉回家长会的讨论环节。

另外，在以教师为主体的家长会交流情境中，教师需要保证表达的严谨、恰当，尽可能使用肯定语；以平实、客观地描述为主，不单独指出某一个学生的特性；不做主观的、情绪化的极端判断。

【示例】

在最近一次考试中，钱老师带的七年级学生的考试成绩不太理想。当召开家长会时，家长们对钱老师进行了质疑，钱老师感觉非常委屈也很愤怒。钱老师带着怒气，开始将班里学生平时的问题一一罗列，指明了每一个学生身上的小问题。因为无法控制情绪，导致他对学生的评价过低。这进一步激怒了家长，一部分家长愤而离席，一部分家长敢怒不敢言。最后，家长会在双方的语言冲突中不得不终止。

评析：这个示例中，教师不能灵活地面对家长的质疑，表达过于情绪化，对学生的描述以负面为主，充满主观性、极端性。这些都是家长会口语交流中需要避免的交流雷区。如此的家长会交流不仅不能起到积极的沟通作用，反而会激化家校矛盾，使家长失去对教师的信任与信心。这些都将阻碍下一步的教学活动的展开。

(四)耐心地接纳反馈

针对家长在公共空间的提问，教师需要具备一定的临场反应能力。第一，尽量站在家长的角度和立场理解家长表达背后的诉求，在确定其诉求而不是说话表面的意思后，做出恰当、合适的反馈。第二，诚恳、耐心地解答家长的疑问。第三，避开过于尖锐的问题，并给出解决途径或方案，比如，将问题推入家庭访谈或日常情景交流的场景之中，给自己一个思考和反思的机会，教师在经过慎重考虑或者求助后再进行交流。

【示例】

一次家长会上，郭老师所带的七年级的一位学生家长，在开会中间向郭老师发问：“为什么全班同学的数学成绩都很好，只有我家小董和张同学、何同学、欧阳同学的数学成绩这么差?”张同学、何同学的家长也开始附和，欧阳同学的家长则不作声，但是紧紧地盯着郭老师。郭老师说：“董爸爸您好，张爸爸、何妈妈、欧阳爸爸你们好。我是数学老师，你们的困惑也是我的困惑，我相信，我比你们的困惑只会多，不会少，因为这门课是我负责的。班级里的每一个学生的数学学习情况我都了解，不仅数学学习情况，他们每一门的学习情况我作为班主任也都了然于心，这是我作为班主任的基本责任。至于您提出的这个问题，等一会儿想要留下来再聊一聊数学成绩的家长可以一起再深入地沟通一下。大家都比较忙，其他家长可能还有别的事情，我们先把这个家长会的流程走完。谢谢各位的支持。”欧阳爸爸、何妈妈在听完这些话后，放松了很多。家长会结束后，只有董爸爸和张爸爸留了下来。

评析：这个示例中，针对家长的疑问，教师耐心地听完并理解了家长的诉求。家长对学生没有被公平对待的担忧超过了对学生成绩不理想的担忧，家长为了掩盖自己的这种担忧，特意挑选了其他的学生家长和他们的孩子，增加教师的压力。教师在把握到家长的真正诉求后，着重强调了自己对教学和教育工作的基本原则，即公平和负责。这一番解释打消了一部分家长的疑虑。另外，教师也将反馈活动进行了时间上的延迟，一方面给自己、对方留出更多的时间思考，另一方面也避免了正面回应会带来的更多意外情况。

【示例】

家长会结束以后，黄妈妈、李妈妈、顾爸爸、钱妈妈留了下来。黄妈妈、李妈妈、顾爸爸围在讲台周围，钱妈妈坐在第一排的课桌前。

“张老师，我们家小黄最近语文成绩怎么下降了，自从上初中之后，他成绩一直很好的……”

“是啊，是啊，张老师，小李最近的语文成绩也不太好，语文作业好多，在家都写不完。”

“张老师张老师，您是化学老师，小顾一直学不会化学，你说该怎么办？”

钱妈妈在看手机。

张老师说：“顾爸爸，您急着走吗？要不您先坐一会儿，我先给黄妈妈和李妈妈说说语文成绩的问题。”

“张老师，我一会儿有事，您能不能先说说小黄？”

“张老师，我也有事，比较急，你看小顾……”

张老师向黄妈妈和李妈妈点点头，对顾爸爸说：“顾爸爸，小顾这个事我太清楚了，但是您今天可能比较忙，咱们下周坐下来好好商量一下这个事，制订一个详细的计划，今天您有事就先忙，我下周每天都有时间，您随时来学校我都在。麻烦您再来一次，您看怎么样？”

顾爸爸打过招呼走了。

“黄妈妈，李妈妈，是这样的，感谢你们反馈这个问题。刚才我也说了，最近有同学反映说语文作业很多，我已经找我们班的语文老师谈过了，以后他会适当调整语文作业量。小黄的语文成绩一直很稳定，学得不错，黄妈妈放心，我也知道黄妈妈、李妈妈一直都支持我们的工作，平时有时间就带着孩子阅读，这对语文成绩的提高很有帮助。那也请你们继续带着孩子读书。我们也没有放松，我们的语文老师也是经验很丰富的，也很负责。这一次的考试还看不出来孩子的真正水平，孩子只要愿意学，态度好，又喜欢读书，我们也努力教。所以还请两位妈妈暂且放宽心，咱们下次考试再看看，多鼓励孩子，但也不能放松。咱们一起努力。两位妈妈你们看怎么样？小黄妈妈，你如果有事就先忙吧。”小黄妈妈离开了教室。

“小李妈妈，小李学习很认真的，你放心，但是他平时很多科的作业完成情况都不是太好，这个我也得请你们多监督他，我也跟他聊过几次了。小李很懂事，最近的作业完成情况已经好多了。语文作业的问题刚才也已经跟您说了，后续我会跟各科老师逐个沟通，也请李妈妈您放心。”李妈妈也离开了教室。

“张老师……”

“钱妈妈，我们要不要换个地方聊？”

“不用，就在这儿吧。”

“好的。钱妈妈，之前我们也沟通了，小钱最近谈恋爱了，我是上周发现的。两个孩子做完课间操回教室的时候一起走，一眼就能看出来。那个孩子不是我们班的。但是，这次看小钱的考试成绩比上次进步了。那个孩子在他们班成绩也还不错。有几次，我看到他们一块儿听音乐，一块儿学习来着。”

“张老师，你跟我说这个事儿以后我就整夜睡不着，太震惊了。孩子考试只有一次机会，你说耽误学习怎么办？他要是做出什么事，我怎么跟人家孩子家长交代！”

“钱妈妈，现在看来学习倒是还没有什么大问题，你看，小钱成绩提高了，也活泼了很多。但是这不是说我支持他们谈恋爱，主要是得让他们有个合适的恋爱观。这种事我们干涉太过，会适得其反。你说是不是？还是以疏导为主。”

“张老师，这会儿是没什么事儿，对方家长知道了，怎么办？以后他们闹分手，还不是我们家长在后面给他们……到时候把人家孩子的成绩也耽误了，我们也负不起这责任啊。”

“钱妈妈，你的心情我能理解。那这样吧，我跟隔壁班的班主任聊一聊，先找孩子谈一谈。你们先不要找孩子谈，更不要责骂他。等下周再把您和对方的家长都叫到学校，大家一起商量商量，你看怎么样？”

评析：这个示例中，在家长会结束后的交流中，第一，教师能够分辨轻重缓急，不同的家长以不同的对话方式分别对待，尊重了家长的需求。第二，教师能够把握不同家长的不同诉求，即使是同一问题，也能分辨其中的诉求的不同之处。第三，针对极为特殊的情况，教师采取了单独沟通的方式，尊重了家长的隐私权。第四，对于不能立刻处理的问题，将之推入其他交流场景，为双方谋求共识提供了时间的缓冲。第五，保持了开放、尊重的心态，能够在敏感问题方面及时与家长沟通，共情能力较强。

家长会交流是教师口语交流中可控性较高的场景。教师可以针对特定的交流目标灵活地设计交流环境和反馈机制，但是它也对教师提出了灵活掌控全局的口语能力要求，因此在家长会交流的训练中，教师需要培养自身的临场反应能力，以及恰当、合适的说话技巧。

家校合作，快乐暑假·家长会

>> 第四节　日常情景交流训练与技巧 <<

日常情景交流主要有两种场景。一种是由家长主导的场景，因此对于教师来说，交流目标基本未知，但是随着交流的深入，交流目标可能会逐渐显现；交流环境是可控的，一般发生于教师非常熟悉的教学工作环境，但是相应的，这一环境对家长来说相对陌生。因为交流目标的模糊和家长对交流环境不熟悉的情况，所以交流节奏对于教师来说可能不可控。

另一种是由教师主导的场景，由于某种紧急情况的发生，教师不能立即家访，因此只能通过与家长联系，促动家长来校沟通，以共同解决突发事件。这种交流的目标非常明确，交流环境可控，交流节奏相对可控，但是针对不同的事件，家长可能会有不同的反应，这使得交流的节奏可能会变慢。

一、日常情景交流的特征

(一)家长主导式的日常情景交流

1. 交流目标模糊

家长主导式的日常情景交流产生于家长对学生、学校教育环境的关注与困惑，因而专程到学校与教师沟通。家长带着一定的问题前来，这些问题在其观念中是非常重要的，也是亟须解决的，他们可能会认为，这些问题能够通过与教师的当面交流得到解决。但是家长关注的这些问题，教师在与其交流之前，并不能完全掌握。

交流开始前，教师不能完全得知本次交流的具体目标，随着交流的深入和家长诉求的明晰化，交流目标由无至有。但是，家长的诉求可能是多样化的，可以说，直到交流结束，交流目标才能完全显现。在交流过程中，交流的具体目标一直是模糊的，并且是不确定的。

2. 交流环境可控

站在教师的立场，交流环境可以选择，它基本不会在教师的工作环境之外。在这一熟悉、亲切、安全、公共的环境中，教师的心理环境相对稳定。这有利于教师开展客观、冷静、理性的交流。

但是站在家长的立场，交流环境基本上不能选择。家长需要适应这一环境，并且需要克服陌生感带来的心理压力，同时还有学校这一公共空间带来的各种压力。

3. 交流节奏不可控

因为家长诉求的多样化和公共空间对家长诉求的压力，对于家长和教师来说，交流节奏可能不可控。

交流节奏可能会因为交流目标的模糊化而变慢，使双方无法相互理解，目标无法把握，诉求无法表达清晰而将交流拖入重复和无意义的泥潭；交流节奏也可能因为交流目标的模糊化而变快，使双方以为相互理解，把握到了目标，诉求得到一定的回应，交流戛然而止。但是，更深入的交流并没有展开，最终会导致交流的反复，针对同一个问题的多次重复咨询的情况。

(二)教师主导式的日常情景交流

1. 交流目标清晰

教师主导式的日常情景交流一般发生于突发、紧急事件发生之后，教师无法及时家访，也无法及时通过家长会告知家长学生的在校情况，因此只能立即联系家长，使其尽快来校沟通交流以解决问题。因此，这一交流目标是非常明确的。

2. 物理环境相对可控，但心理环境不可控

一般交流都是在学校进行的。一方面，对于教师来说，物理环境可以选择，如会议室、办公室、教室，教师对这些环境比较熟悉。但是对于家长来说，这些都是相对陌生的环境。

教师主导式的日常情景交流的心理环境是非常复杂的。一般情况下，教师的认识、评价会使得教师本身的心理环境受到影响，而家长一般都是忧虑、焦急的。另外对教师来说，家长的心理状态难以把握，而这又会增加教师的心理压力。

3. 交流节奏不可控

虽然是教师主导的交流，但是家长的回应是未知的，家长可能会无条件地宣称支持教师的工作，交流节奏会变快；但家长也可能会对问题提出自己的看法与诉求，所以交流节奏也可能会变慢。

综上所述，首先，家长主导式的日常情景交流的目标比较模糊，可能贯穿于整个交流的过程，这是日常情景交流特别的地方。另外，家长主导式的日常交流还有交流环境可控、交流节奏不可控的特征。而教师主导式的日常情景交流具有目标明确、交流的环境相对不可控与节奏不可控的特征。那么，针对这些特征同样需要特别的交流技巧。

二、日常情景交流的技巧

(一)家长主导式的日常情景交流

教师在了解了家长主导式的日常情景交流的特征后，再确定交流技巧。交流技巧可分为以下四点。第一，用心倾听，把握交流目标；第二，营造轻松的交流空间；第三，围绕交流目标，控制交流节奏；第四，肯定交流效果。

1. 用心倾听，把握交流目标

教师诚恳地倾听，追随家长的语言表达，对家长予以尊重，透视其背后的根本诉求，并在进一步的沟通中逐步确定家长的全部诉求。在这一基础上，教师提出明确、清晰的交流目标，并征询家长的意见，在获得肯定后，围绕相应的交流目标展开深入交流。

【示例】

潘同学是一个安静的孩子，在学校一直默默无闻，学习也不错。一天，樊老师在办公室遇到了前来交流的潘妈妈。

潘妈妈问："最近小潘在学校表现怎么样？"

樊老师说："潘同学勤奋、认真，与人为善，是一个很好的孩子。"

潘妈妈迟疑地问："他在学校没发生什么事吗？"

樊老师说："您指的是哪方面呢？能不能具体说一说，潘同学最近在家里有什么不一样吗？"

潘妈妈说："噢……没有啊，那他怎么……唉……他没事儿就好。谢谢樊老师。"

樊老师说："也许有一些我不知道的事情，需要我找他谈一谈吗？或者我先了解了解。所以，您方便说一下您觉得潘同学最近有什么变化吗？"

潘妈妈说："是有一些变化，要不然我也不会过来。他最近晚上放学回家的时间有点儿晚，我问他怎么这么晚，他说学校有事情。我还发现，他的鞋子上有泥巴，衣服上也有。我就觉得很奇怪，所以想来问问，学校最近是不是有什么活动。我也没有接到学校有活动的通知，樊老师你看，本来打个电话就行的，但是我还是不放心，他平时跟我交流也少，是那种不喜欢说话、表达的孩子。我就很担心。我想着，您总是比我们更了解孩子。"

樊老师说："潘妈妈，你不要担心，学校有安排，我们是一定会通知到家长的，这一点请您放心。据我所知，最近学校在课后没有活动，但是我还是先问问其他老师有没有在课后安排活动，我确定了之后再跟您反馈吧。潘同学确实话不是很多，但是据我了解，他是一个善良、勤奋的好孩子，您不要过于担心。也怨我的工作做得不到位，我应该经常与您保持联系的，这样才能跟您多沟通多交流。"

评析：这个示例中，家长不用电话而是采用面谈的方式与教师进行沟通，说明家长对学生的关心程度很高。学生放学回家时间比较晚是一个交流的契机，家长其实更加关心的是，自己的孩子不善于交流、沟通，可能会被学校和教师忽视，自己事实上对孩子的关心也可能会被学校与教师忽视。因此，教师通过适当的引导把握到了家长的这一诉求，也明晰了沟通交流的目标，最后围绕这一目标及其背后的情感诉求做了一些安抚性的沟通。

2. 营造轻松的交流空间

征询家长的意见，给出交流空间选项，供其选择。教师充分尊重家长的意见和交谈偏好，通过耐心地询问和认真地倾听、肯定，让家长尽可能地放松。不做主观的、偏激的评价，尽可能站在家长的角度和立场理解其表述，还原其诉求。教师在理解家长诉求的基础上，积极肯定其诉求的合理性，在情感上表示理解与同情，但也需要表达、坚持自己的立场。积极地围绕家长诉求的合理方面提出问题解决方案。对于不能解决的问题，需要诚恳地进行说明，以取得对方的同情与理解。

【示例】

李同学最近精神萎靡，对学习提不起兴趣，赵老师在一个中午迎来了李妈妈的校园访问。赵老师询问了李妈妈希望在哪里交流，李妈妈提出，想要在一个没有第三人的地方，赵老师带她去了一间空教室。李妈妈反映，李同学最近在家里不做作业，面对家长的询问，就说作业都在学校写完了。但是李妈妈翻了李同学的书包，发现里面的习题都是空白的。再问李同学是怎么回事，李同学说就是写完了，老师没有布置新的作业。问李同学学习的进度，李同学支支吾吾回答不出来。李妈妈很焦急，表达的语速非常快，情绪激动，并且质问赵老师，是不是没有关注到李同学在学习上的这些情况，李同学在学校的学习到底是什么情况，为什么赵老师没有及时跟自己联系。

赵老师耐心地听完了李妈妈对李同学、对学校、对自己的抱怨，一边让李妈妈慢慢说，不要急，一边把李妈妈提出的问题记在本子上。在李妈妈说完之后，请李妈妈喝水，并且请她平复一下情绪。

接着，赵老师表达了自己对李妈妈的理解，认可李妈妈对李同学学习情况的关心，对学校教育、教学活动的关心，说明李同学长久以来在学校的表现都很不错，作业能够按时上交，写得也很认真。但是，李同学最近对学习有些提不起精神，作业不能按时上交，有各种各样的不交作业的借口。然后，赵老师说明自己为这一情况做了哪些工作，比如，找李同学谈话，询问他最近为什么作业不能按时上交，告知李妈妈这样的谈话至少进行了两次，也得到了李同学准时上交作业的保证。所以，在与李同学已经有了充分沟通的前提下，还没有启动家长交流的工作进程。但是，李同学在保证了上交作业之后，作业仍然不能按时完成，赵老师也认为应该联系家长了，而这时李妈妈先赵老师一步，主动进行沟通。赵老师充分肯定李妈妈的校园访问，同时也请李妈妈理解自己的工作惯例。对于李同学出现的这些学习情况，赵老师提议自己再通过学生谈话了解一下李同学最近的学习情况，之后再进行一次家访，深入地与李妈妈、李爸爸谈一谈，一起探寻一下这个情况产生的原因，再寻求解决的办法。

评析：这个示例中，教师在交流之前征询了家长的意见，让家长自己选择较为舒适的交流空间。面对家长的意见甚至抱怨，教师始终保持尊重与耐心，并且一直帮助家长放松情绪，避免出现语言和情绪的对抗。教师在接下来的阐述中，站在家长的立场理解了家长的根本诉求，即教师是否真的关注到了自己的孩子，教师的关注度到底够不够。教师一方面肯定了家长的这一诉求，在情感上报以同情与理解，但是教师也阐明了自己的工作流程，坚持了自己的立场，而且教师并没有随着家长的意思否定自己的工作，而是真诚地说明，以求得家长的理解。最后，围绕着学生学习中产生的问题，共同探讨解决的方案，对于不能立即解决的问题，教师灵活地将之推入其他类型的交流活动中，以避开当下较为紧张的氛围，并为自己解决问题提供时间。

3. 围绕交流目标，控制交流节奏

针对无法把握交流目标而谈话变慢的情况，教师可以通过适当的引导，帮助家长明确其交流目标，进而围绕这一目标，展开有效地交流。

【示例】

何老师突然迎来了李爸爸的校园访问，李爸爸向何老师提出各种各样的问题，比如，李同学在学校跟同学相处得怎么样？有没有跟同学发生矛盾？他的数学成绩不太好，该怎么办？他的语文成绩很好，希望他能继续保持。李同学有没有早恋？他作业完成得好不好？他作文写得怎么样？……何老师一直被动地回答，有问题来了就回答问题。最后，李爸爸没有问题了，但是他还没有要走的意思，何老师以自己快要上课了，结束了这次校园访问。

第二天，李爸爸又来到了学校，李爸爸又开始询问同昨天一样的问题，最后何老师直接问，李爸爸到底想要问什么，李爸爸才开始询问何老师，李同学能否参加下个月的全市作文大赛，能不能请何老师特别指导一下李同学的作文。

评析：这个示例中，教师在面对漫无目的的交流时，他并没有通过一定的引导获得谈话的目标，所以谈话陷入了单方的提问，交流速度非常慢，并且无效。在这种情况下，教师可以适当地结束谈话，并重新确定交流时间，使家长情绪平静之后再进行谈话。

【示例】

黄老师在放学之后被学生B的家长A堵在了办公室，A开始向黄老师倾诉自己的家庭问题，夹杂着学生B在家庭生活中的一些情况。B是一个非常调皮的孩子，黄老师已经家访过两次了，比较了解B的家庭情况。这次，A一直在讲述自己在家庭中受到的不公平待遇，甚至流下了眼泪。黄老师一直在安慰她，并且询问B的情况。A哭得更厉害了，断断续续地说起B在学校老是被欺负，自己又管不了。黄老师一直在向A解释，B在学校没有人(敢)欺负他，他一直都是很要强的孩子。但是A咬定自己的孩子在学校受了欺负，具体谁，怎么欺负的却说不清楚。她又开始哭了，一直说自己命苦。黄老师很无奈，但是又不好直接走了，就一边安慰她，一边表示自己下班也有事情要忙，如果想要进一步交流，请A平复情绪，跟B好好交流交流，再来学校进一步沟通，或者再家访一次。

评析：这个示例中，教师在面对情绪化、没有距离感的家长时，一边表示情绪上的同情，一边合适地表达了拒绝的态度，之后与他们重新确定交流时间，有理有节。

教师针对交流目标错位、谈话变快的情况，可以再多一些耐心，倾听家长的心声，还原其根本诉求，然后进行有效地、客观地、深入地交流。

【示例】

陈先生第一次来学校找班主任聊小陈的学习情况。由于陈先生经常出差，他对小陈的学习情况不太了解。他在与班主任王老师交流的时候，一直在感谢王老师对小陈的照顾。王老师刚好观察到小陈最近经常上课走神，便向陈先生反馈了这个小问题。陈先生仍然在感谢王老师，对小陈上课走神的事情一直拜托王老师多多照顾、多多教育。王老师请陈先生在家里多关心小陈的学习，多与小陈沟通，看能不能发现小陈最近心态改变的原因。陈先生一口答应下来，继续拜托王老师多关照小陈。王老师与陈先生谈了五分钟，交流就结束了。

评析：这个示例中，陈先生并不关心小陈在学校的表现，而是一直在感谢王老师对小陈的帮助。面对非常客气的家长，深入的交流很可能无法展开，他们的诉求可能就是来学校沟通情感，以获得教师对其子女的关照，在教育问题上并不想付出真正的努力，所以谈话的目标一直处于错位状态，谈话的节奏会变快。教师在如此的对谈中，需要努力使家长明确学生教育需要家庭与学校的联动；家长也同样需要付出努力，才能达到教育目标的实现。

4. 肯定交流效果

交流结束之时教师需要肯定交流效果，哪怕交流并没有深入展开、甚至交流目标尚未明晰，也需要肯定家长的主动性与积极性，给予家长一定的信心，以促进交流进一步地展开。

【示例】

郭老师在面对家长C的校园访问时，与C交谈了十分钟也没有把握到C的交流目标，但是C一点儿也没有停下的意思，继续畅谈自己对孩子家庭教育、学校教育的理解，引经据典。郭老师在后天有一场公开课，一些细节的地方还需要打磨。郭老师打断了C的谈话，表明自己仍然有工作要忙。C看起来不太愉快，但是郭老师告诉自己："不能再在这里浪费时间了，我还有更重要的事情。"于是郭老师跟C简单地打了招呼之后，匆匆地回到办公室，继续备课了。二十分钟以后，教导主任找到郭老师，告知家长C对郭老师的态度不满，请郭老师在面对家长访谈的时候多一些耐心和正面的评价。郭老师觉得很郁闷，并且向教导主任反馈了家长C之前的谈话内容。教导主任告诉郭老师，家长的学校交流都是有诉求的，面对这样的看起来漫无目的的对谈更是需要理解其背后的诉求，哪怕理解不了，也要充分肯定家长前来交流的态度，他们希望与学校、老师建立和睦的关系，希望自己能在学生的学习方面有一个好的出发点。听完这一番话，郭老师虽然还是很郁闷，但大概知道下一次面对家长的来校交流该如何反应了。

评析：这个案例中，郭老师被家长C投诉了。虽然并不是所有家长都会投诉教师，但是一场沟通不畅的交流很可能会影响教师与家长双方的心情，甚至会影响到家校之间的信任关系，使得家校沟通的进一步展开困难重重。因此，教师需要重视家长的校园来访，哪怕只是闲谈，也需要充分尊重家长，以促动家长交流的积极性。

家长主导式的日常情景交流是家长口语交流中较不可控的场景，因为谈话的目标太过模糊，家长的根本诉求难以把握。这就对教师的洞察力和共情能力提出了较高的要求。但是，即使交流目标逐渐清晰，家长的诉求被洞察，家长诉求和背后的情感需求也难以得到完全的满足。因而，除了敏锐的洞察力和较高的共情能力，高超的口语交际技巧也非常重要，这一点是需要各位教师不断学习、练习的。

(二)教师主导式的日常情景交流

教师在了解了教师主导式的日常情景交流特征的基础后，确定其交流技巧。第一，礼貌地联系家长，合适的交流愿望，第二，尊重家长诉求，理性交流；第三，适当控制交流节奏；第四，肯定交流效果，感谢家长配合。

1. 礼貌联系家长，合适表达交流愿望

因为交流的目标是非常确定的，所以，教师有充分的时间与精力进行提前准备，并设计好各种解决问题的方案以供接下来的交流讨论。在与家长的交流过程中，教师应尽可能地肯定学生，恰当地评价学生，合理地表达希望同家长面对面交流的愿望，切不可带有负面情绪。所以，控制情绪，适当、合理地联系家长就非常重要。

【示例】

小王在课堂上总是喜欢说话，任课老师制止他的时候，他会与老师争论。张老师已经找他单独聊过很多次了。张老师发现，小王有强烈的表现欲，希望引起大家的关注，但是小王身上又没有特别的地方。每聊完一次，小王都会保证以后再也不会顶撞老师了。但是，每隔一段时间，小王都会故技重施，历史老师被他气哭了。张老师立刻联系小王的家长，客观地描述了小王在课堂上的表现，并请家长在最近有空的时候来一趟学校，交流一下如何解决这个问题。小王的家长表示非常重视这个事情，愿意配合张老师的工作，家长愿意在当天下午来到学校沟通。在家长到来的路上，张老师思考了解决问题的方法：第一，告知小王家长小王的这种特别的心理需求，请家长多关注小王的这种求关注的心理，尽量在家庭中让他得到该有的关注，满足其需求；第二，请小王在家长和自己的监督下，写下保证书，如果再发生同类的事件，就立刻请家长将之带回，反省一至两天；第三，如果小王的家长时间比较富余，请小王的家长在学校陪读一周。

评析：这个案例中，教师与家长在交流之前，教师做到了礼貌的告知，教师并没有因为事件本身对学生产生偏见，而是从科学的角度寻求问题解决的办法。同时教师也尊重了家长的意愿，使用了商量的语言邀请家长前来交流，而不是用命令的口吻，要求家长来校。

2. 尊重家长诉求，理性交流

家长在得知自己的孩子在学校出现问题的时候，均会有不同程度的心理压力，一部分家长甚至认为自己去学校就是听教师的批评的。但在情感上，家长都是站在孩子这一边的，他们的诉求一般都是孩子在学校平安，教师能够平等、公正地对待自己的孩子，孩子成绩好坏反而是排在后面的。因此，教师在邀请家长前来交流的时候，一定要把握并充分尊重家长的这些深层次的诉求，在此基础上理性地交流，防止情感泛滥和情绪激化。

【示例】

王老师通知张妈妈，小张在学校谈恋爱了，希望能请张妈妈到学校沟通一下这个事情。第一次王老师见到张妈妈，张妈妈愁云满面。张妈妈首先表示了自己的震惊，她告诉王老师，自己昨天晚上一直在想这个事，想不出来自己哪儿对小张照顾得不好，又说自己太大意了，没有及早发现小张恋爱的苗头，认为自己做母亲做得不好，没有尽到自己的责任。场面一度非常沉重，张妈妈的焦虑感也影响了王老师。王老师首先安慰张妈妈，告诉张妈妈她是一个负责的好妈妈，也告诉她，孩子刚刚确定恋爱关系，自己也是刚发现。小张在学校的情况自己基本上都了解，老师也一直在关注学生青春期的问题，已经给学生普及过青春期的知识了。王老师让张妈妈不用过于担心，孩子在青春期对异性有好感是正常的，主要是老师和家长应该如何引导的问题。张妈妈情绪稳定了一些，问王老师应该怎么办。王老师告诉张妈妈，学生在青春期比较敏感，管得过紧，容易引起逆反，可以慢慢地跟孩子沟通，不要忙着否定他们，而是试着引导孩子敞开心扉，在尊重孩子的前提下，让孩子主动聊起来这件事，缓解他们的羞耻感，最后引导孩子树立积极的恋爱观。如果没有准备好，就先不要跟孩子聊，可以先了解一些关于孩子青春期的心理方面的书籍，以后再跟孩子交流。张妈妈已经平静下来，认为王老师说得有道理。

评析：这个案例中，教师在面对情绪低落甚至陷入自责的家长时，没有与其一同陷入非理性的情境中，而是首先肯定了家长的努力，接着客观地、理性地与家长沟通交流，表明自己对学生的重视和关注，让家长紧张、焦虑的心情逐渐放松。然后，教师又同家长交流了正确与孩子沟通的方法，引导家长一同参与学生的教育活动。

3. 适当控制交流节奏

在交流中，家长可能会因为心理压力而一味地附和教师，导致交流节奏变得很快；也可能因此而情绪失控，或者长篇大论，导致交流节奏变慢。不同的情境可能会出现不同的情况，交流的节奏可能会与教师的预想不符。因此，节奏变快时，教师需要主动向家长提问，并请家长表态；节奏变慢时，教师应注意安抚家长的情绪，使其回到理性的轨道上来。

【示例】

小张的脾气比较暴躁，已经换了很多同桌了，但是她又跟新同桌产生了矛盾。杜老师联系了小张的家长。张妈妈也是一个急性子，见到小张就开始落数小张的不是，还一直推搡小张。杜老师拦下张妈妈，请她冷静一下，小张哭了。张妈妈开始向杜老师抱怨小张青春期的种种叛逆行为，一边诉说自己没法儿管孩子，一边拜托杜老师，让杜老师多管管。说着说着，张妈妈的脾气又上来了，又想拽过小张，想要推搡她，想要继续数落小张的不是。杜老师又拦住张妈妈。

杜老师说："张妈妈，你先喝口水，我把风扇打开，你太热了。你也说了这么久了，先歇一歇，听我说。小张其实是个好孩子，在学校表现也好，学习努力认真，很有正义感。她就是脾气有点儿急，你看，她跟你的脾气倒是有点儿像(笑)。张妈妈，你再喝口水，平静平静。跟孩子相处要多点儿耐心，慢慢来，鼓励为主，她下次要是做了什么事儿你觉得特别好就多鼓励她，别急着否定。我在学校也注意，如果她交了好朋友，我就多鼓励她，如果她跟同学处得特别好，我也鼓励她。咱们还可以给她一个手环，让她戴上，告诉她，如果下次再想发脾气就揪一下手环，让手环弹一下自己，平静一秒钟，告诉自己要冷静。对了，张妈妈，我这儿还有一个手环，要不你也戴上？下次你再想跟小张发脾气，也停一秒钟，弹一下自己，告诉自己冷静。你看好不好？你们母女俩一起体验体验。如果谁下次还不能控制情绪被对方发现了，对方可以对犯规的人提一个不能拒绝的要求。"

张妈妈没有说话，接过手环戴在了自己手上，张老师也走到小张面前，叮嘱小张，得到同意的回应之后，小张也戴上了手环。

评析：这个示例中，教师在面对情绪失控又抱怨特别多的家长时，用喝水和轻松的话题让对方先停下来，使得讨论的话题回到解决方法的商讨上，控制了因为家长的情绪倾诉导致的谈话变慢的情况。教师根据具体情况提出了较好的解决方案，沟通取得了比较好的效果。

4. 肯定交流效果，感谢家长配合

在某些情境中，解决的方案并不能立刻提出，或者教师提出了解决方案，双方或多方不能立刻达成共识，那最终就只能暂时冷处理。尽管最终可能没有取得双方都满意的结果，教师也要肯定交流的效果，感谢家长前来交流的积极态度。

【示例】

石同学的家长均外出务工了，家里只有爷爷负责他的生活，没有其他近亲在这个城市。最近石同学与班级里的另一个同学发生了激烈的肢体对抗，班主任楚老师决定联系石同学的家长前来商量，希望石同学暂且回家反省一周。石同学的爷爷来到学校，表示愿意配合学校的工作，但是又一直抱怨说自己根本管不了石同学，反复向班主任说自己年纪大了，有心无力，石同学如果在家里一个星期，他根本就不能控制石同学，石同学很有可能根本就不回家，而是去网吧，或者跟其他社会上的人待在一起。楚老师很为难，因为石同学的行为太恶劣了，留在学校可能还会有进一步的冲突，但是如果强制让他回家反省，又不能保证石同学和他爷爷的安全问题。最终，楚老师与教务主任商量，暂且将石同学留校察看。楚老师也没有忘记肯定石同学的爷爷前来沟通，也对他前来学校交流表示感谢。

评析：案例中的教师尽管没有完成自己预想的处理方案，但也对家长的付出和努力表示了感谢，这有利于家校交流活动的进一步展开。

与家长交流的口语的训练在根本上是为了培养教师与家长沟通的口语能力，双方的交流应以平等、尊重、安全为主要前提。希望通过一些技巧的训练，使得教师在面对家长时能够开展专业、高效的口语交流，从而加强学校教育与家庭教育之间的联系，共同促进学生成长。

问题与情景测试题

1. 你是一位寄宿制学校的班主任，一天你管理的班级突然出现了学生在寝室用拳头捶打墙壁，以至于出血的急性事件。请问，你需要如何处理此突发事件，如何与学生的家长沟通？

(1)这属于本单元讨论过的哪一种交流情景？

(2)这种交流情景有什么特征，教师口语交流有哪些技巧可以参考使用？

(3)除了尽快与家长联系、沟通，教师还需要做一些什么工作？

2. 请评价以下教师口语的使用是否合适？并说出你的理由。

李老师在下班之后的马路上遇到了班里小王的妈妈，小王妈妈看到李老师非常热情，寒暄之后，小王妈妈开始向李老师倾诉自己在家教育小王的经历。李老师虽然没有什么要紧的事需要立刻处理，但觉得自己的个人时间遭到了侵占。她迫切地想结束这场单方面的对话，她说："王妈妈，我还有事，先走了。"王妈妈愣了一下，随即又笑着邀请李老师有空去家里坐坐。李老师说："不用了，我最近很忙。噢，谢谢王妈妈邀请。"随即转身离开了。

(1)这种情景是否属于本章讨论的教师口语交流情景？如果你认为属于，适用于哪一种情景的交流技巧？

(2)如果你认为这种情景不属于本章讨论的教师口语交流情景，请你自己为这种情景的口语交流下一个定义，总结它的特性，并写出你认为可行的交流技巧。

(3)根据本章所学内容，评价李老师的口语交流技巧。

3. 在班级家长会上，一位从来没有主动联系过王老师的学生家长，突然在所有家长面前对王老师的工作质疑，他说："王老师，我家孩子在初中学习很好，名列前茅，怎么自从到了你们班，就没考好过，考一次退一次。你们学校的教育水平是不是有问题？"

如果你是王老师，该如何使用本章的教师口语交流技巧处理这件事？

4. 陈妈妈坐在地上不起来，办公室的老师都在办公。陈妈妈想要为自己的女儿讨个说法。陈妈妈认为自己的女儿在宿舍被室友欺负了，但是李老师已经向陈妈妈解释了事情的经过，这件事已经过去一个月了，陈同学也已经通过协商，换过新的宿舍和室友了。但是陈妈妈屡次三番来到李老师的办公室，反复向李老师倾诉之前事件对陈妈妈家庭的影响、对自己女儿的影响。这一次直接坐在了地上。

如果你是李老师，该如何使用教师口语交流技巧处理这件事，或者避免此类事件的发生？

第六章测验题

第七章　职业提升口语训练

【建议学时】

2～3 学时。

【教学目标】

知识层面：了解教师工作汇报的特殊性，掌握工作汇报口语训练的特点及方法；了解教师教研活动的特点，掌握教研活动口语训练的技巧及方法；了解教师学术活动对教师职业提升的重要性，掌握学术活动口语训练的特点及方法。

技能层面：针对不同的交流对象，选择合适的语言表达方式，有效地在工作汇报、教研活动、学术研讨活动中展示自我，提升自身综合素质。

>>第一节　工作汇报口语训练<<

工作汇报是下级向上级领导所做的一个阶段总体工作情况的汇报，是每一位从业者对自己某一时期所做工作全面系统的检查与汇总，对工作的主客观条件、有利和不利条件以及工作的环境和基础等进行分析，目的是肯定成绩，找出不足，并在此基础上提出今后相应的整改措施。

作为一名教师，工作汇报是其职业能力提升过程中不可或缺的重要环节，也是教师通过总结自身工作的成绩与不足，不断完善并提升自我的一个重要途径。重视工作汇报中的口语训练，保证工作汇报的行之有效，也对教师自身的长远发展有着极为重要的意义。

一、教师教学与工作汇报

(一)教师工作汇报的重要性

1. 及时总结工作中的经验与不足

教师是需要终生学习的职业，从入职时的生涩困惑到驾驭课堂的游刃有余，教学技能及素养的养成原本就是一个漫长而辛苦的过程，需要教师对自己的工作进行不断的回顾与总结，发现问题并根据具体情况有针对性地解决问题，从而真正地完成教学目标，并为以后的工作积累更多的经验。

定期不定期的工作汇报有助于教师将这种思考的习惯常态化，督促、提醒教师将日常的工作体会进行系统的梳理和归纳，总结经验、发现不足。教师在进行工作汇报的同时也是重新检视自己日常教学的一个过程。

曾子云："吾日三省吾身。"每个人只有不断地内省与反思，才能达到个体人格的不断完善与提升。在教育教学过程中，教师肩负着传授知识与塑造灵魂的双重责任，及时总结教学工作中的经验与不足，无论是对教学工作还是个人素质的提高都具有重要的意义。

2. 精准定位，有效教学

在进行工作汇报的过程中，教师必然会对自己既往的教学活动进行细致的梳理，在回顾教学各个环节的过程中总结经验与教训，发现不足，进而在以后的教学工作中进行相应的修正与改进。

只有通过有效的工作汇报，教师才能够更准确地对自己的教学活动进行精准的定位，从而推动自身教学技能的提高。

3. 实现家校之间、同行之间、上下级之间有效的沟通与交流

教学是一种群体行为。教师应具备较强的沟通能力，因为教师的基本工作方式就是要通过人际沟通来开展教育、教学活动。

教师工作汇报针对的对象是家长、单位负责人或者主管教育工作的上级部门。有效展示自己教学面貌的工作汇报无疑是实现家校之间、教师与单位领导之间、教师与上级教育部门之间有效沟通与交流的重要方式，也是展示自己能力和基本素养的重要渠道。

【示例】

王老师是刚入职的初中语文老师，刚开始教学经验不足，尽管很努力，但是学生们的成绩不理想，期末考试一些学生的成绩出现了下滑。家长们不满意，认为他不会教，甚至向学校提出换一个有经验的老师。王老师陷入了深深的苦恼中，甚至一度怀疑自己的教学能力。

经过总结，他发现出现问题的主要原因是自己没有抓住重点，对于初中阶段学生应该掌握的内容了解不够。初中语文考试注重对学生基础知识的考查，譬如拼音判断、成语的使用等，而他在上课过程中只注重了课堂的趣味性和对学生情感的培养，对学生要掌握的基础知识重视不够。于是，他借来以前的考试试题开始分析，整理出其中侧重考的知识点，并计划在今后的教学中重视对基础知识的训练，作业的布置中也将更注重学生对读音、语言的表达等方面的掌握。

在期末工作汇报中，王老师将自己一个学期以来的教学过程以及在这个过程中产生的困惑和反思全部表达了出来，重点围绕出现的问题进行反思，并详细陈述了自己正在进行和即将进行的改进措施：假期作业给学生布置了一篇命题作文“我最喜爱的老师”，同时计划安排时间进行家访，了解学生们在想什么，并和家长进行沟通。

与会的其他老师也针对王老师的问题给出了建设性的意见，并肯定了他所采取的改进措施。

经过一段时间的努力，王老师欣喜地发现了学生们的变化，学生家长的态度也开始有所改观。

评析：这个案例中，王老师在自己的课堂教学出现问题以至于陷入家长的信任危机时，及时地进行了总结和反思，发现了自己教学当中出现的问题，并积极寻求突破。期末的工作汇报加深了他对自己教学过程中出现的问题的认识，整改措施具体明确。同行们的帮助也让王老师获益良多。在整个寻找解决对策的过程中，王老师把重心放到学生的基础知识的掌握上，通过重视基础知识的训练来提高学生的成绩，这样一来，王老师的教学思路和教学能力有了明显的进步。

(二)教师工作汇报的特点

1. 教师角色

(1)特殊的陈述主体

工作汇报中的教师是一个特殊的陈述主体。他所面对的陈述对象不再是学生这样渴求知识的教学对象，而是家长、同行、学校单位负责人以及教育行政部门的领导等。因此，如何扮演好这一特殊的角色，某种程度上也体现了一个教师的综合素质，尤其是其内在的精神品格。

(2)倾听者

在工作汇报中，教师同时也是一个身份特殊的倾听者。他在向陈述对象展示自己观点的同时，还要接受来自陈述对象专业的或者业余性质的考评，同时吸纳对方的建议或者建设性的意见。这是一个双向的过程。

2. 工作汇报的内容

内容是教师工作汇报的重要环节。依据陈述对象的不同(家长、单位领导、上级教育主管部门领导)，工作汇报的侧重点也相应地有所变化。

(1)面对家长

家长是特殊的“上级领导”。面对家长的工作汇报多以家长会的形式来进行，由教师发起，是教育活动中家校之间沟通的重要环节。内容包括向家长汇报学生在校的学习生活状况、告知最新的教育信息等。

(2)面对单位领导

这里的单位领导既包括教研室主任，也包括学校领导。单位里的教研室主任和教师的关系是双重的：既是上下级，又是同行。

对单位领导的汇报主要是介绍自己工作的情况，包括取得的经验及发现的不足，需要领导做进一步指示；或者汇报一件事情完成的经过，告诉领导事情进展到何种程度，最后结果如何等。

在对教研室主任的工作汇报中，教师既要表现出对教研室主任工作安排的服从，在侧重汇报个人工作时，对教研室主任有足够的尊重，以维护教研室主任的权威；同时也要体现出作为教研室一员对教研室工作的认真与投入，显示出作为集体成员的主人翁意识和责任感。对学校领导的汇报则应注意简明扼要，突出问题的重点。

(3)面对上级教育主管部门领导

面对上级主管部门领导的时候，教师代表着所在学校的形象，很多时候是代表学校汇报工作。因此，内容上要注意协调好个人工作与自己单位之间的关系，让上级教育主管部门领导在了解自己工作情况的同时，对所在单位的工作也能有一个客观全面的了解。

二、教师工作汇报口语训练应遵循的特点

(一)专业素养方面

教师是一份特殊的职业，为人师表、教书育人是其天职。在进行工作汇报的时候，面对特定的交际对象，语言是否得体、口语表达是否标准规范，在很大程度上体现着一个教师的综合素质和基本的职业素养。

1. 用语得体、标准、规范

(1)陈述用语要科学、严谨、规范

教师在进行工作汇报时不管面对何种陈述对象，陈述用语一定要科学、严谨，更要注意规范。这是作为一个合格教师所应具备的基本能力和素质。比如，在召开家长会的时候，教师在向家长介绍学生的在校情况时，一定不要夸大其词，更不能避重就轻，而要实事求是，让家长能够及时、准确地了解孩子的在校状态，真正使家长会成为沟通家校之间的桥梁。

不同级别的领导都是本专业的内行，教师在进行工作汇报的时候，要如实介绍，不管是取得的成绩还是不足之处，包括回答领导随时提出的问题。这也是教师展示个人形象和个人能力的一次机会。

(2)仪容仪表要端庄、自然、大方

得体的仪容仪表既是对他人的尊重，也是呈现个人素养的基本形式。良好的仪容仪表不仅能给别人带来审美愉悦，也能够给自身带来自信。教师职业的特殊性对仪容仪表有着更为重要的要求，在与人交往中，得体的妆容和服饰、大方自然的态度会迅速赢得对方良好的第一印象，无形中拉近了双方的距离，这样更有利于交往的进行，汇报的效果也会事半功倍。

2. 思路清晰，条理分明

不管是面对家长会的工作汇报，还是面对单位领导的工作汇报，对于自己要汇报的内容，教师一定要做到思路清晰，条理分明。

(1)明确的陈述主题

明确的陈述主题是工作汇报的核心，也是工作汇报要实现的目标。这就需要教师具有强烈的问题意识，在总结个人工作、进行工作汇报时突出自己的问题，围绕问题来进行自己的汇报陈述。

(2)清晰的逻辑思路

清晰的逻辑思路会让你的工作汇报如行云流水般顺畅自然，让你的倾听对象不自觉地受你引领，在轻松愉悦的心态下自然接受你的观点，从而实现工作汇报的预期目标。

3. 兼具表达者与倾听者的身份

如前文所述，教师在工作汇报中的角色是双重的：既要陈述个人的观点，是一个主动的表达者；又要接受陈述对象的提问，做一个积极的倾听者。工作汇报中的这种双重角色对教师的言语交际能力也有着更高的要求。

(1)主动的表达者

在陈述自己观点的时候，教师的角色是主动的，需要将自己的观点清晰条理地陈述出来，传达给与会的每一个对象，得到与会者的理解与认可。

(2)积极的倾听者

工作汇报的过程不是教师一个人单独完成的，它实际上是教师作为陈述者和与会者作为陈述对象共同完成的一个过程。说话人和听话人彼此之间的相互配合构成了语言交际特殊的环境场域，交际双方共同的努力才会促成交际效果的真正实现。

在教师的工作汇报中，家长、单位领导也会参与其中，并对教师的工作汇报进行质疑、询问或者建议，在这个过程中，教师势必要扮演一个积极倾听者的角色，善于倾听每一位与会者的意见，并做出及时的回应。

教师在工作汇报中的双重角色也决定了工作汇报中的与会双方彼此之间情感交流的特殊意义。

(二)心理素养方面

心理素养是教师职业素养的重要组成部分，是教师在教学实践中沉淀的教学所必备的心理品质。世界卫生组织(World Health Organization)认为：心理健康素养是个体获得、理解、使用信息来促进和保持良好健康水平的动机与能力的认知与社会技巧。心理素养的高低既关系到教师个体的发展，也决定着教师教学水平的高低和教育目标最终是否能够真正实现。义务教育阶段教师心理素养的高低还会直接影响到学生的身心健康。

在工作汇报中，教师要面对不同的陈述对象，既要很好地陈述自己的看法与观点，还要倾听来自与会者从不同角度提出的意见与建议，同时还要随时应对各种突发状况。因此，是否具备良好的心理素养从某种程度上来说直接决定着教师的工作汇报能够顺利进行。

1. 预先准备要全面、充分

如同教师每一次上课之前都要充分备课一样，工作汇报也是一样，只是教师面对的对象发生了变化。这种准备既包括内容上的，也包括心理上的。

(1)心理上给予高度重视

仔细设想汇报中可能出现的每一个环节，甚至每一个细节；预想现场有可能出现的问题，家长、领导的反应，以及自己该如何应答。内心无数遍的预演会让教师提早进入特定的角色，心理上的高度重视也会让临场的工作汇报不至于因过度紧张而慌乱。

(2)内容上做到烂熟于心

宋代苏轼说："故画竹必先得成竹于胸中。"心理素养的强大，需要以深厚的知识功底来支撑。

2. 积极的心理暗示和情绪的自我调节

人的情绪是一个复杂的心理反应。适度的紧张在一定程度上会激发人的内在潜能，但过分的紧张则会影响水平的正常发挥。因此，优秀的教师在工作汇报之前，往往能够进行积极的心理暗示，善于进行情绪的自我调节。比如，听听音乐、进行适度的户外活动、和同事朋友聊天交流，或者一个人安静地独处，给自己打气加油等，这些都有助于让自己紧张的心情平复下来，以便尽快进入状态，在工作汇报时更好地表现自己。

3. 娴熟的掌控能力

现场经常会有一些突发事件让人猝不及防。对现场场面娴熟的掌控能力来自教师平时的有意识的训练，是教师适应不同语言环境能力的体现，更是教师职业自信的重要标志。

【示例】

周老师和林老师平时有些小矛盾。这次教研室工作汇报，周老师总结了自己近段时间以来的工作情况，特别谈到了自己就某个教学问题所进行的思考。

周老师：这个问题我考虑得还不是很成熟，提出来供大家讨论，也希望各位同人提供更好的思路。

林老师：我觉得这个问题就不是问题，没有进一步讨论的必要。

周老师：(感觉到对方的不友好)我说了，只是提出来供大家讨论的。你可以不同意，谈谈你的想法嘛！

林老师：我没有什么想法，我只是觉得这个问题没有讨论的价值！

周老师：这确实是我不太成熟的一个想法，有许多疏漏，提出来也是想得到大家的指点，也算是抛砖引玉。林老师，您有什么更好的想法吗？(停顿)或者咱们另找时间再做深入的讨论！其他老师(停顿，同时眼光看向其他老师)，提提意见吧？

(其他老师纷纷谈自己的一些想法)

评析：在这次工作汇报中，林老师把个人的情绪带到工作中显然是不合适的，也明显违背了教师基本的职业道德。面对林老师的有意挑衅，周老师并没有情绪化，而是积极应对，主动征求对方的意见，同时通过语气的停顿、与其他教师的眼神交流等方式，在其他同事的介入中巧妙地化解了危机。

>> 第二节　教研活动口语训练 <<

教研活动是以教师为主体、以课堂教学为中心而展开的系列研究活动，最终目的是改进课堂教学，使教师自身的教学方法更能符合当前教学的实际，取得最佳的教学效果。教研活动具有群体性、实践性的特点。在整个教研活动中，无论是活动的主持者还是参与者，在活动之前的筹划准备、活动期间的互动交流、结束阶段的点评总结，以及后期的实践延伸中，得体而专业的口语表达不仅是活动参与者极具个性的魅力展示，更是教研活动得以有效进行的关键保证。

一、教师教学与教研活动

(一)教研活动对教师教学工作的重要意义

1. 加快教师的专业化成长步伐

教研活动与教学活动是教师日常工作的两翼，两者相辅相成，缺一不可。持续不断的教学研讨活动，会使教师对自己的教学对象有更深一步的了解，不但知其然，更知其所以然；在撰写教研论文或者教研报告的过程中，教师也锻炼了自己总结问题、分析问题的能力；在与同行的切磋交流中则会进一步加深对相关问题的理性思考。教师的专业化成长是一个良性循环、不断持续和发展的过程。

2. 激励教师不断探索更适合课堂教学的教学方法

教研活动是以教师为研究主体，以具体的课堂问题为研究对象的实践性研究活动。如何改进教学方法，是改革课堂教学，开展教研活动的基本主题。经常性的教研活动能够促使教师不断总结自己教学活动中的经验和不足，进而探索新的更适合课堂教学的教学方法。

3. 增进领导与教师、教师与教师彼此间的感情，激发教师工作热情

教研活动也是一个增进领导与教师、教师与教师之间感情的绝佳机会。通过教研活动的展开，尤其是对教研问题的深入探讨，研讨者彼此之间的良性互动能够进一步加深双方的了解，推动各自教学能力和科研能力的提升，有助于教研室和教学单位和谐气氛的形成，更有利于以后教学工作的高效展开。

(二)教研活动的角色分类

1. 教研组织者

教研活动的组织者一般是本教研室主任、教研员或者相关的专业领导。作为活动的组织者，他们要对活动的整体安排、会议要达到的目的及各与会教师之间的关系协调、会后的总结等各个环节有全面的把握和灵活应变的能力。

2. 参与者

一般情况下，与会的教师既是活动的参与者，也是教研活动的主体。他们在教研活动中除了要围绕会议主题积极准备自己的发言材料之外，还要做到服从安排，在尊重其他同事及同行的基础上开展彼此之间有效的沟通与交流。

(三)教研活动的特点及要求

1. 教研活动的特点

(1)群体性

教研活动是一个群体性的活动，需要教研单位每个成员的积极参与，在会议主持者的统一安排下，会议主持者和与会教师之间、与会的教师与教师之间，围绕某一个或某一类专题展开研讨，畅所欲言。每个人在这个群体中扮演角色的成败，彼此之间互动的结果，都会对会议最终能否成功产生重要的影响。

(2)实践性

教研活动是对教师教学实践问题的探讨，其核心问题就是教师在教学过程中所遇到的现实问题，如集体备课、集体探讨教研课例、新教师展示课后的交流、研究课题的确定等；还有一些教学专题的探讨，如复习专题、识字写字专题、古诗文阅读专题、作文教学专题、阅读教学专题讲座等，通过集体研讨的形式，廓清疑问，共同提高教学水平。在教师们展示各自精彩纷呈的思想的过程中将问题引向深处，从而提高教师的专业技能和科研能力，提高教学质量，促进学生全面发展。

2. 教研活动的要求

教研活动多为小型会议，大多为本教研室活动，也有大规模的涉及其他教学单位和校外其他同行的教研活动。但整体来说，教研活动以与会教师的发言为主，内容多是教师自己的教学体会，目的是促进以后的课堂教学。与会者在其中所扮演的角色不同，口语交际方法也有相应的差别。

(1)预先沟通，形式恰当

成功的教研活动，离不开事先的精心准备。教研室成员之间及时有效地沟通同样必不可少。围绕什么样的话题、选择什么样的教研形式都是在会议开展之前就应该明确下来。比如，一人主讲，其他与会者提建议或者补充；或者大家围绕同一个话题各抒己见，然后汇总等。沟通过程中对口语类型的选择同样彰显着说话者的基本素质和人文修养。

第一，教研活动的组织者与教师之间。在一个教研室中，教研活动的组织者与教师之间的关系是双重的：既存在着特殊的上下级关系，是组织者与被组织者的关系；同时教研活动的组织者往往也是教师当中的一员，和其他教师一样是同一个教学单位里的同事。在会议之前的沟通交流中，平等、尊重、理解的态度和适度的话语方式是保证会议顺利开展的基本前提。大型的教研活动中，主办方一定要倾听一线教师的心声，切切实实将研讨落到实处，而不是仅仅走过场。

第二，教师与教师之间。与会的教师之间也应有必要的沟通和交流。结合自己的教学经验，就相关话题查阅相关资料，为即将开始的教研活动做好必要的准备。

(2)目的明确

教研活动应有明确的目的，这是在每次教研活动开始之前就应该确定好的。在活动的过程中，任何一个环节都需要围绕这一目的来展开，这也是对所有与会者(包括会议主持者和参会的每一个教师)口语表达能力的考验。同时对于会议主持者来说，也是考验其用高超的语言水平驾驭整场活动，使之能够顺利进行的关键。

(3)全体参与

教研活动是教师集体参加的一场教学研讨活动，所有教师在集体活动的氛围中展开对相关话题的研究与探讨，以实现对每一位教师教学科研能力的促进和提高，以提升其教学与科研水平，最终达到提高整体教学水平的总目标。全体参与是保证教研活动真正取得成效的重要手段。

(4)及时总结

每一次教研活动都需要及时地进行总结。会议主持者需要在会议结束的时候简要概括活动达到的效果、所取得的收获以及今后努力的目标，而每一个参与活动的教师也需要对自己与会的体会进行有效的梳理和思考，以确定在以后的教学中所实施的教学方式以及改进的措施。

(5)服务学生是最终目标

教研活动的目的是改进课堂教学，以更好地服务学生，这也是教育的目标。因此，任何的教研活动都离不开学生自始至终的“参与”，学生的接受效果才是检验每一次课堂教学效果的关键依据。

二、教研活动口语训练

(一)组织者

1. 组织者(主办方)的职责

一场成功的教研活动涉及的因素很多，特别考验组织者的水平能力，尤其是召开比较大的教研活动的时候。要组织一场成功的教研活动，从前期准备、流程的安排到后期的延伸，任何一个细节都需要组织者进行精心的筹划，这更能锻炼和考验组织者的语言交际能力和学科水平。

(1)设计合适的引入话题，营造良好的研讨氛围

参加研讨的教师不管是来自同一个教研室，或是来自不同的教学单位，作为活动的主办方和活动的组织者，都需要事先的精心设计，为研讨的顺利进行营造开放温馨的轻松氛围。

(2)整体规划，确定主题

无论是什么形式的教研活动，都必须要有具体明确的主题。而且教研活动应针对学科研究的情况进行整体规划，以体现教学研究的长期性和前瞻性。教研活动又要针对具体问题进行深入探讨，以体现教学研究的阶段性和有效性。

(3)统筹安排各个环节

各个环节之间的衔接要自然、顺畅、合理。教研活动是教师们在课堂之外服务于课堂教学的研讨活动，每个与会者的情况千差万别。作为会议的主持者，不管在会议之前还是会议期间，都需要进行细致的统筹安排，以保证研讨取得实质性成果，从而真正地服务于课堂教学。

2. 组织者的语言技巧

(1)活动开始阶段

在规定的时间，面对与会成员，主持人需要宣布活动的开始，简要介绍会议的基本情况，包括：活动的主题、目的、程序等。大型的教研会议(包括不同单位教师参加的教研活动)还需要介绍与会人员的情况，有哪些学校代表参加，有哪些领导与会等。

①语气平和，声音沉稳，神态自然。良好的开端是成功的一半。为了让每一个与会者尽快进入状态，迅速融入会议的气氛中去，组织者在做活动介绍时，需要注意自己说话的语气和与之相伴的神情态度。这也是组织者展示给与会者的第一印象。语气平和，声音沉稳，神态自然，也有助于会场能够迅速安静下来，以保证会议的顺利进行。

②语言简明扼要。主持者在做活动介绍时，语言一定简洁而直接，使与会者的注意力尽快集中起来，切忌拖泥带水。

③以口语为主，忌照本宣科。主持者在准备会议议程时，可以撰写稿子，将自己需要注意的事项、包括要说的话用文字记录下来。但在进入会场，面对与会者进行活动介绍的时候，一定不能照本宣科，更不能念稿子。亲切、自然的口语会迅速拉近双方的距离，有助于会议良性氛围的形成，也为之后会议的展开、教师们彼此之间的沟通与交流奠定良好的基础，会议的进行也会更加顺畅。

(2)活动进行阶段

这是教研活动的关键阶段，最能考验会议主持者的语言运用技巧。在这个过程中，组织者需要对各个环节保持高度关注，平等对待每一位与会者；同时对会议中可能出现的意外情况进行及时有效地协调处理，以保证研讨活动的顺利进行。

①声音响亮，语速自然。会议的每一个环节都需要主持者全身心地关注和投入，并且保持和与会者不间断的沟通与联系。所以，主持者要保证自己的发言能被所有与会者听到并接受，讲话时声音要响亮，语速不能过快或过慢。

②平视与会者，注意和与会者的精神交流。说话时，主持者应平视与会者，这也是和与会者眼神交流的一个过程，是对与会者基本的尊重，有助于与会者集中精力到会议当中去。主持者应避免低头看稿子，最好脱稿，让与会者充分感受到主办方的用心与真诚。

③插话注意礼貌、适时、准确。“插话最能体现交谈中的互动性和随机性，是谈话中最富变化因而也是最生动活跃的部分。”[①]插话是一门艺术。在教研活动中主持人适度的插话有助于整个研讨活动围绕着设定的主题进行，活动在进入主题和解决问题的速度上更快也更有效，在某些特定的环节，插话还有助于调节活动节奏和活跃气氛。

但要想使插话达到预期的理想效果，需要注意以下原则。

首先，要注意礼貌，态度诚恳。插话会打断讲话人的陈述，主持人首先需要致歉，同时使用礼貌用语说明情况，比如：“对不起，我打断一下……”“抱歉，我有个情况需要说明……”“不好意思，请听我解释一下……”等。

其次，要适时。选择合适的时机非常重要，主持人需要根据具体情况灵活掌握，避免生硬唐突。

最后，表述观点要精炼准确。既然是插话，就要在最短的时间内把自己的意图表述清楚，让对方理解你选择这个时间来插话的必要性。

④灵活应对各种突发事件。教研活动是一个动态的活动过程，在进行过程中随时会发生一些意外情况，从而影响到活动的正常进行。活动的主持者必须具备较强的应对突发事件的能力和处理突发事件的口语交际能力，针对不同情况及时地做出处理。

第一，应对冷场。冷场是教研活动中经常会出现的情况。与会者因为对会议议题准备不足、不自信，又或者是对研讨的话题不太了解或理解不深而不愿在活动中发言，造成活动现场的冷场，主持者要敏锐地查找原因，然后根据不同的情况灵活处理，鼓励与会者积极发言，让教研活动真正取得实效。

如果是与会者准备不足导致的冷场，主持人就可以在语言技巧上多下功夫，采用多种方法鼓励大家畅所欲言，比如，点名让自己所熟悉的教师先发言，带动整个研讨活动的现场气氛；也可以采用让大家按顺序发言的方法来展开讨论。

如果是与会者对研讨的话题不太了解而导致的冷场，则需要主持人预先详细介绍议题，在与会者逐渐明了的基础上再进行进一步的启发，如果盲目地鼓动与会教师发言，效果反而会适得其反。

---

① 刘志英、马铭：《电视谈话节目中主持人的插话艺术》，载《新闻知识》，2012(6)。

如果教研活动是在小范围内展开，比如，在一个教研室内部，会议主持者对参会的教师相对比较熟悉，可根据每位教师不同的特点有针对性地进行动员。

总之，只有最大限度地把与会者发动起来，让每一位与会者都能够积极参与，活动才能够真正展开，也才能够最终达到活动预期的目的。

【示例】

王老师是某中学语文组教研室主任，在一次主持本教研室对新来的小孙老师听课评课活动时，谁都不愿意发言，场面有些尴尬。王老师以自己多年的工作经验知道，对新教师，大家还都不了解，担心万一哪些地方说得不合适，伤了年轻人的自尊心，还会给对方留下不好的第一印象，影响以后的同事关系。况且大家都是同行，当面提意见也觉得不好意思。

王老师：小孙是我们教研室的新生力量，他的到来，给我们教研室带来了活力，他刚从学校毕业，年轻、有冲劲儿，大家要帮他尽快适应从讲台下到讲台上的角色转变啊！(然后对一位年长平时脾气又很温和的李老师说)李老师，您是咱这里的老将了，您先谈一谈好吗？

李老师：那我就抛砖引玉了，哪些说得不合适，大家再批评补充……

评析：因为是小范围的教学研讨，又是对新教师的听课评课，教师们的顾虑是正常的。作为有经验的主持者，教研室主任王老师先从介绍新老师的情况开始，本着为教研室的长远发展和有利于年轻人成长的话题入手，鼓励大家放下包袱，畅所欲言；同时选择在教师中有威望的年长教师李老师第一个发言，“老将”一词，幽默之中又透露出对老教师的亲近和尊敬，取得了比较好的效果。而李老师的一句“抛砖引玉”，也很好地呼应了主持人的话题，教研活动因此得以顺利进行。

【示例】

在一次召集校内各科教师代表参加的“关于如何培养学生自主、合作、探究的学习方式”的教研会上，许多教师不愿意发言，表示没什么可说的，主持人用各种鼓动性语言发动大家发言，甚至用点名的方法强制教师发表意见，但效果非常不好。

评析：很显然，示例中这位主持人的处理方式是不恰当的，第一，教师们为什么不愿意发言，主持人缺乏了解，准备工作不够细致；第二，出现冷场情况后，对研讨的议题没有再做进一步的阐述，没有给教师们一个心理上的缓冲；第三，语言上一味地采用鼓动、点名的口语表达方式更容易引起教师们的反感，效果自然不理想。

第二，面对争执。随着教研活动的展开和深入，与会者各自就研讨议题发表自己的观点和看法，不同观点的与会者有可能会发生激烈的辩论，甚至会针锋相对。如果处理不好，可能会导致矛盾的升级，最终导致教研活动半途而废，同时也影响教师之间的团结。因此，主持人要善于调节矛盾，化解冲突，对争执的双方应秉持公平客观的立场，不可偏袒任何一方。

面对争执时，首先，主持人引导矛盾双方都从大局出发，化解矛盾。其次，寻找双方的共同点，适时转移话题，以缓解因争论而带来的紧张感；冲突激烈时，可暂时中止讨论，转向下一个话题。

【示例】

一次教研会上，两位与会者因为某个问题争论了起来。

主持人："小王，你不要再说了，我觉得老李的观点是对的，老李是从教二十多年的老教师了，教学经验丰富，考虑问题全面，你就不要和他争了。我们进行其他的话题讨论吧。"

评析：研讨会上出现分歧甚至争执都是正常的，但示例中主持人这样简单粗暴的处理方式显然缺乏威信，而且对参与争论的两位老师明显的倾向性也有失公允。

【示例】

吴老师和祝老师就某个问题观点不一，两个人各不相让，语气也越来越有火药味。

主持人：对不起，两位老师，我打断一下，目前教育界对这个问题的确争论得也很激烈，两位老师有不同的看法是很正常的，说明大家思考得很深入，这也正是我们这次教研活动希望看到的。感谢两位！我们顺便听听其他老师有什么看法好吗？

评析：示例中，面对情绪激动的吴老师和祝老师，主持人先是选择礼貌地插话："对不起，两位老师，我打断一下。"及时阻断两位教师矛盾的再次加剧；接着以简练的语言肯定两位教师分歧中的共同点，并表示感谢，从而进一步取得对两位教师的认可和谅解；最后巧妙转移话题，让其他教师参与到活动中并最终化解了由争论带来的紧张感，保证了教研活动继续进行。

(3)活动结束阶段

活动结束阶段，主持人总结应对活动的情况，包括活动达到的效果和取得的收获，同时感谢与会者的参与和支持。在总结发言中，语言要清晰、简要，忌拖拉冗长。

(二)与会者

1. 服从大局，积极配合

作为教研活动的参与者，每一位与会者首先要做到的就是服从大局，积极配合。主要表现为以下几个方面。

(1)积极准备，有的放矢

教研活动对每一个参与的教师来说都是一次宝贵的学习机会。在接到教研活动通知的时候，与会者应按照教研活动的安排做积极的准备，不打无准备之仗。与会者应结合平时的教学体会，带着问题来参加。这样才能在教研活动中有针对性地和与会的其他教师进行有效的切磋和沟通，取人之长，补己之短。教师只有让每一次教研活动都变成对自己专业技能的锻炼和提升，才能在以后的工作中更好地展示自己，同时也能够锻炼自己的口语表达能力。

(2)围绕中心议题，积极发言

参加研讨的教师，在认真倾听主持人和其他教师发言的同时，还要就相关问题积极准备发言，真正将自己融入研讨的氛围当中。

参与者需要注意以下几点。

首先，阐述自己的观点要简明扼要，言简意赅，尤其是有很多或者每一个与会者都要或都想发言的时候，少说或最好不说与会议主题无关的话。开始前可作简单的问候，但不宜太长。

其次，语气要平稳，态度要谦虚。这样能够使自己的观点被更多的人接受，即使和一些与会者的观点有分歧，也不会引起反感。

再次，发表意见要紧扣主题，条理分明。严密的逻辑叙述会让你的观点更加具有可信性与说服力。

最后，时间适中，避免拖沓。研讨活动需要在规定的时间内给所有的与会者一定的参与和展示自己的机会，同时听取尽可能多的与会者的意见和反馈。每一位与会者在发言时都不宜过长，把自己的想法和观点表述清楚即可。

(3)适时提问，尊重每一位与会者

“学源于思，思源于疑”“惟疑而后悟也”。教研活动是教研单位进行教学实践，以更好地服务于课堂教学的探讨活动，也是与会教师互相学习、彼此切磋、共同提高的交流活动。在研讨活动期间，与会教师既需要带着自己的想法参与进来，也需要带着思考、学习的态度倾听其他与会者的发言，对自己感兴趣或者有疑问的地方适时提出问题，这样既有利于问题讨论的深入，也有助于活跃气氛，更有助于与会教师之间联络感情，使研讨活动取得更好的效果。

在提问的技巧方面，第一，教师们要注意提问的时机，不能贸然打断发言人的陈述，可选择发言人在某个问题陈述结束并做短暂停顿时，或者在发言人发言完毕，主持人建议大家提问的时候提出自己的意见。

第二，注意提问的方式，语气应温和诚恳，不可咄咄逼人。任何时候，尊重对方都是群体活动中每一个参与个体高素质的表现。

第三，陈述问题简洁明确，围绕主题。用简洁明确的话语紧紧围绕研讨的中心议题来提问，一方面这样的提问简单有效；另一方面，这种提问方式也会保证研讨活动始终围绕会议主题来进行。

第四，善于倾听对方的意见，做一个理想的倾听者。倾听是提问的前提，只有对发言教师的发言内容细心领会，才能够提出有建设性的问题；而对发言老师的回答，更要认真倾听，同时给出积极的、合理的反馈意见。这样，双方才能够真正在一个共同的思想平台上交流，与会者在研讨活动中也才能真正有所收获。

第五，适度表达谢意。不冷漠不谄媚，是一个合格教师基本的修养素质。在教研活动中，对于发言教师的回答，提问者也要有最诚挚的礼貌反馈，不恭维不贬低，将自己的善意和真诚传达给对方。

2. 及时总结整理教研内容，制定整改措施

每一次的教研活动对于教师的专业成长都具有特别重要的意义。《学记》中说："学，然后知不足，教，然后知困。知不足，然后能知反也；知困，然后能自强。"美国学者波斯纳则提出教师的个体成长公式：经验＋反思＝成长。新时代的教师不仅要做知识的传递者，而且还应该是教学的研究者、反思者，善于对教学问题进行持续地研究和反思。

(1)谈收获，找自己的差距和不足

总结教研内容时，态度要诚恳，对研讨的主办方及发言的教师要表达真诚的谢意。同时结合自己的教学经验查找自身的差距和不足。总结自己在这次研讨会上有哪些收获，尤其是平时自己没有注意到的地方更是总结的重点。

(2)制定切实有效的整改措施

研讨是为了以后更好地服务于教学，总结也是为了进一步改进教学方法，提高自己的教学能力和分析能力。因此，研讨总结需要有明确的针对性，在谈及自己的整改措施时，需虚心听取其他与会者的意见，进一步加强与其他与会者的沟通和交流。

总之，每一次教研活动的成功举行，都离不开与会者积极的支持与配合。参加教研活动的教师，在整个教研活动中扮演着重要的主体者角色，不但要服从大局，积极配合，在每一个环节当中更要认真投入，深入领会会议主题。会议期间与会者要积极参与，会后认真总结，在和同事、同行交流的过程中，推动自己教学能力方面的提高。

第三节 学术研讨活动口语训练

学术研讨活动是一种大型的学术会议，以促进学科发展、学术交流、课题研究为目的，具有权威性、高知识性、高互动性等特点。与会者一般为在学术领域卓有成就的专家、学者、教师等具有高学历的研究人员。受邀参加学术会议的教师，尤其是在会议上发言、展示自己学术成果的教师，其学术能力是得到学界的普遍认可的；即使没有机会发言，仅仅是参加会议，也是一次非常难得的开阔眼界、和学界权威交流学习的机会，其重要性不言而喻。

一、教师教学与学术研讨活动

(一)学术研讨活动对教师教学的重要作用

1. 有助于教师开阔视野，了解学科前沿知识，汲取最新科研成果

学术研讨活动给教师搭建了一个与学科前沿领域近距离接触的平台，使教师获得了与顶级专业人士面对面沟通和交流的机会。在学术研讨会上，教师得以了解当前教育研究方面的最新成果，学习到学科前沿的知识，包括前沿的教育手段以及教育经验，极大地开阔自己的视野。

2. 提高教师的理论素养和专业技能，促进教师的专业发展

学术研讨活动是理论性、专业性很强的学术交流活动，在学术研讨活动期间，通过与专家学者之间的交流、碰撞、形成共鸣。教师可以获得其他学者的经验和知识，对一些问题的思考会更加地深入，甚至产生质的飞跃。因此参加学术研讨活动，对教师自身的理论素养和专业技能的提高意义重大，有利于促进教师的专业发展。

3. 调动教师的工作积极性，提高教学水平和科研能力

在与专家学者沟通交流的过程中，与会教师会明显感受到自身的差距和不足，激发教师的上进心和进取心，不但有助于教师的课堂教学，而且更有助于教师在学术研究方面不断努力，以提高自己的教学水平和科研能力。

4. 加强与学术界的沟通与交流

经常参加学术研讨活动，加强与学术界的联系，有助于教师吸收和引进先进的教学理念，树立起先进的教学观，可以促使教师站在学科的前沿，做到与时俱进，提高自身的竞争力，教师之间也会因此形成浓厚的科研氛围，从而提高学校整体的学术研究实力和科研水平。

(二)学术研讨活动的形式

学术研讨活动就其内容和形式而言，各有两种不同的形式。

第一，在内容上学术研讨活动可分为综合性和专题性两种类型。综合性学术研讨是指从多角度、多方位对重大理论问题进行综合性探讨，它又可分为单学科和多学科两种；专题性学术研讨则是指从一个专题或一个学科出发的学术研讨会。

第二，在形式上，分为联合式和单一式。联合式学术研讨是指围绕中心课题，组织相关学科的学术团体或部门，联合举行的学术研讨。单一式学术研讨则是由一个学术团体根据本学科的特点和实际需要，独立开展的学术研讨活动。①

---

① 钟学志：《学术研讨会新探》，载《学术交流》，1989(1)。

二、学术研讨活动口语训练

学术研讨活动的程序包括开幕式、大会发言、分组讨论、活动观摩、大会总结等环节。开幕式上，由主办方介绍到场嘉宾、会议程序、注意事项、宣布会议开始等。

(一)大会发言

按照会议的安排，发言人通常只有10至30分钟的时间(专题讲座除外)来陈述自己的观点，所以必须简明扼要地选取重点，在规定的时间内完成自己的与会陈述。

1. 选题介绍的特点

(1)语言精练

简略地问候如“各位尊敬的专家老师，大家好!”，紧接着告知大家“我的论文题目是……”语言精练，声音明亮温和。

(2)重点突出

选题的介绍要突出重点，即自己发言当中就论文选题着重要阐释的观点是什么。在陈述中，通过重音来突出关键词，也可做简略的介绍，以引起与会者的高度关注。

2. 内容陈述的要求

学术研讨会通常在会议开始前通知与会者，尤其是要在会议上发言的教师提交论文或者论文摘要，然后选择整理后汇集成论文集，发到每一个参加会议的教师手里。所以，发言人在做内容陈述时，切记不可照念原文，应重点讲述自己选题的意义、思路、写作过程当中的体会，以及围绕选题可能要做的进一步的研究和探索等。在这个过程中，发言人要做到如下几点。

(1)条理分明

发言人的陈述要有条理性。结合自己的论文选题，展开相关的内容陈述。

(2)论据充分

每一个观点的提出，都要有切实的论据来做支撑，不可用不确定的材料，或者缺乏说服力的材料来说明自己的观点。

(3)内容充实

这是对发言人理论知识储备的考查。发言人在参加会议前，就应该结合会议的主题要求对自己即将发言的内容进行充分的准备，认真查阅资料，形成自己比较系统的、完整的理论表达。

(二)分组讨论

一般情况下，分组讨论在大会发言环节之后进行。在大型的学术研讨会中，总的主题之下，又会衍生出不同的子话题，与会者据此分成不同的小组，对相关问题展开更为深入的探讨。分组讨论是一种小型的研讨会，或称专题研讨会，是与会教师小范围的面对面的讨论和交流。

根据会议的安排，每一小组都会有一个临时的主持人，负责本小组问题讨论的深入和各成员之间的关系协调。参加会议的教师，来自不同的学校或研究机构，彼此之间可能不是很熟悉。因此，在分组讨论中，处于不同角色的参与者，在口语技能表现方面则相应地有不同的要求。

1. 主持人

作为主持人，除了熟悉参会的知名学者之外，也比较熟悉本小组内各个与会教师的情况，包括个人的性格及其擅长的研究领域。因此，在分组讨论期间，主持人要通过运用自己的语言技巧，起到穿针引线的作用，同时，适时引导讨论走向深入。

(1)营造轻松愉悦的氛围，鼓励与会教师畅所欲言

因为是小范围的分组讨论，主持人宣布讨论开始时，语气不必那么正式和严肃。在讨论期间，适时地插入一些轻松的话题，一方面可以让与会教师尽快熟悉起来，另一方面也可以缓解某些教师的紧张感，营造出轻松愉悦的氛围，让各位与会教师都能够畅所欲言。

(2)适时介入，保证讨论始终围绕主题来进行

分组讨论的主体是各位与会教师。与会者就某一领域的学术问题展开面对面的讨论，各人的观点不尽相同，思考的角度也会千差万别。当主持人发现讨论有可能偏离主题时，要适时介入，使讨论始终围绕主题来进行。

2. 与会者

作为讨论的与会者，分组讨论既是一次自我学术实力的展示，也是向专家学习、提升自我科研水平能力的机会。与会者可以通过分组讨论结识新朋友、认识新同行，有利于以后自己专业技能的进一步提高。因此，娴熟的口语表达能力就显得尤为重要。

(1)自我介绍

每一次学术会议研讨都提供了与他人有效沟通的机会，都会有新成员的加入。因此，无论是观点阐述，还是认识新朋友，开始时必要的自我介绍都是必不可少的，这也是让他人了解自己的第一步。

不卑不亢，落落大方，是与人交往的行为基础。这样的姿态也容易获得他人的好感，迅速拉近彼此的距离。反之，高高在上、盛气凌人则会拒人于千里之外，也折射出一个人人品的低下；而过于卑微则会降低自己在他人眼中的形象，同样不是学术讨论应有的姿态，不利于学术讨论的进行。

(2)观点阐述

在阐述自己的观点时，应始终围绕会议主题进行理性的表达，突出问题的专业

性、理论性、前瞻性。学术研讨是理论问题的探讨，与会者只有站在一定的理论高度，关注的问题处于本学科的前沿位置，学术研讨才有价值，也才能在学术研讨会上与他人有真正的互动。所以，语言的表达需要有一定的学术性和严肃性，必要的学术语言和准确的理论表达，更能够使发言者与其他与会者实现思想的碰撞和深度的沟通。

(3)面对分歧

分组讨论的时候，小组成员可以各抒己见、畅所欲言，争论、分歧在所难免，甚至有时候讨论双方会针锋相对，讨论得非常激烈。坦诚地与人沟通是一个学者基本素质的体现，有利于问题讨论的真正深入。学术研究本身就需要在不断分歧争论中实现新突破与新发现。

俗语有云："良言一句三冬暖，恶语伤人六月寒。"有分歧时，坦诚沟通，与人为善，这也是向他人释放善意的态度与方式，很多优秀的学者就是这样由最初的对手最终成为学术上心意相通的朋友。

问题与情景测试题

1. 李老师是一位八年级数学老师，平时穿着很随意，经常一身衣服穿一季。他还有抽烟的习惯，经常是一支香烟不离手。上课的时候还能够控制，下课后总习惯蹲在楼梯拐弯处或者偏僻的地方抽烟。他讲课认真，学识渊博，每年学生的考试成绩总是名列前茅。但是，李老师的口碑却不好，同事们对他颇有微词，学生中也有很多人不喜欢他，甚至有学生到校领导那里提出更换老师的要求。

在年终教研室的汇报工作中，李老师依然故我，边抽烟边讲话，结果招致其他老师的反感，其效果自然也大打折扣。

请问：李老师的问题出在哪里？对此，你怎么看？

2. 又要开家长会了，张老师心里很紧张。实际上这不是她第一次这样了，想到学生家长面对自己时殷切的目光，她都会有很大的心理压力，担心自己会出这样那样的问题，在家长面前难堪，不能很好地完成家长会预先设定的目标。家长也反映张老师是一个很认真的好老师，就是一说话就脸红，甚至在一次家长会上还因为紧张出现过长时间的卡壳，场面一度很被动。这一次，是八年级学生中段考试情况总结。通过总结，让学生明白自己的问题，同时张老师也希望继续得到家长的配合，以便更好地完成随之而来的新的教学任务。她早早就开始了准备，对每一个学生的汇报材料，包括家长可能产生的疑问及相关问题，她预设了很多的方案，甚至把会议流程写成文字材料在心里一遍遍梳理；她还不断向其他老师请教，借鉴他们关于召开家长会的成功经验。一直以来，她还坚持阅读关于心理学方面的书籍，针对自己的问题查阅学习相关理论。经过精心的准备，这次召开的家长会效果不错。虽然张老师心里依然紧张，但她已经非常明确地知道自己要做什么，尤其是作为一名教师在学生和家长之间需要承担的职责。她也暗下决心，以后要坚持学习，不断总结经验，更重要的是锻炼自己的心理承受力，使自己尽快成为一个让学生满意、让家长放心的好老师。

请问：你从张老师的经历中得到了什么样的启示？你有更好的建议吗？如果是你，会怎么做？

3. 蒋老师是某高中年级组长。市教育局的副局长来检查工作，并随机听取老师意见。这天，副局长在校领导的陪同下突然来到了蒋老师所在的生物组，老师们一时有些紧张。

学校领导(对大家)：这是咱们市里教育局的副局长，到咱们这里看看大家工作的情况，大家欢迎！

学校领导(对副局长)：这些老师都是我们高中部的生物老师，您有什么问题可以直接向他们提出来。

蒋老师：欢迎副局长现场指导工作！我们正在进行例行的每月工作总结，请领导指示。

副局长：你们照常进行吧，我随便听听。

(场面一时有些冷场)

请问：假设你是蒋老师，在这种情况下该如何应对呢？

4. 孙老师是某中学的教师，这次他代表学校向市教育局基础教育科汇报本校工作，下面是他工作汇报的内容：

市教育局基础教育科：

××中学处于××市××区，地处市区边缘，环境优雅。学校占地面积约10000平方米，现有16个教学班，有教职工88人，其中本科学历80人，岗位合格率100%，学历达标率100%；现有市级学科带头人7人，市级骨干教师14人。

一年来，我校始终以习近平新时代中国特色社会主义思想为指引，遵照教育局提出的实施教育强校的工作思路，全面推进课程改革，将提高教师素质放在首位，狠抓教育教学质量，培养高素质全面人才。

现简要汇报如下：

一、完成的主要工作

(一)教育教学质量稳步提升

针对学校实际情况，认真执行教学计划，加强教师制度管理，对教师常规教学实行量化打分，并纳入教师的年度考核当中。学校教育秩序井然，教学质量稳步提升。

具体表现在：

1. 定期检查教师备课情况，并进行档案记录。

2. 成立督导组，对教师日常教学情况进行督查并及时通报。

3. 对教师平时作业批改情况进行系统管理，成立检查小组并及时进行反馈。

4. 定期召开教师和学生座谈会，发现问题及时整改。

(二)学校管理日渐完善

1. 加强学校常规管理，逐渐形成了良好的校风、教风、学风。

2. 建立教师继续教育管理常规培训机制。定期组织教师认真学习新课程、新课标、新的教育教学理论以及新的现代化教学手段，激发教师教学改革的积极性，更好地服务于教学。

3. 强化学习激励机制。学生之间比学习、比进步；教师之间常交流、比教学；师生之间多沟通、同促进；整个学校充满了正能量，学校人际关系和谐，学习氛围浓厚。

4. 加强学校安全管理。学校有专门的保卫科，负责师生们的日常安全。

(三)素质教育稳步发展

1. 配合主干课程，开设多门拓展课，如多媒体课，理、化、生实验课等，手工课、文学作品欣赏课等，既丰富了校园文化生活，又发挥了学生的特长，提高了学生的人文素养。

2.“走出去、请进来”活动：组织灵活多样的教研活动，加快提升教师素质。

(1)校内教研活动成常态。同教研室之间、同年级之间、全校教师之间定期举行教研活动，互相切磋交流，共同提高。

(2)组织教师参加更大规模的研讨会，鼓励教师走出去，加强教师与校外同行之间的交流。

(3)经常邀请教学名师、专家入校举办讲座，组织教师与专家之间面对面的交流。

(4)利用课题研究成果和骨干教师的辐射作用，以培训全体教师为目标，开展以骨干教师为重点的继续教育，带动全体教师的教研积极性，推动教师整体素质的提高。

(四)加强队伍的政治理论建设，提高教师思想素质和业务水平。

1. 加强学校党建工作，充分发挥党团组织的作用。

2. 加强教师思想教育和师德教育。我校重视教师思想政治教育。教师除了自学外，学校还经常组织教师参加各类政治业务培训学习，以提高教师政治水平，明确办学方向。

二、取得的成绩

1. 在市教育局的20××年综合考评中，我校被考评为优秀。

2. 有3名教师荣获市级优秀教师称号。

三、存在的问题

(一)我们在工作中还存在着一些问题，主要表现为：

1. 教师的工作环境还需进一步改善。

2. 现代化教学技术有待于进一步提高，少部分教师还不能熟练应用电教化设备。

3. 个别教师对工作不够认真，不能很好地按规章制度进行工作。现在实施的教职工量化考核细则，还有待进一步的改进和完善。

4. 教研、教改有待进一步加强。

（二）针对上述问题，我校采取了如下整改措施：

1. 进一步改善教师的办公环境。目前，各教研室配备了打印机、复印机、电脑等工作必备的设施，最近又配备了饮水机。以后还会应教师们的要求做进一步的完善，让教师们有一个更加舒心、愉悦的办公环境，提高工作效率。

2. 进一步加大投入，定期组织教师参加各种教学技能培训，并进行相应的考核，不断提高教师的现代化教学技能水平。

3. 进一步完善各种监督机制，完善教师制度管理，强化教师的责任意识。

4. 制定更加有效的奖励机制，激发教师的工作和科研热情。

目前学校已经开始期末复习考试工作。其他各项工作也在有序进行中。

××市××中学

20××年 12 月 25 日

（1）请你对孙老师所做的工作汇报予以点评。

（2）上级领导检查你的工作，需要你汇报发言，请从自己工作的角度（如班级、学科等）准备一份简略的工作汇报。

5. 设计一次教研活动。假定你是主持人，参与者是同一教研室的教师。谈谈你在各个环节中是如何与教师沟通的？在口语表达方面应注意哪些问题？

6. 在你参加的有校外教师参加的研讨会上，就某一问题你的观点和大多数人不同，你会如何应对？

7. 张老师和赵老师是你分组讨论中的小组成员，两个人在一次学术研讨会上结识，有相近的研究领域，彼此很投缘，总有说不完的话，经常聊着聊着就“跑题”了。作为小组主持人，你如何运用自己的语言技巧处理这样的问题？

8. 你是一所普通中学的英语教师，有机会参加一次大型的学术研讨会，在会上有幸见到了自己慕名已久的一位专家。第一次见面，你会如何介绍你自己？

9. 你和一位专家在学术研讨会上讨论关于快乐教育的问题，这位专家认为学生的个性应该自由发展，但你不同意这位专家的观点。你认为，学生还需要有对规则的敬畏感，请问你该如何得体地表达出不同的意见？

第七章测验题

第八章　专项口语训练

【建议学时】

4～6 学时。

【教学目标】

知识层面：熟悉演讲、主持、辩论、讲故事这四种口语表达模式的基本要求。掌握演讲、主持、辩论、讲故事的基本表达技巧。

技能层面：能够做好命题演讲，在实践中形成即兴演讲的风格；积极参与主持、辩论等活动，并较好地完成任务。

>>第一节　演讲<<

演讲是语言的艺术，它不仅存在于教育、教学活动中，也普遍存在于各种社会实践活动之中。作为一名合格的教师，需要通过训练达到较高的演讲能力，给学生起到一定的示范作用。

演讲是在特定的时空之下，当众发表演说，它以口头语言作为主要形式，态势语言作为辅助形式，系统地阐述自己的观点和主张的一种社会活动。本小节将先阐述演讲的类型与特征，之后再进一步进行演讲技巧的分析与训练。

一、演讲的类型与特征

(一)演讲的类型

演讲可以依据不同的标准，划分为不同的类型。

以演讲的方式为划分标准，可以将演讲分为专题演讲、即兴演讲、辩论演讲、对话演讲；以演讲的内容为标准，有政治演讲、法律演讲、学术演讲；以表达方式为划分标准，有命题演讲、即兴演讲、议论性演讲。其中命题演讲与即兴演讲是本小节讲述的重点。

(二)演讲的特征

作为一种口语表达形式，演讲主要具备以下基本特征。

1. 真实性

演讲多是演说者针对某一现实问题或者现象进行判断和评价，向公众陈述自己的主张和看法的一种口语表达形式。从演讲的这一性质来看，它具有真实性的特征。演讲不属于表演艺术的范畴，演讲的“演”和表演的“演”不一样，它更多的是说明演讲具有引申、阐释或演绎的性质。

演讲的真实性指的是演讲的内容须是真实的。演讲者如果想要感染听众，唤起听众的共鸣，就必须选择真实可信的材料，表达真挚的情感。虚情假意的材料往往得不到听众的信任，也就无法达到演讲的目的。演讲不是朗诵，演讲首先强调的是真实而非艺术。当然，演讲可以借用一些表现手法来增强其感人的效果，但这些手法的应用，要以不影响其真实性为前提。

2. 针对性

英国哲学家休谟在谈到演讲者与听众的关系时说过：一位演讲家要向一群特定的观众发表演说，他必须考虑到观众的特征、兴趣、观念和成见；否则，他想支配观众的决定、鼓动观众情绪的希望就会落空。① 演讲者想要打动听众，需要选择听众在意的问题，这就要求演讲者在演讲前需要充分考虑到演讲对象的特点、年龄、性别、职业、文化素养等差异，这些都是演讲者在准备阶段就需要考量清楚的。针对不同的听众，选择与之相适应的演讲内容和方式，这样才会做到有的放矢，唤起听众的热情和兴趣，保证演讲的顺利进行。

3. 感召性

演讲不是日常的闲聊，不是简单直白的陈述。它是演讲人陈述自己的思想、理念，抒发自己的情感，表达自己态度的手段；是演讲人为了达成某种目的说服听众、鼓舞听众、号召听众，使其了解、相信的言语沟通行为。因此任何演讲都具备一定的感召性。

4. 艺术性

演讲如果想打动人心，使人情感澎湃，就需要做一些艺术化的处理。轻重缓急、抑扬顿挫的语音、丰富的句式变化，长短相接、快慢相辅的节奏变换；生动形象的叙事语言，发人深省、催人奋进的名言；活泼通俗与精炼准确的语言要互相融合，而演讲所必备的气势和力量也不可或缺。在“讲”之外，演讲者也需要一定的“演”的能力，在使用有声语言的同时，加入一定的表情、手势等态势语，会对演讲者的声音语言起到辅佐的作用。演讲的最终目的是要入耳。艺术性的演讲，则更

① [英]大卫·休谟：《论道德与文学》，马万莉、张正萍译，104页，杭州，浙江大学出版社，2011。

容易达到入耳的目的。

二、命题演讲的技巧

命题演讲是根据事先给定的题目或者范围，撰写演讲稿，在有准备的基础上进行的演讲。

由于命题演讲有相对充足的准备时间，所以在演讲者了解自己的能力、讲话风格，明确听众的特点后，最重要的便是撰写一篇优秀的演讲稿。西方演讲与语艺学者通常将一则完整的演讲讯息分为三个部分：开头、正文与结尾。[①] 开头与结尾应该占据整个演讲 20%的时间，演讲主体占 80%。因此，我们将从开头、正文、结尾三个方面入手分析如何才能做好命题演讲。

(一)开头

“好的开头是成功的一半。”演讲者想要取得不同凡响的演讲效果，开场就一定要吸引观众。演讲者需要针对不同观众的特点，精心设计好开头的第一段话，力求达到一鸣惊人的效果，切忌使用空话、套话。

一个好的开头通常要解决两个问题，一是演讲主题是什么，二是听众为什么要听。

演讲开头吸引听众的常见方法、技巧包含以下几种。

1. 开门见山

这种开头往往没有过多的寒暄，直接明快地切入主题，有利于听众迅速把握演讲的主旨。

【示例】

以下是宋庆龄女士的演讲内容。

今天到这时，我感到很愉快。衷心感谢你们的盛情邀请，我想趁此机会就我们共同关心的题目——妇女运动，讲几分钟。我深深地钦佩日本妇女的许多突出的性格，通情达理，质朴，忍耐性以及对重大牺牲的承受力，这点尤为重要。这些品质，使日本妇女足可担当亚洲妇女运动的领袖。[②]

评析：首先，这一篇演讲从开头就直入主题，点名此次的演讲内容是关于妇女运动的。其次，考虑其听众，直接说明日本妇女身上存在着的优秀品质，而这些品质对推动妇女运动的进展也是至关重要的。

【示例】

一名学生在老师的生日时发表的祝寿演讲《学高作我师表，身正为我垂范》。

---

① 游梓翔：《演讲学原理：公众传播的理论与实际》，62 页，台北，五南图书出版有限公司，2000。

② 宋庆龄：《世界妇女解放运动的一个里程碑》，见方百寿：《演讲口才》，30 页，沈阳，辽宁大学出版社，1996。

值此×××老师85岁华诞之时，我们来到省会郑州，欢聚一堂，庆贺恩师健康长寿，这一美好的时光将永远留在我们的记忆里。

评析：示例中演讲者开头直接进入正题，即为教师祝寿。一些演讲，其主题是众所周知的，所以在开头时不含混拖沓，一语道破自己的主题、演讲范围，准确说明了演讲的内容，自然而然地引出下文。

2. 提出问题，制造疑问

演讲者可以在开场时通过设问，让听众产生疑惑，进而想知道这个问题的答案，产生听下去的欲望。问题可以在随后的阐述中给予解答，也可以将问题留给听众，保留深思的空间。

在面对小学生时，可以多用提问的方式，引发他们的兴趣。比如，“你知道为什么飞蛾会围着灯泡飞吗?”“纸是怎样制造出来的呢?”提问的方式可以促使学生思考，进而提高聆听演讲时的注意力。当然，这种提出问题、制造疑问的方式并不局限于面对小学生。“我们如何解释小米的成功?”“知识付费经济究竟会不会成为下一个风口?”诸如此类的提问都可以在演讲开头引起人们的关注。许多成功的演讲也应用了这样的开头模式。

【示例】

1854年7月4日，著名的废奴主义者弗雷德里克·道格拉斯，在美国纽约州罗彻斯特市举行的国庆节庆祝大会上发表了批判种族主义的演说，演讲的开头是：

公民们，请恕我问一问，今天为什么邀我在这儿发言？我，或者我所代表的奴隶们，同你们的国庆有什么相干?《独立宣言》中阐明的政治自由和生来平等的原则难道也普降到我们的头上？因而要我来向国家的祭坛奉献上我们卑微的贡品，承认我们得到并为你们的独立带给我们的恩典而表达虔诚的谢意吗?①

评析：示例中，在这样一个短短的开头中，演讲者连用四个疑问，以一种激动的情绪把听众带入深沉而愤怒的情境之中，既引发了听众的思考，也激发了他们亢奋的情绪。

【示例】

英籍华裔女作家韩素音在伯尔尼使馆做的演讲的开头：

改革开放十几年来，中国的经济发展很快，创造了经济奇迹，欧洲人、美国人都承认，都羡慕。但是他们当中也有一种担心：中国上去了，我们怎么办?②

评析：这一篇演讲所面对的听众大部分都是外国人，所以韩素音提出一个人们心中的确存在着的疑问“中国上去了，我们怎么办?”时，便很容易吸引听众的注意力。在场的听众，被演讲者引起好奇心，便想听听究竟后面的内容是否可以解决心

---

① 贺年：《世界经典演讲辞金榜》，71页，呼和浩特，内蒙古人民出版社，2003。

② 韩素音：《对祖国含情拳拳对青年寄望殷殷——韩素音在伯尔尼使馆的即兴演讲》，见三缄：《演讲口才》，155页，北京，海潮出版社，2003。

中被勾起的疑问。

3. 给出惊人的事例，或使用奇论妙语

给出惊人的事例是在开场时提出一个鲜为人知的事实、真相或者让人惊讶的事例、数字，让观众对此感到好奇并且想要继续了解相关话题。还有一部分演讲是在开头用惊人之语作为开场白，让听众在演讲的初始就被震撼，从而对后面的演讲产生兴趣。

比如，在演讲关于就业的主题时，开头就可以引用数据：专家预测，2030 年之前，中国有近 2 亿多人将因为自动化而失去原来的工作。建筑学家弗兰克·赖特在匹斯堡曾做过一场演讲，他的开场白非常奇特，“这是我所见过的最为丑陋的城市。”①此言一出，令当时在场的匹兹堡市民大吃一惊。因为据当时所做的一项社会调查显示，匹兹堡市乃是全美最有吸引力的城市之一。而正因为弗兰克·赖特开场所做的惊人之语，当时演讲的听众都认认真真地想要听演讲者道出其中的缘由。这位建筑学家所做的这样不拘一格的开场，虽将自己置于所有听众的对立面，但的确收到了立竿见影的效果。

生活中某些具有典型性，但不具有普遍性的现象往往可以成为这一类型开场白的好素材。如果你想迅速吸引听众，那么在演讲的开始，描绘一个异乎寻常的场面，透露一个触目惊心的数据，描述一件骇人听闻的事情，或站在大众认知的对立面，给出举座皆惊之语，会形成令人惊奇的艺术效果。如此，听众会凝神倾听，认真探寻你的讲话内容。需要注意的是，使用这种方式应该掌握好分寸，否则就会变为哗众取宠，故作惊人之语。因此在做出这样的开场白时，务必结合听众的心理、理解层次，方可出奇制胜。同时万万不可生拉硬拽，否则极易引起听众的反感和厌倦。

4. 讲故事

听众，尤其是中小学生，极其喜欢听故事。故事能够激发听众的好奇心，调动他们的想象力，很多演讲都是拿故事作为开头。一个好的故事可以马上抓住听众的心，让他们随着故事情节一步一步深入听下去，而演讲者可以从故事中提出自己所要说明的问题。

作为开场白的故事不宜过长，而且故事必须跟演讲的主题有紧密关联。一般来说，讲自己经历过的真实故事效果是最好的，这样的故事因为真实更具有说服力。同时由于所讲故事是自己熟悉的经历，讲起来也会更加自然；当然，演讲的开头也可以叙述别人的故事，前提是，演讲者需要充分了解故事的背景和来龙去脉。

【示例】

2010 年亚马逊创造人杰夫·贝佐斯在普林斯顿大学的毕业演讲：

当我还是一个小孩子的时候，我总是在德州祖父母的农场中度过夏天。我帮忙

① 陈雷：《口才改变人生》，116 页，北京，新世界出版社，2009。

修理风车，为牛接种疫苗，当然也做其他家务。每天下午，我们还会看看肥皂剧，尤其是《我们的日子》。

我的祖父母参加了一个房车俱乐部，我们把房车挂在祖父的小汽车后面，然后加入由300余名探险者组成的浩荡队伍。我爱我的祖父母，我崇敬他们，也真心期盼这些旅程。①

评析：贝佐斯这个故事的特点是非常生活化，一下就跟大部分的听众建立了联系，激起了他们类似的回忆，拉近了演讲者和听众之间的距离。而当听众觉得自己和演讲者的距离正在消弭时，他们会更愿意倾听其演讲内容。

【示例】

哈佛大学教授桑德尔的公开课"公正该如何做是好"，其课堂开头是这样的：

一列火车正在行进，司机突然发现前方铁轨上有五名工人正在施工，刹车已经来不及了。前面还有一个废弃的岔道，只有一名工人在铁路边打盹。

如果司机改变了火车前进的方向，这名打盹的工人会被撞死；如果不改进行驶方向，那五个工人就没命了。如果是你，你会怎么选择？

评析：这是一个十分经典的开场案例，演讲者用一个故事将观众带入了两难的场景，还给出观众二选一的选择。故事如果讲得好，问题问得好，就可以快速活跃现场的气氛。

5. 自嘲或幽默式

演讲者可以在开场白里提到自己，这是一种较快实现与听众沟通的方式。不过，当演讲者说到自己时，通常不需要采用一种赞美的口吻，相反可以用揶揄、自我解嘲的口吻，让人感到这种自我解嘲中的乐观情绪和幽默感。幽默是拉近演讲者与听众距离的一个有效办法，幽默式的开场是以幽默、诙谐的语言或事例作为演讲的开头，它可以使听众在轻松愉快中很快地进入演讲接受者的角色。

【示例】

一名专栏作家一次在"森林防火人俱乐部"做演讲，这场演讲的听众来自不同的职业层次，他是这么开场的：

人家告诉我，在我这年龄居然还保持着这等好身材，真不简单。我把这功劳全归于妻子爱丽丝。25年前我们结婚的时候，我告诉她："亲爱的，我们永远也不要吵架，每当你让我心烦的时候，我都不会跟你吵，我只会到附近去走走。"因此你们现在看到的这副美妙身材，完全是四分之一世纪以来每天做户外运动的结果！②

评析：这个示例中，作家用调侃自己的幽默方式与听众拉近了关系。幽默帮助他赢得了听众的好感，获得听众的喜爱。当听众从感情上喜欢演讲者时，他所讲述

---

① 王瑞汉、周文博：《百位名人校园原声演讲集锦．企业家篇：英文对照》，133～134页，北京，北京航空航天大学出版社，2015。

② [美]特鲁：《论幽默　幽默的艺术》，程永富、王刚译，218页，成都，成都科技大学出版社，1988。

的内容也就更容易灌入人们的脑海，留下痕迹。

演讲从准备到实施是一个复杂的过程，在这个过程中需要演讲者调动并拓展自己多方面的知识储备。演讲的开场白所用到的方法也不止以上列举的五种。比如，我们还可以采用名言警句式的开头，用名人名言、诗词歌赋等，言简意赅地点明演讲的主题，增加演讲的底蕴。当然，选择一个适合演讲的题目、对象以及个人演讲风格的开头是需要反复打磨的。

(二)正文

正文是演讲的主体部分，演讲质量的好坏，论题是否令人信服，都取决于正文的阐述。一篇合格演讲稿的主体部分要紧扣开场白，突出演讲的重点；同时，要划分层次，注意段落之间前后内容的过渡与照应。

演讲是要在一定时限内完成的、面对公众的口语表达。演讲是以声音为载体，诉诸听觉的表达活动。当演讲者的话语消失时，演讲的内容也就结束了。因此演讲要做到主题突出，层次清楚，使得受众可以及时理解演讲者的言辞。

演讲既要让人听明白，还应当让人愿意听、喜欢听。从心理学上说，人们的注意力可以保持5～7分钟，时间一长就会松弛下来，所以演讲者要精心设计好张弛有度的演讲节奏；撰写演讲稿时要避免平铺直叙、呆板教条，要注意好段落与段落、层次与层次之间的衔接和转换，同时又要把说理、叙事、抒情有机结合在一起；在语句方面要注意修辞，尽量围绕主题插入一些生动有趣的材料，使听众在保持注意力集中时，又不至于过度紧张和疲劳。

在一篇演讲稿的正文部分，演讲者要着重处理好层次、节奏和修辞等几个问题。

1. 层次

层次是一篇演讲稿思想内容的表现次序，是演讲的脉络，它既体现着演讲者思路展开的步骤，也反映了演讲者对于客观事物的认知过程。由于受众是以听觉把握层次的，所以显示演讲稿层次结构的基本方法，就是要在文稿中树立有明显特征的有声语言标志，从而让听众获得清晰的脉络。

演讲者在演讲中可以通过反复提问的方式来阐述自己的观点，从而在结构上达到环环相扣、层层深入的效果。此外，在稿件中，可以用“首先”“其次”“最后”，“第一”“第二”“第三”等语词来区别层次，这是使听众辨析层次的有效方法。

2. 节奏

在演讲中，演讲者的节奏会影响到听众对演讲者表述的信息的理解程度。有些演讲者在发表演说时，讲话语速过快，导致演讲结果不能令人满意，受众听得云里雾里，从而对演讲者的演说内容完全丧失了兴趣，反之有些演讲者总是语速过慢，好像讲出来每个字都十分困难，听众在下面听的每分每秒都是煎熬。在演讲过程中，演讲者给听众的所有感觉都是演讲者在制造的，把握好说话的语速，掌握好声音的节奏尤为重要。

掌握好演讲的节奏，首先要控制语速。控制语速不是一件容易的事情，人们在紧张的时候会不自觉地加快说话速度，因此，控制好语速是需要我们不断练习的。

可以熟练的控制语速之后，我们就要在演讲的结构安排上，表现出节奏的张弛有度。演讲者要适应内容和感情的需要，在叙述过程中有抑扬顿挫、轻重缓急的对比。语言的节奏变化主要是通过演讲内容的变化来实现的，在演讲稿适当的地方插入一些诗文、幽默故事、名人逸事等，将说理、叙述性的内容和生动形象的故事结合起来，使演讲者声音创作的节奏可以随着内容发生改变。让演讲的内容像一块磁铁一样吸引着听者，使其欲罢不能。

3. 修辞

演讲稿中常用的修辞有比喻、对仗、排比、设问、反问等。

比喻可以让深奥生僻的道理变得通俗、简单、明了；对仗可以增进演讲的节奏感；排比可以增强演讲的气势，尤其是在演讲的高潮部分；设问和反问常常能够打破沉闷的气氛，吸引听众的注意力，强化思维导向。适当的押韵，可以增加演讲稿的音韵美。需要特别指出的是，演讲稿的修辞始终要为演讲的目的服务，上述的修辞技巧，用得巧、用得妙固然是好事，一时用不上也万不可生搬硬凑，否则会弄巧成拙。演讲稿毕竟不同于诗歌散文，对仗、押韵之类，若是用得过多，句式过于整齐，反而会显得呆板，没有演讲所特有的层次错落感，显得不伦不类。

下面以两个案例来分析一篇好的演讲稿中的成功因素。

【示例】

美国著名黑人运动领袖马丁·路德·金在《我有一个梦想》中说：

忽视时间的迫切性对美国而言将是灾难性的。自由和平等的凉爽秋天如不到来，黑人义愤填膺的酷热夏天就不会过去。1963 年并不意味着斗争的结束，而是斗争的开始。有人希望，黑人只要撒撒气就会满足；如果国家安之若素，毫无反应，这些人必会大失所望的。黑人得不到公民的权利，美国就不可能有安宁或平静，正义的光明的一天不到来，骚乱的旋风就将继续动摇这个国家的基础。

但是对于那些急于踏进正义宫殿之门槛的人们，有些话我是必须说的。在争取合法地位的过程中，我们不要采取错误的做法。我们不要为了满足对自由的渴望而抱着敌对和仇恨之杯痛饮。我们斗争时必须永远举止得体，纪律严明。我们不能容许我们的具有崭新内容的抗议蜕变为暴力行动。我们要不断地升华到以精神力量对付物质力量的崇高境界中去。

绝对不能让充斥在黑人社会中的那种崭新而又强大的斗争精神引导我们怀疑所有的白人。因为我们的许多白人兄弟已经认识到，他们的命运与我们的命运是紧密相连的，他们今天参加游行集会就是明证。他们已经意识到，他们的自由与我们的自由是息息相关的。

我们不能单独行动。

当我们行动时，我们必须保证向前进。

我们不能倒退。

现在有人问热心民权运动的人，“你们什么时候才能满足?”只要黑人仍然遭受警察难以形容的野蛮迫害，我们就绝不会满足。只要我们在外奔波而疲乏的身躯不能在公路旁的汽车旅馆和城里的旅馆找到住宿之所，我们就绝不会满足。只要黑人的基本活动范围只是从少数民族聚居的小贫民区转移到大贫民区，我们就绝不会满足。只要密西西比州仍然有一个黑人不能参加选举，只要纽约有一个黑人认为他投票无济于事，我们就绝不会满足。不！我们现在并不满足，我们将来也不满足，除非“正义和公证犹如江海之波涛，汹涌澎湃，滚滚而来”。①

评析：在这一部分的选段中，前三段的开头第一句话都直接阐明了每段所要讲述的重点。演讲者用总分的形式，铺陈自己的演说，层次明晰，提升了听众的接受度。在这三段之后，作者用三个简短的句子坚定地表明“决不倒退”的立场，将情绪推向一个小高峰。随后在下一段，演讲者抛出了一个问题，“你们什么时候才能满足?”这样的一个设问制造了前后段落节奏感的不同，利用疑问让读者思索，同时制造起伏感。而最后一小部分，作者使用了整齐有力的排比句，饱含激情地表达了黑人争取平等自由的愿望，营造出了强烈的情绪氛围。

【示例】

1942年7月20日，陶行知先生在育才学校三周年纪念会上做了以“每天四问”为题的演讲：

今天是本校三周年纪念，我有一些意见提出来和大家谈谈，作为先生、同学和工友们的参考。

本校从去年的二周年纪念到今年的三周年纪念，能在这样艰难困苦中支持了一年，几乎是一个奇迹。这一个奇迹，不是一个人的力量所能够做得出来的，而是全体先生、同学、工友共同坚持，共同进步，共同创造，以及社会关心我们人士的尽力赞助所得来的。

本校在这一年中，好像是我们先生、同学、工友二百人坐在一只船上，放在嘉陵江中漂流，大的漏洞危险虽然没有，但是小的漏洞是出了一些，这些小漏洞也可以变成大漏洞，使我们的船沉没下去的！然而我们的船没有因为这些小漏洞沉没，竟因为我们这些同船的人，一见有小漏洞，即想尽方法用力去堵塞，有时用手去堵，有时用脚去堵，甚至有时用头、用全身的力量去堵，终于把这只船上这些小漏洞堵塞住，而平稳地度过这一年，达到了目的地。这是一个奇迹，一个共同努力、共同创造的奇迹。

“一切为纪念”，刚才主席说的这一个口号，当然提出的意义是有他的作用的，大家用力对着这一个目的来创造，是很好的。但是我对于这一个口号有点骇怕，骇

① 王瑞泽：《我为演讲狂——我有一个梦想》，5～9页，青岛，青岛出版社，2011。

怕费钱太多，骇怕费力太多，以致精疲力尽，恐怕得不偿失，所以我主张明年四周年纪念，要改变方针。我们的成绩，要从明天起，即开始筹备，日积月累、“水到渠成”的成绩。不要再在短期内来多费钱和多费力量，只要到了明年十月一日，开始把平日的成绩装潢一下，便有很丰富的成绩，再不像今年和去年这样忙了。大家也可以很从容很清闲而有余裕的过着四周年纪念。

现在我提出四个问题，叫作“每天四问”：

第一问：我的身体有没有进步？

第二问：我的学问有没有进步？

第三问：我的工作有没有进步？

第四问：我的道德有没有进步？

第一问：我的身体有没有进步？

首先，我们每天应该要问的，是：“自己的身体有没有进步？有，进步了多少?”为什么要这样问？因为“健康第一”。没有了身体，一切都完了！不禁使我想到了去年二周年纪念前九日邹秉权同学之死！与今年三周年纪念前九日魏国光同学之死！两人之死的日子是恰恰一周年，不过时间上相差八九个钟点罢了。因为这两位同学的死，使我联想到，我们必须继续建立“健康堡垒”。要建立健康堡垒，必须注意几点：(一)科学的观察与诊断。(二)饮食的调节与改进。(三)预防疲劳的休息。(四)用卫生教育代替医生。

第二问：我的学问有没有进步？

其次，我们每天应该问的，是：“自己的学问有没有进步？有，进步了多少?”为什么要这样问？因为“学问是一切前进的活力的源泉”。学问怎样能够进步？重要在有方法研究。现在我想到有五个字，可以帮助我们学问易于进步。哪五个字呢？

第一个，是“一”字。一是“专一”的“一”。荀子说：“好一则博。”这句话是很有精义的。因为有了一个专一的问题做中心，从事研究，便可旁搜广引，自然而然的广博起来了。我看世界名人学者对于治学的解释，尚少如此精约的。治学必须“专一”的“一”，这是天经地义的了。“专一”在英文为Concentration，我们对于一件事物能够专心一意的研究下去，必然能够有一旦豁然贯通之时。所以我希望有能力研究的先生和同学，必须择定一个题目从事研究，即使是一个很小的问题，也可以研究出很深刻很渊博的大道理来。于人于己都可得到切实的益处，而且可能有大的贡献。

第二个，是“集”字。集是“搜集”的“集”。集照篆字的写法，好像许多钩钩一样。我们研究学问有了中心题目，便要多多搜集材料，象“集”的篆写一样，用许多钩钩到处去钩，上下古今，左右中外的钩，前前后后，四面八方的钩，钩集在一起来，好细细研究。集字在英文为Collection，我们有了丰富的材料，便可以源源本本的彻头彻尾的来研究它一个明明白白，才能够真正理解这个问题的症结所在，才能够“迎刃而解”，才能够收得“水到渠成”的效力。所以我希望大家对于每一个问题，都必须多多搜集材料，以便精深的精益求精的研究。在研究上发生力量，在研究上加强创造力量，集体创造，共同创造，在创造上建立起我们事业的新生命，树立起我们事业的新生机，稳定我们事业的新基础。

第三个，是“钻”字。钻是“钻进去”的“钻”，就是深入的意思。钻是要费很大的力量，才能够钻得进去，深入到里面去，看得清清楚楚，取得了最宝贵的宝贝。做学问虽不能像钻东西那么钻，但是能够用最好的方法，也可以很快钻进去。我在某国，参观一个金矿，他们开采的机器，是运用大气的压力来发生动力的。我见到他们开采的速度，是比现代所称的“电化”的电力，还不知要增加若干倍咧。我们做学问也是一样，如果我们能够在学术气氛中的大气压力下，发生动力去钻，一定能够深入到里面去，探获学问的根源奥妙与诀窍，而必有很好的收获。“钻”字在英文为Penetration，所以我希望大家对于一个问题拿定了，便要尽力向里面钻，钻出一大套道理来，使我们学术气氛有着飞跃的进步。

第四个，是“剖”字。剖是“解剖”的“剖”，就是分析的意思。有些材料钻进去还不够，必须解剖出来看它的真伪，是有用的还是有毒素的，以便取舍，清化运用。“剖”字在英文为Analysis。所以我希望大家对于每一个问题搜集得来的材料，除了钻进、深入之外，必须更加着意做一番解剖的工夫，分析入微，如同在解剖刀下，在显微镜下，看得明明白白，分析得清清楚楚，真的有用的、没有毒素的就拿来运用；如果是假的、有毒素的就舍去抛掉不用。如此，鉴别材料，慎选材料，自然因应适宜了。

第五个，是“韧”字。韧是坚韧，即是鲁迅先生所主张的“韧性战斗”的“韧”。做学问是一种长期的战斗工作，所以必须有韧性战斗的精神，才能够在长期战斗中，战胜许许多多困难，化除种种障碍，开辟出一条新的道路，走入新的境界。“韧”字在英文中尚难找得出一个适当的字来翻译，勉强可以译为Toughness，所以我希望大家在做学问上，要用韧性战斗的精神，历久不衰的、始终不懈的坚持下去，终可达到“柳暗花明又一村”的境界。

我想我们每一个人，能把“一”“集”“钻”“剖”“韧”五个字做到了，在做学问上一定有豁然贯通之日，于己于人于社会都有贡献。

第三问：我的工作有没有进步？

再次，我们每天要问：“自己担任的工作有没有进步？有，进步了多少？”为什么要这样问？因为工作的好坏影响我们的生活、学习都是很大的。我对于工作也提出几点意见。以供大家参考。

第一点最要紧的，是要“站岗位”。各人所负的责任不同，各人有各人的岗位，各人应该站在各人自己的岗位上，守牢自己的岗位，在本岗位上努力，把本岗位的职务做得好，这是尽责任的第一步。我最近在想，人人应该有“站岗位”的教育。站牢在自己的工作岗位上，教育自己知责任、明责任、负责任——教育着自己进步。

第二点最要紧的，是要“敏捷正确”。人常说，做事要“敏捷”，这是对的。但我觉得做事只是做到敏捷还不够，敏捷是敏捷了，因敏捷而做错了怎么办？所以敏捷之下必须加上“正确”二字，工作敏捷而正确才有效力。一件工作在别人做起来需要四小时，你只要二小时或三小时就做好了，而且做得很正确，这才算是工作的效力。工作怎样能够做得敏捷正确呢？这就要靠熟练与精细。粗心大意是最易弄错弄坏事情的。做事要像做算术的演算草一样，要演得快、演得正确。

第三点最要紧的，是要“做好为止”。有些人做事，有起头无煞尾，做东丢西，做西丢东，忙过不了，不是一事无成，就是半途而废。我们做事要按照计划，依限完成，就必须毅力坚持，一直到做好为止。

第四问：我的道德有没有进步？

最后，我们每天要问的，是：“自己的道德有没有进步？有，进步了多少？”为什么要这样问？因为道德是做人的根本。根本一坏，纵然你有一些学问和本领，也无甚用处。否则，没有道德的人，学问和本领愈大，就能为非作恶愈大，所以我在不久以前，就提出“人格防”来，要我们大家“建筑人格长城”。建筑人格长城的基础，就是道德。现在分“公德”和“私德”两方面来说。

先说“公德”。一个集体能不能稳固，是否可以兴盛起来，就要看每一个集体的组成分子，能不能顾到公德、卫护公德来衡量它。如果一个集体的组成分子，人人以公德为前提，注意着每一个行动，则这一个集体，必然是日益稳固、日益兴盛起来。否则，多数人只顾个人私利，不顾集体利益，则这个集体的基础必然动摇，并且一定是要衰败下去！要不然，就只有把这些不顾公德的分子清除出这个集体，这个集体才有转向新生机的希望。所以我们在每一个行动上，都要问一问是否妨碍了公德？是否有助于公德？妨碍公德的，没有做的即打定决心不做，已经开始做的，立刻停止不做。若是有助于公德的，大家齐心全力来助他成功。

再说“私德”。私德不讲究的人，每每就是成为妨碍公德的人，所以一个人的私德更是要紧，私德更是公德的根本。私德最重要的是“廉洁”，一切坏心术、坏行为，都由不廉洁而起。所以我在讲“建筑人格长城”的时候，提到了杨震的“四知”、甘地的漏夜还金，华盛顿的勇敢承认错误和冯焕章先生所讲的平老静“还金镯”的故事，这些，都是我们大家私德上的好榜样。我们每个人都可以效法这些榜样，把自己的私德建立起来，建筑起“人格长城”来。由私德的健全，而扩大公德的效用，来为集体谋利益，则我们的学校必然到了四周年，是有一种高贵的品德成绩表现出来。

我今天所讲的“每天四问”，提供大家作为进德修业的参考。如果灵活运用的行到做到，明年今日四周年纪念的时候，必然可以见出每一个人身体健康上有着大的进步，学问进修上有着大的进步，工作效能上有着大的进步，道德品格上有着大的进步，显出“水到渠成”的进步，而有着大大的进步。[1]

评析：人民教育家、著名社会活动家陶行知先生的这篇演讲，可以说是命题演讲的一个范本。这篇演讲文脉清晰，内容十分丰富，其见解虽然深刻，但表述流畅明白，不仅不会给人带来理解上的难度，还可促人反思。

陶先生在演讲过程中阐述了四个重要的问题：问身体，问学问，问工作，问道德。在行文过程中，每一问都结合了具体事例，提出问题、分析问题、解决问题，一步一步安排论证分析。整篇演讲有理有据，先总后分，层次清晰，开合有度，结构紧密。稿件中存在着大量的设问句，这些设问句，让行文的节奏产生变化，可以唤起听众的注意力，也可以让演讲者在自然的停顿中整理自己的思路。同时，演讲中存在着很多名言警句，听众在接受教育的同时，也受到了语言美的陶冶。

(三)结尾

在结尾部分，最重要的任务便是将总结概括的演讲内容传递给受众。结尾部分可以再次明确演讲的目标以及演讲进行的原因，以保证听众可以明确接受到演讲者传递的信息；结尾处也可以总结重点、升华主题，并强调主体内容，得出演讲者想要表达的最终结论。

在结尾部分，部分演讲者常犯的通病有三种。第一种是收尾过于潦草，不作强调，不作必要的概括。有些陈述性的演讲，演讲者在结束时没有考虑到如何给听众留下一个总体印象，虎头蛇尾。第二种是画蛇添足，有的演讲本来恰到好处，但是演讲者却还要反复强调，常常会出现“关于这个问题，我再来补充几句”“我在这里再耽误大家几分钟”等句式。这样的结尾往往会耗尽听众的耐性，让大家对演讲者的内容感到反感。第三种是以套话、废话结尾。有些人会习惯性在演讲的结尾处说“我的演说到此结束，讲得不好，耽误了大家宝贵的时间，请大家原谅，望大家批评。”这都是不甚恰当的。

一个成功的演讲，是可以给听众留有回味的。好的结尾要将铺展开的语言收束为一个明确的结论，让听众觉得演讲完整而又意味无穷。引发听众将演讲的内容付诸行动；将讨论的思想转变为鼓舞人心或是充满希望的未来愿景；用一个故事、一个比喻来进行结束等，都是可以使用的结尾方式。一个优秀的结尾常常可以升华演讲的内容，将演讲推向另一个高潮。

【示例】

在宴会上为恩师祝寿的演讲结尾：

×老师博学多识，视书如命，具有学者素质，堪称豫东名流、宁陵才子。×老师富有云水风度、松柏气节。抗战时期，他严词拒绝为日寇做事，誓死不进伪政府就职，真可谓：学高作我师表，身正为我示范。回想——恩师当年宁陵播春雨，喜

---

[1] 陶行知：《二十世纪名人自述系列 陶行知自述》，38～47页，合肥，安徽文艺出版社，2013。

看——桃李今朝九州竞妍丽。

祝老师福如东海，寿比南山！

评析：在这个例子中，演讲者言简意赅地概括了教师这一辈子的优秀事迹，表达了学生对于恩师的深深感激与祝福。结尾处使用了比喻及对仗的句式，加强了气势，也表现了自己斐然的文采，可以给听众留下深刻的印象。

【示例】

哈佛商学院的埃米·卡迪教授在她的演讲结束时，采用了一种号召性的结尾，呼吁人们在生活中尝试这种有力的身体姿势。

把这种姿势告诉别人，因为最常使用它的是那些没有资源、没有技术、没有地位、没有权势的人。他们可以私下练习，只需要他们的身体、私密的环境和两分钟时间，就会大大改变他们的生活。

评析：当你在演讲的正文已经给听众灌输了一个有力的思想的时候，为什么不在结尾处鼓励他们付诸行动呢？一个充满自信的、号召性的结尾会具有十足的感染力。

【示例】

2012年，诺贝尔文学奖得主莫言在瑞典学院发表领奖演讲，演讲的主题是“讲故事的人”①。在结尾时，他讲了一个故事：

请允许我讲最后一个故事，这是许多年前我爷爷讲给我听过的：有八个外出打工的泥瓦匠，为避一场暴风雨，躲进了一座破庙。外边的雷声一阵紧似一阵，一个个的火球，在庙门外滚来滚去，空中似乎还有吱吱的龙叫声。众人都胆战心惊，面如土色。有一个人说：“我们八个人中，必定一个人干过伤天害理的坏事，谁干过坏事，就自己走出庙接受惩罚吧，免得让好人受到牵连。”自然没有人愿意出去。又有人提议道：“既然大家都不想出去，那我们就将自己的草帽往外抛吧，谁的草帽被刮出庙门，就说明谁干了坏事，那就请他出去接受惩罚。”于是大家就将自己的草帽往庙门外抛，七个人的草帽被刮回了庙内，只有一个人的草帽被卷了出去。大家就催这个人出去受罚，他自然不愿出去，众人便将他抬起来扔出了庙门。故事的结局我估计大家都猜到了——那个人刚被扔出庙门，那座破庙轰然坍塌。

我是一个讲故事的人。

因为讲故事，我获得了诺贝尔文学奖。

我获奖后发生了很多精彩的故事，这些故事，让我坚信真理和正义是存在的。

今后的岁月里，我将继续讲我的故事。谢谢大家！

评析：莫言的演讲的结尾紧紧扣住了他演讲的题目，故事作为贯穿他演讲的线索，自始至终存在。故事性的结尾不仅容易给听众留下深刻的印象，也给听众留下回味的余地。作为一个写小说的人，讲故事也符合他自身的特性，这样的处理可以

---

① 莫言：《讲故事的人》，载《中国文化报》，2012-12-11。

说有锦上添花的作用。

三、即兴演讲的技巧

即兴演讲是演说家事先无演说之意，而在特定的场景或主题的诱发下，或自发的要求，或由他人建议请求，或抽签命题，而即刻进行的演讲。

在教师的职业生涯中，即兴演讲经常用到。现在社会中，人们越发频繁地在各种各样的场所中，用即兴演讲的方式传播信息，交流感情，阐述主张。这就要求教师能够随时根据现场需要发表得体的讲话。

(一)即兴演讲者应具备的素质

即兴演讲虽然是演讲者在事先没有准备的情况下而做的即席演讲，但这并不意味着即兴演讲的能力是无法训练培养的。想要做好即兴演讲，很多能力和素质是需要我们在日常进行锻炼并积累的。

首先，演讲者要有一定知识素养。

巧妇难为无米之炊，很多演讲者在演讲时的最大困难在于没有演讲的材料。演讲者的知识储备、兴趣爱好、阅历修养等与演讲的成功有着紧密的关系。想要做好即兴演讲，就要求我们在平时做一个有心人。家事、国事、天下事，事事都要关心。平时广泛的阅读，积累素材，加强自我的思想、道德、情感各个方面的修养，这是一个长期而复杂的过程。在这个过程中，我们切不可只专注于自己的学科或局限于自己感兴趣的方面，比如，喜欢自然科学的，就不愿意接触政治、历史；对人物传记感兴趣的，就不读文学作品。要关注多个领域的事件和人物，有知识的宽度，再在此基础上，有纵深的挖掘，才能形成适合现代社会发展的知识体系架构。

其次，演讲者要从容自信，有过硬的心理素质。

演讲虽然是有感而发，但也要保证自己的情绪稳定，有十足的信心，坚持自己必胜的信念，这样方能保证思路通畅，让演讲言之有物。如果演讲者畏畏缩缩、患得患失、紧张，必定会造成思维上的迟钝，表达上的滞涩。所以，平时演讲者要多锻炼自己当众讲话的能力，保证心理状态的稳定。

最后，演讲者要有快速思维的能力。

临时性决定了即兴演讲者必须具有较强的快速思维的能力。每一次合格的演讲都有其内在的逻辑性。快速思维的能力就是在厘清逻辑线的基础上，迅速组织内部语言，打好腹稿。

(二)即兴演讲的思维技巧

知识的积累和心理素质的锻炼都不是一朝一夕可以达成的，但是思维上的技巧可以通过一定的方法进行强化，以帮助人们更好地完成即兴演讲。

1.“三定”

即兴演讲留给我们准备的时间是少之又少的，所以演讲者要在第一时间定话题、定观点、定框架，简称“三定”。

定话题是要选择好你想说的、观众想听的、你能讲好的、社会生活需要的或符合当时场景的话题。

定观点是指演讲者应该立即确定一个正确且深刻、能为大家所接受的核心观点。观点确定之后，我们才能够调动知识储备，收集资料。

定框架是要搭建好演讲的结构。常用的框架有两种，一是金字塔式，先亮出主题，然后对主题进行比较详细的论证和分析说明；二是曲径通幽式，先举例，然后叙述主要观点，再说理由，最后进行论证分析。

2.“四思”

“四思”指的是四种不同的思维模式。

(1)逆向思维

逆向思维是指从相反方向思考问题，即反对传统看法，或提出与人们的日常认知相对或相反的观点，这是一种反弹琵琶式的思维模式，它常常表现为一种突破常规的思维或行为。这种完全或者部分相反的意见可能会在你提出的那一刻，就已经让别人印象深刻了；所以这一种思维方式的运用，会让你的演讲变得更有吸引力。

说起纸上谈兵，大家都会觉得这是负面的，不值得学习的。但是如果有演讲者使用逆向思维谈论纸上谈兵这个问题，也会有出其不意的效果。“各位，我觉得纸上谈兵其实很好，一个人一定要先学会纸上谈兵，才会沙场点兵。”这个观点跟常人的观点很不一样，在这里，演讲者告诉大家纸上谈兵是很好的，先学会纸上谈兵才可以沙场点兵。当然，抛出一个逆向思维的观点，接下来你就必须要给别人证明这个观点是成立的。所以，在使用逆向思维时要注意观点必须持之有据，能够自圆其说。

(2)纵深思维

纵深思维模式是从一般人认为不值一谈的小事出发，或从无须做进一步探讨的定论中，发现更深的被现象掩盖着的事物的本质，透过现象看本质。

在这一思维模式中，我们要注意思维的轨迹必须环环相扣，不能出现漫无边际的情况。比如，有同学以《由大学生早上上课迟到所想到》为题，谈到大学宿舍里，有些大学生在进入二、三年级后，早上就开始睡懒觉，因此迟到，甚至还找同宿舍的其他同学代考勤。该同学对这种现象进行分析，认为睡懒觉白白浪费了早晨的大好时光；早上不起来参加锻炼，对身体健康影响很大；代考勤对准时来上课的同学不公平。接着，该学员又详细地论述了中国历来是教育之邦，提倡“玉不琢，不成器；人不学，不知义”“养不教，父之过；教不严，师之惰”。从最后一句中，这名同学引出结论：中国需要恢复传统教育。不难看出，该篇演讲的后半部已经让人感到不着边际了。

运用纵深思维模式时，一定要抓住事物的本质，正确、理性地分析现象，不可以想当然地分析，得出一个没有逻辑的结论。

(3)发散思维

所谓发散思维，就是从一点向四面八方铺开去想的思维。这种思维方式让我们可以拥有更大的思维空间，它是以客观对象的某一方面或者某一点为中心，调动自己的知识储备，并在这个基础上进行想象，从而产生多条思路，并且使多条思路向外扩展，成为爆炸式的立体思维空间。灵活、精细、多端，是发散思维的特点。

若想运用好发散思维，就要促使自己用不同的角度去看待事物。比如，你可以把生活想象成一桌宴席，而你是其中的一道菜，然后从各位入席宾客的角度审视桌面，宾客会期待桌子上有什么？如果少了哪些东西会令他们感到失望？桌子上是否摆放了格格不入的物品？如何摆盘才能更引人垂涎？

(4)综合思维

综合思维是前面三种思维模式的综合运用。事实上，我们在思考问题时，很多时候都是将各种各样的思维模式综合在一起使用的。

3.“五借”

“五借”是指借题发挥、借人发挥、借物发挥、借事发挥、借景发挥。“借”的东西可以有很多，五借是泛指。它要求演讲者要善于观察现场，获取信息。

【示例】

一位教育行政官员在一次农村小学校长的培训会上说：

刚才，我听会议主持人说，在座的都是来自农村的小学校长。我也当过农村小学的校长，我深知在贫困落后的偏远山区当好这个校长是多么的艰辛和劳苦。尽管如此，我们却义无反顾地肩负起了培养跨世纪农村建设人才的重担。我本来不准备讲话，现在却想借此机会，向你们表示崇高的敬意，并说几句心里话……

评析：这一段即兴演讲的内容是在演讲者了解了听众的职业背景后，结合自身经历而说出的感受。这段话里，演讲者“借人发挥”，一下子就拉近了彼此之间的距离，让听众对演讲者感到亲切，也对讲话内容很感兴趣。

【示例】

上海市新闻工作者协会王维同志在出席上海市新闻工作者成立大会时，发表了如下的即兴演讲：

我来参加会议，没有想到有这么好的会场，这个会场不要说是上海市企业报记者协会成立大会，就是上海市记协成立大会也可以在这里召开。没有想到有这么多的企业报记者、编辑参加这个大会，这说明企业报的同人是热爱这个组织，支持这个组织的。没有想到，今天摆在主席台上的杜鹃花这么美丽。鲜花盛开这标志着企业报记者协会也会像这杜鹃花一样兴旺发达……①

① 张丽珍：《公务员口才》，175 页，北京，中国和平出版社，2003。

评析：在这一小段演讲中，王维同志抓住了彼时彼景的三个要点：会场、人员和鲜花。他将借人发挥、借物发挥、借景发挥应用到了极致。他通过三个“没有想到”，把三个散点巧妙地连缀在一起，这也是发散思维的体现。这样的一组排比，显示了协会会员的凝聚力，表达了他对企业报记者协会的美好祝愿。

四、演讲的应变与控场能力

无论是命题演讲还是即兴演讲，想要获得真正的成功，演讲者应具备临场应变能力和控场能力。

(一)临场应变能力

演讲者在发表演说时，无论事前准备得再充分，都可能面临着不可控的意外、非正常情况的阻碍和干扰。临场应变要求演讲者可以采取应急措施加以调控，使演讲活动能够继续顺利地进行。临场应变能力是演讲者面对事物发展变化，能够快速反应的能力，也是良好心理素质的具体表现。

临场应变能力得以展现的前提是，演讲者保持良好的心理状态。首先，在上台之前，演讲者要对自己充满信心，相信自己的观点是正确的，也相信自己有打动听众的能力。其次，演讲者要保持昂扬的斗志，对演讲本身要充满热情，全神贯注。上台时，无论面对多少听众，演讲者都要尽力减少自己的压力与紧张感，努力放轻松，因为只有在轻松的状态下，人才能够呼吸顺畅，思维敏捷，侃侃而谈。

在演讲过程中，可能出现多种多样的障碍。例如，演讲者初次登台，可能会遇到忘词、怯场、讲错，或是准备的内容过多，超过原定的演讲时间等各种状况。无论出现哪一种情况，演讲者都不可惊慌失措，也不可以因为急躁而冲动行事。即使是自己出错，也切忌搔头挠耳或是冷场过久。在演讲过程中出现的小错误，只要无伤大雅，便可不予更改。如果是忽然忘词，可以切换话题，换到自己准备的其他段落；也可以用向听众提问的方式，化解尴尬。

当然有些障碍也可能来自听众，比如，听众对演讲者的内容有排斥情绪。此时要学会从容面对听众，不可发火、批评。演讲者可以坦诚相待，用幽默的方式来拉近与听众间的距离。如果是场地、设备出现问题，不要慌张，可以与现场的听众进行互动，给工作人员排除障碍的时间。

(二)控场能力

控场能力是指演讲者对演讲现场进行有效控制的技能技巧。控场能力可以分为主动控场与被动控场两种。主动控场是指演讲者始终牢牢地把握住现场气氛的控制权，牵引住观众的注意力；被动控场是指演讲者窥视到现场出现的种种异常情况，当机立断，控制现场的气氛和秩序，使演讲活动得以顺利开展。

如果演讲面对的是学生，教师的主动控场能力通常都较强。因为说话的人如果地位高、有水平且受人尊重，其所说的话则容易引起别人的重视，并具有说服力。在学生的心目中，教师具有权威，所以在面对学生时，场面通常会比较好把控。

而在面对其他听众时，要做到有效地控场，首先要驾驭现场的听众。在这里，我们可以对人们的感知规律稍做了解。感知是指客观事物直接作用于人的感觉器官而在人的头脑中的反映。感知是认知的开端，可以帮助我们获得演讲的成功。听众的感知程度与演讲的效果成正比，演讲者给予听众的感知信号越强烈，听众留下的印象也就越深刻。所以演讲者可以通过研究和运用听众的感知规律，来提升控场的能力。

人的感觉器官在接收到不同的刺激时，可以产生相应的变化。尤其在面对一些具备对比特性的刺激时，人们会接收到比较强烈的信号。比如，演讲者可以穿着与讲台背景底色反差较大的衣服，刺激听众的视觉。如果使用投影的场地演讲，演讲者可以配合自己的演讲内容，准备一些图片增强听众的感知度，进而提升自己的控场能力，提高演讲的效果。

其次，演讲者开放的姿态可以给人平稳、安定的感觉。恰当的姿态语，也能够帮助我们掌控整个会场。

最后，良好的控场能力往往来自演讲者对自己演讲风格和演讲水平的全面了解和透彻把握。无论是即兴演讲还是命题演讲，演讲者都可以在日常生活中多进行演练、彩排。在预演的过程中，演讲者可以发现自己的缺陷与不足，进而采取相应的措施。当演讲者对自己的演讲内容有充分了解，也建立起自己的个人风格时，就可以有更多的精力投入对现场观众、氛围的观察中，进而随时调整自己的演讲节奏，控制气氛，使自己的演讲更顺畅，更成熟。

长相思　　从军行　　定风波

破阵子　　七律长征

>>第二节　主持<<

这里要谈论的主持并不是指电视、电台节目的主持工作，而是针对教师在日常的工作生活中需要主持的场景。比如，比赛活动的主持、班级班会主持、会议主持、仪式主持、文艺演出主持等。

在现代汉语词典里，主持的意思是“负责掌管或处理”。通俗来讲，主持是需要负责节目的编排、组织、解说，使节目(程序)有效推进的人。教师在教育、教学工作中面临的主持场景主要可归纳为活动主持和会议主持两种。我们将在了解主持要求的基础上对这两种主持工作做扼要分析。

一、主持的要求

一方面，无论是活动主持还是会议主持，主持的作用主要是串联节目和不同的程序。很多时候，活动内容是互相有关联的，但在外在形式上，却可能是分离的，所以主持人要将这些分散的内容用恰当的语言有机地组合在一起。另一方面，主持人还起着传递信息的作用，主持人需要准备一些辅助性的内容，适宜地将它与活动的中心配合在一起。此外，主持人还可以利用语言感染观众，起到把握和调控现场气氛的作用。

由于主持本身在各类活动中有着不可或缺的作用，所以我们有必要了解主持的基本要求。

(一)良好的心理素质

一个人平时的口才再好，若没有良好、健康的心理素质，一上台就张口结舌，语无伦次，即使有口才也发挥不出来。因此良好的心理素质直接关系到主持的效果。

当然，主持人要跟观众零距离接触，要面对台上台下及串场过程中可能发生的突发状况，自然面临着各种各样的压力。首先，主持人在上台主持之前要尽量做足准备工作，其中包括心理准备和文案准备。其次，在准备时，主持人要反复演练，甚至要预想多种可能发生的状况，这样可以增强自信，从而保持良好的心态。

(二)丰富的文化修养

主持人的一言一行都会被人关注。现场主持，不但要求主持人在语言的表达上要准确、完整、流畅，而且还要表现出亲和力和感染力，这些都是语言的基本功。更重要的是，主持人最好拥有广博的知识面，无论是什么样的知识都知道一些，做一个杂家，只有成为一个“上知天文、下知地理”的主持人，才能够接下各式各样的话头。一个人的知识储备越丰富，主持中所面临的问题就可能越少，无话可说的境地就会发生较少。

（三）敏锐的观察力

主持人具有鲜明的临场性，要根据当时的现场状况做出反应；因此不是所有可以滔滔不绝地表达自己想法的人，都可以当好主持人。主持人要有一双敏锐的眼睛，全方位地观察场上的各种复杂情况，并做出正确的判断，如此才能主动从容地控制全场。

每一场活动，即使前期准备工作做得再充分，都可能出现突如其来的变化，尤其是一些大型活动的临场，难免会出现始料不及的情形。此时只能随机应变，见机行事。这就要求主持人在敏锐的观察力之上，能够根据现场捕捉到的信息迅速做出相应的调整，灵活控场。

（四）良好的组织协调能力

主持人肩负着掌控整个活动现场这一艰巨的任务，所以良好的组织协调能力也是对主持人的要求之一。首先，主持人要对活动或节目的各个环节了如指掌，把握好每个节目的时长、内容的先后，在规定的时间内用语言推进活动的进程，引领观众步步前进。其次，主持人要明确活动主题，尽量让自己的所思所想渗透到串场的过程之中，不断渲染现场氛围。主持人要对自己的角色有清晰的定位，主持工作决不等于表现自我，不能为了突出自己的能力和水平而脱离活动的主题，也不可喧宾夺主，长篇大论。要始终牢记：主持人不是表演者，更不是主讲人。主持人要记好自己的职责，客观自然地融入整个活动之中。最后，主持人站在台上，就是整台活动的指挥者，也是台上台下、演员观众之间的桥梁。因为主持人能够直接接收到观众的情绪反馈，所以主持人在下台备场期间要及时和后台工作人员沟通现场情况及可能出现的问题，起到信息传递的作用。

二、主持用语技巧

常用的主持用语主要分为开场语、串联语、结束语与应变语四大类。

（一）开场语

好的开场语对于确定主题基调、表明宗旨、营造气氛、沟通情感是十分重要的。开场一定要和活动的主题相契合，精彩的文案只有扣住主题思想才能发挥出其魅力。通常来说，开场语应该包含称呼、问好、介绍重要的来宾领导并宣布主题等几方面的内容。

【示例】

2018年春节联欢晚会开场主持词：

任鲁豫：九州日升中国年，四海潮起报春来。

李思思：中华儿女大拜年，共享欢乐新时代。

尼格买提：中国中央电视台。

朱迅：中国中央电视台。

康辉：现场和电视机前的观众朋友们，正在通过央视网和央视新闻客户端收看直播的朋友们。

任鲁豫：已经回家团聚和正在回家路上的朋友们。

李思思：港澳台同胞以及全球的华人华侨朋友们，大家，

合：春节好。

尼格买提：您收看的是由中央电视台综合频道、综艺频道、中文国际频道、军事农业频道和少儿频道并机直播的2018年春节联欢晚会。

朱迅：与此同时，中国国际电视台的英西法阿俄五个外语频道也将以摘播的方式在全球148个国家和地区的185个海外合作方落地播出。

评析：这一段开场语简洁有力，起始对仗、富有诗意。之后，主持人向所有观众问好，明确点出晚会的主题、主办方，渲染了新春佳节欢乐祥和的氛围。

(二)串联语

串联语是指主持人在组织串联节目各组成部分时，提前准备或即兴发挥的话语。串联语具有很强的主动性、灵活性、应变性。好的串联语可以使节目进程紧凑有致，富有节奏感。

串联语虽不是节目的主体语言，却是保证节目正常进行不可或缺的语言。串联语使用是否精妙也会影响节目的效果。

主持人所使用的串联语，第一，要求内容精炼、篇幅短小。很多时候，串联语仅仅是三言两语，但绝不是可有可无。串联语要运用在关键点上，把话说在节骨眼儿上。

第二，串联语的形式多种多样，位置灵活，可以是叙述，也可以是点评。串联语通常由某个人、某件事、某一点引发开来。主持人要抓住关键，言之有物、言之有理、言之有情、言之有趣，如此才能真正起到提点、串联的作用。

第三，串联语很重要的一个特征是即兴串联。串联语对于语境的依赖很大，在活动进行的过程中，主持人可能随时觉察到在不同语境中蕴含的有价值的信息，以此触景生情，产生不吐不快的动机和欲望。

第四，串联语要做到雅与美的结合。串联语的使用要在遵循语言规范的前提下，汲取书面语严谨、文雅、庄重的长处，同时，也要发挥生活用语通俗生动、句式简短、富有情感的优势，力争保持语言的雅与美，满足受众的审美期待。

【示例】

在舞蹈节目《三峡，我的家乡》开始前，主持人使用了以下串联语：

男：半个世纪前伟人毛泽东曾挥手写下，“更立西江石壁，截断巫山云雨，高

峡出平湖”的壮美诗句。

女：如今伴随着三峡大坝的落成，三峡的景观更加雄壮秀美，令人心驰神往。山美、水美、人更美，请欣赏舞蹈表演《三峡，我的家乡》。

评析：这一段串状语中首先引用了与节目有关的名人诗句，之后用寥寥数语，从山水自然美过渡到人的美丽上，进而引出接下来的舞蹈节目。其过渡自然得体，也符合晚会热烈的氛围。

(三)结束语

俗话说：“编筐编篓，最难收口。”活动或节目进入尾声时，切忌粗疏草率。在结尾时，主持人要运用各种技巧和手段，掀起高潮，或给人鼓舞和欢笑；或波澜不惊，给人留下回味和思考的空间。

【示例】

学校元旦晚会的结束语：

甲：这是快乐分享的时刻，是祝福、关怀的时刻，也是美梦成真的时刻。

乙：我们辞别了2019，迎来充满希望的2020，愿美好的歌声和祝福，伴随着大家新一年的每一天！

甲：愿这美好的夜晚，难忘的时光，永远驻留在我们彼此的心中！

乙：××学校元旦晚会到此结束！祝大家新年快乐，万事如意，心想事成！

评析：这是一段中规中矩的结束语，两位主持人点明了主旨，并真诚祝福。结束语也没有冗长，不啰唆。

【示例】

在一场以“小学生上网是利大于弊还是弊大于利”为辩题的辩论比赛上，主持人的结束语：

今天的这场辩论会真是特别激烈，看来大家都做了许多功课。现代社会高度文明，信息高度发达，我们获取知识的途径越来越多，作为小学生，上网是利大于弊还是弊大于利呢？说老实话，我也不知道，但是有一点我相信正方和反方的同学都会赞同我的观点，那就是在获取知识的时候，我们都需要认真辨别，剔除糟粕，吸取精华。你们说，对吗？好的，下面有请评委老师公布辩论比赛的结果……

评析：在一些特殊的活动中，活动结束时需要等专家或评委老师打分、上台点评、公布结果。此时主持人的结束语可以稍长，给专家或评委一定的准备时间。在这个例子中，主持人对辩题发表了自己的看法，同时他还保持了中立，没有对正反双方的任何一方提出自己的意见。该段语言中，主持人也提出了问题，给予听众回味整场辩论的空间，启发听众进一步思考。

(四)应变语

主持人在面对活动进行中发生的突发情况时，要做到随机应变，这是对主持人临场应变能力和语言组织能力的考验。应变语的使用是否恰当，取决于主持人的文化素养和心理素质，而这需要个人平时潜心的学习和日积月累的实践。

一次电台活动中，有一位听众为自己的妻子点播了《知心爱人》这首歌曲，然而在主持人的祝福话语结束并送出歌曲的时候，歌曲出了问题，无法正常播放。此时主持人的反应相当机智，他说："看来这位知心爱人还有些羞涩，需要我们千呼万唤始出来。"这样的应变语不仅符合当时的语境，而且也化解了尴尬的气氛。

三、会议主持和活动主持

主持是一种涉及多领域的活动，不同类型的主持有不同的形式和特点。对于一名教师而言，会议主持和活动主持是其应用最为最广泛的主持场合。

(一)会议主持

主持会议一般都要在中间搭桥接榫、过渡照应，把整个会议连缀成一个有机的整体。会议主持要求语言简洁、明快、朴实、大方，不能做过多的、过分的修饰。

主持人要根据会议的内容、性质、规模、场合的不同，在措辞上有所差异，不能全部照搬硬套。如果是传达上级会议精神或部署重要工作的会议，其语言风格要突出庄重和严肃；如果是庆典、表彰类的会议，则要制造欢快、热烈和喜庆的氛围；如果是一般的工作会议，则要严谨、平实，同时可以添加一些日常口语，显得亲切平和，易于调节会议的气氛，让人容易接受会议的内容。

在会议主持中，控制会议进程和引导与会人员参与讨论，是主持人的两大重要职能。

1. 控制会议进程

会议进程的控制是一项重要的管理活动，它需要依照会议规则进行，并要根据现场不断变化着的情况，灵活采用各种措施和方法，有针对性地调整进程，解决各类随机问题。合理掌控会议的进程，主要包括以下几个方法和技巧。

第一，在会议召开之前，主持人必须认真研读相关文件，了解会议的议题、主要精神、目的和议程。此外，主持人还要了解与会者的构成情况与基本意见倾向，对需要在会议上发言的人的发言主题有所了解。

第二，主持人要随时注意时间，严格守时，明确会议开始和结束的时间，准时开会和散会。

第三，在会议过程中，主持人应该避免与其他与会者发生争论，不应该强迫与会人员接受自己的观点。

第四，主持人要注意倾听，做好记录。主持人要对各种发言进行比较、鉴别和分析，正确集中大家的意见，使用简明的语言说明讨论要点和发言人的主要发言信息。

第五，当会议议程进行的时间过长时，主持人要抓住时机，适时地终止话题或者讨论，及时确认结论，形成决议，并提醒之后的发言人注意时间，以免延误时间或节外生枝。

第六，当会议时间较长时，要安排短暂的休息时间。休息时间不应该安排在发言或讨论的高潮，或是某一个话题的讨论尚未结束时。

2. 引导会议讨论

在诸多会议上，往往都存在着讨论环节，这就要求主持人善于提问，积极引导，能够从不同角度、不同层面上发现问题，提出问题，启发与会人员参与讨论。

第一，主持人应事先做好准备工作，在会议开始前了解可能会产生讨论的环节，设想讨论的问题，提前准备好一些恰当的题目，以便在会议主持时使用。

第二，主持人要掌握和安排好时间，限定每次发言的时长。一方面，与会人员发言时，主持人要牢记讨论范围，使大家的注意力集中在有价值的议题上。如果出现发言人将议题拉出会议讨论的范围之外的情况，主持人要及时引导，将主题拉回应有的讨论范围中。另一方面，主持人要引导会议在尽可能短的时间内达到最终的一致意见，同时又不使参与会议的人感到会议主持人在强迫他们。

第三，主持人可以使用多种技巧引导与会者发表意见。例如，在最初发言时，常常会出现冷场。主持人可以适当指名：“××，您对这个问题很有研究了，今天一定有好的想法，请您先讲讲吧。”万事开头难，当有人带头发言后，接下来就会有人跟着讲了。

在会议讨论中，有时人们会对某个问题似明非明，难以发表意见。主持人应在此时抓住关键，适当点拨。比如，主持人可以说：“这个问题正面一时看不清，如果反过来看呢？从它究竟有多少弊端的角度看，大家是否会有些新的想法呢？”当然，如果某人的发言十分精辟，主持人对此也有同感，可以复述他的发言要点，并请大家在这个问题上继续深入探讨。

第四，在引导大家讨论时，主持人要以身作则，不说空话、套话，不使用陈词滥调。而一旦出现有人说空话、套话的时候，主持人要及时制止，以免再出现类似的状况。

（二）活动主持

教师常面临的活动主持有班会主持、运动会主持、联欢晚会主持、比赛活动主持等，这些主持活动各有其特点。

班会活动要明确主题，要注意形式的多样，做到严肃和活泼并举，创造情境，让学生们产生共鸣，触动学生的心灵深处，从而达到更好的教育目的。

【示例】

一次以安全教育为主题的班会的主持词：

开场白

甲：有一根弦它常常在我们身边，

乙：有一根弦它连着我们的生命线，

合：他的名字就叫作安全。

甲：安全维系着我们每个人的生命与健康，维系着每个家庭的幸福与美满。

乙：可是，我们却常常听到这根弦崩断的声音，看到一些触目惊心、惨不忍睹的场面。

（大屏幕上放出一些家庭安全事故的照片，并列举出损失数据）

串联词

甲：人们都说，“家是避风的港湾，是温暖的摇篮”。

乙：同学们生活在幸福、温暖的家庭里，受到父母和家人的关心、爱护，似乎并不存在什么危险，殊不知家中也会有一些无端横祸向我们飞来。

第一篇

甲：交通安全是一个永恒的话题，交通安全关系着人身安全、家庭幸福，但现代交通的兴旺繁荣却常伴随着血的教训。

（小结）乙：认真学习交通法规，倡导文明交通，摒弃交通陋习，从小做起，从我做起，乘文明车，走文明路，做文明人，争做文明交通的宣传者和践行者。

第二篇

甲：鲜果飘香的秋季，让人心旷神怡，文明安全的校园让我们心情舒畅，让我们把平安的种子播进自己的心田。让它发芽开花，长成参天大树，我们必将收获更多的快乐和幸福。

（小结）乙：生命是美好的，生活是多姿多彩的，而要拥有这一切的前提是安全。所以我们一定要自觉遵守校纪校律，努力提高自我防护能力，做到警钟长鸣，确保自身和他人的安全。

第三篇

甲：同学们都知道，火象征着温暖，象征着吉祥，象征着喜庆。它为人类带来了光明，推动了社会的发展。但是火一旦失去控制，它可以毁坏物质财富，破坏生态环境，使人伤残，甚至失去生命，给人类造成巨大的灾难。

（小结）乙：消防知识我们一定要牢记，平时预防为主，因为生命只有一次，幸福快乐掌握在我们自己的手里。我们要学会珍惜生命，保护自己的人身安全。

第四篇

甲：在了解过这么多与安全有关的知识和注意事项之后，同学们认为在日常生活中，我们还需要注意哪些安全方面的问题呢？

（引发讨论）

结尾

乙：最真诚的友谊是期盼，最良好的祝愿是平安！

甲：最殷切的牵挂是父母，最美好的时刻是团圆！

合：让我们共同撑起安全的保护伞，感受家的温暖，享受美好的生活。敬爱的老师，亲爱的同学们，希望我们大家都可以永保平安。

甲："安全伴我行"主题班会到此结束。

评析：此次安全主题班会设置了四个安全教育模块，每一部分都根据其具体内容设计了相应的串联词和小结语，层次清晰。开头和结尾使用了对仗的句式，渲染了气氛，点明和总结了此次班会的主旨，反复向学生强调了班会的主题。

联欢晚会的主持通常要求热情活泼，情绪饱满。主持人要根据节目的编排精心设计节目的串联语，必要时可以对节目做一些介绍。

【示例】

在学校联欢晚会上，歌舞类节目中出现的主持词：

男：非常感谢××同学的倾情演唱，一首《没离开过》唱下来还能面不改色，咱们××同学的唱功真是令人叹为观止啊。

女：是啊，一首感人至深的《没离开过》。在我们感叹××同学才气的同时，也不禁让我们对人与人之间真诚的感情产生向往。诶，我说××啊，你知道不，我们今天不仅有动听的歌曲，而且有优美的舞蹈呢。

男：这我当然知道了，咱们下一个节目就是一段精彩舞蹈，××啊，你听说过《白蛇传》的故事吗？

女：白素贞与许仙的旷世绝恋，谁人不知，谁人不晓？莫非这下一个节目是与这个传说有关？

男：算你猜着了。咱们学校舞蹈队的帅哥美女们将用现代舞的方式全新演绎这一段凄美的爱情故事。

女：说得我都迫不及待了，那快快请上我们的男神女神们吧！

男：请大家欣赏舞蹈《×××》，掌声欢迎！

评析：这一段主持词清晰明了，不仅对上一个节目进行了点评，还通过介绍舞蹈与白蛇传说的关系，引出下一个节目。此外，男女主持人之间的互动，也点燃了晚会现场轻松、活泼的氛围。

运动会、比赛等活动的主持，要求主持人在活动开始前一定要熟悉流程，准备好串联语。这一类活动的开场包括问好、介绍比赛的意义、比赛背景，介绍领导和来宾、领导讲话、比赛规则、奖项设置、宣布比赛开始。在活动的进程中，主持人要报出每位参赛选手及其参赛名称，及时公布得分情况，并运用巧妙的语言将选手的比赛贯穿起来。结束前，主持人要宣读比赛结果，邀请嘉宾点评，领导颁奖，最后宣布赛程结束。需要注意的是，一般颁奖顺序是由低到高，即先颁三等奖，然后颁二等奖，最后颁一等奖。

>> 第三节　辩论 <<

辩论是一种在两人或多人之间展开的，就某个有争议的话题进行论证，每一方都试图使对方放弃自己的观点，而接受己方观点的过程。辩论的目的在于批驳谬误，探寻真理，进而提升人们的批判性思维水平。辩论可以交流信息，开拓知识面，提升语言表达能力。

一、辩论的特点及要求

(一)辩论的特点

1. 辩论人员的双边性

与朗诵、演讲不同，辩论是一种双边活动，最少要保证有两人参与。

2. 辩论观点的针对性

辩论的针对性特点，即“我对你错”。辩论双方的特点是对立的，或是或非，针锋相对，这样才有辩论的可能；如果不是这样，就会变成协商、谈判，失去辩论的意义。

3. 辩论论证的严密性

合乎逻辑、推导周密的论证，是辩论获胜的基本保证。否则，辩论就会沦于诡辩，丧失了辩论的思辨性。

(二)辩论的要求

由于辩论有以上三种特点，所以辩论要求观点鲜明、逻辑性强，论证过程做到情、理、雅的整合。

观点鲜明是要求辩论双方立论时旗帜鲜明，不可含糊不清、模棱两可。观点明确，立意清晰，才能够为后面的论述打下基础。

辩论是一项锻炼思维表达的活动，是需要层层推进、严丝合缝地展开逻辑推理的。如果辩论中发生逻辑错误，就会从根本上影响最后的结论。

辩论是一项口语表达活动，会有听众和评委，所以适当引发观众的情绪，渲染气氛，也是至关重要的。论证的过程要以理服人，而不是靠气势、靠声音来吓人，正所谓“有理不在声高”；而语言的“雅”可以给予听众审美体验。当情、理、雅三者有机结合在一起时，语言带来的影响力与感染力紧密结合，可以给人以震撼，留下深刻的印象。

二、辩论的准备和技巧

(一)辩论的准备

1. 了解赛制

每一场辩论赛的赛制都可能有所差异，所以了解好所要参加的比赛赛制是至关重要的。比赛赛制决定了每一位队员的发言时长，关键赛点可能出现的位置。了解好规则是每一位辩手应尽的义务。

2. 破题

辩论赛的准备工作，从拿到辩题的那一刻就开始了。当所有的辩论成员们拿到辩题时，首先要做的是分析辩题，提出对于这个辩题的不解和疑惑，并且记录下来。

之后，我们要做的便是定义辩题。准确地理解、定义辩题是打好一场辩论的基础。例如，以“功能不能补过”这个辩题来看，拿到辩题后，需要搞清楚什么是功，什么是过，什么算功补过，什么算功未能补过。并且每一种想法，都需要举出几个正例和反例，进而分析这些问题的定义对我方观点的优势和劣势。

辩论者之后展开的所有论述都会围绕着辩题的定义走，如果发现行不通，或是辩论的展开很困难，我们就要回头看看，对辩题的定义是否准确有效。

3. 收集反方资料

这是很关键的一步，很多人在辩论一开始时便去收集己方资料，但这样不利于自己把观点打开。先收集反方的观点和问题，揣测对方的立论方式、论证过程，一边收集，一边思考驳斥的方式，这样可以使辩论者更清楚地理解和展开辩题。

4. 收集己方资料

很多人在查找资料时存在一个问题，即面铺得太广，且每一个角度都比较浅显，不够深入。当辩论双方势均力敌的时候，对话题的深入剖析，往往是决定胜利的关键因素。

收集资料的过程，也是思辨论证的过程。首先，在这个过程里，每一位辩论者可以尝试写出至少三个支持己方论题的论点；其次，为以上论点找到至少一个支撑其成立的例子和数据；最后，尝试用生动、形象的语言去表述自己的论点和论据。

5. 进行头脑风暴

大部分的辩论都是集体活动，需要每一位选手的配合。所以，进行头脑风暴是至关重要的。

这个阶段的重点是打开思路和眼界，多听别人提出的观点，少反驳。这期间，每一个讨论组都会产生大量的信息，选手需要对这些信息及时做好记录。往往一些我们极端反对的观点也会有不少的闪光之处，甚至于当我们多思考为什么这个人会提出这个观点，他是怎么想的时候，都会有极大的收获，甚至会打开另一片天地。

在进行头脑风暴之后，我们需要重新回归到“立论——论证”这一个过程中，反复打磨自己的观点和逻辑链条。

6. 演练

论点定下来，立论也有了之后，每一组的队员们必须要进行模拟辩论。在演练过程中，选手们可以自行选择持方。

演练可以帮助选手提前进入到比赛的状态。在练习的过程中不断完善选手的论述完整性以及提升其临场的反应能力。此外，在模拟练习的过程中，每一组的选手可以找寻适合自己的攻防方式。比如，有的人反应敏捷，可以负责专挑漏洞；有的人逻辑清晰、严密，可以负责己方的防守。合理的分工合作，也是打好一场辩论的重要因素之一。

(二)辩论的技巧

辩论赛是非常灵活的活动，在这一过程中，人们往往要采用一些技巧，即常说的辩术，用来反驳对方的观点、论据以及论证过程。辩论不是纯粹知识的比拼，只有让知识的积累和论证技巧相结合，选手才有可能在辩论中取得胜利。下面介绍几种常见的辩论技巧。

1. 类比论证

类比论证是辩论赛上常用的一种手法。类比论证的方法，可以帮助我们理解抽象的概念，因为它可以在我们所熟悉的概念、事物与有待阐明的概念间搭起桥梁。例如，在遇到一些与政策有关的辩论赛时，有选手就说，我国的情况和 20 世纪××年代的美国、××年代的日本相似，他们当时用了××手段有效果，所以我们现在使用这样的手段，也会使行之有效。

如此看来，类比论证的逻辑结构很简单。

甲有 A、B、C；乙有 A、B、C。

此时，甲具有特性 Z，所以，乙也具有特性 Z。

需要注意，类比不是一个严格的论证过程。因为甲和乙即使再相似，但它们彼此毕竟不是全然相同的，我们也只是在概率上去推测乙有多大的可能呈现 Z 的特性。

2. 三段论

论证的基本单位是前提与结论，三段论是常常在辩论场出现的一种论证方式。它的逻辑结构是：

大前提：每一个丙都是甲。

小前提：每一个乙都是丙。

结论：所以，每一个乙都是甲。

看一个简单的例子，大前提：每一个演讲社团的社员都是校园辩论的高手；小前提：××是演讲社团的成员；因此，我们可以得出结论，××是校园辩论的高手。

在三段论的论述过程中，大、小前提是不可以出现错误的，如果它们出现错误，最后的结论就可能不成立。

3. 不能以偏概全

以偏概全是指仅根据少数事例得出一般性结论的简单化的归纳方法。由于任何实例都不难找到，因此在严肃的科学思维中，靠个例只能提出初步的假说，而不能证明任何命题。

在辩论赛的举例中，一般通行的原则是，正例一定要举那些不偏激、具有典型性、社会性，最好是大家耳熟能详的例子，这样一下子就能够起到良好的说服效果。对于论证过程中数据的选取也是一样，首先要保证数据来源的真实、广泛，其次要保证数据口径的科学有效，最后在数据到论点的桥接上也必须有充分的关联，不然数据的效力也很难保证。

4. 归谬

归谬这一技巧常常被用在驳斥的阶段。归谬是先假定被反驳的论题是真的，然后据此推导出荒谬的结论，从而论证对方的论题是不成立的。

【示例】

辩题：大学生兼职利大于弊/弊大于利。（正方回答采用了归谬法）

反方：大学生兼职会抢掉全职员工的饭碗。

正方：如果按照对方这个逻辑推断下去，那么我们大学四年毕业后最好不要找工作，因为这样就不会影响任何人的饭碗，这成立吗？

辩题：金钱是/不是万恶之源(针对“万”是不是“全”，双方均采用了归谬法)

正方：对方辩友说“万”是指“全”的意思。我们说一个人经历了千辛万苦，是不是说他要经历一切的苦呢？那这个人肯定不是男人，因为男人再苦也没有受过女人生孩子的苦；不过他也肯定不是女人，因为女人再苦，也没有受过男人怕老婆的苦。万是一切吗？

反方：今天对方说，“万”不叫作“全”。那我想问对方辩友，今天我说“你万万不可同意我的立场”，是不是说，你大部分时候不同意，偶尔可以同意一下呢？

评析：以上两段驳斥，都用到归谬这一论证手法。先假设自己想要反驳的观点是正确的，然后举出一个极端的例子。在辩论里面，归谬法具有很强的现场效果，同时能够给人留下深刻印象。

辩论的技巧还有很多，这需要我们在平时多锻炼自己的逻辑思维能力，拓宽知识面，如此方能在辩论场上展现自己的语言能力。

>> 第四节　讲故事 <<

对于幼儿及低年级学生而言，讲故事是对他们进行教育的有效形式。故事是文学形式的一种，它在情节上环环相扣，生动连贯，侧重于对事件过程的描述，适合口头讲述。

对于低年级的学生而言，他们主要是直观思维，对于事物的理解和记忆多是通过对事物的真实形状的记忆来实现。讲故事可以塑造情景，将难以理解、枯燥的教学内容编成能够激发学生学习兴趣的故事，这样会提高学生的上课热情，也会激发学生的积极性。

一、故事讲述的要求

讲故事听上去简单，但要把故事记下来，完全脱稿讲述，把故事讲得有趣生动，不是一件容易的事情。

一个好故事的讲述，需要满足以下四点要求。

（一）主题鲜明，内容偏重写实

给幼儿及低年级学生讲故事的目的在于启发智慧，陶冶性情。一个好的故事，可以让学生明白什么是真善美，还能让他们在倾听的过程中体会到愉悦和感动。要达到这样的效果，故事必须主题鲜明。幼儿和低年级学生的专注度和理解能力都是有限的，故事的内涵过多，主题不清，很难让儿童明白故事的主旨。

此外，故事的内容要有一定的写实性。写实性不是要求故事里没有想象和联想，而是要求故事中的人物、情节的发展要符合基本的事实与事物发展的一般规律。因为儿童要通过故事来获取道理，认识世界。主题鲜明，内容偏写实的故事可以帮助学生更好地认识世界。

（二）结构紧凑，篇幅精巧

故事的选择要考虑讲述的对象。给幼儿和低年级学生讲故事，应该选择结构紧凑、篇幅精巧的故事。这样的故事容易吸引学生的注意力，让学生全神贯注地听完整个故事。当然，随着讲述对象年龄的增大，我们可以适当增加故事情节的复杂性。但是故事的复杂性，与其结构的紧凑并不矛盾。紧凑的结构，可以保证听故事人的专注度。

（三）情节生动，富有童趣

情节生动的故事，是吸引学生注意、活跃气氛的一个关键点。教师在讲述故事时，切不可只追求情节的离奇怪诞。故事情节的发展应当前后连贯，符合生活逻辑，力求做到既曲折奇特又合情合理，既出人意料又在意料之中。比如，《渔夫和金鱼的故事》《神笔马良》等故事，都以曲折生动的情节，扣人心弦的脉络吸引着读者。此外，儿童喜欢带有夸张、想象力丰富，或是带有小动物的、充满童真的故事。教师在选择文本时应该注意到这一点。

（四）语言生动，动作表情自然准确

故事的讲述者应把一个生动的故事与故事中富有立体感的角色，形象地展现给听众。这就要求教师既要运用自己的声音语言，也要辅以态势语言，让故事变成一个个栩栩如生的画面，在儿童的头脑中上演。

二、故事讲述的技巧

一个好的教师，在与学生讲故事之前应该先做好故事讲述前的准备工作。

首先，教师应该根据自己想要达到的教学目的去选故事。在选择故事的过程中，既要考虑故事的教育意义，也要考虑故事的审美趣味及学生的接受能力。

其次，想要讲好故事，教师必须熟悉故事的情节，明确故事的主题，以及故事中出现的主要人物的性格。只有这样讲故事才不是简单地照本宣科，不是念故事、读故事。

最后，如果有些故事过于复杂，或者字句过于艰涩，教师要对故事从情节到语言进行适当的改编。为了引发学生的兴趣，便于学生更好地理解故事内容，教师可以设计一些精妙的开头和结尾，将故事讲述得更加生动形象。

做好了讲故事前的准备工作，接下来就是表述的问题了。我们可以从以下两个方面入手，让故事讲得更生动。

(一)感情充沛，声音富有变化

充沛的情感表现，对于讲好故事而言是至关重要的。讲述者要努力调动自己的热情和想象力，提高自己讲故事的欲望，带着充沛的情感进入讲故事的状态。情感可以提升声音的表现力，而声音是儿童认识世界极为重要的媒介之一。随着故事的开讲，高低起伏、快慢有致的声音变化可以吸引儿童的注意力。

比如，在讲《小马过河》这个故事时，小马的天真、松鼠的性急、牛伯伯的温和、马妈妈的语重心长，教师都可以借助不同的音色表现出来。小马天真，故声音稚嫩，在其犹豫不决的时候，部分音节可以适当拖长。松鼠性格急躁，教师的语速可以稍快，音色可以更加尖锐。温和的牛伯伯则可以通过浑厚的音色、缓慢的语速来表现。

(二)充分利用态势语言

为有声语言增添适量的态势语是故事生动性的需求。我们可以根据故事的需要，适当增添面部表情和动作。比如，讲到兴奋开心之处，要双眉舒展，神采飞扬；讲到悲哀愁苦之处，可以双眉紧皱，眼里流露出忧伤的神色；讲到愤怒生气之处，可以怒目圆睁，显示出怒不可遏的神态。

恰当的动作也能够吸引儿童的注意，帮助他们在头脑中形成一幅幅生动的画面。例如，在《小马过河》的故事中，妈妈对小马说："你已经长大了，能帮助妈妈做点事吗?"此时，教师上身可略微前倾，右手做出抚摸状。当小马说："怎么不能?我很想帮您做事。"教师可以瞪大眼睛，微微仰头并点头，表现出认真、欣喜的感情。并且，故事的讲述者也可以借助一些事物道具或者图片，丰富故事的生动性。

问题与情景测试题

1. 请为以下几个内容的演讲写开场白，全班讨论出最吸引你的那一个。

(1)远离手机，提升专注度。

(2)对梦想的思考。

(3)对小学职业教师的思考。

(4)勇敢是人一生必备的品质。

(5)劳动者值得赞美。

2. 为下面的演讲加上合适的结尾。

(1)任何一件事的成功，都伴随着困苦和挫折。高考就是凤凰涅槃，没有炼狱般的经历就不会得以重生，一个人能够经受得了高考的苦，什么苦都能受，在很大程度上这就是一种素质，它会让你终身受益。迎接高考的复习异常的艰苦，心理压力大，学习时间长，考不完的试，做不完的题。但是心中只要有一个远大的目标，每天再累也能够适应，就像爬一座高山，只有凭着坚韧不拔的毅力和执着的追求，才能登上山顶，只有登顶者才能领略无限的风光。

(2)中国的科技在共产党的领导下有了突飞猛进的发展，可谓“处处开花，万鸟齐鸣”。化学方面：化学家侯德榜发明了侯氏制碱法，使我国的制碱业迈上了一个新的台阶。农业方面：水稻专家袁隆平发现了用杂交的方法提高水稻的产量，使我国的农业产量得到了大幅度的提高，还有许多许多……

(3)我们四年的每个日子里，倾注了亲人的多少关怀和温暖。他们流淌着辛勤的血汗，默默地支持着子女的选择，他们唯一的希望就是我们能走自己的人生之路。还有：在他们许许多多的眸子里时时刻刻地流露着对我们的期待，期待我们能用知识建构大脑、用我们的手去为人们描写更美的生活。在亲人面前，在那些关注我们的人的面前，我们又有什么理由去认为“平平淡淡是最真”呢？难道我们付出我们的金色年华，挥洒着父母的血汗仅仅是为了换取这份平平淡淡吗？仅仅是为了换取一张各科都过了60分的毕业证吗？小到为了每个家庭的付出，大到为了那如水流逝的时光，我们怎么就可以轻易认同“平平淡淡是最真”呢？

3. 请收集与“自信”有关的古今诗词或名人名言各五条，并背诵。

4. 以“我最喜欢的职业”为题，写一篇1000字的演讲稿，并在全班同学面前做一次脱稿演讲。

5. 思考如果面临以下场景，你会怎样处理。

(1)假如你在主持学校晚会时突然停电，你会怎么办？

(2)如果你在学术会议上，报错了与会领导的姓名，要如何化解？

(3)在班会上，有一位同学正在演说，由于太过入迷，超出时间很久，引起了其他同学的不满，这时你要怎么办？

6. 根据下面所给出的幼儿园“六一”晚会的节目，编排节目顺序，写出有开场、串联语、结束语的主持稿。

(1)歌舞《春晓》

(2)电子琴联奏《我是小宝贝》

(3)歌舞《花花宇宙》

(4)歌舞《功夫小子》

(5)歌舞《快乐小猪》

(6)幼儿体操表演《红星闪烁》

(7)童声独唱《数鸭子》

(8)诗歌朗诵《彩虹的约定》

(9)时装秀《时装表演》

(10)对唱《数鸭子》

(11)国画现场表演

7. 找到你的搭档，从以下辩题中，选取一道，双方选好持方，尝试进行辩论。

(1)正方：成大事者需不拘小节

反方：成大事者也需拘小节

(2)正方：当今时代，应该提倡“爱一行，干一行”

反方：当今时代，应该提倡“干一行，爱一行”

(3)正方：参加校园活动利大于弊

反方：参加校园活动弊大于利

(4)正方：知足者常乐

反方：不知足者常乐

(5)正方：学者明星化是学术传播的歧途

反方：学者明星化不是学术传播的歧途

(6)正方：虚拟社交网的流行对青年人成长利大于弊

反方：虚拟社交网的流行对青年人成长弊大于利

(7)正方：青春，就要挥霍

反方：青春，不能挥霍

(8)正方：大学教育更应注重培养科学精神

反方：大学教育更应注重培养人文精神

(9)正方：高等教育应该宽进严出

反方：高等教育应该严进宽出

(10)正方：孩子该“富养”

反方：孩子该“穷养”

8. 从以下故事材料中选择一个讲给同学们听，要求口齿清晰，语气、语调富有变换，表情、动作协调大方。

曹冲称象

古时候有个大官，叫曹操。别人送他一头大象，他很高兴，带着儿子和官员们一同去看。

大象又高又大，身子像一堵墙，腿像四根柱子。官员们一边看一边议论："象这么大，到底有多重呢？"

曹操问："谁有办法把这头大象称一称？"有的说："得造一杆大秤，砍一棵大树做秤杆。"有的说："有了大秤也不行啊，谁有那么大的力气提得起这杆大秤呢？"也有的说："办法倒有一个，就是把大象宰了，割成一块一块的再称。"曹操听了直摇头。

曹操的儿子曹冲才七岁，他站出来，说："我有个办法。把大象赶到一艘大船上，看船身下沉多少，就沿着水面，在船舷上画一条线。再把大象赶上岸，往船上装石头，装到船下沉到画线的地方为止。然后称一称船上的石头。石头有多重，大象就有多重。"

曹操微笑着点一点头。他叫人照曹冲说的办法去做，果然称出了大象的重量。

——选自部编版语文二年级上册《曹冲称象》

揠苗助长

古时候有个人，他巴望自己田里的禾苗长得快些，天天到田边去看。可是，一天，两天，三天，禾苗好像一点儿也没有长高。他在田边焦急地转来转去，自言自语地说："我得想个办法帮它们长。"

一天，他终于想出了办法，就急忙跑到田里，把禾苗一棵一棵往高里拔，从中午一直忙到太阳落山，弄得筋疲力尽。

他回到家里，一边喘气一边说："今天可把我累坏了！力气总算没白费，禾苗都长高了一大截。"

他的儿子不明白是怎么回事，第二天跑到田里一看，禾苗都枯死了。

——选自部编版语文二年级下册《揠苗助长》

女娲造人

天地开辟以后，天上有了太阳、月亮和星星，地上有了山川草木，甚至有了鸟兽虫鱼了，可是单单没有人类。这世间，无论怎样说吧，总不免显得有些荒凉寂寞。

不知道在什么时候，出现了一个神通广大的女神，叫做女娲。据说，她一天当中能够变化七十次。有一天，大神女娲行走在这片莽莽榛榛的原野上，看看周围的景象，感到非常孤独。她觉得在这天地之间，应该添一点儿什么东西进去，让它生气蓬勃起来才好。

添一点儿什么东西进去呢？

走呀走的，她走得有些疲倦了，偶然在一个池子旁边蹲下来。澄澈的池水照见了她的面容和身影：她笑，池水里的影子也向着她笑；她假装生气，池水里的影子也向着她生气。她忽然灵机一动：世间各种各样的生物都有了，单单没有像自己一样的生物，那为什么不创造一种像自己一样的生物加入到世间呢？

想着，她就顺手从池边掘起一团黄泥，掺和了水，在手里揉团着，揉团着，揉团成了第一个娃娃样的小东西。

她把这个小东西放到地面上。说也奇怪，这个泥捏的小家伙，刚一接触地面，就活了起来，并且开口就喊：

“妈妈！”

接着一阵兴高采烈的跳跃和欢呼，表示他获得生命的欢乐。

女娲看着她亲手创造的这个聪明美丽的生物，又听见“妈妈”的喊声，不由得满心欢喜，眉开眼笑。

她给她心爱的孩子取了一个名字，叫做“人”。

人的身体虽然小，但据说因为是神创造的，相貌和举动也有些像神，和飞的鸟、爬的兽都不相同。看起来似乎便有一种管理宇宙的非凡的气概。

女娲对于她这优美的作品，感到很满意。于是，她又继续动手做她的工作，她用黄泥做了许多能说会走的可爱的小人儿。这些小人儿在她的周围跳跃欢呼，使她精神上有说不出的高兴和安慰。从此，她再也不感到孤独、寂寞了。

她工作着，工作着，一直工作到晚霞布满天空，星星和月亮射出幽光。夜深了，她只把头枕在山崖上，略睡一睡，第二天，天刚微明，她又赶紧起来继续工作。

她一心想把这些灵敏的小生物布满大地。但是，大地毕竟太大了，她工作了许久，还没有达到她的意愿，而她本人已经疲倦不堪了。

最后，她想出了一个绝妙的创造人类的方法。她从崖壁上拉下一条枯藤，伸入一个泥潭里，搅混了浑黄的泥浆，向地面上这么一挥洒，泥点儿溅落的地方，就出现了许多小小的叫着跳着的人儿，和先前用黄泥捏成的小人儿一般无二。“妈妈，妈妈”的喊声，震响在周围。

用这种方法来进行工作，果然简单省事。藤条一挥，就有好些活的人出现，大地上不久就布满了人类的踪迹。

大地上虽然有了人类，女娲的工作却还没有终止。她又考虑着：人总是要死亡的，死亡了一批再创造一批吗？未免太麻烦了。怎样才能使他们继续生存下去呢？这却是一个难题。

后来她终于想出了一个办法，就是把那些小人儿分为男女，让男人和女人配合起来，叫他们自己去创造后代，担负起养育婴儿的责任。这样，人类就世世代代绵延下来，并且一天比一天加多了。

——选自部编版语文七年级上册《女娲造人》

第八章测验题

第九章　教师口语交流综合提升技巧

【建议学时】

2～3学时。

【教学目标】

知识层面：知道不同的体态语所表示的含义；掌握常用的眼神、手势的内涵；熟悉各种空间距离在人际交往中的意义；了解倾听的重要性；掌握委婉语、暗示语、应变语、诙谐语、礼貌语的常见表达方式。

技能层面：能够正确地将体态语用在教育、教学活动中；学会倾听；能够在不同场景下，使用委婉语、暗示语等说话技巧；初步培养良好的口语习惯。

>> 第一节　体态语的恰当使用 <<

体态语是指通过眼神、表情、手势、坐姿、身姿的运用以及人与人之间的距离来表情达意、交换信息、交流思想的方法和手段。它既可以补足有声语言的不足，又能在与外界交流时，直接影响人际关系。在教师的口语表达中，我们需要充分利用自己的体态语丰富我们的口语表达，展现教师的气质和风度。

一、表情

表情，即面部表情，是指头部(主要是脸部)各部位对于情感体验的反应动作。表情是人类之间传递社会信息的主要手段之一，我们的脸可以表达丰富的信息。例如，沟通一个微妙的情绪可以用一个简单的凸起的眉毛或卷曲的嘴唇。表情不仅能够给人以直观的印象，而且还能给人以比较强烈的感染力，它同有声语言相配合，可以提高口语表达的效果。一些简单的训练可以帮助教师发挥表情应有的作用。

(一)眼神

眼神是人类深层心理情感的一种自然流露。目光的微妙变化，可以反映出一个人的喜、怒、哀、乐等各种各样的情感。人际间的有些交往，有时用简单的目光交流就可以传递，熟练运用多种灵活的眼神，便可以将自己的内心思想、意图、体验表现出来。

有时，教师一个肯定、赞许的眼神，便能够给予学生上进的力量，增强学生的自信心。对于一些心理胆怯的学生而言，鼓励的目光更为重要。对上课不认真、容易走神的同学，教师可以使用带有提醒意味的眼神盯视一会儿，使学生立刻将注意力转移回课堂。

具体来讲，教师常用的注视方法有以下四种，每一种含义不同，所应用的场景也有所差异。

1. 点视

点视即把视线集中到某一点或某一区域。教师可以根据内容的表达和现场变化的需要，将视线集中在某一点或某一区域内，跟个别的同学或部分的听众交流视线。这样的眼神可以使教师有重点地观察个别学生或教室某一区域的状况，并与之进行目光接触。这种方法可以启发、引导学生，也可以批评、制止不守纪律的学生。

2. 直视

直视是常用的注视方式，也称为前视。直视的视线平稳向前，聚集听众席的中轴线，兼顾两边，弧形向前，而不是直愣愣地向前。最后视点落在最后一排听众的头顶上。

使用直视法的好处是让每一个学生都感觉到教师正在向我讲授，引起学生的注意。直视也有利于保持教师端正挺拔的身姿，观察学生或听众的反应，统御全场。直视动作幅度不大，适合情绪稳定、严肃或相对正式的场合。

3. 环视

环视，也被称为扫视，即和听众进行视线的全面接触。这要求教师的视线从现场的左右前后迅速来回扫动，不断地观察全场，与全体观众保持目光接触，增强双方的情感交流。

环视的目的之一，是和所有学生或听众进行交流，让每个听众感觉受到了重视；另外一方面，也是无形中检查每个听众的倾听状态，把他们的注意力聚焦在教师身上的方法。除了在课堂教学之中，参加演讲、朗诵活动也常常用到眼神交流的方式。

环视还适合大场面的情况。但不易频繁使用。

4. 虚视

虚视，即似看非看的方法。这种视线好像看着某个地方，又好像看着某个人，实际上什么都没有看。虚视，表面上眼神没有聚焦在具体的点面上，其实是内心装有受众。只不过，它是一种过渡性或转换性的眼神交流方式。此外，这种视而不见的方法，可减轻教师的心理压力，还可表示思考，把受众带入想象的境界。

作为新手教师，为了克服分神，避免紧张的情绪，可以采用虚视法。但在使用虚视法时要留心，虚视法容易将你眼神的空洞或紧张表现出来。采用虚视法时最好平视正前方，头和身体不要随意晃动，切忌望天花板或看地板，更不要东张西望。在朗诵、演讲，制造情景，勾勒回忆时，也常常用到虚视法。

眼神是一种微妙又复杂的语言。眼神如果能够被恰当运用，不但可以调控气氛，传递感情，还可以表达特定的内容。我们也可以通过一些日常的小练习，锻炼自己的眼神。

容易做的是定点聚焦练习。准备一张白纸，在白纸中间点上一个黑色圆点，圆点可大可小。将白纸贴在墙上，黑点与眼睛同高(站或坐都可以)。练习者(站或坐)距离墙面1～2米，盯着圆点做聚焦练习，尽量不要眨眼，眼睛酸了也要克服，每天练习五组，一组30秒。(开始时可以根据自己的能力减少时长，之后再逐渐增加时间)练习完毕后，搓热双手，用掌心捂在双眼上。三分钟后再缓缓睁开双眼。

我们也可以练习眼神的移动，即在头保持不动的状态下，让眼神依照上、右、下、左的顺时针方向进行移动。通过这样的运目训练来让自己的眼睛经常活动起来，加速血液循环，让眼球运动更加自如。

(二)微笑

微笑是一种非语言性符号，是一种具有强烈感染力的体态语。教师的微笑可以为学生创造良好的心理环境，是让学生在学习时具有祥和、平静心情的关键所在。

我们可以在家中对着镜子，找到适合自己的，可以体现教师自信和信赖感的笑容，让学生在教师的笑容中有如沐春风的感觉。

二、手势

手势语是人们在交往或谈话过程中用来传递信息的各种手势动作，是最有表现力的体态语言，是口语表达的最好辅助之一。

(一)手势语的类型

手势语可以根据表达内容的不同分为以下几类。

1. 形象手势

形象手势，也叫图示式手势，用来模拟状物的手势。比如，讲到“他捡起一块鸡蛋大的石头”教师在说的同时用手比出鸡蛋的大小，学生就可以直观地知道这块石头的大小了，这是一种常用也简便的手势语。

2. 象征手势

象征手势，是用来表示抽象意念的手势。这种手势语比较难理解，使用起来的难度也大于形象手势。但倘若将其用得恰当、准确，就可以收到意想不到的效果。如说道，“当今中国的经济正在飞速发展”教师可以向前方迅速地伸出左手或右手，示意飞速的感觉。

3. 情感手势

情感手势是用来加强、传递、渲染情感的手势。比如，当一名演讲者讲到一件非常气愤的事情时，他可以双手紧握，不断颤抖，加上其他动作配合，就可以展现给听众愤怒的情绪，既渲染了气氛，又有助于情感的表达。和其他类型的手势相比，情感手势语的表现方式非常丰富，运用的机会也较多。

4. 指示手势

指示手势，即指示具体对象的手势，其特点是不带有任何的感情色彩。例如，在教室上课时，教师可以把上课中所要列举的内容分为一、二、三、四点，在用有声语言表达时，顺势边讲边用手指一个一个的数，其手势语的含义直截了当。再如，当说到“上面”“下面”“这边”“那边”或者“你”“我”“他”的时候，都可以用手指一下，以此来制造现场感。

(二)手势语的活动区域与意义

1. 上区手势语

手势活动的范围多出现在肩部以上，称为上区手势语。

当教师想要表现理想、想象、宏大、张扬、高调的内容和情感时，多使用上区手势语，如殷切的期盼、美好的祝愿、追求已久的梦想、振奋人心的胜利等，都适用于上区手势语的表达。如讲道，“他终于意识到，走出这片狭窄的天地，自己的前途将会一片光明”这样的句子时，使用上区手势语比较贴切句子所要表达的内容。

2. 中区手势语

中区手势语的活动范围集中在腹部至肩部这一范围内。中区手势语多用于叙述和说明，一般来说不带有太多的感情色彩。比如，介绍“故宫又称为紫禁城，是中国明、清两代的皇宫，始建于明永乐四年(1406年)，建成于明永乐十八年(1420年)”这样的内容时，手势在中区活动比较合适。

3. 下区手势语

出现在腰部以下活动范围的手势，称作下区手势语。这一区域活动的手势，多表示厌恶、鄙视、不满、嘲讽的内容和情感。比如，在讲到历史上的贪官污吏时，可能会使用到下区手势语。

(三)手势语的运用要求

1. 手势要顺畅并且时机恰当

一个手势通常包含三部分：起势、动作和恢复。在初始阶段你的身体开始移动，以达到预期的姿势，就是起势；动作就是手势本身；恢复就是把身体回归原位，以保持平衡的姿态。这样的一个手势流程必须顺畅地完成，切忌过于匆忙。

教师要将手势与语言结合起来，不要刻意使用手势语，过于刻意的手势语反而显得做作、尴尬。

2. 手势要贴合话语和场合

在组织教学过程中，下区手势语由于多表示消极的情绪，应该少出现。教师要让自己所做的每一个手势带有其目的性，且反映语言要表达的思想。这样，听众才会注意整体效果，而不是手势本身。

有时教师要根据听众的规模和类型变换手势。总体说来，听众越多，手势的幅度越大、速度越慢。学生通常容易被充满活力的手势所吸引，而面对同事和领导时则可以采用相对保守一点儿的手势语。

3. 手势要对所想、所感和所言做出自然地回应

无论个性如何，每个人都会有一种自然的冲动，即通过手势加强我们的语言信息。在使用手势语时，要顺从内心的声音，让内心与外露的手势动作相协调。

4. 手势语的使用要符合社会的文明规范

手势语使用不当、错误，也会造成反效果。教师要在教育、教学活动中起到表率作用，因此要避免一些不合时宜的手势。比如，不可用中指指点任何事物；手部运动时，要适当打开肘关节；用手掌指示时，手部和小臂需要呈直线，不可翻腕；男士要避免做出兰花指的造型，也不可五指完全张开等。

三、姿势

姿势主要是指站姿、坐姿、走姿。姿势不仅可以强化口语信息的表达效果，还可以反映一个人的气质、风度、素养和内心活动。

(一)站姿

站立姿态是口语交际常见的方式，也是教师在教育教学活动中应用最广泛的姿势。站立姿势有利于说话人的言语表达，也有利于教师同时使用多种态势语言。

日常口语活动中的站姿以自然稳重为原则，可以采用一字形、稍息式或前进式站姿；站立时要身体挺直，挺胸收腹，两肩齐平，腿要绷直。在教育、教学活动中，教师不应自始至终采取同一种站姿，不仅自己会很累，还会给人呆板、僵硬的感觉。在课下，教师可以对照镜子，观察自己的站姿是否给人仪态大方的感觉。

(二)坐姿

坐姿包括入座和坐定的姿态。

入座时，应当轻盈而稳重，坐的姿态要端庄自然，无论什么坐具都不要坐得太满。坐定后上身要挺直，不要左右摇晃，腿的姿态要配合得当，不能跷起二郎腿。如果坐着跟人交流，讲话时上身要些许前倾，表示对对方的尊重；另外，上身需要后仰时幅度不能太大。

(三)走姿

走姿，也叫行姿。行进之间，动作要轻盈、自然、矫健，不可以别扭、鲁莽，或者头部低垂，显得不够自信。在走动时，依然要保持收腹挺胸的状态，目光平视前方，手臂可以随着步伐的大小做轻微的摆动。

四、空间距离

空间距离是指一个人与另外的人之间所保持的空间和距离。影响个人空间距离感的因素很多，包括性别、年龄、关系远近和文化背景等。在双向交流中，如果交流对象之间空间距离较近，会给人亲近之感，但过近则会有压迫感。距离稍远则有淡化语言、淡化情感的效果，也能有一定的威慑之感。

教师与学生的各种形式的谈话，要根据学生年龄与性别的不同、谈话内容和谈话对象的不同来选择适当的空间距离。人际交往间的空间距离一般可以分为以下四种。

(一)亲密距离

0～0.5 米为亲密距离。这是恋人之间、夫妻之间、父母子女之间以及其他至爱亲朋之间的交往距离。

亲密距离可分为近位和远位两种。近位亲密距离在 0～15 厘米，这是一个“亲密无间”的距离空间。在这个空间内，人们可以尽情地表现爱抚、安慰、保护等多种亲密的情感。远位亲密距离在 15～50 厘米，这是一个可以肩并肩、手挽手的空间。在这个空间里，人们可以谈论私事，说悄悄话。

在公众场合，只有至爱亲朋才能进入这一空间。在大庭广众面前，除了客观条件十分拥挤的场合以外，一般异性之间是绝不应进入这一空间的，否则就是对对方的不尊重。即使因拥挤而被迫进入这一空间，也应尽量避免身体的任何部位触及对方，更不能将目光死盯在对方的身上。当然，在一些突发状况中，如意外受伤，人与人之间的距离可以缩短到亲密距离。

(二)个人距离

0.5～1.2 米为个人距离。个人距离是人际上稍有分寸感的距离，身体上没有其他亲密接触，刚好能相互握手、友好交谈。在非正式的社交场合中，多用亲密距离与个人距离，在正式社交场合则使用社交距离。需要注意的是，在非正式的社交场合下，沟通中的距离是可以互相转变的，个人距离和亲密距离可以随着谈话的进行有所调整。

(三)社交距离

社交距离一般为1.2～2.2米。这是超越亲朋、熟人关系的社交距离。这个距离体现出一种社交或礼节上的较正式关系。在工作和社交聚会上，人们都保持这种程度的距离。在社交距离范围内，已经没有直接的身体接触，说话时也要适当提高声音，需要更充分的目光接触。

(四)公众距离

2.2米之外的距离，被称作是公众距离。公众距离是公开演说时演讲者与听众所保持的距离。这是一个几乎能容纳一切人的“门户开放”空间，人们完全可以对处于空间的其他人“视而不见”，不予交往，因为相互之间未必发生一定联系。做报告、讲课、演讲等都属于公众距离的范围。在当众演讲时，演讲者试图与一个特定的听众交流，他就必须走下讲台，使两个人的距离缩短为个人距离或社交距离，才能够实现有效沟通。人与人之间在保持公众距离时，视觉的精度下降，常常需要提高音量、强化内容的质量，或是借助其他多媒体手段来保证交流的质量。

>>第二节　学会倾听<<

在口语交际中有一个不可忽视的方面，就是倾听。口语交际，至少是由“听”和“说”这两方面构成的，失去任何一方面，口语交际将不存在，或必然失败。在人际交往中，倾听往往处于表达之前。在交谈中认真倾听，才能理解别人要表达的内涵，近而就不同的意见与人商讨。学会倾听，可以从以下三个方面入手。

一、感知与记忆

倾听，看起来是被动的，但它需要聆听者主动调动自己的各项认知，去感受对方所说的内容。

在某些口语交际情境中，有的人需要的只是倾诉。他们用诉说的方式缓解心理压力。在这个过程中，人们希望对方能倾听、表示理解和适当安抚倾诉者。例如，当学生遇到学习和生活上的苦恼来和教师倾诉时，倾听是一种好的沟通方式。

当然，倾听者须给对方一些开导、安抚，但这同样需要在认真倾听以后，才能获得开导、安慰的切入口；否则，很可能隔靴搔痒或文不对题。当倾诉者一抒心中块垒，压力得到释放和缓解时，就容易接受对方有针对性地、准确地、适当地劝慰与开导。这样，就形成了一次成功有效的口语交际。如果没有耐心倾听的涵养，动辄急于发表自己的看法，往往导致双方互相不得要领，甚至产生误解或情绪上的不愉快，导致不欢而散，口语交际就失败了。

倾听的第一步，就是要感知对方的情绪，记忆他所说的内容，领会倾诉者突出强调的一些字词、语句的含义。尤其在一些师生谈话中，有的教师会不自觉地把自己摆在较高的位置上；或忙于自己的工作，对学生的说话内容感到漫不经心，这样是无法进行有效的口语交际的。倾听时，要先放下手中的事情，注视对方，保持安静。我们必须明确掌握倾诉者想要表达的内容，方能让之后的交流变得有效。

二、理解与组织

了解说话者的说话内容后，我们需要理解对方的说话意图，善于判断对方的说话动机。这个动机或者是善意的，或者是恶意的，或者是较隐蔽的，或者是较显露的，或者是从主观需求出发的，或者是从客观需求出发的。倾听者要尽量善意理解别人的谈话动机，即尽量寻找和发掘对方善意的说话动机，从客观需求出发的谈话动机。倘若感受到了对方含有敌意、抵触心理的话语，首先应该换位思考，为对方的态度寻找客观原因，从而给予谅解；其次要引导对方把他恼怒的原因说出来。

探寻对方的说话动机，可以帮助我们更好地理解倾诉者想要表达的主旨。在理解的同时，我们需要快速组织语言，思考应该从什么角度切入，如何更好地使用语言去进行表达，以便让交流顺畅进行。

三、反应与评价

好的倾听，不是仅仅做到认真听，而是要根据听到的内容给出相应地反应与评价。

反应与评价的内容可以分为对信息和对情绪两种，倾听者要根据接收到的信息给予相应地反应和评价。教师不仅要认真倾听学生发言，让学生感觉到被重视，而且更重要的是，要正确捕捉到学生的每一条信息，并及时给出反应与评价。

在倾听过程中，如果有疑惑或者是不确定的地方，可以用“你是说……”或者“你能再描述……”这样的疑问口气进行提问。如果信息接收明确，教师也要学会适时追问，比如，当学生的发言遇到困难时，教师可以通过追问帮助学生找出症结所在，并对学生的发言做出恰当的评判和引导。

在评价过程中，尤其是要注意教师对学生进行的评价。首先，教师要注意对学生思维的评价，看学生的思维是否有序，是否有逻辑性。其次，要注意学生的思维是否有独创性。当学生有创新的观点时，即使其观点不够成熟，教师也应给予鼓励，保护好学生的自信心。教师的评价对于学生自信心地培养有很重要的作用。因此，正确的教师评价应该是既客观公正，又注意鼓励和引导。最后，教师也要给予学生情感态度上的正确评价。教师要观察学生是否有积极学习的态度；是否有学好每一科目的自信心和不怕困难的探索精神；是否乐于与他人合作，愿意与同伴交流自己的想法；是否能从不同角度去思考问题，找到有效解决问题的方法；是否理解别人的思路，并能和同学进行交流等。

在其他的人际关系中，反应与评价也同样重要。我们要根据语境，给出有效的反应，并学会在评价时，对所有正确的建议、合理的看法给予适当的赞美。

>>第三节　掌握一些口语交际技巧<<

说话看起来是一件简单的事情，但是要把话说的好听，让别人愿意听、想听，还需要掌握一些口语交际的技巧。

一、委婉语

郭锡良在《古代汉语》中对委婉语的界定是：不直言其事，故意把话说得含蓄、婉转一些。[①] 汉语中“委”和“婉”都是“曲”意。委婉语是一种言语现象，词和句子本身并不是委婉语，只是在语言的运用中才使它们变成委婉语。委婉语是技巧性使用语言的一种方式，目的在于表达说话人的意向含义。委婉语更体现为一种交际策略，执行一定的社会功能。

在人际交往中，由于交谈双方的角色不同，社会地位不同，对彼此的了解也不够深入，故人们会尽可能地使用委婉语，以此避免冒犯他人。中国是一个自古崇尚谦虚的国家，因此委婉语在人们的交际中起到了重要作用。我们从委婉语的功能上来谈论一下其使用技巧。

(一)避讳功能

中国自古而来，人们都非常忌讳谈论“死亡”这两个字。关于“死”的委婉语有很多，如《礼记·曲礼》中人们把天子的死叫作崩，把诸侯的死叫作薨，把大夫的死叫作卒，把士的死叫作不禄，把庶人的死叫作死。所以皇帝死了，人们常常会说“驾崩、千秋万岁后、山陵崩”等。在今天的汉语中，人们依然会把死说成去世、离世、长眠、仙逝、归西、亡故、捐躯、作古等。这些都是委婉语避讳功能的体现。

又如，面对船员时，吃鱼时绝对不可以说“把鱼翻过来”，而应该说“把鱼划过来”。因为“翻”字是他们职业中所不喜欢、需要避讳的字。“钟”与“终”同音，所以习惯上给人送礼物不可以送钟。夫妻之间一般很少用“分梨”这个词，因为“分梨”与“分离”也是谐音。

此外，日常交谈中，对于他人的生理缺陷，如果彼此不是那么亲密无间，或对方不够开朗大度，说话时都应当避开，不得已时只好采取间接表达方式。如果对方面临家庭不幸，像父母离异、婆媳不和等，不是当事人主动提及，则不宜贸然询问。

---

① 郭锡良：《古代汉语 下册》，886 页，北京，商务印书馆，1999。

这一类型的委婉语常常是用一个"喻体"来掩盖本体，从而避开所忌讳的事物。或者是改换说法，找到一个替代方案。

(二)礼貌功能

在日常生活中，为避免交际双方的尴尬，或引起对方的不适，需要遵循一定的礼貌原则。使用一些积极的委婉语，可以使交际双方在温和愉悦的气氛中开始交谈。

礼，即是要表示对别人的尊重。自谦类型的委婉语常常具有礼貌的功能，这是说话者故意抬高别人，降低自己的一种谦虚表达。古代在称呼方面，有一整套谦辞，特别是在文字上，用"鄙人""不才"或"小的"来指代自己，用"拙荆"或"内人"代指自己的妻子，"小女"用来指代女儿，用"犬子"或"小儿"指代自己的儿子。一些作家也常常会用"拙作"来代指自己的著作。总之人们常在行为的方方面面表示出谦虚的精神，以示礼貌。

当然，在说话者降低自己的同时，我们也会习惯性地抬高他人，经常用尊称来称呼对方以及和对方相关的人、事、物。人们常常会用"令尊"来表示对对方父亲的尊称，用"令堂"来表示对对方母亲的尊称，用"令爱"指代对方的女儿，用"大作"来指代别人的作品，用"高见"称赞别人的见解，这都表现了一个人的素养和礼貌。

【示例】

我们在日常生活中常会听到以下语句：

拜读了您的大作之后，我受益匪浅。

×姐，下个月我到贵校找您玩，请一定等我。

我才疏学浅，水平有限，愚见难免谬误，今天当众出丑，贻笑大方了。

舍弟上次不小心冒犯了您，实在是对不起您。

评析：这些都是使用谦语、敬语的例子，体现出自己的恭谨和对别人的友好尊敬。此外，为了表示礼貌，我们也会替代掉一些可能引起人不适的词语，比如，老李长得微胖，这是生得"富态"，老王长得瘦，这是长得"精干"。

(三)掩饰功能

在口语交际的过程中，我们应尽量顾全别人的面子。即使是在指出对方的不足时，也可以先同意对方的观点然后再提出自己的观点，使用委婉语既是顾全对方的面子又是维护自己的面子。

比如，对于不经常做饭的人来讲，做了一次菜，就会问别人，"菜做得好吃吗?"他所期待的自然是倾听者的夸奖。如果他听到这样的回答："好吃，要是盐再放少一点，那就会更美味了。"他会明白自己的不足，也会愿意接受对方的意见。使用这样的委婉语可以不打击做菜人的自信，让他再接再厉。

在学校，教师会使用"你的反应有点儿慢""你应该更勤快儿点"来教育、引导学生，而不应使用“笨”“懒”这样的词语。委婉语的得体使用，可以在教育领域维护学生的自尊，并以乐观的态度去感染学生。

二、暗示语

暗示语是通过比较隐晦的表达方式，或者用说故事、笑话、寓言等传达自己的意图，让倾听者在某种暗示情境中，领会说话者的意思。

有些事情不方便公开指责或劝勉，此时使用含蓄得体的暗示语，才能收到预期的效果。暗示语的思维基础在于联想。说话者须能联想才可产生暗示作用；倾听者也要有联想才能理解暗示。暗示是否能被倾听者所了解，就成了运用暗示语的前提。因此暗示语必须表意明确、通俗易懂，以能引起听众的联想和思考为佳，不然就会造成反效果。

【示例】

在找工作的面试环节，发生了如下对话：

工作人员：小王，你的简历很不错，我们是很欢迎你来我们学校任教的。不过我们这里基本满员了，在郊区的分校缺额较大，那里就需要像你这样年轻有为的老师，请考虑考虑。

小王：谢谢夸奖，情况我了解。不过得让我也再想一想，我住的地方离本部较近，也请您为我考虑考虑。

评析：工作人员暗示小王，如果他来学校工作，可能要去郊区任教，小王觉得郊区的学校路途遥远，需要仔细考量。双方在对话中都使用了“不过”和“考虑考虑”的词语，互相暗示，避免了直言可能出现的僵局。

教师在课堂上，可以使用暗示语。这种方法既有利于保护学生的自尊，又能体现对学生的严格要求，像“现在同学们都在认真看书，有的同学还动笔圈点，已经进入学习的良好状态”这种暗示语会使本来认真看书的学生更加认真，使一些不怎么认真的学生自动端正态度。

再比如，某学生在被评为“优秀学生”之后，傲慢自满，不把同学放在眼里。教师找他谈话时说：“虚心使人进步。”该名学生听后深受教育，幡然醒悟。“虚心使人进步，骄傲使人落后”，老师只说了上半截，故意不说后半句，其意思不言而喻。

三、诙谐语

诙谐是与人沟通的润滑剂，可以消除人与人之间的疏离感，拉近彼此之间的距离，消除尴尬。

例如，在一节语文课上，教师开场就请学生评价自己当天的穿着打扮，有的同学说文质彬彬，有的说西装革履，还有的说一表人才，大部分都是夸奖的词语。此时，有一位学生说衣冠楚楚，这位教师听了之后不但没有生气，反而微笑着说：

“这个成语一出来，老师就成了披着羊皮的狼了，不过就算是狼，也是灰太狼，小羊们准备好了吗?”学生们的兴趣一下就被调动了起来，个个兴致盎然地盯着教师。诙谐的语言让教师和学生之间的距离消除，也让教师可以顺利开始课程。

再如，两个朋友交谈，甲问他的朋友：“你何必怕你的太太，你是男人还是一只老鼠?”朋友答道：“我是男人，但是我太太不怕男人，只怕老鼠。”幽默的语言让尖锐的问题迎刃而解。

【示例】

在公开课上，一位教师请学生朗读课文。

老师：“看看谁的朗读可以带着大家，进入美丽的风光之中。”

第一位同学朗读完毕后，没有达到预期的效果。

老师诙谐地问：“他把我们大家带进去了吗?”

有学生小声说没有，老师说：“只是把我们带到边上，是不是?”

学生和听课的老师齐声笑起来，老师接着用鼓励的语气说：“谁能再试一试，把大家带进去?”

另一位学生又站起来朗读，然而比较之下，这位学生还不如第一位学生。

此时老师说：“哦，他不但没有把我们领进去，反而将我们领出来了。”之后，老师带领大家一起朗读了这篇课文。

评析：在这个示例中，教师通过诙谐的话语进行提问，不但没有打击同学们的积极性，反而凭借自己良好的心理素质和课堂驾驭能力，用风趣的语言评价了学生的朗读表现，用幽默化解了尴尬的局面，使教学过程得以顺利进行。

四、礼貌语

礼貌语日常使用十分广泛。在日常生活中打招呼、介绍、拒绝、道歉等各种场景；在职业生活中接待、求助等场景，礼貌语都是无法缺失的。

在交谈时使用礼貌用语，是博得他人好感与体谅的简单做法。在交流中，多使用“您好、请、谢谢、对不起、再见”等谦辞是十分有必要的。礼貌用语的基本要求是：说话要使用尊称，态度要平稳；言语要婉转热情；用词要文雅。

见面打招呼，如在正式场合可以使用“姓＋职务/职业/职称”，如张处长、王老师、李教授。在非正式场合，可以使用“姓＋辈分称呼”，如张阿姨、李伯伯；也可以使用“老/小＋姓”“姓＋哥/姐”，如小王、李哥。见面打招呼，除了说“您好”“早上好”“大家早”，还可以根据不同的时间采用不同的打招呼方式，如冬天，可以说“今天够冷的呢”等。

在感谢他人时，除了常用的“谢谢”“让您费心了”“实在不好意思”“感谢您的帮助”等，还可以加上具体的被帮助的事情，用细节让对方感觉到你的真诚。在接受他人的致谢时，多用“别客气”“请不要放在心上”“不碍事”等。如果打扰了他人，要及时说“请多包涵”“请原谅”“很抱歉”等礼貌用语。

用好礼貌语，还要讲究分寸，既不高高在上，也不唯唯诺诺；避免粗鄙、浅薄的语言，不可以说一些脏话、丑话。

问题与情景测试题

1. 乡愁(余光中)

小时候
乡愁是一枚小小的邮票
我在这头
母亲在那头

长大后
乡愁是一张窄窄的船票
我在这头
新娘在那头

后来啊
乡愁是一方矮矮的坟墓
我在外头
母亲在里头

而现在
乡愁是一湾浅浅的海峡
我在这头
大陆在那头

——选自部编版语文九年级上册《乡愁》

配合恰当的体态语，尤其是眼神和手势来朗诵这首现代诗。

2. 讨论：常见教师的体态语运用不当的情况有哪些？你认为这些体态语可能会对学生以及教学工作产生什么样的影响？

3. 观看一位名人的演讲，观察他在演讲时，用到了什么样的手势，并注意他的面部表情，综合进行评价。

4. 这是一份特质评估表，可以帮助你找出作为一名教师的非语言优势和不足。你可以准备一段演讲、一次十分钟的授课练习等，让几个同学或班上的教师填写表格。在结束自己的台上演说后，与同学和教师交谈并讨论结果，确定自己充分理解他们给你的评估。

这个表格里有四个类型：姿势、手势、面部表情和目光接触。要求打分者，从数字 1 至数字 5(1 表示负面，2 表示比较负面，3 表示中立，4 表示比较正面，5 表示正面)中圈出相应的数字，并对每个特征进行评定；之后，在空白处写下自己的改进意见。

在填写该表格时，要保持客观态度。

类型	评级	类型	评论/建议的动作
姿势		姿势	
紧张/不安	1　2　3　4　5	沉着冷静	
信心不足	1　2　3　4　5	自信	
不自在	1　2　3　4　5	自在	
低头垂肩	1　2　3　4　5	笔直站立	
僵直	1　2　3　4　5	放松	
手势		手势	
不自然/呆板	1　2　3　4　5	自然/不做作	
随意	1　2　3　4　5	有目的	
被动	1　2　3　4　5	活泼	
遮遮掩掩	1　2　3　4　5	开朗	
心不在焉	1　2　3　4　5	一丝不苟	
有损语言信息	1　2　3　4　5	增强语言信息	
面部表情		面部表情	
面无表情	1　2　3　4　5	兴致勃勃	
冷漠	1　2　3　4　5	友善	
不自然	1　2　3　4　5	真诚/自然	
不协调	1　2　3　4　5	贴合内容	
目光接触		目光接触	
勉强/不自然	1　2　3　4　5	自然/流畅	
遵循固定模式	1　2　3　4　5	无固定模式	
没有建立视觉联系	1　2　3　4　5	已与听众建立联系	

5. 游戏：同学们分为二人　组，甲同学站在乙同学背后，乙同学与丙同学相对而站，甲同学在下列情绪中任选 7～10 个，在黑板上写下，依次示意丙同学，由丙同学通过自己的面部表情和手势语的结合表现所看到的情绪，然后依次请乙同学猜，在此期间，三人均不能发出任何声音，以猜对多的一组为胜。

(1)得意　(2)同意　(3)加油　(4)决心　(5)无奈

(6)拒绝　(7)愤怒　(8)祝福　(9)紧张　(10)祈祷

(11)恶心　(12)嗔怒　(13)后悔　(14)满足　(15)自责

(16)叹息　(17)蔑视　(18)做作　(19)害怕　(20)安慰

(21)舒展　(22)专注　(23)失望　(24)暗示　(25)好奇

第九章测验题

参考资料

[瑞典]T. 胡森，[德]T. N. 波斯尔斯斯韦特．教育大百科全书．重庆：西南师范大学出版社，2006.

[苏联]苏霍姆林斯基．给教师的一百条建议．天津：天津人民出版社，1981.

韩立群，单立洽．以生活为本位的基础教育论：叶圣陶教育理论体系阐释．河北人民出版社，2007.

叶圣陶，朱自清．精读指导举隅　略读指导举隅．开封：河南教育出版社，1989.

陶行知．二十世纪名人自述系列 陶行知自述，合肥：安徽文艺出版社，2013.

郭锡良．古代汉语　下册．北京，商务印书馆，1999.

张颂．朗读美学．北京：中国传媒大学出版社，2010.

张颂．朗读学．北京：中国传媒大学出版社，2010.

张涵．播音创作基础训练教程(第 2 版)．北京：中国传媒大学出版社，2016.

赵毅，钱为钢．言语交际学．上海：上海三联书店，2003.

郭素荣．新编普通话教程．北京：北京邮电大学出版社，2017.

赵越．普通话基础训练．广州：暨南大学出版社，2000.

姜岚．普通话与教师口语艺术(第 2 版)．北京：商务印书馆，2018.

张锐．教师口语训练手册(试用本)．北京：师范大学出版社，1994.

程培元．教师口语教程．北京：高等教育出版社，2010.

董兆杰．口语训练．北京：语文出版社，1986.

马芝兰，张金发．教师口语．沈阳：东北大学出版社，2013.

具春林，尹泳一．教师口语训练教程．哈尔滨：哈尔滨地图出版社，2006.

丁详坤，姜维国．教学语言运用方法．北京：中国人事出版社，1998.

史洁，刘晓利．教师言语技能．北京：中国轻工业出版社，2017.

金克中，胡立新．教师口语．武汉：华中科技大学出版社，2013.

路伟．教师口语．北京：北京师范大学出版社，2011.

郭启明．教师语言艺术．北京：语文出版社，1992.

郑尔君．教师口语．合肥：中国科学技术大学出版社，2011.

徐丽华．教师口语艺术．杭州：浙江大学出版社，2012.

傅道春．情境教育学．哈尔滨：黑龙江教育出版社，1996.

史洁莹，刘小禾．讲解技能　提问技能．北京：人民教育出版社，2001.

丁念金．问题教学．福州：福建教育出版社，2005.

王晞．课堂教学技能．福州：福建教育出版社，2008.

张斗和．说话是一门学问．北京：语文出版社，2015.

邢秀凤．语文课堂对话艺术．长春：东北师范大学出版社，2005.

黄伟．对话语域下的课堂提问研究．博士学位论文，上海师范大学，2008.

李涛，周静，杨建伟．课堂提问讲解技能及案例分析．北京：中国轻工业出版社，2017.

王林发．教师课堂提问的技巧与策略．重庆：西南师范大学出版社，2017.

严永金．名师最激发潜能的课堂提问艺术．重庆：西南师范大学出版社，2008.

吕世虎．走进课改实验区　初中数学新课程教学设计与特色案例评析．北京：首都师范大学出版社，2003.

朱昌元．名师课堂教学实录．杭州：浙江教育出版社，2003.

于漪．于漪文集．济南：山东教育出版社，2001.

李镇西．听李镇西老师讲课．上海：华东师范大学出版社，2005.

段玉山．学科教学详解　初中地理．长沙：湖南教育出版社，2015.

陈伟国．来自历史课堂的智慧：高中历史新课程教学实录与反思．成都：四川教育出版社，2008.

瞿葆奎．中学化学课实录．北京：人民教育出版社，1989.

朱昌元，张震雷，冯妙群，中学语文执教力　文本解读　设计　实施　评价．杭州：浙江教育出版社，2016.

朱昌元．穿越语文丛林．杭州：浙江教育出版社，2007.

雷玲．名师教学机智例谈　语文卷．上海：华东师范大学出版社，2007.

区培民．语文课程与教学论．杭州：浙江教育出版社，2003.

冯克诚：小学数学课堂教学方法实用全书(中)．呼和浩特：内蒙古大学出版社，1999.

任维亮．课堂教学中的教师语言与仪表美(中学篇)．沈阳：白山出版社，2012.

赵国忠．今天，可以这样做班主任．南京：南京大学出版社，2014.

游梓翔．演讲学原理：公众传播的理论与实际．台北：五南图书出版有限公司，2000.

方百寿．演讲口才．沈阳：辽宁大学出版社，1996.

贺年．世界经典演讲辞金榜．呼和浩特：内蒙古人民出版社，2003.

陈雷．口才改变人生．北京：新世界出版社，2009.

王瑞泽．我为演讲狂——我有一个梦想．青岛：青岛出版社，2011.

师范院校"教师口语"课程标准(试行)．课程·教材·教法，1993(7).

后　记

本教材在编写的过程中得到了很多同行专家和一线教师的指导和帮助，在此特别感谢北京市教科院教研员、北京市特级教师连中国老师，北京市西城区教育研修学院教研员穆聪老师，北京联合大学师范学院韩卫娟老师，他们以丰富的一线教学和研究经验，为本书的编写提供了很多建设性意见。

同时，为了使本教材中的一些理念、内容、方法得到更有效、更直观的呈现，本书还收录了很多中小学一线教师的优秀课堂教学视频、主题班会视频、家长会视频、学生模拟授课视频以及学生演讲视频。提供课例的老师有北京市特级教师、市级学科带头人、优秀青年教师等，老中青年教师代表均有，很多都在省市级的教学比赛中取得过优异的成绩，在此一并对他们表示感谢，他们分别是：

连中国　北京市教科院教研员

王璐瑶　北京八中

杜宁奕　北京四中

殷寒君　北京三帆中学

黄园袁　北京三帆中学

李　萌　北京一六一中学

张　悦　北京一六一中学

于松建　北京市垂杨柳中心小学

张　龙　北京市芳草地国际学校

綦凯伦　北京市黑芝麻胡同小学

杜　崇　石家庄润德学校

李春艳　新乡市第一铁路小学

同时，还要感谢北京联合大学的杨雨桐、刘宇杰、高妍然、闫鹤馨、赵越超、田的、李增艺、于畅、王淼、党梦琳、李婵月几位同学，为本教材录制了优质的模拟授课和演讲视频。

北京联合大学、上海师范大学、郑州大学、湖北大学、安阳师范学院的多位老师参与了本书的编写，各章执笔情况如下：

李小贝(北京联合大学)	第二、三、四章
刘文君(上海师范大学)	第一、八、九章
王欢欢(郑州大学)	第五章
邵晓林(湖北大学)	第六章
杜　崇(石家庄润德学校)	第六章
赵志敏(安阳师范学院)	第七章

在本教材的编写过程中，我们越来越意识到教师口语训练是一件永无止境的事业，它值得每一位教育工作者在其一生的教学生涯中去不断的琢磨、修炼。也正是由于这一原因，本教材中所涵盖的知识内容也只是这一事业的太仓一粟，内容上也肯定会存在各种有待提高之处，“曲有误，周郎顾”，诚请各位同行专家批评指正！